極めろ!
英検®1級合格力
リーディング

松本恵美子

スリーエーネットワーク

英検®は、公益財団法人 日本英語検定協会の登録商標です。
このコンテンツは、公益財団法人 日本英語検定協会の承認や推奨、その他の検討を受けたものではありません。

©2025 Emiko Matsumoto

All rights reserved. No part of this publication may be reproduced, stored in a retrieval system, or transmitted in any form or by any means, electronic, mechanical, photocopying, recording, or otherwise, without the prior written permission of the Publisher.

Published by 3A Corporation.
Trusty Kojimachi Bldg., 2F, 4, Kojimachi 3-Chome, Chiyoda-ku, Tokyo 102-0083, Japan

ISBN978-4-88319-968-6 C0082

First published 2025
Printed in Japan

はじめに

「英検」の1級のリーディングに対して、難しいという印象を持っている受験者は多いと思います。特に筆記2や筆記3のセクションでは、たくさんの情報の中で、どこをどのように読めばよいかわからないという声もよく聞きます。その克服のためにはもちろん、たくさん読むことが欠かせません。ですが、やみくもに「慣れ」ようとしていると、どうしても似たようなところでつまずいてしまいます。解答を見れば、「確かにそうだった」、「ああ、早とちりだった」、「惜しかった」という声がこぼれます。1問目、2問目でそうなるならまだしも、問題集1冊を解き終える頃でもそんな思いが浮かぶなら、それはどの情報に着目するかという観点がまだ確立できていないからかもしれません。ここで一度アプローチを変えてみる必要があるでしょう。

1級の英文を読み解く鍵は「重要な情報を見極める力」と「不要な情報を無視する力」のバランスを保つことにあります。それは日常のこんな場面に似ています。混雑した電車の中で誰かがぶつかってきたとき、どう考えますか。電車は確かに揺れてはいたけれども、もしかしたら、わざとぶつかったのかも……。そう思い込むと、不安や危険から身を守ろうという考えが浮かび、下手をすれば一日中そのことを引きずってしまいそうになる。それでも、よほどのことでない限り、私たちの意識は次のことに向かい始めます。別の電車に乗り換えること、友人に会ったときのはじめの一言は何にしようか、明日の予定は何だったかな……などなど。それは私たちの脳が都合よく情報を処理して必要のない記憶や感情を自然と遠ざけ、より大切なものを思い出させてくれているからです。これは「認知資源の配分」という、本来、人間に備わっている力なのです。

この認知のバランスを保つことを英検1級のリーディングにも当てはめてみましょう。文を一見しただけでは、何が必要で、何が不要なのかはわかりませんが、文と向き合うときに、着目したいステップがあります。本書はそんな考えのもと、しつこいほどの解説を交えながら、皆さんと一緒に英文を読み進められるかたちになるように心を込めました。

本書が皆さんの「読む力」ならびに「余計なことに悩みすぎない力」を伸ばす一助になれれば幸いです。

2025年　早春　松本恵美子

目次

はじめに	3
目次	4
本書について	5
英文を深く理解するために	6
各パートの形式と解き方	8

筆記1　短文空所補充問題 ⋯⋯⋯⋯⋯⋯⋯⋯⋯⋯⋯⋯⋯⋯⋯⋯ 9
Unit 1　チャレンジしよう！ ⋯⋯⋯⋯⋯⋯⋯⋯⋯⋯⋯ 10
Unit 2　練習しよう！ ⋯⋯⋯⋯⋯⋯⋯⋯⋯⋯⋯⋯⋯ 24

筆記2　長文空所補充問題 ⋯⋯⋯⋯⋯⋯⋯⋯⋯⋯⋯⋯⋯⋯⋯ 105
Unit 1　チャレンジしよう！ ⋯⋯⋯⋯⋯⋯⋯⋯⋯⋯⋯ 106
Unit 2　練習しよう！ ⋯⋯⋯⋯⋯⋯⋯⋯⋯⋯⋯⋯⋯ 134

筆記3　長文内容一致問題 ⋯⋯⋯⋯⋯⋯⋯⋯⋯⋯⋯⋯⋯⋯⋯ 241
Unit 1　チャレンジしよう！ ⋯⋯⋯⋯⋯⋯⋯⋯⋯⋯⋯ 242
Unit 2　練習しよう！ ⋯⋯⋯⋯⋯⋯⋯⋯⋯⋯⋯⋯⋯ 292

アイコン一覧

🏴	正解	🔩	和訳
🔍	解説	🔧	語注
▶	構造解析		
S	主語	( )	節や句や例示などのまとまり
V	動詞	▭	節や句や例示などの始まり
O	目的語	▭	分詞構文の始まり
C	補語	▭	論理の方向性を理解するのに関わる語句、対比や言い換えなどの対応関係を意識して処理したい語句
S'	節や句の中の品詞はダッシュ付き		
S①	同類の品詞が複数ある場合	▭	▭ と ▭ を合わせたもの
▲▭	注や修飾関係		

本書について

チャレンジしよう！
問題文を1文ずつ解説し、場面展開や読み取れる意図などを詳細に確認しながら、正誤判断のポイントを押さえます。

練習しよう！
「チャレンジしよう！」で学んだ解き方の定着と実力の底上げを目指して、大量の問題を解きます。

構造解析について
・各パートの解説または訳のページに、問題文の中で比較的構造が複雑な文を取り上げて、構造を解析する図を掲載しています。
・構造解析はすべての要素を書き込むことはせず、各文で重要と思われるものを表示しています。
・文の意味を素早く取るために、複数の語をまとめて S や V や O などとしています。

アプリを活用する
■ AI 英語教材 abceed
株式会社 Globee が提供するマークシート連動型アプリ
https://www.abceed.com/

アプリ内で「極めろ」で検索してください。
アプリ内のマークシートの選択肢ＡＢＣＤは書籍本文の選択肢１２３４に対応しています。

（アプリのダウンロード、その他のアプリに関する不具合やご質問に関しましては、上記の配信元にお問い合わせください。弊社ではお答えいたしかねますので、ご了承ください。）

英文を深く理解するために

認知資源の配分

　私たちの脳はとてもうまくできていて、「重要な情報を見極める力」と「不要な情報を無視する力」のバランスが保たれています。この認知のバランスは「英検」1級の試験のリーディングのような特殊な場面でも当てはまります。とはいえ、試験は日常生活とは違い、記憶すべき情報と忘れていい情報がはっきりと区別されているわけではありません。ここで重要なのが、「設問と選択肢をよく読んでおくこと」です。設問は試験中に目に入ってくる情報の中で「何を重要視すべきか」を示してくれる道標のようなものです。設問をあらかじめ理解することが、余分な情報に惑わされず、効率的に解答を導く鍵となります。

　一度、同程度の長さの似たテーマの文章を使って、「設問を読まずに本文を読む」ことと「設問を読んでから本文を読む」ことの違いを実際に体験してみることをおすすめします。導入文と後に続く文の中から関係性をつかもうと、注意力をいっぱいに働かせて次々に現れる情報をつかみ取ろうとしている状態と、ある程度の狙いを定めて情報をふるいにかけるように待ち受けている状態とでは処理の効率がまるで違います。矛盾するようですが、着目していたのとは別の要素の関係に気がつくことができるのも後者の方が多いのです。本筋に集中できる分、多少の意味のわからない単語があっても、判断を急がずに情報を維持し処理することができます。そのように読んでいれば、読み取れる部分をヒントに意味を推測することもできるでしょう。

認知資源を効率的に活用しよう：目印と復習

　この認知のバランスを保つ力を最大限に活かす方法は、設問を「目印」として活用することです。設問から自分なりに焦点を絞って、情報をそこに当てはめていきます。取り組み始めた段階では間違えることも多々あるでしょう。重要なのは読解後の復習で「なぜ間違えたのか」をよく分析することです。解答を確認したら、「選択肢のどの部分に引き寄せられてしまったのか」、「どのように読めば正解にたどり着けたのか」を考えましょう。その中では、知っていると思っていたはずの単語に意外な意味があったり、実は別の語と相関する構文の一部になっていたりしたという発見もあるはずです。文中の似た表現に惑わされた場合、それがどのように設問の意図と異なっていたのかを理解することで、自分の思考パターンや認知の癖を修正することができます。長文の読解は解答を選ぶところにたどり着くだけで時間もエネルギーも消費しますが、それと同じぐらいのエネルギーをこの復習に注ぐプロセスこそが、単に解答するだけでは得られない深い学びとなります。地道な取り組みになりますが、リーディング力に変化がおとずれるでしょう。

　リーディングの練習は単なる試験科目の対策ではなく、知的好奇心を刺激し、考える力を育てる場でもあります。本書で紹介した方法を取り入れることで、試験だけでなく、日常生活や仕事の中でも、その場に合った「読む力」や「いま必要なことに集中する力」が身につくでしょう。

　本書が、試験の対策を通して目標に到達しようとされている皆様にとって、一時の良き伴走役になれることを祈っております。

各パートの形式と解き方

筆記1：短文空所補充問題　22問（解答時間の目安　12分）

ある状況を描写した文や会話文における文脈に合った語句を選ぶ問題です。文脈を理解する力と高度な語彙力が求められるため、単語集を用いた日々の語彙力向上が必要です。そもそもの単語の意味がわからない問題には時間をかけるべきではありません。普段から単語のコロケーションや文法的な使い方も意識しておくと、解答力が上がります。復習では「なぜその選択肢が正解なのか」を確認して、次のボキャブラリー学習に役立てることが重要です。

筆記2：長文空所補充問題　6問（解答時間の目安　16分）

長文中の空所を埋める語句を選択する問題です。文全体の流れやテーマを理解することが鍵となります。流れをつかむことで、解答のスピードは上がります。空所の前後だけでなく、段落全体や文章全体の構造を意識しましょう。特に接続詞や指示語に注目すると、適切な語句を選ぶ手助けとなります。

筆記3：長文内容一致問題　7問（解答時間の目安　32分）

文章の内容を正確に理解することが求められる問題です。設問を先に読んで、注目すべきポイントを把握してから本文を読むのがおすすめです。選択肢には本文と似た表現が含まれていることが多いため、言い換えに柔軟に対応する力も試されます。日頃からある程度長さのある文章に触れて、各段落の主旨や筆者の意図を素早くつかむ練習を行いましょう。

時間配分を意識しよう

試験時間は限られているため、各セクションに割く時間をあらかじめ決めておくことが大切です。過去問で自分のペースを把握し、練習を繰り返して、理想の時間配分を体感的に習得しましょう。復習の際には、どの問題に時間がかかりすぎているかを分析し、自分に適した解答手順を身に付けることを心掛けてください。

このようにして、各パートの形式と解き方を正しく理解し、戦略的に準備を進めて、試験本番でのスコア獲得に臨みましょう。

※上の解答時間の目安は作文問題に35分、見直しに5分の時間を残せるように計算しています。

筆記 1

短文空所補充問題

Unit 1 …… チャレンジしよう！
Unit 2 …… 練習しよう！

アイコン一覧

正解　解説　和訳　語注　構造解析

Unit 1 チャレンジしよう！ 6問　　目標解答時間 各30秒

(1) The yoga teacher's (　　) classes were popular among students, especially those who wanted time away from their busy lives to relax.

1 tranquil 　　2 incisive
3 concurrent 　4 fixated

(2) Cameron's family convinced him to see an anger management therapist after an incident at work where he became (　　) and damaged company property.

1 surreptitious 　2 belligerent
3 customary 　　4 hapless

(3) Having stayed awake all night to study for her final exam, Lindsey felt so (　　) that she was unable to focus on the test questions.

1 evasive 　　2 drowsy
3 provident 　4 illicit

10

(4) A: Our company's vacation policy has changed, so we need to (   ) this information as soon as possible.
B: Thanks for letting me know. I'll send everyone an email today explaining the new rules.

1 covet   2 bolster
3 disseminate 4 prowl

(5) A: Why do you have so many herbs all around your apartment?
B: Well, I had an insect problem last year, and I read herbs should help (   ) any more from coming.

1 pep up   2 hit on
3 blurt out 4 ward off

(6) Joey was so busy writing the report all day that he forgot to eat. It only (   ) when his stomach started making loud noises.

1 pulled through 2 chewed on
3 coasted along   4 sank in

チャレンジしよう！ 正解・解説

(1) 1　(2) 2　(3) 2
(4) 3　(5) 4　(6) 4

問題文

(1) The yoga teacher's (　　) classes were popular among students, especially those who wanted time away from their busy lives to relax.

1　tranquil　　　2　incisive
3　concurrent　　4　fixated

$\underline{\text{The yoga teacher's (　　) classes}}_{S}$ $\underline{\text{were}}_{V}$ $\underline{\text{popular}}_{C}$ among students,

主語は空所を含む「ヨガの先生の～クラス」です。SVC の構造で、コンマの前までは「ヨガの先生の～なクラスは受講生たちに人気があった」という意味になります。

especially those who wanted time away from their busy lives to relax.

コンマの後 especially those who の箇所で、those 以下は students と同格だとわかります。どのような受講生かというと、those who wanted time「時間が欲しい人たち」で、さらに away from their busy lives to relax「リラックスするため、忙しい生活から離れる（時間が欲しい人たち）」です。

コンマの後の部分から、受講生たちは忙しい日常から離れたい人たちだとわかったら、空所に戻って考えてみましょう。そんな受講生たちにとって、ヨガの先生のどんなクラスが人気があったのかと考えると、
　　1　静かな　　（クラス）
　　2　鋭利な　　（クラス）
　　3　同時の　　（クラス）
　　4　執着した　（クラス）
の中から、1 の「静かなクラス」が人気があったとわかります。

これらの選択肢の単語のすべての意味を知っていることが理想ですが、tranquil の意味を知っているだけでも、正解に結びつけることができますね。

問題文

The yoga teacher's tranquil classes were popular among students, especially those who wanted time away from their busy lives to relax.

ヨガの先生の落ち着いたクラスは、特に忙しい日常から離れてリラックスする時間を求める生徒たちに人気があった。

正解 ☐ tranquil 静かな、穏やかな、落ち着いた
誤答 ☐ incisive 鋭利な、機敏な、辛辣な
☐ concurrent 同時の、一致する、共同して作用する
☐ fixated 執着して、病的にこだわって

チャレンジしよう！ 解説

問題文

(2) Cameron's family convinced him to see an anger management therapist after an incident at work where he became (　　) and damaged company property.

1　surreptitious　　2　belligerent
3　customary　　　4　hapless

```
Cameron's family  convinced  him
       S              V        O
```

まず、文頭から見てみましょう。SVO の構造で、「キャメロンの家族は彼を説得した」とあります。

```
to see an anger management therapist
```

to 以下は不定詞で、どのように説得したかについて書かれています。「アンガーマネジメントを専門とするセラピストに会うように」キャメロンの家族は彼を説得したのです。

```
after an incident at work where he became (　　) and damaged
                                 S'   V'①     C'        V'②

company property.
    O'
```

後に続く前置詞句は after an incident at work「職場での事件の後に」です。ここまでで、キャメロンという人物が会社で何か事件を起こした後に、家族に勧められて、アンガーマネージメントセラピストに会うことが想像できますね。おそらく、キャメロンは怒りを抑えることができずに、事件を起こしてしまったと推測できます。
where 以下は関係副詞で、後に SVC と続いて先行詞の work を修飾しています。「キャメロンが〜になった仕事場」です。he が主語、became と damaged が動詞、空所に入る語が became の補語です。「キャメロンは〜になって、会社の所有物を壊した」の空所に当てはまる語を選択肢から選びましょう。

1 （キャメロンは）こそこそした
2 （キャメロンは）好戦的になった
3 （キャメロンは）習慣的になった
4 （キャメロンは）不運になった

「～になって、会社の所有物を壊して、アンガーマネージメントのセラピーを受ける」ことになるわけですから、正解は「好戦的になった」の意味になる2 belligerent だとわかります。

問題文

Cameron's family convinced him to see an anger management therapist after an incident at work where he became belligerent and damaged company property.

キャメロンが職場でけんか腰になり、会社の所有物を壊した事件の後、家族はアンガーマネジメントを専門とするセラピストの診察を受けるよう彼を説得した。

正解 ☐ belligerent 交戦中の、好戦的な
誤答 ☐ surreptitious 秘密の、こそこそとする、不正の
☐ customary 習慣的な、慣例による
☐ hapless 不運な、不幸な
英文 ☐ see (医者などに)診てもらう ☐ anger management アンガーマネジメント
☐ therapist 療法士、セラピスト

チャレンジしよう！ 解説

問題文

(3) Having stayed awake all night to study for her final exam, Lindsey felt so (　　) that she was unable to focus on the test questions.

 1 evasive **2** drowsy
 3 provident **4** illicit

Having stayed awake all night to study for her final exam,

Having で始まる前半部分は分詞構文です。
分詞構文には接続詞と、主節と同じ主語が省略されていると考えましょう。この文の場合、主節の主語は Lindsey です。従属節の主語としての Lindsey は省略されていると考えます。仮に省略しなかった場合は下のようになります。

Lindsey had stayed awake all night to study for her final exam,
（リンジーは期末試験の勉強で一晩中起きていた）

この前半部分と後半部分の意味が順接ならば、as や since など、逆接なら although などが省略されていると考えます。
この問題では、どちらにしても、「試験勉強で徹夜をしたリンジーは」の後の主節部分では補語が空所になっているので、前半と後半の意味のつながりは文の続きをもう少し見るまで保留することになります。

Lindsey felt so (　　) that she was unable to focus on the test questions.
 S V   C   S' V' C'

ここで、「とても～なので、～」の意味の so that 構文があることにも着目しておきましょう。
主節部分を見てみると、「リンジーはとても～だったので、テストの問題に集中することができなかった」とあります。
そして、ここで、選択肢から当てはまる語句を探しましょう。
 1 （リンジーは）回避的だった （のでテストに集中できなかった）

2 （リンジーは）眠かった　　　　（のでテストに集中できなかった）
3 （リンジーは）先見の明があった　（のでテストに集中できなかった）
4 （リンジーは）違法だった　　　　（のでテストに集中できなかった）

リンジーは前の日に徹夜しているわけですから、集中できない理由として当てはまるのは 2 drowsy だとわかりますね。すると、分詞構文に隠れている接続詞は仮に since や、as だったと考えることができ、意味がしっくりくることが確認できますね。

問題文

Having stayed awake all night to study for her final exam, Lindsey felt so drowsy that she was unable to focus on the test questions.

一晩中起きて期末試験の勉強をしたリンジーは、眠気に襲われて試験問題に集中できなかった。

正解 ☐ **drowsy** 眠い、眠そうな、眠気を誘う
誤答 ☐ **evasive** 回避的な、逃避的な、(意図的に)曖昧な
　　 ☐ **provident** 先見の明のある、慎重な、用心深い、倹約な
　　 ☐ **illicit** 違法の、不正の

> チャレンジしよう！ 解説

問題文

(4) A: Our company's vacation policy has changed, so we need to (　　) this information as soon as possible.
B: Thanks for letting me know. I'll send everyone an email today explaining the new rules.

1 covet **2** bolster
3 disseminate **4** prowl

この設問は筆記1の短文空所補充問題の中で数問出題される会話文の形を取っています。
会話文の形だからといって、単純な挨拶の流れがわかればいいというわけではなく、語彙は英検1級にふさわしい難易度のものが出てきます。

A: Our company's vacation policy has changed,

人物Aはコンマの前までで「会社の休暇規定が変更になった」と言っています。

so　コンマの後に等位接続詞のsoがあり、

we need to (　　) this information as soon as possible.

「だから、私たちはこの情報をできるだけ早く〜する必要があります」と続きます。この時点で選択肢に目を通してもかまいませんが、引き続きもう一人の発言を見てみましょう。

B: Thanks for letting me know.　の後に、

I'll send everyone an email today explaining the new rules.

「新しい規定を説明したメールを私が皆さんに送ります」とあります。
Aの発言を受けて、Bが「規定を説明したメールを皆さんに送ります」と言っているので、

Aが何を言っていたのか、選択肢の意味を空所に入れて見てみましょう。
1 （情報をできるだけ早く）　切望する　（必要がある）
2 （情報をできるだけ早く）　補強する　（必要がある）
3 （情報をできるだけ早く）　広める　　（必要がある）
4 （情報をできるだけ早く）　うろつく　（必要がある）

Aが「情報を広める必要がある」と言ったことにBが応じたと考えるのが妥当ですので、正解は3だとわかりますね。

問題文

A: Our company's vacation policy has changed, so we need to disseminate this information as soon as possible.
B: Thanks for letting me know. I'll send everyone an email today explaining the new rules.

A：会社の休暇規定が変更になりましたので、できるだけ早くこの情報を周知する必要があります。
B：お知らせくださってありがとうございます。今日新しい規定を説明したメールを皆さんに送ります。

正解 ☐ disseminate …を広める・普及させる
誤答 ☐ covet （他人のもの）をむやみに欲しがる、…を切望する
　　　　☐ bolster …を補強する・支持する・元気づける
　　　　☐ prowl …をうろつく

チャレンジしよう！　解説

問題文

(5) A: Why do you have so many herbs all around your apartment?
B: Well, I had an insect problem last year, and I read herbs should help (　　) any more from coming.

1　pep up　　　　2　hit on
3　blurt out　　　4　ward off

この問題も人物Aと人物Bの2人の会話文の形を取っています。
そして、選択肢にはイディオムが並んでいます。この問題のように、会話文とイディオムが組み合わさっているものが全体の中に数問程度は出題されると考えておいてよいでしょう。

A: Why do you have so many herbs all around your apartment?

人物Aの発言にはそんなに難しい単語や言い回しは含まれていません。「どうしてアパートのあちこちにハーブを植えているのですか」と聞いています。

それに対し、Bは　B: Well, I had an insect problem last year,　と言っていて、

これも英検1級を目指す方にとってみれば、日常的なわかりやすい表現でしょう。

and I read herbs should help (　　) any more from coming.

等位接続詞のandで続く後半はI read herbs should help ... と続いていて、「虫がこれ以上くるのを〜することをハーブが助けてくれると書いてあったのを読んだんだよ」とあるので、空所には「妨げる」のような意味のイディオムが入ると予測できます。
選択肢を見ると、
　　1　（虫が来るのを）　元気づける
　　2　（虫が来るのを）　思いつく
　　3　（虫が来るのを）　うっかり口走る
　　4　（虫が来るのを）　防ぐ
と並んでいるので、4の ward off が適切です。

問題文

A: Why do you have so many herbs all around your apartment?
B: Well, I had an insect problem last year, and I read herbs should help ward off any more from coming.

A：なぜアパートのあちこちにハーブを植えているのですか。
B：去年、虫に悩まされたんですが、ハーブは虫を寄せつけないという記事を読んだんです。

正解 ☐ ward off …を防ぐ・避ける
誤答 ☐ pep up …を元気づける、(料理)の味をピリッとさせる
　　 ☐ hit on …を思いつく
　　 ☐ blurt out …を出し抜けに言う・うっかり口走る

チャレンジしよう！ 解説

問題文

(6) Joey was so busy writing the report all day that he forgot to eat. It only (　　) when his stomach started making loud noises.

1　pulled through　2　chewed on
3　coasted along　4　sank in

選択肢にはイディオムが並んでいます。イディオムの問題は短文空所補充問題の中で数問出題されます。
この設問は2つの文から成り立っていて、空所は後半部分にあります。まず前半から見てみましょう。

> Joey was so busy writing the report all day that he forgot to eat.
> S   V   C

SVCの構造で始まっています。この1文の中にso that の構文が含まれていて、「ジョーイは一日中レポートを書くのにとても忙しかったので、食べるのを忘れていた」という内容を取ることができます。

> It only (　　) when his stomach started making loud noises.
> S   V   S'   V'   O'

続く2文目の主語は It で、前の文の内容を指しています。It only は when S V と合わさることで「SVのときにようやく〜」という意味になります。なので、「食事を取ることを忘れていたということがようやく〜した」で、ここに前の文の内容を合わせて考えます。すると、「ジョーイのおなかが大きな音で鳴り始めたときにようやく、食べるのを忘れていたということが〜した」という意味になります。ここで空所について考えましょう。

　　1　（食事をしていなかったことがようやく）切り抜けた
　　2　（食事をしていなかったことがようやく）じっくりと考えた
　　3　（食事をしていなかったことがようやく）努力せずに出世した
　　4　（食事をしていなかったことがようやく）十分に理解されてきた
1と3は文脈に当てはまりません。

日本語訳を見ていると、2と4が文意に沿いそうに感じますが、前半部分にあった内容から「忙しくて忘れていたので、やっと気づいてきた」の意味合いが含まれていると考えて、「じっくりと考えた」ではなく「意識され始めた」というニュアンスになる4が正解です。

問題文

Joey was so busy writing the report all day that he forgot to eat. It only sank in when his stomach started making loud noises.

ジョーイは一日中レポートを書くのに忙しく、食事を取ることを忘れていた。お腹が大きな音で鳴り始めると、初めてそのことに気がついた。

- 正解 ☐ sink in 十分に理解される、染み込む
- 誤答 ☐ pull through （病気）を切り抜ける
  - ☐ chew on …をじっくりと考える
  - ☐ coast along 努力せずに出世する、楽に成功を収める、のんきにやっていく

Unit 2 練習しよう！ 119問

(1) Winters in the northernmost regions of the world can be extremely ( ), with the sun appearing in the sky for only a few hours a day.

1 bleak
2 judicious
3 perplexing
4 viable

(2) As the hikers continued up the mountain, the ( ) became difficult and they made slow progress. The forest became thinner and was replaced by rocky slopes.

1 vengeance
2 commotion
3 plank
4 terrain

(3) Due to his thick accent, the exchange student was ( ) by the other children at school and had to eat lunch alone every day.

1 shunned
2 encompassed
3 ameliorated
4 adulated

(1) 🔍 文の前半は「最北の地域における冬は非常に〜で」、後半は「1日のうち太陽が空に顔を出すのは数時間に過ぎない」とあります。with はここで「…とともに」、「…を伴って」という意味で、状況を説明する役割を果たしています。最北の地域の冬で日照が少ないという文脈から、寒さや厳しい環境を表す語が適切だと考えられます。選択肢の中で「厳しい、寒い」の意味を持つ bleak が文意に合致します。

🔁 世界の最北地域の冬は非常に厳しく、太陽が顔を出すのは1日に数時間しかない。

✏️ 正解 ☐ bleak 厳しい、寒い、荒涼とした
　　 誤答 ☐ judicious 思慮分別のある、賢明な
　　　　 ☐ perplexing 困惑させる、ややこしい
　　　　 ☐ viable 実行できる、成功の見込みがある
　　 英文 ☐ northernmost 最北の

筆記 1

(2) 🔍 前半の文は「ハイカーたちが山を登るにつれて、〜が難しくなり、前に進むのが遅くなった」とあります。後半の文は「森はまばらになり、岩だらけの斜面に変わった」と続きます。ハイカーの歩みに影響を及ぼすもの、そして2文目で描写されているような、山を登る際に変化が見られるものを考えます。選択肢の中で「地形」、「地勢」を意味する terrain が適切だとわかります。

🔁 ハイカーたちが山を登っていくと、地形が難しくなり、歩みが遅くなった。木々はまばらになり、そして岩だらけの斜面に変わった。

✏️ 正解 ☐ terrain 地形、地域、地勢
　　 誤答 ☐ vengeance 復讐
　　　　 ☐ commotion 騒動、動揺
　　　　 ☐ plank 厚板、政党綱領の一項目
　　 英文 ☐ hiker ハイカー、徒歩旅行者　☐ rocky 岩の多い、岩石からなる

(3) 🔍 文の前半には「強い訛りのために、交換留学生は〜された」とあり、後半は「毎日一人で昼食を食べなければならなかった」と続きます。ここでは、留学生が他の子どもたちから孤立させられるという状況が描かれています。この文脈から、選択肢の中で「避けられた」という意味になる shunned が適切です。

🔁 その強い訛りのために、その留学生は学校で他の子どもたちから避けられ、毎日一人で昼食を食べなければならなかった。

✏️ 正解 ☐ shun …を避ける・遠ざける
　　 誤答 ☐ encompass …を取り囲む・含む
　　　　 ☐ ameliorate …をよくする・改善する
　　　　 ☐ adulate …にこびへつらう
　　 英文 ☐ thick (なまりが)ひどい

🚩 **(1) 1　(2) 4　(3) 1**

(4) This tool was built to find any (   ) in air pressure. It should help scientists better predict unusual changes in weather patterns that cause large storms.

1 aberrations 2 vagrants
3 cramps 4 hounds

(5) Kimberly's restaurant complained to their butcher after several orders arrived late. The meat company offered them a discount because it did not want their partnership to (   ).

1 regale 2 deteriorate
3 canonize 4 augur

(6) Harvey asked his mother for help with a physics project since she was a university math teacher. The assignment was so difficult, however, that it left her (   ).

1 incorporated 2 baffled
3 deplored 4 grappled

(4)

🔍 前半の文は「このツールは気圧の〜を見つけるために作られた」、後半の文は「暴風雨を引き起こす天候の異常な変化を科学者が予測するのに役立つはずだ」とあります。文脈から、異常な変動に関連する語が適切だと考えられます。すると、選択肢の中で「異常」を意味する aberrations が文意に合致します。

🔄 このツールは気圧の異常を見つけるために作られた。大きな嵐を引き起こす気象パターンの異常な変化を予測するのに役立つはずだ。

✏️
正解 ☐ aberration 常軌をはずれること、逸脱、異常
誤答 ☐ vagrant 放浪者、浮浪者
　　 ☐ cramp けいれん、かすがい、束縛
　　 ☐ hound 猟犬、追跡者、熱中者
英文 ☐ air pressure 気圧　☐ weather pattern 気象パターン、気圧配置

筆記 1

(5)

🔍 前半には「キンバリーのレストランは、何度か注文品が遅れて届いたため、肉屋に苦情を言った」とあります。後半は「食肉卸売会社は提携関係を〜させたくなかったので、値引きを申し出た」と続いています。ここで、提携関係に関して避けたいことであるという点をヒントに考えると、「悪化する」の意味を持つ deteriorate が当てはまるとわかります。

🔄 キンバリーのレストランは、何度か注文品が遅れて届いたため、肉屋に苦情を言った。食肉会社は提携関係を悪化させたくなかったので、値引きを申し出た。

✏️
正解 ☐ deteriorate 悪くなる、低下する
誤答 ☐ regale ごちそうを食べる
　　 ☐ canonize …を賛美する、…に栄光を与える
　　 ☐ augur 占う、予言する、前兆となる
英文 ☐ butcher 肉屋

(6)

🔍 前半には「ハーヴェイは、母親が大学の数学の教師であったため、物理学の研究課題で助けを求めた」とあります。後半の文は、「しかし、その課題はとても難しく、彼女は〜してしまった」と続いています。ここでは、逆接の however から数学の教師でも助けにならなかったという文脈が読み取れるため、「困惑させられた」の意味になる baffled が適切だとわかります。

🔄 ハーヴェイは、母親が大学の数学の教師であったため、物理学のプロジェクトについて助けを求めた。しかし、その課題は彼女が困惑するほどとても難しかった。

✏️
正解 ☐ baffle …を困惑させる・当惑させる
誤答 ☐ incorporate …を組み入れる・統合する・具体化する
　　 ☐ deplore …を嘆く・遺憾に思う
　　 ☐ grapple …をつかむ

🚩 (4) 1 (5) 2 (6) 2

(7) Scarlett looked in the library for the old history textbook her teacher had recommended. She finally found the (   ) in a dusty corner no one seemed to visit.

1 sanctity 2 tome
3 bigot   4 ruse

(8) Locals accustomed to the tropical climate often leave umbrellas in accessible locations to avoid getting soaked by the (   ) rain showers.

1 intermittent 2 haughty
3 provisional   4 stagnant

(9) A: I've been feeling tired lately and get angry at my family when I'm at home.
B: I suggest you take time to (   ) about your life and find out what is causing you stress.

1 coddle   2 succor
3 finagle 4 introspect

(7) 🔍 前半は「スカーレットは先生に勧められた古い歴史の教科書を図書館で探した」とあります。後半の文は「彼女は誰も来ていないような、ほこりっぽい一角で、ようやくその〜を見つけた」と続いています。ここでは、探していた「古い歴史の教科書」の言い換えになる「大きな本」や「学術書」を意味する tome が文脈に最も適しているとわかります。

🔁 スカーレットは先生に勧められた古い歴史の教科書を図書館で探した。彼女は誰も訪れていないような、ほこりっぽい一角で、ようやくその本を見つけた。

✏️ 正解 ☐ tome 大きな本、一巻、学術書
　　誤答 ☐ sanctity 神聖、高潔、尊厳
　　　　 ☐ bigot 頑固な偏見を持つ人
　　　　 ☐ ruse 策略、計略
　　英文 ☐ dusty ほこりっぽい

(8) 🔍 文の前半は「熱帯の気候に慣れている地元の人々は、濡れないように傘を手の届く場所に置いておくことが多い」と述べています。後半は、濡れる原因となる「〜な雨降り」を示しています。この文脈に合うものとしては、雨が「断続的」であったことを示す intermittent を選ぶと文意が通ります。

🔁 熱帯の気候に慣れた地元の人々は、断続的に降る雨に濡れないように、傘を手の届く場所に置いておくことが多い。

✏️ 正解 ☐ intermittent 時々とぎれる、断続的な
　　誤答 ☐ haughty 傲慢な、横柄な
　　　　 ☐ provisional 仮の、暫定的な、臨時の
　　　　 ☐ stagnant 沈滞した、不活発な、よどんでいる
　　英文 ☐ accustomed to …に慣れている　☐ soak …をずぶぬれにする

(9) 🔍 人物 A が「最近疲れ気味で、家にいると家族に腹を立ててしまう」と、ストレスを感じている様子について話しています。それに対し、人物 B は「自分の生活を〜し、ストレスの原因をつきとめる」ことを提案しています。ストレスの原因を見つけるためには、自分の生活を振り返ることが必要です。この場合、「内省する」という意味を持つ introspect を選びます。

🔁 A：最近疲れ気味で、家にいると家族に腹を立ててしまいます。
　　B：自分の生活を振り返って、何がストレスの原因になっているのかをつきとめるために時間を取ってはどうでしょうか。

✏️ 正解 ☐ introspect 内省する
　　誤答 ☐ coddle …を大事に扱う・甘やかす・とろ火でゆでる
　　　　 ☐ succor …を救う・援助する
　　　　 ☐ finagle 小細工をする、ごまかす

🚩 **(7) 2　(8) 1　(9) 4**

(10) Selena worried about her elderly grandfather living alone on the (　　) of town. She suggested he move to a more accessible area so she could help him if necessary.

    1 affidavit   **2** bladder
    3 periphery   **4** sabbatical

(11) The family's cat Rufus was old and lazy, so he was often found (　　) in a sunny spot in their living room.

    1 sprawling   **2** obfuscating
    3 bickering   **4** plummeting

(12) Although the government agreed to set (　　) goals to lower pollution, critics argue that dramatic policy changes will be necessary to actually meet expectations.

    1 radioactive   **2** dismal
    3 lofty   **4** illiterate

(10) 🔍 前半の文で「セレーナは、町の〜で一人暮らしをしている年老いた祖父のことを心配していた」と述べています。続く文では、祖父に「もっと行き来しやすい場所に引っ越すこと」を提案しています。このような提案をする背景として、行き来しにくい所に祖父が住んでいると考えられます。町の「はずれ」や「周辺」を指す意味になる periphery を選ぶと文意が通ります。

📱 セレーナは、町のはずれで一人暮らしをしている年老いた祖父のことを心配していた。セレーナは祖父に、必要であれば祖父を助けられるよう、もっとアクセスしやすい場所に引っ越すよう提案した。

✏️ 正解 ☐ periphery 周囲、周辺
　　誤答 ☐ affidavit 供述書
　　　　 ☐ bladder 空気袋、浮袋、膨らんだ袋状の組織
　　　　 ☐ sabbatical 長期休暇、研究休暇

(11) 🔍 文の前半で、ルーファスという「年老いた怠け者の猫」が登場しています。後半では、その猫が「居間の日当たりのいい場所で〜していることが多かった」と述べています。ここで猫が日当たりのいい場所でとる動作を表す言葉として、「手足（ここでは四肢）を伸ばす」、「大の字に寝そべる」という意味の sprawl の現在分詞 sprawling を選ぶと文意が通ります。

📱 一家の飼い猫ルーファスは年老いて怠け者だったので、居間の日当たりのいい場所でのんびりしているのをよく見かけた。

✏️ 正解 ☐ sprawl 手足を伸ばす、大の字に寝そべる、不規則に広がる
　　誤答 ☐ obfuscate …を暗くする・不明瞭にする
　　　　 ☐ bicker 口論する、(雨が)ぱらぱら降る、きらめく
　　　　 ☐ plummet まっすぐに落ちる、(価格が)急落する

(12) 🔍 文の前半は Although「〜にもかかわらず」で始まり、「政府が公害を減らすための〜目標を設定することを承諾した」と述べています。後半では、「しかし、批判者は実際に期待に応えるには劇的な政策変更が必要だと主張している」と続いています。前半と後半が対照的な内容になっているこの文脈では、劇的な政策変更が必要になるほどの「非常に高い」目標という意味になる lofty が正解だとわかります。

📱 政府は公害を減らすための高い目標を設定することに合意したが、批判者は実際に期待に応えるには劇的な政策変更が必要だと主張する。

✏️ 正解 ☐ lofty 非常に高い、高尚な、そびえ立つ
　　誤答 ☐ radioactive 放射性の、放射能のある
　　　　 ☐ dismal 陰気な、憂鬱な、みじめな
　　　　 ☐ illiterate 読み書きのできない、教養のない
　　英文 ☐ meet …に応じる

🚩 **(10) 3　(11) 1　(12) 3**

(13) A 19th-century artist's work was saved from (   ) when Johan moved into her abandoned apartment. He contacted an art collector after finding many paintings hidden away in a secret room.

1 oblivion   2 havoc
3 exigency   4 atrocity

(14) Danielle tried so hard to (   ) her boss by working late most nights. She thought she could get a promotion if he noticed her efforts.

1 culminate   2 appease
3 extenuate   4 bamboozle

(15) A: I asked you for advice about my job, so why are you telling me war stories?
B: Sorry, I might have gone off on a (   ), but my point is that we are survivors.

1 denouement   2 tangent
3 stipulation   4 caveat

(13)

前半の文は「ヨハンが放置されていた画家のアパートに引っ越してきたとき、19世紀の画家の作品は〜から救われた」と述べています。後半では、「彼は秘密の部屋に隠された多くの絵画を見つけると、美術品の収集家に連絡した」と続いています。作品が隠されて放置されていた状態から救われたという内容を考えると、「忘却」という意味の oblivion を選ぶと文意が通ります。

ある19世紀の画家の作品は、放置されていた彼女のアパートにヨハンが引っ越してきたときに忘却の彼方から救われた。彼は秘密の部屋に隠された多くの絵画を見つけると、美術品の収集家に連絡した。

正解 □ oblivion 忘却、忘れられている状態、無意識の状態
誤答 □ havoc 破壊、大荒れ、大混乱
　　 □ exigency 緊急性、緊急事態
　　 □ atrocity 残虐、非道、残虐行為
英文 □ abandoned 捨てられた、放棄された　□ collector 収集家　□ hide away …を隠す

(14)

前半の文では「ダニエルは上司の〜ために、ほとんど毎夜遅くまで一生懸命働いた」と述べています。後半では、特に because などの接続詞は含まれていませんが、「上司が彼女の努力に気づけば昇進できると思った」と理由を示しています。この文脈では、「上司の機嫌を取る」、または「怒りを鎮める」という意味になる appease を選びます。

ダニエルは上司をなだめようと、夜遅くまで働くことに一生懸命だった。上司が彼女の努力に気づけば昇進できると思ったのだ。

正解 □ appease …の歓心を買う、(人)をなだめる、(争い)を静める、(渇き)をいやす
誤答 □ culminate …を完結させる、…の最後を飾る
　　 □ extenuate (犯罪)の情状を酌量する、(罪)を軽くする
　　 □ bamboozle …を言葉巧みに欺く・だます

(15)

人物 A が「私はあなたに仕事についてのアドバイスを求めたのに、なぜ戦争の話をするのか」と言っています。それに対して、人物 B が「すみません、〜したかもしれないが、私が言いたいのは、私たちは逆境に負けない者であるということなんだ」と答えています。ここで、謝る必要があったことになる語を探します。選択肢の中から tangent を選ぶと、話がそれてしまったという文意につながります。

A：私はあなたに仕事についてのアドバイスを求めたのに、なぜ戦争の話をするのですか。
B：すみません、脱線したかもしれませんが、私が言いたいのは、私たちは生存者であるということです。

正解 □ tangent 接線
誤答 □ denouement 解決、終局、大団円
　　 □ stipulation 約定、条項、条件
　　 □ caveat 警告、抗議、手続き差し止め通告
英文 □ go off on a tangent 話題を突然変える、急に脱線する

(13) 1　(14) 2　(15) 2

(16) Food critics said the famous chef's new menu (   ) blended together a variety of colors and flavors to create wonderful dishes.

    1 mockingly   **2** abstractedly
    3 deftly   **4** slyly

(17) Although the other students had little interest in the science class, Kevin found the experiments (   ) and often stayed after class to check his results.

    1 meticulous   **2** engrossing
    3 blatant   **4** inaugural

(18) Jamie was often (   ) by his colleagues at work who thought his way of speaking was strange because he used many old-fashioned phrases.

    1 carved out   **2** picked on
    3 divvied up   **4** pored over

(16) 🔍 この問題では、料理の評論家たちが「有名シェフは今度のメニューで様々な色と味を〜融合させ、素晴らしい料理を作り出している」と評しています。ここでは、メニューを評価されているシェフがそれを作った様子を示す表現が求められています。選択肢の中から deftly を選ぶと称賛を受けている文意に合います。

📑 料理評論家たちは、この有名シェフの新メニューは様々な色と味を巧みに融合させ、素晴らしい料理を作り出していると評した。

✏️ 正解 ☐ deftly 巧みに、器用に
　　 誤答 ☐ mockingly あざけるように、からかって
　　　　　 ☐ abstractedly ぼんやりと、抽象的に
　　　　　 ☐ slyly ずるく、いたずらっぽく、こっそりと

(17) 🔍 文の前半は逆接を表す Although で始まり、「他の生徒は理科の授業にほとんど興味を示さなかったが」という意味です。後半は「ケビンは実験に〜で、授業が終わってもよく残って結果を確認していた」と続いています。Although の従属節の内容から、この文脈では、ケビンが他の生徒とは対照的に、実験に非常に関心を持っていたことを示す表現が適切だとわかります。実験が「心を奪う」、「面白くてたまらない」ものだと感じていたという意味になる engrossing を選ぶと文意が通ります。

📑 他の生徒は理科の授業にほとんど興味を示さなかったが、ケビンは実験に夢中になり、授業が終わってもよく残って結果を確認していた。

✏️ 正解 ☐ engrossing 心を奪う、面白くてたまらない
　　 誤答 ☐ meticulous 几帳面な、細かいことに気を使う
　　　　　 ☐ blatant 見えすいた、ずうずうしい、やかましい
　　　　　 ☐ inaugural 就任の、開始の

(18) 🔍 文の前半は「ジェイミーは職場の同僚たちからよく〜された」と述べています。後半は「彼の話し方を変だと思っており、それは古風な言い回しを多用していたからだ」と続いています。この文脈では、話し方を否定的に見ていた同僚たちがジェイミーに対して行っていたことを示す表現が適切です。「いじめる」、「あら探しをする」という意味の pick on の過去の形である 2 を選びましょう。

📑 ジェイミーは古風な言い回しを多用するため、それが変だと考える職場の同僚たちからよく難癖を付けられていた。

✏️ 正解 ☐ pick on …をいじめる、…のあら探しをする、…にあれこれ文句を言う
　　 誤答 ☐ carve out …を切り取る、努力して(進路)を切り開く
　　　　　 ☐ divvy up …を分配する・山分けする
　　　　　 ☐ pore over …をじっくり見る・熟読する

筆記 1

🚩 **(16) 3　(17) 2　(18) 2**

(19) A group of experts were called in to plan for the right moment to rescue the hostages because the government did not want to (　　) to the terrorist's demands.

1　lay off　　　　2　give in
3　mete out　　　4　cast off

(20) Bryce bought the old sports car hoping he could (　　) it. Finding the right parts for repairs cost more than expected, but he was satisfied to get it running again.

1　salvage　　　2　exasperate
3　contrive　　　4　temper

(21) Josie won the competition with a beautiful dance full of energetic moves. The judges congratulated her on her (　　) performance.

1　vivacious　　2　lanky
3　distraught　　4　sardonic

(19) 🔍 文の前半は「専門家グループが人質救出のタイミングを計るために呼ばれた」と述べています。後半は「政府がテロリストの要求に～したくなかったので」と続いています。この文脈では、政府が人質救出の専門家グループを呼んだことがつまり要求に対するどのような態度を表しているかを考えます。要求に「屈服する」、「折れて従う」ことをしたくなかったという意味になる give in を選ぶと文意が通ります。

🔁 政府はテロリストの要求に屈したくなかったので、人質救出のタイミングを計るために専門家グループが呼ばれた。

✏️ 正解 ☐ give in 屈服する、折れて従う、降参する
誤答 ☐ lay off（従業員）を一時解雇する、（酒・タバコ）をやめる
☐ mete out（罰）を与える
☐ cast off …を放棄する・解き放つ
英文 ☐ hostage 人質 ☐ terrorist テロリスト

(20) 🔍 前半の文には「ブライスは～できると期待して古いスポーツカーを購入した」とあり、後半の文は「修理に必要な部品を探すのに予想以上の費用がかかったが、彼は再び車を走らせることができて満足した」という意味です。古い車が再び走るようになって満足していることから、購入の際に期待していたことが何であったかを考えると「再利用する」を表す語が適切だとわかります。salvage を選ぶと、その文意が通ります。tamper には「調節する」という意味がありますが、オーブンやエアコンなどの出力を加減する意味で使われるため、「修理する」という意味合いでの調節とは異なります。

🔁 ブライスは、古いスポーツカーを再利用できると期待して購入した。修理に必要な部品を探すのに予想以上の費用がかかったが、彼は再び車を走らせることができて満足した。

✏️ 正解 ☐ salvage …を救う、（廃品）を利用する
誤答 ☐ exasperate …をいらだたせる、（病気・反感）を激化させる・悪化させる
☐ contrive …を考案する・工夫する
☐ temper …を加減する・調節する、（粘土）を練る

(21) 🔍 前半の文には「ジョシーはエネルギッシュな動きに満ちた美しいダンスでコンテストに優勝した」とあります。後半の文は「審査員は彼女の～演技を称賛した」と続いています。前半にあった彼女のパフォーマンスを表現していた部分が称賛されていると考えられます。「元気で活力に満ちた」という意味を持つ vivacious を選ぶと energetic との言い換えが成立します。

🔁 エネルギッシュな動きに満ちた美しいダンスでジョシーは大会に優勝した。審査員は彼女のはつらつとした演技を称賛した。

✏️ 正解 ☐ vivacious 快活な、元気のある
誤答 ☐ lanky ひょろ長い
☐ distraught 取り乱した
☐ sardonic 冷笑的な、人をあざ笑う

筆記1

🚩 **(19)** 2 **(20)** 1 **(21)** 1

(22) The fitness instructor told Richard that exercising regularly and eating a diet low in fat would help him lose weight by increasing his body's ( ).

1 metabolism 2 insulation
3 palate 4 gridlock

(23) While Peter was shy and avoided people, Mary loved going to parties. Their personalities were so different that many people thought they were an ( ) couple.

1 incongruous 2 acerbic
3 empirical 4 oafish

(24) The building manager warned Burt he'd be kicked out of the apartment after he ignored several ( ) to pay his rent and gas bills on time.

1 antidotes 2 jaunts
3 cobwebs 4 exhortations

(22) 🔍 文の始まりから終わりの手前までは「フィットネスのインストラクターがリチャードに定期的に運動し、脂肪分の少ない食事をすることで体重を減らせると言った」とあり、前置詞の by 以降は「体の〜を高めることで」と続いています。体重を減らすために高める体の機能としては、「代謝」を意味する metabolism が正解です。

🔄 フィットネスのインストラクターはリチャードに、定期的に運動し、脂肪分の少ない食事をすることで、体の代謝を高めて体重を減らすことができると言った。

✏️ 正解 ☐ metabolism 代謝
　　誤答 ☐ insulation 遮断、絶縁体、隔離、孤立
　　　　 ☐ palate 味覚、審美眼
　　　　 ☐ gridlock 交通渋滞、立ち往生、行き詰まり

筆記 1

(23) 🔍 前半の文は「ピーターは内気で人に会うのを避けていたが、メアリーはパーティーに行くのが好きだった」と対比を示しています。後半の文では so that 構文が使われており、different の程度や状況を that の後で説明していますから「二人の性格があまりに違っていた」ことで多くの人がどんなカップルだと思ったかを考えると「不釣り合いな」カップルという意味になる incongruous が当てはまるとわかります。

🔄 ピーターは内気で人を避けたが、メアリーはパーティーに行くのが好きだった。二人の性格は、多くの人が二人を不釣り合いなカップルだと思うほど違っていた。

✏️ 正解 ☐ incongruous 不釣り合いな、似合わない、調和しない
　　誤答 ☐ acerbic 酸っぱい、渋い、とげとげしい、辛辣な
　　　　 ☐ empirical 経験的な、実験に基づく
　　　　 ☐ oafish まぬけな

(24) 🔍 文の始めには「管理人はバートに警告した」とあり、その後に「バートが家賃とガス代を期限内に支払う〜を何度も無視したため、アパートから追い出されることになる」と続いています。この文では、無視すると管理人に追い出されることになる「催促」を表す語が必要です。「熱心な勧め」を意味する exhortations を選ぶと、その文意が通ります。

🔄 管理人は、家賃とガス代を期限内に支払うよう何度も催促したが無視したため、アパートから追い出すとバートに警告した。

✏️ 正解 ☐ exhortation 熱心な勧め、奨励
　　誤答 ☐ antidote 解毒剤、矯正手段、対策
　　　　 ☐ jaunt 遠足、小旅行
　　　　 ☐ cobweb クモの巣、わな、混乱

🚩 **(22) 1　(23) 1　(24) 4**

(25) The company's gloomy financial situation was a (   ) for its owner because he did not want to fire anyone, but he also needed to cut costs.

    1 plateau   2 quandary
    3 tribunal   4 buffer

(26) After explaining that a significant amount of money was missing, the manager looked at each of his employees (   ) and waited for someone to confess.

    1 reproachfully   2 bashfully
    3 daintily   4 quaveringly

(27) Ryan always got a laugh out of telling ridiculous stories to his (   ) friends, such as when he convinced them his family got stranded on an island.

    1 drab   2 wry
    3 gullible   4 ominous

(25) 🔍 文の前半では「会社の悲惨な財務状況はオーナーにとって～であった」と述べられています。後半は理由を表す接続詞 because で始まり、「彼は誰も解雇したくなかったが、同時にコスト削減の必要もあったから」と説明されています。この理由として述べた事情から置かれている状況がどうであるかを考えると、「困惑」や「板ばさみ」を意味する quandary で文意が適切に表現されるとわかります。

🔀 会社の暗い財務状況は、オーナーにとって窮地であった。というのも、彼は誰も解雇したくなかったが、同時にコスト削減も必要としていたからだ。

✏️ 正解 ☐ quandary 困惑、板ばさみ、難局
誤答 ☐ plateau 台地、高原、(グラフの) 平坦域
　　 ☐ tribunal 裁判所、法廷、判事席
　　 ☐ buffer 緩衝物
英文 ☐ gloomy 暗い

(26) 🔍 文の前半では、「かなりの金額がなくなっていることを説明した」と述べられており、後半では「マネジャーが従業員一人一人を～見て、誰かが白状するのを待った」と続いています。選択肢には副詞が並んでいて、「～のように見る」という意味になります。「誰かが白状するのを待った」という部分からマネジャーが従業員に対して疑いの感情を抱いていることが読み取れるため、reproachfully が適切だとわかります。

🔀 かなりの金額がなくなっていることを説明した後、マネジャーは従業員一人一人をとがめるような目で見て、誰かが白状するのを待った。

✏️ 正解 ☐ reproachfully とがめるように
誤答 ☐ bashfully はにかんで、内気に
　　 ☐ daintily 優美に、上品に、繊細に、几帳面に、えり好みして
　　 ☐ quaveringly 声を震わせて
英文 ☐ confess 白状する、告白する

(27) 🔍 文の前半では「ライアンはいつも、～友人たちに、ばかげた話をして笑った」と述べられており、後半では「例えば、それは自分の家族が島に取り残されたと信じ込ませるようなことだった」と続いています。選択肢には形容詞が並んでいて、友人の特徴を表す言葉を選ぶ必要があります。ばかげた話を信じ込むというところから、この文脈では「だまされやすい」を意味する gullible が適切です。

🔀 ライアンはいつも、騙されやすい友人たちに、ばかげた話をして笑った。例えば、それは自分の家族が島に取り残されたと信じ込ませるようなことだった。

✏️ 正解 ☐ gullible だまされやすい
誤答 ☐ drab さえない茶色の、くすんだ、単調な、面白みのない
　　 ☐ wry ゆがんだ、ねじれた、しかめた、見当違いの、こじつけの
　　 ☐ ominous 不吉な、縁起の悪い
英文 ☐ get a laugh out of X X を笑って楽しむ　☐ ridiculous ばかげた、滑稽な
　　 ☐ strand …を取り残す・立ち往生させる

🚩 **(25) 2　(26) 1　(27) 3**

練習しよう！ **問題・解説**

(28) A: Thank you for all the fruit and vegetables. We didn't have to go shopping for a week.

B: Of course! We're just happy our farm had such a (   ) harvest this year.

1 bountiful   2 meager

3 vicarious   4 queasy

(29) Mr. Johnson knew the banker would be confused by the business plan. Therefore, he prepared a full report to (   ) the important points of his proposal.

1 scoff   2 allay

3 beguile   4 elucidate

(30) A: I just remembered we have a test tomorrow, but I haven't studied at all yet.

B: I always tell you not to (   ), but you never listen, do you?

1 procrastinate   2 muff

3 coalesce   4 intercede

42

(28) 🔍 人物 A が「たくさんの野菜と果物をありがとう。一週間買い物に行かなくてすんだ」と述べて
おり、後半では、人物 B が「今年は私たちの農場が〜な収穫でよかった」と続いています。選択
肢には形容詞が並んでいますが、一週間買い物に行かずに済んだという文脈では、「豊富な」を
意味する bountiful が適切です。

🔁 A：たくさんの野菜と果物をありがとう。一週間買い物に行かなくてすみました。
B：いいんですよ！ 今年は私たちの農場がこんなに豊作でよかったです。

✏️ 正解 ☐ bountiful 豊富な、たくさんある
誤答 ☐ meager 貧弱な、不十分な、やせた
☐ vicarious 代理の、他者の経験を想像して感じる
☐ queasy 吐き気がする、不安な、(胃が) 食物を受けつけない、(食物が) むかつかせる

(29) 🔍 前半の文では「ジョンソン氏は銀行の経営者が事業計画書を読んで困惑することを知ってい
た」と述べています。後半の文では「そこで彼は、自分の提案の重要なポイントを〜ために、内
容の充実した報告書を作成した」と続いています。計画書を読んで困惑する人がいる状況で重
要なポイントをどうするか考えると、「明確にする」を意味する elucidate が適切です。

🔁 ジョンソン氏は、銀行担当者が事業計画書に困惑することを予期していた。そこで彼は、自分
の提案の重要なポイントを明確にするために、内容の充実した報告書を作成した。

✏️ 正解 ☐ elucidate (事柄・問題) を明らかにする、…をはっきり説明する
誤答 ☐ scoff …をがつがつ食う・あざける
☐ allay (苦痛・心配) をやわらげる、(興奮・怒り) を静める
☐ beguile …をだます・楽しませる、(苦しみ・退屈) を紛らす
英文 ☐ banker 銀行家 ☐ full report 詳細な報告書

(30) 🔍 人物 A は「明日テストがあるのを思い出したが、まだ全然勉強していない」と述べています。
それを受けて人物 B は「いつも〜しないでと言っているが、君は聞いていない」と言っています。
B の忠告を聞かずにやったことが A の発言の中にあると考えると、物事を先延ばしにする
ことを意味する procrastinate を選ぶと文意が通ります。

🔁 A：明日テストがあるのを思い出したんだけど、まだ全然勉強していない。
B：私がいつも、先延ばしにするなって言っているのに、君は全然聞かないよね。

✏️ 正解 ☐ procrastinate ぐずぐずする、先に延ばす
誤答 ☐ muff へまをやる、しくじる
☐ coalesce 癒着する、合体する
☐ intercede 仲裁する、とりなす

🚩 **(28) 1 (29) 4 (30) 1**

(31) Tyler tried to repair the leaking kitchen sink on his day off, but gave up as soon as it (   ) foul-smelling water all over his clothes.

1　postulated　　2　alluded
3　spewed　　　4　titillated

(32) Sailing around the world in under a month is an (   ) goal. Many believe it can't be done because of the numerous dangers faced at sea.

1　obese　　　　2　audacious
3　impertinent　　4　episcopal

(33) The king's successful (   ) of his country was not due to force. In fact, it was his kindness which won over the people and let him rule for many years.

1　psalm　　　　2　endowment
3　subjugation　　4　babble

(31) 🔍 文の前半に「タイラーは休みの日に台所の流しの水漏れを修理しようとした」とあり、接続詞 but の後に「悪臭を放つ水が服全体に～とすぐに諦めた」と続いています。服全体に水がどうなると修理しようとしていた気持ちが折れてしまうかを考えると、勢いよく噴き出したことを意味する spewed で文意が通るとわかります。

🔄 タイラーは休みの日に台所の流しの水漏れを修理しようとしたが、悪臭を放つ水が彼の服全体に飛び散ったのですぐに諦めた。

✏️ 正解 ☐ spew …を噴出する・吐き出す
誤答 ☐ postulate …を仮定する・前提する
☐ allude 言及する、ほのめかす
☐ titillate …を刺激する・くすぐる
英文 ☐ foul 悪臭のある、(食べ物が)腐敗した

(32) 🔍 前半の文では「1か月以内に船で世界一周するというのは～目標だ」と述べられています。後半の文で「海上では数々の危険に直面するため、多くの人が不可能だと考えている」と説明されているところから、どんな目標と言えるかを考えます。この文脈では、「大胆な」、「向こう見ずな」という意味を持つ audacious を選ぶと文意が通ります。

🔄 1か月以内にヨットで世界一周するというのは大胆な目標だ。海上では数々の危険に直面するため、多くの人が不可能だと考えている。

✏️ 正解 ☐ audacious 大胆な、向こう見ずな、厚かましい
誤答 ☐ obese 肥満した、太りすぎの
☐ impertinent 無礼な、でしゃばった、見当違いの、無関係の
☐ episcopal 監督の、司教の、主教の

(33) 🔍 前半の文では「王が国の～に成功したのは武力によるものではない」と述べられ、後半の文は、In fact で始まり「実際は、彼の優しさが民衆の心をつかみ、長年にわたる統治ができたのだ」と、前文の内容について説明しています。王という立場で、武力に代えて優しさで民衆の心をつかむことで統治できたという文脈から考えると、「征服」、「服従」の意味を持つ subjugation で文意が通ります。

🔄 王が国を支配したのは武力によるものではない。それどころか、彼の優しさが民衆の心をつかみ、長年にわたる統治ができたのだ。

✏️ 正解 ☐ subjugation 征服、服従、従属
誤答 ☐ psalm 賛美歌、聖歌、詩編
☐ endowment 寄付、贈与、遺贈、寄付金
☐ babble がやがやいう声、喃語、せせらぎ

🚩 **(31) 3 (32) 2 (33) 3**

練習しよう！ **問題・解説**

(34) The medical company is now being investigated for fraud. Apparently one doctor can prove they have ( ) results for many years to get permission to sell their drugs.

1 cogitated   **2** espoused

3 blemished   **4** fabricated

(35) Kyle found out he had the same disease as his mother. The doctor explained that it was ( ) and could be managed with the right medicine.

1 bogus   **2** tepid

3 insolent   **4** congenital

(36) Many locals did not want to help the lost traveler, but one ( ) young man walked him all the way to the hotel he was looking for.

1 malicious   **2** obliging

3 brazen   **4** focal

46

(34) 🔍 前半の文では「その医療関係の会社は今、詐欺の容疑で捜査を受けている」と述べられており、後半の文では「一人の医師が、薬の販売許可を得るために会社が長年にわたって~してきたことを証明できる」と続いています。詐欺容疑で捜査を受けることになる会社が長年してきたことは何かを考えると、「でっち上げた」、「捏造した」という意味になる fabricated を選ぶと文意が通ります。

📖 その医療会社は今、詐欺容疑で捜査を受けている。どうやら一人の医師が、薬の販売許可を得るために長年にわたって結果を捏造してきたことを証明できるようだ。

✏️ 正解 ☐ fabricate …をでっち上げる・組み立てて製造する
誤答 ☐ cogitate …について考える・熟考する
☐ espouse （主義・説）を信奉する・支持する
☐ blemish …を損なう・傷つける・汚す
英文 ☐ fraud 詐欺、詐欺的行為

(35) 🔍 前半の文では「カイルは自分が母親と同じ病気であることを知った」と述べられており、後半の文では「医師は、その病気は~で、適切な薬で対処できると説明した」と続いています。この文では、病気の性質を表す語を探します。「先天性の」、「生まれつきの」という意味の congenital を選ぶと文意が通ります。

📖 カイルは母親と同じ病気であることがわかった。医師は、この病気は先天性のもので、適切な薬で対処できると説明した。

✏️ 正解 ☐ congenital 先天性の、生まれつきの
誤答 ☐ bogus 偽の、いんちきの
☐ tepid 生ぬるい、熱意のない
☐ insolent 横柄な、無礼な、傲慢な、生意気な

(36) 🔍 文の前半では「多くの地元の人たちは道に迷った旅行者を助けようとはしなかった」と述べられていますが、逆接の意味で接続詞 but が使われており、後半では「一人の~若者が、彼が探していたホテルまで一緒に行ってくれた」と続いています。前半の多くの地元の人たちとは対照的に旅行者を助けた若者を指すのに適当な語を選ぶと、この文では、「協力的な」という意味の obliging で適切に表現されます。

📖 多くの地元の人たちは道に迷った旅行者を助けようとはしなかったが、一人の親切な若者が、彼が探していたホテルまで送ってくれた。

✏️ 正解 ☐ obliging よく人の世話をする、協力的な
誤答 ☐ malicious 悪意のある、意地の悪い
☐ brazen 厚かましい、耳障りな、真鍮製の
☐ focal 焦点の、焦点になっている
英文 ☐ walk …を案内して歩く、…と一緒に歩く

🚩 **(34)** 4 **(35)** 4 **(36)** 2

(37) Nicole taught her son to (   ) violence from a young age. They went to church every Sunday and often volunteered at events seeking global peace.

1 abhor   2 mollify
3 blot   4 arbitrate

(38) Vivian did not tell her parents about the (   ) with the missing car keys. She hoped to solve the problem on her own and avoid getting in trouble.

1 smudge   2 repudiation
3 mishap   4 austerity

(39) Sloan let out all the anger he had been holding in. His (   ) was mostly directed at the newest team member, who could never complete even the simplest tasks.

1 jumble   2 semblance
3 abyss   4 tirade

(37) 🔍 前半の文では「ニコールは息子が幼い頃から暴力を～ことを教えた」と言っていて、後半の文では「二人は毎週日曜日に教会に通い、世界平和を希求するイベントにボランティアとして参加することも多かった」と続いています。世界平和を求めることと対照的な内容が暴力に対して向けられていると考えられます。「ひどく嫌う」という意味の abhor を選ぶと、そのような文意が通ります。

筆記
1

📖 ニコールは息子が幼い頃から暴力を忌み嫌うことを教えた。二人は毎週日曜日に教会に通い、世界平和を求めるイベントにボランティアとして参加することも多かった。

✏️ 正解 ☐ abhor …をひどく嫌う・避ける
　　誤答 ☐ mollify （人・感情）をなだめる・和らげる
　　　　 ☐ blot （インクで）…を汚す、（紙でインク）を吸い取る、（名誉）をけがす
　　　　 ☐ arbitrate （紛争）を仲裁する、…を調停する

(38) 🔍 前半の文では「ビビアンは車のキーの紛失という～について両親に言わなかった」とあり、後半の文では「彼女は自分で問題を解決し、嫌な目に遭うのを避けたかったのだ」と、その理由が続いています。後半の the problem から空所にも「問題」を表す語が入ると考えられます。ここでは「災難」、「不幸な出来事」を意味する mishap を選びます。mishap with X で「X に関する問題」、「X という問題」という意味になることを覚えておきましょう。

📖 ビビアンは車の鍵がなくなった災難について両親に言わなかった。彼女は自分で問題を解決し、トラブルに巻き込まれるのを避けたかったのだ。

✏️ 正解 ☐ mishap 災難、不幸な出来事、事故
　　誤答 ☐ smudge よごれ、しみ、いぶし火
　　　　 ☐ repudiation 拒絶、否認、離縁
　　　　 ☐ austerity 質素な生活、耐乏生活、緊縮経済、厳格、簡素
　　英文 ☐ on one's own 自分の力で

(39) 🔍 前半の文では「スローンは溜め込んでいた怒りをすべて吐き出した」と述べられており、後半では「～は、ほとんどが簡単な仕事さえこなせないチームの新人に対するものだった」と続いています。怒りを抑えられずに発せられたというところから考えると、「長時間非難する」ことを意味する tirade で文意が通るとわかります。

📖 スローンは溜め込んでいた怒りをすべて吐き出した。彼の暴言のほとんどは、新人のチームメンバーに向けられたもので、そのメンバーは簡単な仕事さえこなせなかった。

✏️ 正解 ☐ tirade 長い攻撃演説、長い熱弁
　　誤答 ☐ jumble ごちゃまぜ、寄せ集め、混乱、がらくた
　　　　 ☐ semblance 外形、外観、類似、よく似たもの
　　　　 ☐ abyss 底知れぬ深み、どん底、破局
　　英文 ☐ hold in （感情）を抑える、…を自制する

🚩 **(37)** 1　**(38)** 3　**(39)** 4

49

(40) Mr. Philips put his students' lives in (   ) when he took them on a trip without anyone's permission, so he was suspended from his job.

1 hiatus   2 acumen
3 vermin   4 peril

(41) Mr. Coleman preferred a relaxed atmosphere at work where staff could enjoy themselves. He allowed everyone to (   ) as long as deadlines were met on time.

1 drone on   2 goof off
3 peter out   4 bag up

(42) In order to increase lesson availability at his language school, the manager decided to (   ) on unnecessary meetings to make room in the teachers' schedules so they could teach more.

1 clamp down   2 weasel out
3 cave in   4 dream up

(40) 🔍 文の前半では「フィリップス氏は誰の許可も得ずに生徒を旅行に連れて行き、生徒の命を〜に置いた」と述べられており、後半では等位接続詞の so が続き、「そのため、停職処分を受けた」と言っています。生徒の命をどういった状況に置くと停職処分を受けることになるかを考えると、「危険」を意味する peril で文意が通るとわかります。

📝 フィリップス氏は誰の許可もなく生徒を旅行に連れて行き、生徒の命を危険にさらしたため、停職処分を受けた。

✏️ 正解 ☐ peril 危険
　　誤答 ☐ hiatus 隙間、割れ目
　　　　 ☐ acumen 鋭い洞察力、明敏
　　　　 ☐ vermin 害獣、害虫、寄生虫、ならず者
　　英文 ☐ suspend …を停職にする

(41) 🔍 前半の文では「コールマン氏は、スタッフが楽しめるようなリラックスした雰囲気の職場がいいと考えていた」と言っていて、後半では「彼は、納期が守られている限り、どの人にも〜ことを許した」と続いています。前半の文の内容から「なまける」を意味する goof off を選ぶと文意が通ります。1の drone on は自由に楽しくおしゃべりをするという意味合いとは異なります。

📝 コールマン氏は、スタッフが楽しめるようなリラックスした雰囲気の職場を好んだ。彼は、納期が守られている限り、どの人にもだらけることを許した。

✏️ 正解 ☐ goof off 仕事をなまける、いい加減にやっている
　　誤答 ☐ drone on 長々としゃべり続ける、だらだらと続く
　　　　 ☐ peter out 次第になくなる、疲れ果てる
　　　　 ☐ bag up …を袋に入れる、逮捕される
　　英文 ☐ meet （条件・要求）を満たす、…に応える

(42) 🔍 In order to で始まる、文の前半では「語学学校のレッスン時間を増やすため」と述べられており、後半では「マネジャーが不必要なミーティングを〜して、講師のスケジュールに余裕を持たせた」と続いています。目的のために不必要なミーティングをどうすることにしたかを考えると、「厳しく制限する」という意味の clamp down を選ぶのが適切だとわかります。

📝 そのマネジャーは、語学学校でのレッスン時間を増やすため、不必要なミーティングを厳しく制限し、講師のスケジュールに余裕を持たせてもっと教えられるようにした。

✏️ 正解 ☐ clamp down 厳しく制限する
　　誤答 ☐ weasel out （義務・責任を）逃れる・回避する
　　　　 ☐ cave in 崩落する、へこむ、屈服する
　　　　 ☐ dream up （計画・案）を考え出す・思いつく
　　英文 ☐ availability 時間があること、利用できること　☐ room 余地

🚩 **(40)** 4 **(41)** 2 **(42)** 1

(43) Samuel met Alicia by chance on a study abroad program in Europe. They quickly became friends, so before returning home they made plans to (   ) for another trip together in the future.

1   hook up   2   while away
3   yammer on   4   bin off

(44) Vincent realized some of the presentation's data was from the previous year, so he asked his team members to update the information and warned them not to (   ) again.

1   double down   2   screw up
3   black out   4   whisk away

(45) The rules stated that writers found guilty of the (   ) of other texts will be removed from the competition. All essays will be checked to make sure the writing is original.

1   jock   2   appropriation
3   veracity   4   wager

(43) 🔍 前半の文では「サミュエルはヨーロッパ留学のプログラムでアリシアと偶然知り合った」と書いてあります。後半の文では「二人は友達になり、帰国する前に将来の二人での別の旅行のために〜する約束をした」と続いています。選択肢には二人で行うことが並んでいますが、ここでは、「将来の二人での別の旅行のために」の部分から、「会って一緒になる」という意味の hook up を選ぶことができます。

🔁 サミュエルはヨーロッパでの留学プログラムでアリシアと偶然知り合った。彼らはすぐに仲良くなり、帰国する前に、将来また一緒に旅行する約束をした。

✏️ 正解 ☐ hook up 会って一緒になる
誤答 ☐ while away （時）をぶらぶら過ごす
☐ yammer on べらべらしゃべる
☐ bin off …を捨てる、…と別れる

(44) 🔍 文の前半では「ヴィンセントはプレゼンテーションのデータの一部が前年のものであることに気づき」と書いてあります。接続詞 so で始まる後半では「チームメンバーに情報を更新するよう依頼して、二度と〜しないよう注意した」と続いています。「データが前年のものであった」や「情報を更新するよう依頼した」から、ミスがあったことがわかります。そのためにチームメンバーに声をかけることとしては「しくじる」ことがないようにという意味になる screw up を選ぶのが適切です。

🔁 ヴィンセントはプレゼンテーションのデータの一部が前年のものであることに気づき、チームメンバーに情報を更新するよう求め、二度と失敗しないよう忠告した。

✏️ 正解 ☐ screw up しくじる
誤答 ☐ double down 倍賭けする、押し通す、強行する
☐ black out （明かりが）消える、意識を失う、一定期間停止する
☐ whisk away …を急に持ち去る、さっと動く、急に見えなくなる

(45) 🔍 前半の文では「規則では、他の文章を〜したことが発覚した場合、著者はコンクールから排除されることになっていた」と言っていて、後半の文では「すべてのエッセイはオリジナルであるかどうかチェックされる」と続いています。コンクールに出ている著者がしてはいけないことを考えると、他の文章を盗用することを意味する appropriation で文意が適切に表現されるとわかります。

🔁 規則では、他の文章を流用したことが発覚した場合、コンクールから除外されることになっていた。すべてのエッセイはオリジナルであるかどうかチェックされる。

✏️ 正解 ☐ appropriation 盗用、流用
誤答 ☐ jock 運動選手、スポーツ好きの学生、…狂
☐ veracity 真実を語ること、正確さ、正直、真実性
☐ wager 賭け、賭けたもの、賭けの対象

🚩 **(43)** 1 **(44)** 2 **(45)** 2

(46) Researchers are experimenting with how to make fruits less (   ) to bad conditions, because crops that can survive cold weather will be cheaper to produce.

1 brawny   2 lavish
3 susceptible   4 enigmatic

(47) Cooper and the chef could not agree on their restaurant's main dish. This (   ) was finally resolved after many lengthy discussions, and they decided seafood was the best choice.

1 requital   2 impediment
3 precipice   4 veneration

(48) Maria thought the date at a flower park was so lovely of her boyfriend. She had no clue that his (   ) motive was to propose marriage.

1 ulterior   2 idiosyncratic
3 compulsive   4 kindred

(46) 🔍 文の前半では「研究者たちは悪条件に～でない果物を作る方法に関する実験をしている」と言っていて、後半では「寒冷な気候に耐えられる作物は生産コストが安くなるため」と続いています。less で修飾されていることを踏まえて、悪条件に影響されにくいことを意味するように語を選びます。空所の後に続く to からも、選択肢の中で後に to を取るのが susceptible だけだと判断できます。

🔁 寒さに耐えられる作物は生産コストが安くなるため、研究者たちは悪条件に影響されにくい果物を作る方法を試している。

✏️ 正解 ☐ susceptible to …を受けやすい、…に影響されやすい
　　誤答 ☐ brawny 筋肉のたくましい、屈強な
　　　　　☐ lavish 気前のよい、物惜しみしない、贅沢な、あり余る
　　　　　☐ enigmatic 謎の、解きがたい、得体のしれない、不思議な

---

(47) 🔍 前半の文では「クーパーとシェフはレストランのメインディッシュについて意見をまとめられなかった」と述べられていて、後半では「長時間の話し合いを重ねて、この～がようやく解決した」と続いています。ここでは、前半の内容が「意見の不一致」や「問題」を意味する語で言い換えられていると考えられます。意味の面からは少し遠く感じられますが、メニュー決定や運営の「障害」になるという発想から impediment を選ぶことができます。

🔁 クーパーとシェフはレストランのメインディッシュについて意見がまとまらなかった。この障壁は長々とした話し合いを重ねてようやく解決し、シーフードがベストだという結論に達した。

✏️ 正解 ☐ impediment 障害
　　誤答 ☐ requital 返礼、報償、報復、罰
　　　　　☐ precipice 絶壁、崖、危機
　　　　　☐ veneration 尊敬、崇拝
　　英文 ☐ lengthy 長々しい

---

(48) 🔍 前半の文では「マリアはフラワーパークでのデートを素敵だと思った」と言っていて、後半の文では「彼女は彼の～動機が結婚のプロポーズだとは気づいていなかった」と続いています。この、デートには伝えられていない動機があるという文脈で「隠された意図」の意味になる ulterior を選ぶと文意が通ります。

🔁 マリアはフラワーパークでのデートだなんてボーイフレンドはなんて素敵なんだろうと思った。彼女は、彼の本当の動機が結婚を申し込むことだとは全く気づいていなかった。

✏️ 正解 ☐ ulterior 隠された、裏面の
　　誤答 ☐ idiosyncratic 特異な、特有の
　　　　　☐ compulsive 強迫観念にとらわれた、強制的な
　　　　　☐ kindred 血縁の、同質の、同類の
　　英文 ☐ have no clue 見当がつかない、わからない　☐ motive 動機、目的

🚩 **(46) 3　(47) 2　(48) 1**

(49) Karen thought the lawyer was the (   ) of wealth when he arrived for their meeting in his shiny red sports car wearing an expensive suit.

1 epitome   2 duplicity
3 valor   4 candor

(50) Sasha did not like (   ) through the crowded train station on her way home from the office. Therefore, she often stayed late just to avoid rush hour when returning home.

1 buoying   2 hustling
3 skulking   4 marshaling

(51) The supermarket owner announced the store's (   ) closure to his staff. He apologized for the lack of notice and offered to help them find new jobs.

1 facile   2 impending
3 provocative 4 shaggy

(49) 🔍 文の前半では「カレンは、この弁護士が富裕層の〜だと思った」と言っています。when 以下は「彼が高価なスーツを着てピカピカの赤いスポーツカーで面会にやってきたとき」とあり、いかにもお金を持っていそうな人の特徴が述べられています。それを見て思うこととして、まさにお金持ちそのものという文意になる「典型」や「権化」の意味の epitome が正解です。

🔀 カレンは、弁護士が高価なスーツを着てピカピカの赤いスポーツカーで待ち合わせにやってきたとき、富の象徴だと思った。

✏️ 正解 ☐ **epitome** 典型、権化、縮図
誤答 ☐ **duplicity** 二枚舌、二心あること、不誠実
☐ **valor** 勇気、武勇
☐ **candor** 率直さ、正直さ、公平、公正
英文 ☐ **shiny** 光る、ぴかぴかの

(50) 🔍 前半の文では「サーシャは会社から帰るとき、混雑した駅の構内を〜のが嫌いだった」と述べられており、後半の文では「帰宅時のラッシュを避けるためだけに、しばしば遅くまで残っていた」と続いています。選択肢には「押し合う」、「こそこそ歩く」、「集合する」といった動作を表す動詞の ing 形が並んでいますが、混雑した駅でとる動作としては hustling が適当だと考えられます。

🔀 サーシャは会社から帰るとき、混雑した駅で人を押し分けながら通るのが嫌いだった。そのため、帰宅時のラッシュを避けるために、しばしば遅くまで残っていた。

✏️ 正解 ☐ **hustle** 押し合う、押し分ける
誤答 ☐ **buoy** 浮く、…を浮かせる・元気づける
☐ **skulk** こそこそ歩く、こそこそ隠れる
☐ **marshal** まとまる、整列する、集合する
英文 ☐ **rush hour** 混雑時間

(51) 🔍 前半の文では「スーパーマーケットのオーナーは従業員に〜な閉店を知らせた」と言っていて、後半では「彼は告知していなかったことをわび、彼らが新しい仕事を見つけるのを助けると申し出た」と続いています。告知していなかったことをわびることや仕事探しの手伝いを申し出ることが必要になるところから、「差し迫った」を意味する impending が文意に合うとわかります。

🔀 スーパーマーケットのオーナーは、従業員に差し迫った閉店のことを知らせた。彼は告知不足をわび、彼らが新しい仕事を見つけるのを助けると申し出た。

✏️ 正解 ☐ **impending** 切迫した、差し迫った
誤答 ☐ **facile** うわべの、あまりに容易い、楽に理解できる
☐ **provocative** 怒らせる、刺激的な、挑発的な
☐ **shaggy** 毛むくじゃらの、草木がぼうぼうとした

🚩 **(49)** 1 **(50)** 2 **(51)** 2

(52) Thousands of years ago, farmers who lived near rivers or lakes were able to build the first ( ) systems.

1 chasm
2 matrimony
3 repugnance
4 irrigation

(53) Dr. Wood praised the nurse for her efforts and said she could expect a pay increase soon. Then he tried to ( ) her into working extra hours on the weekend.

1 infiltrate
2 tarnish
3 cajole
4 mince

(54) Although Rose arrived just a minute late, the teacher yelled and made her apologize to the students for interrupting class. Everyone thought he was too ( ) about school rules.

1 draconian
2 scornful
3 impromptu
4 exorbitant

(52) 「数千年前、川や湖の近くに住んでいた農民たちは〜システムを作ることができた」と言っているので、水辺の近くであることや農民が用いるものであることから考えて「灌漑」を意味する irrigation を選ぶと文意が通ります。

数千年前、川や湖の近くに住んでいた農民たちは、最初の灌漑方式を作ることができた。

正解 ☐ irrigation 灌漑
誤答 ☐ chasm 深い割れ目、隔たり
　　☐ matrimony 結婚、婚姻、夫婦生活、結婚生活
　　☐ repugnance 嫌悪、反感、気質が合わないこと

筆記 1

(53) 前半の文では、「ウッド医師が看護師の努力を称賛し、昇給を期待していいと言った」と言っています。後半の文では、その後に「彼女を〜して週末の時間外労働をさせようとした」と続いているので、前半の内容で看護師を気分よくさせておいて何かをさせるという状況に合う cajole を選ぶことができます。

ウッド医師は看護師の努力を称え、すぐに昇給が期待できると言った。そして、彼女をおだてて週末に時間外労働をさせようとした。

正解 ☐ cajole おだてて…させる
誤答 ☐ infiltrate …を浸入させる、…に潜入する
　　☐ tarnish （金属）を曇らせる、（名誉）をけがす
　　☐ mince …を細かく切る・婉曲に言う

(54) 1文目の前半は、逆接の接続詞 Although「〜にもかかわらず」で始まり、「ローズがほんの1分遅刻しただけなのに」と程度の小ささを述べていますが、後半は「先生は怒鳴って、生徒たちに向かって謝らせた」と述べていて、その罰が不釣り合いに重い状況がうかがえます。それを見て2文目は「皆、先生は校則に関して〜だと思った」と続いています。この先生の対応の描かれ方から「過剰に厳しい」という意味の draconian が文意に当てはまります。

ローズはほんの1分遅刻しただけなのに、先生は怒鳴って、生徒たちに向かって授業を妨害したことを謝らせた。誰もが校則に厳しすぎると思った。

正解 ☐ draconian 極めて厳しい、過酷な
誤答 ☐ scornful 軽蔑する、さげすむ、冷笑的な
　　☐ impromptu 即座の、即興的な
　　☐ exorbitant （欲望・要求・値段が）法外な、途方もない

(52) 4　(53) 3　(54) 1

(55) A: I heard Bill has been (   ) repeatedly for sleeping at his desk, yet he still does it.
B: Well, the man almost never goes home, so it's hard to blame him for being tired.

1 chastised   2 emanated
3 wedged   4 shuffled

(56) Her friend did not eat meat, so Tina was (   ) when she decided to make a reservation for their dinner date at a hamburger restaurant.

1 leery   2 dainty
3 genial   4 remiss

(57) Although Shawn simply intended to make space for some recent purchases, he (   ) began reading an old book while reorganizing his bookshelf.

1 dutifully   2 inadvertently
3 spitefully   4 explicitly

(55)

人物 A は「ビルは席で寝ていることを何度も〜されているそうだけど、それでもまだやっている」と言っています。また、人物 B は「(ビルがデスクで寝ているのは)家に帰っていないことがあるから、責められない」とも言っています。これが責められていることは不当だという意図の発言と捉えると、人物 A が伝えた内容には、その責められたという動作が当てはまると考えられます。選択肢から「厳しく非難された」の意味になる chastised を選ぶと文意が通ります。

A：ビルはデスクで寝ていることを何度も叱られているそうだけど、それでもまだやっている。
B：まあ、あの人はほとんど家に帰らないから、疲れていても仕方ないよ。

正解 ☐ chastise …を厳しく非難する・責める
誤答 ☐ emanate (光・熱・音・蒸気・香り)を発散する
☐ wedge …をくさびで留める・無理に押し込む
☐ shuffle …をあちこちに動かす・組み換える

(56)

接続詞 so が前の文を理由として受けていることを表しています。「友人が肉を食べなかった」という前半の状況に対して、「ティナが夕食の予約をハンバーガーレストランに入れたことは〜だった」と、後半で結果を述べています。友人に配慮せずに、友人が食べられないものを提供する店を予約したという文脈では「不注意な」を意味する remiss が当てはまるとわかります。

彼女の友人は肉を食べなかったので、ティナがディナーデートでハンバーガーレストランに予約を入れたのはうかつだった。

正解 ☐ remiss 不注意な、怠慢な
誤答 ☐ leery 用心して、疑って
☐ dainty 繊細な、優美な、風味のよい、えり好みする、気難しい
☐ genial 親切な、にこやかな、温和な、温暖な

(57)

逆接の接続詞 Although で始まり、「ショーンはただ最近購入した本のためにスペースを作るつもりだったけれども」という前半に対して、後半で「〜古い本を読み始めた」という意外な結果を述べています。本来の意図からそれた様子を「うっかり」と表す inadvertently が正解です。

ショーンは最近買った本のスペースを確保するつもりだったが、本棚を整理しているうちに、つい古い本を読み始めてしまった。

正解 ☐ inadvertently 不注意に、うっかり
誤答 ☐ dutifully 忠実に、律義に
☐ spitefully 意地悪く
☐ explicitly はっきりと、明白に、露骨に

筆記 1

(55) 1　(56) 4　(57) 2

(58) Shane bought his wife bright yellow running shoes for her birthday. She (   ) by buying tickets to go see his favorite rock band a few weeks later.

1   reciprocated   2   snickered
3   carped   4   fled

(59) Students who receive the scholarship set up by Mr. Reed (   ) his kindness. Many of them wouldn't have been able to go to school without it.

1   hobble   2   extol
3   falter   4   ratify

(60) A: Did you forget that we came to this museum on our first date?
B: Of course not! In fact, I've kept those tickets in my wallet as a (   ).

1   juvenile   2   hodgepodge
3   memento   4   credence

(58) 🔍 「シェーンは妻に誕生日プレゼントを贈った」という前半の文に対して、後半では「彼女は彼の好きなロックバンドを見に行くチケットを買って~した」と述べています。プレゼントをもらったことに対してチケットを買ったという文脈から「返礼した」の意味になる reciprocated が適切だとわかります。

🔁 シェーンは妻の誕生日に鮮やかな黄色のランニングシューズを買った。彼女はそのお返しに、数週間後に彼の好きなロックバンドを見に行くチケットを買ってあげた。

✏️ 正解 ☐ reciprocate 報いる、返礼する
　　誤答 ☐ snicker くすくす笑う、忍び笑いをする
　　　　 ☐ carp 口やかましくとがめる、不平を並べる
　　　　 ☐ flee 逃げる、身を引く、消えうせる

(59) 🔍 前半の文では「リード氏が設立した奨学制度の支援を受けた学生たちが彼の親切さを~している」と言っています。後半の文でも学生たちが受けた恩恵が大きかったことを述べています。そのような学生たちがリード氏の親切に対して何をするかを考えると、彼の親切を「大いにたたえる」という意味になる extol が正解だとわかります。

🔁 リード氏が設立した奨学金を受けた学生たちは、彼の親切を大いにたたえている。彼らの多くは、この奨学金がなければ学校に行けなかっただろう。

✏️ 正解 ☐ extol …を激賞する
　　誤答 ☐ hobble …を妨げる・困らせる、…に足を引きずらせる
　　　　 ☐ falter …を口ごもりながら言う
　　　　 ☐ ratify （条約）を批准する、…を裁可する

(60) 🔍 人物 A が「最初のデートでこの美術館に来たのを忘れたの?」と尋ねています。それに対して人物 B は「もちろん忘れていない!」と答え、その理由として「そのチケットを~として財布にずっと入れている」と言っています。ここでは、思い出や記念として持ち続ける品を意味する memento が当てはまります。

🔁 A:最初のデートでこの美術館に来たのを忘れたの?
　　B:そんなわけないでしょ!　現にそのチケットを記念として財布にずっと入れてあるんだから。

✏️ 正解 ☐ memento 記念の品、思い出の種、形見
　　誤答 ☐ juvenile 児童、少年少女
　　　　 ☐ hodgepodge ごたまぜ、寄せ集め
　　　　 ☐ credence 信用、信憑性

🚩 **(58) 1　(59) 2　(60) 3**

(61) Jennifer wanted to (   ) ethics into her business class so her students would understand its value over money. She asked them to research successful entrepreneurs who had also helped society.

1 indict   2 embed
3 cajole   4 unfetter

(62) Every weekend Tom went to see his favorite football team play, and sometimes he even flew across the country for an away game because he was such an (   ) fan.

1 obtrusive   2 avid
3 impoverished   4 antagonistic

(63) Paul volunteered at the library every day to help students having trouble. The town acknowledged his (   ) and gave him a position on the school council.

1 altruism   2 perpetuation
3 iridescence   4 chaperone

(61)

🔍 前半の文は「ジェニファーがビジネスの授業に倫理を〜することで、生徒たちがお金よりも倫理の価値を理解できるようにしたいと考えた」と述べています。後半の文には「生徒たちに社会への貢献もした起業家について調べさせた」とあり、倫理を授業に取り込んでいる様子がうかがえます。「取り込む」ことを意味する embed が適切だとわかります。

🔁 ジェニファーはビジネスの授業に倫理を取り入れ、生徒たちがお金に勝る倫理の価値を理解できるようにしたいと考えた。彼女は生徒たちに、社会にも貢献した、成功した起業家について調べるよう求めた。

✏️
正解 ☐ embed …を埋め込む
誤答 ☐ indict …を起訴する・告発する
☐ cajole …を甘言でつる
☐ unfetter …の足かせをはずす、…を自由にする・解放する
英文 ☐ ethics 倫理学、道徳原理　☐ entrepreneur 起業家

(62)

🔍 文の前半では「トムが毎週末にお気に入りのフットボールチームの試合を見に行った」とあり、後半では「時にはアウェイゲームのために国中を飛行機で移動するほど〜である」と言っています。「国中を移動する」という行動のしかたから、「熱心な」、「貪欲な」ファンという意味になる avid が正解だとわかります。

🔁 毎週末、トムは大好きなフットボールチームの試合を見に行った。熱心なファンであったため、アウェイゲームのために国中を飛行機で移動することもあった。

✏️
正解 ☐ avid 熱心な、貪欲な
誤答 ☐ obtrusive 押しつけがましい、出しゃばりの、ひどく目立つ
☐ impoverished 貧困に陥った、質が落ちた、(土地が)やせた
☐ antagonistic 反対の、敵対する、拮抗する
英文 ☐ away 相手の本拠地での

(63)

🔍 前半の文では「ポールは毎日図書館で、問題を抱えている生徒を支援するボランティアをしていた」とあり、後半の文では「町が彼の〜を評価し、学校の評議会の役職を与えた」と続いています。前半の文にあったポールの無私の行動が評価されたと考えると、「利他主義」という意味の altruism で言い換えをすると文意が成立します。

🔁 ポールは毎日図書館で、問題を抱えている生徒を助けるボランティアをしていた。町は彼の利他的な行動を認め、学校評議会の役職を与えた。

✏️
正解 ☐ altruism 利他主義
誤答 ☐ perpetuation 永久化、不朽にすること
☐ iridescence 玉虫色、虹色
☐ chaperone 付き添い
英文 ☐ acknowledge …を認める　☐ school council 学校評議会、学校運営協議会

🚩 **(61)** 2　**(62)** 2　**(63)** 1

筆記 1

(64) The director's latest release tries to change the current (   ) away from male-focused action movies to give women more of a leading role.

1   paradigm   2   verge
3   incandescence   4   ambience

(65) Derek learned how to be an (   ) hunter from his father. He was told that attention to detail and knowledge of the forest provide hints to help track wild animals.

1   estranged   2   astute
3   umbrageous   4   infernal

(66) A: Maybe I should start working part-time again since we're barely (   ).
B: It's true that these past few months have been tough, but don't worry so much.

1   pegging away   2   winnowing out
3   scraping by   4   bugging off

(64) 🔍 「監督の最新作は現在の〜を変えようとしている」と言っていて、from 以下は「男性中心のアクション映画から離れ、女性にもっと主役を与えようとしている」と説明されています。ここでは「テーマ」や「様式」などの語が入ると考えられます。「枠組み」の意味を表す paradigm を選ぶと、その文意に合います。

📑 この監督の最新作は、男性中心のアクション映画から離れ、女性にもっと主役を与えるように現在のパラダイムを変えようとしている。

✒️ 正解 ☐ paradigm パラダイム、枠組み、典型
　　 誤答 ☐ verge ふち、へり、境界、間際、辺境
　　　　　☐ incandescence 白熱、白熱光、(熱意で)燃えること
　　　　　☐ ambience 環境、雰囲気
　　 英文 ☐ leading role 主役

筆記 1

(65) 🔍 前半の文では「デレクが父親から〜なハンターになる方法を学んだ」と書いてあります。後半の文では「細部に注意を払うことと森に関する知識が、野生動物を追跡するときのヒントになると教わった」と言っています。その教わったことでどのようなハンターになるかを考えると、空所には「機敏な」、「抜け目のない」という意味を持つ astute が入るとわかります。

📑 デレクは父親から目先が利くハンターになる方法を学んだ。細部への注意と森に関する知識が、野生動物を追跡するヒントになると教わった。

✒️ 正解 ☐ astute 機敏な、抜け目のない
　　 誤答 ☐ estranged 疎遠になった、仲たがいした
　　　　　☐ umbrageous 陰をつくる、陰のある、立腹しやすい
　　　　　☐ infernal 地獄の、悪魔のような、非道の

(66) 🔍 人物 A の「かろうじて〜だから、またアルバイトを始めようかな」の発言を受けて、人物 B が「ここ数か月は大変だったけど、心配しないで」となだめています。このやりとりから、生活が厳しい状況を表す言葉が求められます。空所には「どうにか暮らしていく」という意味になる scraping by を選びましょう。

📑 A：どうにか暮らしていくのもぎりぎりだから、またアルバイトを始めようかな。
　　B：確かにここ数か月は大変だったけど、そんなに心配することはないよ。

✒️ 正解 ☐ scrape by どうにか暮らしていく
　　 誤答 ☐ peg away 根気よく続ける、一生懸命にやる
　　　　　☐ winnow out 選別する
　　　　　☐ bug off 立ち去る

🚩 **(64) 1　(65) 2　(66) 3**

(67) Frank looked out the bus window and didn't think about anything in particular. When the bus arrived at the final destination, he realized he'd (   ) and missed his stop.

1 spaced out   2 piped down
3 horsed around 4 fessed up

(68) Natalie's dream was to open her own café. She spent months carefully planning the design and menu to avoid (   ) her one life goal.

1 going about   2 botching up
3 harping on   4 pecking at

(69) Quentin and his friend decided not to live together because they couldn't (   ) a set of rules that worked for both of them.

1 face off   2 iron out
3 loosen up   4 lark about

(67) 🔍 前半の文には「フランクはバスの窓の外を眺めながら、特に何も考えていなかった」とあります。When の後は「バスが終点に着いたとき、彼は自分が～して停留所を乗り過ごしたことに気づいた」と続いています。前半の内容の言い換えになる「ぼんやりした」という意味の spaced out を空所に入れると文意が通ります。

📖 フランクはバスの窓の外を眺めながら、特に何も考えていなかった。バスが終点に着いたとき、彼は自分がぼーっとしていて降りる停留所を逃したことに気づいた。

✏️ 正解 ☐ space out 空想にふける、ぼんやりする
　　 誤答 ☐ pipe down 低い声で話す、黙る、静かになる
　　　　　 ☐ horse around ばか騒ぎをする、遊びほうける
　　　　　 ☐ fess up (過ちを)認める・白状する

(68) 🔍 前半の文では「ナタリーの夢は自分のカフェを開くことだった」と言っています。後半の文では「人生のひとつの目標を～しないように、何か月もかけて慎重にデザインとメニューを考えた」とあります。夢や目標に対して避けたいことを考えると「やり損なう」、「台無しにする」という意味になる botching up が適切だとわかります。

📖 ナタリーの夢は自分のカフェを開くことだった。彼女は、人生のひとつの目標を台無しにしないように、何か月もかけて慎重にデザインとメニューを考えた。

✏️ 正解 ☐ botch up …をやり損なう・台無しにする
　　 誤答 ☐ go about …に取りかかる、…しようとする、…を歩き回る、(うわさ・病気が)広がる
　　　　　 ☐ harp on …について同じことをくどくど言う、…を繰り返し訴える
　　　　　 ☐ peck at …を少しだけ食べる・つつく・とがめる・こづき回していじめる

(69) 🔍 前半は「クエンティンとその友人は一緒に暮らすのをやめることにした」とあり、bacause で始まる後半では、「双方にとってうまく機能するルールを～できなかったため」と言っているので、成立させられなかったという意味になる語が入ると考えられます。「調整する」という意味の iron out を選ぶと、一緒に暮らすのをやめる理由として適切です。

📖 クエンティンと彼の友人は、お互いにとってうまくいくルールを作り出せなかったため、一緒に暮らさないことにした。

✏️ 正解 ☐ iron out …を調整する・円滑にする・解決する
　　 誤答 ☐ face off 対決する
　　　　　 ☐ loosen up (体)をほぐす、…を緩和する
　　　　　 ☐ lark about ふざけ回る

🚩 (67) 1　(68) 2　(69) 2

(70) Omar bought a kitchen knife while he was on vacation. However, the security guards at the airport (   ) it when they searched his bags.

1 confiscated   2 waived
3 scrunched   4 laundered

(71) Dr. Spencer's group made great (   ) toward clean water access for all, setting up thousands of home filters across developing countries.

1 conjectures   2 gripes
3 edicts   4 strides

(72) Students often complain that Mr. Fagan's classroom has poor (   ), so he keeps the windows open and fans running, even during the winter.

1 apathy   2 eminence
3 ventilation   4 acquiescence

(70) However は接続副詞で、文頭に置かれることで前の文とは対照的な情報を示す役割を果たします。この場合、前半の文「オマールが休暇中に包丁を買った」に続く However によって、後半の文が予期しない結果を示すものだとわかります。空港の保安員がバッグを検査してからしたことを考えると、「没収した」という意味になる confiscated が当てはまることが考えられます。

オマールは休暇中に包丁を買った。しかし、空港で警備員が彼のバッグを検査したとき、それを没収した。

正解 ☐ confiscate …を没収する・押収する
誤答 ☐ waive （権利・要求）を放棄する・撤回する、(主張・行動）を差し控える、(問題)を先延ばしする
☐ scrunch …をばりばり砕く・くしゃくしゃに丸める・弓なりに曲げる
☐ launder (不正資金)を合法に見せかける、…を洗濯する、洗濯して…にアイロンをかける

(71) 文の前半では、「スペンサー博士のグループが誰もがきれいな水にアクセスできるように大きな〜を成し遂げた」とあります。後半の setting up は分詞構文で、「発展途上国中に多数の家庭用フィルターを設置して」または「設置することで」という意味で使われています。多数のフィルターの設置で水を利用しやすくしたことから、ここでは「進歩」の意味になる strides が正解だとわかります。

スペンサー博士のグループは、発展途上国中に多数の家庭用ろ過機を設置し、誰もがきれいな水を利用できるよう大きく前進させた。

正解 ☐ stride 進歩、大また (make great strides で「急速な発達を遂げる」)
誤答 ☐ conjecture 推測する
☐ gripe 腹痛を起こす、不平を言う
☐ edict 布告、勅令、命令

(72) 文の前半では、「フェイガン先生の教室は〜が悪いと生徒からよく苦情が出る」と言っていて、空所には教室の状態を表す言葉が入ります。接続詞の so でつながる後半は、「だから彼は冬でも窓を開けたままにして、換気扇を回している」と、その結果について説明しています。窓を開け、換気扇を回すという対応から、悪いのは ventilation「換気」だとわかります。

フェイガン先生の教室は換気が悪いと生徒からよく苦情が出るので、冬でも窓を開けたままにして、換気扇を回している。

正解 ☐ ventilation 換気、風通し
誤答 ☐ apathy 無感動、無関心、冷淡、しらけ
☐ eminence 高い地位、卓越、著名、高所
☐ acquiescence 黙って従うこと、黙認

(70) 1 (71) 4 (72) 3

(73) Gabriel always knew how to deal with difficult shoppers. However, his face showed he was clearly (   ) when one customer demanded to speak with the manager.

1 seeped   2 vexed
3 mangled   4 walloped

(74) The doctor told Ray not to go to work until they knew if his sickness was (   ). So he went home and avoided people while waiting for his test results.

1 gawky   2 forbearing
3 placid   4 contagious

(75) Lucas called his friend when she didn't show up for their lunch date, only to find out that she had (   ) through all of her morning alarms.

1 oozed   2 lubricated
3 slumbered 4 teetered

(73) 🔍 前半では「ガブリエルは気難しい客への対応をいつも心得ていた」と述べていて、接続副詞 However でつながる後半の文では「ある客がマネジャーと話させるよう要求したとき、彼の表情は明らかに～していた」と続いています。However で文の流れを転換していることから、ガブリエルが通常とは異なる反応を示したことが考えられます。対応をいつも心得ていた人がいつもとは異なるということを考えると、「苛立っていた」という意味になる vexed が当てはまります。

🔄 ガブリエルは気難しい客への対応方法をいつも心得ていた。しかし、ある客がマネジャーと話させるよう要求したとき、彼の表情は明らかに苛立っていた。

✏️ 正解 ☐ vex …をいらいらさせる、…の心を乱す
　　誤答 ☐ seep (液体・気体が) しみ出る、(考えが) 浸透する
　　　　 ☐ mangle …をずたずたに切る、(言葉の意味) をわからなくする、(文章) を台なしにする
　　　　 ☐ wallop …をひどく打つ・打ち負かす

(74) 🔍 前半の文では「医者はレイに、彼の病気が～かどうかわかるまで仕事に行かないように言った」と言っています。接続詞 so を用いた後半の文は「そこで彼は家に帰り、検査の結果を待つ間、人と接するのを避けた」と続いています。病気で人との接触を避けるように言っている文脈では、「伝染性の」という意味を持つ contagious を選ぶのが適切です。

🔄 医者はレイに、病気が伝染性かわかるまで仕事に行かないように言った。そこで彼は家に帰り、検査結果を待つ間、人を避けた。

✏️ 正解 ☐ contagious 伝染性の、感染力がある
　　誤答 ☐ gawky (体ばかり大きくて) 不格好な、不器用な
　　　　 ☐ forbearing 辛抱強い、寛容な
　　　　 ☐ placid 穏やかな、静かな、落ち着いた

(75) 🔍 文の前半では「ルーカスは、彼女がランチのデートに来なかったので電話した」とあり、続いて後半では only to find out の構文を使い、「彼女は目覚まし時計の音が鳴っていてもずっと～していたことがわかった」と続いています。only to は、期待や意図とは反する結果が生じたことを表すために使用される表現で、文中で「～するだけの結果となる」という意味で使われます。デートの約束に姿を現さないとなると、それなりの理由がありそうですが、そうではなかったという文脈をヒントに考えると、空所に入る語は「眠っていた」という意味になる slumbered が適切だとわかります。

🔄 ルーカスは、友人がランチデートに現れなかったので電話したところ、彼女は目覚まし時計が鳴っていてもずっと眠っていただけだった。

✏️ 正解 ☐ slumber 眠る
　　誤答 ☐ ooze (水分が) にじみ出る、(空気・風・ガス・光が) 漏れ出る、(秘密が) 漏れる、(感情が) にじみ出る、(自信・希望が) だんだんなくなる
　　　　 ☐ lubricate 潤滑剤の用をする、潤滑剤を差す
　　　　 ☐ teeter よろめく、動揺する、ためらう
　　英文 ☐ show up (約束の時間に) 姿を現す　☐ only to do 結局…するだけのことだ

筆記 1

🏁 **(73) 2　(74) 4　(75) 3**

73

(76) A: The team captain said that anyone who makes a mistake during practice won't play in the game.
B: Maybe she is so ( ) because her only concern is winning.

1 ruthless 2 perky
3 convalescent 4 jubilant

(77) The issue of lowering the legal age to be considered an adult was decided by a ( ). Many older people voted against the change and they won by a majority.

1 referendum 2 porcelain
3 magistrate 4 rendezvous

(78) The north side of the castle was destroyed during a war. The south side, however, is still mostly ( ) and has been preserved for tourism.

1 fervid 2 sanctimonious
3 intact 4 adroit

(76) 人物Aは「チームのキャプテンが練習中にミスをした者は試合に出られないと言った」と言っています。それに対して、人物Bは「あの人がそんなに〜なのは、勝つことしか考えていないからかもしれない」と推測しています。ここでキャプテンの発言から考えられる性質としては、「冷酷な」、「無情な」という意味のruthlessが適切です。

A：チームのキャプテンは、練習中にミスをした者は試合に出られないと言いました。
B：彼女がそんなに冷酷なのは、勝つことしか考えていないからかもしれない。

正解 ☐ ruthless 冷酷な、無情な、容赦のない
誤答 ☐ perky 元気のよい、快活な、きびきびとした、自信にあふれた、生意気な
☐ convalescent 快方に向かっている、回復期の患者のための
☐ jubilant （歓声をあげて）喜ぶ

(77) 前半の文で「法律上成人と見なされる年齢の引き下げの問題が〜で決められた」とあり、後半の文で「多くの高齢者がこの変更に反対票を投じ、過半数を制した」と、その結果について説明しています。この決定プロセスが空所に入る言葉のヒントだと考えて、「国民投票」を意味するreferendumを選びます。

成人と見なされる法定年齢の引き下げの問題は、国民投票によって決定された。多くの高齢者がこの変更に反対票を投じ、彼らが過半数を制した。

正解 ☐ referendum 国民投票
誤答 ☐ porcelain 磁器、磁器製品
☐ magistrate 治安判事、行政長官
☐ rendezvous 会合、待ち合わせ、待ち合わせの約束、会合場所、（軍隊の）集結

(78) 前半の文では「城の北側が戦争で破壊された」と述べられていますが、後半の文では「南側はほとんど〜で、観光用に保存されている」と続いています。後半はhoweverが挿入されていることから、前半の文とは対照的な意味になるので、空所には「損なわれていない」を意味するintactが入るとわかります。

城の北側は戦争で破壊された。しかし、南側はほとんどそのままで、観光用に保存されている。

正解 ☐ intact 損なわれていない
誤答 ☐ fervid 燃えるような、熱烈な、熱情的な
☐ sanctimonious 信心ぶる、殊勝ぶる
☐ adroit 器用な、巧みな、機転のきく

筆記
1

(76) 1　(77) 1　(78) 3

(79) Bob takes sleeping pills on airplanes to avoid feeling (   ). When he forgot them on his trip to Europe, he was in the bathroom for most of the flight.

1 nauseous   2 jaded
3 bovine   4 impeccable

(80) The reporter had many years of experience (   ) information during interviews. His subjects felt comfortable with him and were able to speak freely.

1 eliciting   2 shackling
3 abrogating   4 wiggling

(81) Penny's daughter was a picky eater. She could only be (   ) to eat vegetables if she was promised chocolate ice cream after the meal.

1 frisked   2 enticed
3 whimpered   4 bawled

(79) 🔍 前半の文には「ボブは～するのを避けるために飛行機で睡眠薬を飲む」とあります。そして、後半には「ヨーロッパ旅行でそれを忘れたとき、彼はフライトのほとんどの時間をトイレで過ごした」と続いています。飛行機で薬を飲んで避けることとして、空所には「吐き気を催した」を意味する nauseous が適切です。

📝 ボブは吐き気を催すのを避けるため、飛行機の中で睡眠薬を飲む。ヨーロッパ旅行でそれを忘れたとき、彼はフライトのほとんどをトイレで過ごしていた。

✏️ 正解 ☐ nauseous 吐き気を催した
誤答 ☐ jaded 疲れ切った、飽き飽きした、衰えた
☐ bovine 牛の、牛のような、鈍重な
☐ impeccable 欠点のない、非の打ちどころのない、罪を犯さない

筆記 1

(80) 🔍 前半の文では「この記者は長年インタビューで情報を～する経験があった」と述べています。後半では「取材対象者は彼と打ち解け、自由に話すことができた」と続いています。ここでは、取材対象者を話しやすくしていることから、情報を「聞き出す」、「引き出す」という意味になる eliciting を選ぶのが適切です。

📝 この記者はインタビューで情報を引き出すことに長年の経験があった。取材対象者は彼と打ち解け、自由に話すことができた。

✏️ 正解 ☐ elicit …を聞き出す・引き出す
誤答 ☐ shackle …に手かせ[足かせ]をかける、…を束縛する
☐ abrogate (法・慣習)を廃止する・撤廃する
☐ wiggle (体)を振り動かす、小刻みに揺する

(81) 🔍 前半の文は「ペニーの娘は偏食だった」と言っています。後半では「食後にチョコレートのアイスクリームをあげると言われないかぎり、野菜を食べるように～されなかった」と続いています。空所には、アイスクリームで釣られている意味の言葉が入ると考えられます。「誘って…させられる」という意味になる enticed を選ぶと文意が通ります。

📝 ペニーの娘は偏食だった。食後のチョコレートアイスクリームを約束されないと野菜を食べようとしなかった。

✏️ 正解 ☐ entice X to *do* X を誘って[そそのかして]…させる
誤答 ☐ frisk (衣服の上から触って)…の身体検査をする
☐ whimper …を泣き声で言う
☐ bawl …をどなって言う
英文 ☐ picky eater (食べ物の)好き嫌いの激しい人

🚩 **(79)** 1 **(80)** 1 **(81)** 2

(82) After the nurses learned the hospital had rejected their request for an increase of (   ), many began looking for other jobs with less demanding hours and better benefits.

1 mirages
2 skirmishes
3 remunerations
4 aggregates

(83) Oliver's dark past had been (   ) by his political opponents. He lost the election after news spread that he had stolen money from his first company.

1 unearthed
2 rectified
3 waded
4 meandered

(84) The cat could barely move because it was so (   ). Pamela took it in and after a few months of care it now has a fat belly.

1 garrulous
2 emaciated
3 sappy
4 irate

(82) 🔍 文の前半は「病院側が看護師たちの〜の増加の要求を拒否したと知った後で」です。後半は「看護師の多くは労働時間がより短く、福利厚生が充実した他の仕事を探し始めた」と続いています。増加を要求すること、そして断られたことで、よりよい職場を求めるという反応から、空所には「報酬」、「給料」という意味の remunerations を選ぶと文意が通ります。

📝 病院側が自分たちの報酬増額の要求を拒否したと知った後、看護師たちの多くは労働時間がより短く、福利厚生が充実した他の働き口を探し始めた。

✏️ 正解 ☐ remuneration 報酬、給料
誤答 ☐ mirage 蜃気楼、妄想、はかない夢
☐ skirmish 小競り合い、小論争、小戦闘
☐ aggregate 総計、集合

---

(83) 🔍 前半の文には「オリバーの暗い過去は政敵によって〜された」とあります。後半の文は「彼は最初に勤めた会社から金を盗んだという話が広まり、選挙に敗れた」と続いています。後半の文にある内容が前半の文の「暗い過去」に当たると考えると、政敵が行ったこととして空所には「明るみに出された」という意味になる unearthed が入るとわかります。

📝 オリバーの暗い過去は政敵によって暴かれた。彼は最初の会社から金を盗んだというニュースが広まり、選挙に敗れた。

✏️ 正解 ☐ unearth …を発掘する・明るみに出す
誤答 ☐ rectify (誤り)を正す、(機械・軌道)を調整する
☐ wade (川)を歩いて渡る
☐ meander …をくねらせる、…のうねりに沿って行く

---

(84) 🔍 前半の文では接続詞 because が使われ、「その猫は〜だったため、ほとんど動けなかった」と動けなかった理由が説明されています。後半では「パメラに引き取られ、数か月間世話をされた今ではお腹が出ている」と述べられています。空所には、世話をされる前の、太っていなかったときの状態を表す語が入ると考えられます。「やせ衰えた」、「やつれた」という意味の emaciated を選ぶと文意が通ります。

📝 その猫はやせ細ってほとんど動けなかった。パメラが引き取り、数か月世話をした今ではお腹が出ている。

✏️ 正解 ☐ emaciated やせ衰えた、やつれた
誤答 ☐ garrulous (くだらないことを)よくしゃべる、(鳥が)騒々しくさえずる、(小川が)ざわめく
☐ sappy 樹液の多い、(若くて)活気に富む、ひどく感傷的な
☐ irate 激怒した
英文 ☐ take in (犬・猫)を家に入れて世話する ☐ belly 腹、腹部

🚩 **(82) 3 (83) 1 (84) 2**

筆記 1

(85) A: I'm so tired. I've been working late every night and don't even have time for lunch most days.
B: Your schedule sounds (   ). Maybe you should take a short holiday.

1 tawdry   2 dolorous
3 grueling   4 valiant

(86) The writer lost the (   ) case because his source did not appear in court to give a statement saying the information printed was true.

1 libel   2 hoax
3 impunity   4 blather

(87) A: I'm worried about Simon. He's been making some big mistakes lately.
B: Yes, his (   ) handling of our international customers could have serious consequences.

1 jaunty   2 unctuous
3 brackish   4 inept

(85) 🔍 人物 A が「毎晩遅くまで働いていて、昼食を取る時間もない日が多い」と言っているのを受けて、人物 B は「スケジュールが〜のようだ」と言っています。A の非常に忙しい状況を表す言葉として、空所には「へとへとに疲れさせる」、「厳しい」という意味の grueling を選ぶと文意が通ります。

🔁 A：とても疲れています。毎晩遅くまで働いていて、昼食を取る時間もない日が多いんです。
B：スケジュールがきつそうですね。短い休暇を取った方がいいんじゃないですか。

✏️ 正解 ☐ grueling へとへとに疲れさせる、厳しい
誤答 ☐ tawdry けばけばしい、安っぽい、恥ずべき、不道徳な
☐ dolorous 悲しい、陰気な、痛ましい、苦しい
☐ valiant 勇敢な

(86) 🔍 この文は「情報源の人が法廷に出頭せず、掲載された情報が真実であると供述しなかったため、記者は〜の裁判で敗訴した」という意味です。ここでは、印刷された情報の真偽に関する訴訟が行われたとわかるため、「裁判」と組み合わせて、その状況に合う意味になる語を選びます。「名誉毀損」を意味する libel で意味が通ります。

🔁 記者の情報源が法廷で明らかにされず、掲載された情報が真実であるという陳述を出さなかったため、彼は名誉毀損裁判で敗訴した。

✏️ 正解 ☐ libel （文書による）名誉毀損
誤答 ☐ hoax いたずら、でっちあげ、デマ
☐ impunity 刑罰を受けないこと、無事に済むこと
☐ blather 戯言、騒ぎ
英文 ☐ print …を掲載する

(87) 🔍 人物 A が「サイモンのことが心配です。彼は最近いくつも大きなミスをしているので」と言っています。それを受けて、人物 B が「海外顧客に対する〜な対応が深刻な結果を招く可能性があった」と言っています。ミスが続き、深刻な結果を招きかねないサイモンの手際を表現する形容詞としては「適性がない」、「不器用な」という意味の inept が適切です。

🔁 A：サイモンのことが心配です。彼は最近大きなミスを犯しているので。
B：そうですね。彼の海外顧客に対する不手際は深刻な結果を招きかねませんでした。

✏️ 正解 ☐ inept 適性がない、不適当な、不器用な
誤答 ☐ jaunty 軽快な、はつらつとした、陽気な、気取った
☐ unctuous 油のような、すべすべした、感動を装った、お世辞たらたらの
☐ brackish （水に）塩気がある、汽水性の、まずい、不快な
英文 ☐ handling 扱い、処理、手際

🚩 (85) 3 (86) 1 (87) 4

(88) Mrs. Manning's cafe was not busy in the morning. Only a few customers ( ) in, with most coming later for the afternoon tea special.

1 catapulted   2 swooped
3 wrung   4 trickled

(89) Everyone stopped laughing at Mr. Green's ( ) of their boss when she suddenly entered the office, however he did not notice and kept speaking in a woman's voice.

1 impersonation   2 repercussion
3 pseudonym   4 debacle

(90) Some companies are trying to make workers happy by providing generous bonuses, which many see as a better alternative to managers ( ) claiming all the profits for themselves.

1 languidly   2 reassuringly
3 meekly   4 stingily

(88) 🔍 前半の文では「マニング氏のカフェは午前中は混んでいなかった」とあり、後半では「数人の客が〜するだけで、ほとんどの客はアフタヌーン・ティーのスペシャル・メニューを目当てに後からやってきた」と続いています。ここでは、客の動きがさほどない状況に合う「ちらほらと入ってきた」という意味になる trickled を選ぶと適切に表現されます。

📝 マニング氏のカフェは午前中は混んでいなかった。数人の客がちらほらと入ってくるだけで、ほとんどの客はアフタヌーン・ティーのスペシャル・メニューを目当てに後からやってきた。

✏️ 正解 ☐ trickle in 少しずつ入る
　　誤答 ☐ catapult 勢いよく動く、飛び出る
　　　　 ☐ swoop （鳥・飛行機が空から）急降下する、急襲する
　　　　 ☐ wring 苦しむ、のたうつ

(89) 🔍 文の前半は「皆は上司が突然オフィスに入ってきたときにグリーンさんがする彼女の〜で笑うのを止めた」と言っています。接続副詞 however で始まる後半は「しかしながら、彼は気づかずに女性の声色で話し続けた」と続いています。この文では、上司が来るまで笑いを取っていたことや上司が女性でグリーンさんは女性の声色で話していたことから、選択肢にある impersonation「物真似」をしていたと考えられます。

📝 皆は上司が突然オフィスに入ってきたときにミスター・グリーンがする彼女の物真似で笑うのを止めたが、彼は気づかずに女性の声色で話し続けた。

✏️ 正解 ☐ impersonation 物真似、偽装、役を演じること
　　誤答 ☐ repercussion （好ましくない）影響、（音の）反響、（光の）反射
　　　　 ☐ pseudonym ペンネーム、偽名、匿名
　　　　 ☐ debacle （政府の）瓦解、（軍隊の）総崩れ、大失敗

(90) 🔍 文の前半では「気前のいいボーナスを支給することで、労働者を喜ばせようとしている企業もある」と言っています。後半の「which」は関係代名詞で、前半の文全体を受け、「多くの人はそのことを、〜すべての利益を自分たちのものだと主張する経営者に比べて、良い選択だと見なしている」という意味の節をつなげています。この文脈では、利益を分配しようとしない経営者の様子を表現する言葉が空所に入ると考えられます。「けちけちして」という意味を持つ stingily を選ぶと、「それよりも気前がいい方が良い」という文脈に当てはまります。

📝 手厚いボーナスを支給することで、労働者を喜ばせようとしている企業もある。それは経営者がすべての利益を自分たちで独占しようとして出し惜しみをするよりも良い選択だと多くの人が考えている。

✏️ 正解 ☐ stingily けちけちして
　　誤答 ☐ languidly 元気なく、物憂げに
　　　　 ☐ reassuringly 安心させるように
　　　　 ☐ meekly おとなしく、素直に

筆記 1

🚩 **(88)** 4　**(89)** 1　**(90)** 4

(91) The chef stayed calm during the restaurant's busy opening night, but ( ) after reading a poor review written by a famous food critic.

1 flipped out 2 eased up
3 tagged along 4 glossed over

(92) Andrew jumped into the pool while still wearing his clothes and then ( ) his little brother to do the same.

1 eked out 2 slacked off
3 egged on 4 hammed up

(93) The mother knew that one of her children had broken the flower vase. She was not angry, but simply wanted the person responsible to ( ) to their mistake.

1 own up 2 deck out
3 fawn over 4 knuckle down

(91) 文の前半では「そのシェフはレストラン開店初日の慌ただしい夜には平静を保っていた」と言っていますが、接続詞 but があるので逆の意味が続くことがわかります。後半は「有名な料理評論家の粗末な論評を読んだときは〜した」とあります。この文脈では、「平静を保つ」とは反対の「かっとなった」、「自制を失った」という意味になる flipped out を選ぶと文意が通ります。

そのシェフは、レストランの慌ただしい開店初日には平静にしていたが、有名な料理評論家の粗末な論評を読んで自制を失った。

正解 □ flip out かっとなる、自制を失う
誤答 □ ease up 仕事の手を緩める、圧力を緩める、(状態が)和らぐ、(風雨が)収まる
　　 □ tag along (人に)ついて行く、つきまとう
　　 □ gloss over (難問)をこじつけで片づける、ごまかす

(92) この文は「アンドリューが服を着たままプールに飛び込んで、弟に同じようにするよう〜した」という意味です。弟に同じことをするよう働きかけていると考えられるので、「そそのかして〜させた」という意味になる egged on が文意に合います。

アンドリューは服を着たままプールに飛び込み、弟に同じようにするよう促した。

正解 □ egg on X to *do* X をそそのかして…させる
誤答 □ eke out …の不足を補う、(食糧など)を節約で長持ちさせる、やりくりして(生計)を営む
　　 □ slack off 手を抜く、活動をゆるめる、勢いが弱くなる
　　 □ ham up 大げさに表現する

(93) 前半の文では「母親は子どもの一人が花瓶を割ったことを知っていた」と言っています。後半では「母親は怒っておらず、ただその犯人が自分の過ちを〜することを望んでいた」と続いています。花瓶を割ったという過ちに対して本人に求めることとして「罪を認める」、「白状する」という意味を持つ own up を選ぶと文意が通ります。

母親は子どもたちのうちの一人が花瓶を壊したことを知っていた。母親は怒っていたのではなく、ただそれをやった者に自分の過ちを認めてもらいたかった。

正解 □ own up to (自分の罪)を認める・白状する
誤答 □ deck out …を飾る・装う
　　 □ fawn over …にこびへつらう、…のご機嫌を取る
　　 □ knuckle down 本気で取りかかる、屈服する

筆記 1

(91) 1　(92) 3　(93) 1

85

(94) Whenever Justin's baseball team lost a game, he would (   ) unless his mother suggested they go out for ice cream.

1 perk up   2 geek out
3 brim over   4 mope about

(95) Victor thought his roommate Brandon had eaten his last piece of birthday cake. This caused a (   ) of several months, where neither spoke to the other.

1 reflex   2 blitz
3 feud   4 covenant

(96) A: What happened to you and how did your clothes become so (   )?
B: Don't worry, I just fell off my bike into the mud on my ride home.

1 pristine   2 filthy
3 capricious   4 myriad

(94) 🔍 文の前半には「ジャスティンの野球チームが試合に負けるといつでも」とあり、後半では「母親がアイスクリームを食べに行こうと提案しない限り、彼は〜していた」と続いているので、試合に負けてから母親の提案を受けるまでの子どもの状況を考えます。選択肢から「ふさぎ込む」という意味を持つ mope about を選ぶと文意が通ります。

🔧 ジャスティンの野球チームが試合に負けると彼は、母親がアイスクリームを食べに行こうと提案しない限り、いつもふさぎ込んでいた。

✏️ 正解 ☐ mope about ふさぎ込む
　　誤答 ☐ perk up 元気になる、活気づく、聞き耳を立てる
　　　　 ☐ geek out ガリ勉する、夢中になる
　　　　 ☐ brim over with X X であふれる

(95) 🔍 前半の文に「ビクターはルームメイトのブランドンが彼の分のバースデーケーキの最後の一個を食べたと思った」とあります。後半では、その結果として数か月にわたってお互いに口をきかなかったという状況が説明されています。where は関係副詞として「その結果、〜という状況が生じた」という文脈の中で使われ、後に続く SV で状況の描写を挿入しています。疑いが引き金となって口をきかない状況が数か月続くことは何かを考えると「確執」、「不和」という意味を持つ feud が適切だとわかります。

🔧 ビクターはルームメイトのブランドンがバースデーケーキの最後の一切れを食べたと思っていた。このことが数か月にわたる確執の原因となり、お互いに口をきかなかった。

✏️ 正解 ☐ feud 確執、不和
　　誤答 ☐ reflex 反射運動、反射作用
　　　　 ☐ blitz 集中的な活動、全力投入、大宣伝、奇襲
　　　　 ☐ covenant 契約、盟約、誓約

(96) 🔍 人物 A は「どうして服がそんなに〜になったの？」と尋ねています。人物 B は「心配しないで、自転車で帰るときにぬかるみに落ちただけだから」と答えています。ぬかるみに落ちたことで服がどうなったか考えると、「汚れた」ことを表す filthy が適切です。

🔧 A：何があったのですか。どうして服がそんなに汚れたのですか。
　　B：心配しないで。自転車で帰るときにぬかるみに転んだだけだから。

✏️ 正解 ☐ filthy 不潔な
　　誤答 ☐ pristine 汚れのない、真新しい、元の、素朴な
　　　　 ☐ capricious 気まぐれな、変わりやすい
　　　　 ☐ myriad 無数の、多様な
　　英文 ☐ ride 乗り物に乗って行く道のり

🚩 **(94) 4　(95) 3　(96) 2**

(97) Many employees complained about the company's new computer system, but Melanie got used to it quickly. The manager thanked her for being so (   ) in the face of recent changes.

1 tattered
2 fickle
3 resilient
4 seedy

(98) A: Did you know Lydia used to be a singer? Her voice is so beautiful.
B: No, but now that you mention it, I did hear her (   ) to her baby until he fell asleep once.

1 mar
2 holler
3 gape
4 croon

(99) After listening to all of the evidence available, the court decided Mrs. Carter was only trying to defend herself. She was set free from jail and offered complete (   ) for her crime.

1 bravado
2 exoneration
3 scarcity
4 protocol

(97) 前半の文では「多くの従業員が会社の新しいコンピューターシステムに対して不満を言う一方で、メラニーは素早く慣れた」とあります。後半では、マネジャーが彼女の「とても～である」態度を評価しています。また、in the face of というフレーズは「～に直面して」という意味で、空所に当てはまる語が変化や困難な状況にどう対応するかであることを示しています。他の従業員と違い、すぐに新しいシステムに慣れたことを踏まえると、「柔軟で順応性のある」という意味の resilient が適切だとわかります。

多くの従業員が会社の新しいコンピューターシステムに不満を漏らしたが、メラニーはすぐに慣れた。マネジャーは、最近の変化にとても柔軟に向き合う彼女に感謝した。

正解 □ resilient 柔軟な、順応性のある
誤答 □ tattered (服が)ぼろぼろの、(人が)ぼろを着た、壊れた
　　 □ fickle 気まぐれな、移り気の、変わりやすい
　　 □ seedy 見苦しい、みすぼらしい、種の多い
英文 □ in the face of …に向き合う・直面する

筆記1

(98) 人物 A はリディアが昔歌手だったことを述べ、彼女の声が美しいことに言及しています。後半では、人物 B がそれを受けて「赤ん坊が眠るまで～していたのが聞こえたことがある」と言っています。歌手であったことや声がきれいであること、また赤ん坊が眠るまですることをヒントに考えると、「低いささやくような声で歌う」という意味の croon が適切です。

A：リディアが昔歌手だったって知ってた？ 彼女の声はとてもきれい。
B：知らなかった。でもそういえば、赤ん坊が眠るまで歌を口ずさんであげていたのを聞いたことがあるよ。

正解 □ croon 低いささやくような声で歌う
誤答 □ mar …をひどく傷つける・損なう・台なしにする
　　 □ holler 叫ぶ、どなる
　　 □ gape ぽかんと口を開けて見とれる、あきれて見つめる
英文 □ now that you mention it そう言われてみると

(99) 前半の文では「裁判所はすべての証拠を聞いた後、カーター氏は自分の身を守ろうとしただけだったと判断した」と述べています。後半では、その結果として「彼女は刑務所から釈放され、完全な～を言い渡された」ことが記されています。set free「自由にする」、「釈放する」は文中ではカーター氏が刑務所から釈放されることを表しています。裁判所の判決と釈放されたというところから、空所に当てはまるのは「無実の罪を晴らすこと」という意味の exoneration が適切だとわかります。

入手可能な証拠をすべて聞いた後、裁判所はカーター氏は自分を守ろうとしただけだったと判断した。彼女は刑務所から解放され、完全な免罪が示された。

正解 □ exoneration 無実の罪を晴らすこと
誤答 □ bravado 虚勢、強がり
　　 □ scarcity 不足、欠乏
　　 □ protocol 外交上の儀礼、条約原案、議定書、協定
英文 □ set X free X を釈放する・放免する

(97) 3　(98) 4　(99) 2

(100) The football player hated wearing the heavy pads during games. They weren't uncomfortable, but did (　　) his speed and ability to move freely.

1　hamper　　　　2　clobber
3　rouse　　　　　4　daunt

(101) Jerry's parents were very strict about letting him play video games or watch television after school. They were more (　　) with his younger brother.

1　melancholy　　2　insidious
3　dandy　　　　4　lenient

(102) The president's new law would give cash (　　) to businesses that invest in clean energy to help cover the increased expenses.

1　retaliations　　2　constituents
3　disbursements　4　mavericks

(100) 🔍 前半の文では「そのフットボール選手は試合中に重いパッドをつけるのが嫌いだった」と言っています。後半の文では「不快ではなかったが、スピードと自由な動きを~した」と続いています。重いパッドをつけることがスピードと自由な動きにどう関係するかを考えると、「妨げる」という意味の hamper が適切です。

📄 フットボール選手は試合中、重いパッドをつけるのが嫌いだった。不快ではなかったが、彼のスピードと自由に動く能力の妨げになった。

✏️
正解 ☐ hamper …を妨げる
誤答 ☐ clobber …をひどく殴る・徹底的に負かす、…に経済的大打撃を与える
☐ rouse …を目覚めさせる・奮起する、(感情)を起こさせる、…を怒らせる、(液体)をかき回す
☐ daunt …を威圧する、…の気力をくじく
英文 ☐ pad 当て物

(101) 🔍 前半の文では「ジェリーの両親は、放課後にゲームをさせたりテレビを見させたりすることにとても厳しかった」と言っています。後半の文では「弟にはもっと~だった」と続いています。両親の厳しさの程度を説明する言葉が入ると考えられますが、選択肢の中では lenient が態度を表現する語として適切です。

📄 ジェリーの両親は、放課後にゲームをさせたりやテレビを見させたりすることにとても厳しかった。弟にはもっと甘かった。

✏️
正解 ☐ lenient 寛容な、ゆるやかな
誤答 ☐ melancholy 憂鬱な、陰気な、物悲しい
☐ insidious (病気が)知らない間に進行する、潜行性の、陰険な、油断のならない
☐ dandy 素晴らしい、素敵な、一流の

(102) 🔍 文の前半は「大統領の新たな法律が施行されれば、企業に現金の~が与えられる」とあり、to businesses 以下では「クリーンエネルギーに投資する企業に対し、増加する経費を補うために」とあります。空所には、「現金」と組み合わせて経費の増加を補うために与えられるという状況に合う意味になる語を選びます。「支払金」を意味する disbursements を選ぶと、文意が通ります。

📄 大統領の新法は、クリーンエネルギーに投資する企業に対し、増加する経費を補うための現金支給を行うものである。

✏️
正解 ☐ disbursement 支払金
誤答 ☐ retaliation 仕返し、報復
☐ constituent 選挙人、有権者、成分、構成要素
☐ maverick 無所属の人、異端者、一匹狼
英文 ☐ cover (費用)をまかなう

🚩 **(100) 1 (101) 4 (102) 3**

練習しよう！ 問題・解説

(103) A: So my final magic trick didn't ( ) you?
B: Well, I can't figure out how you did it, but I did expect you would turn the flower into a bird.

1 contort   **2** astound

3 barter   **4** amass

(104) Talking about the inspiration for his latest release, the musician said he tried to ( ) the song with the joy he felt during his daughter's birth.

1 heave   **2** seethe

3 palpate   **4** infuse

(105) The dancer stumbled when she attempted to spin on a single leg but quickly regained her ( ) and completed her performance.

1 delineation   **2** composure

3 affliction   **4** furrow

(103) 🔍 人物 A が「私の最後のマジックはあなたを〜しなかったのか」と尋ねています。人物 B は「どうやったかはわからないが、花を鳥に変えると思っていた」と答えています。マジックが本来すること、また B が展開を予測していたためにそうされなかったというところから考えると、空所に入るのは、「驚かせる」を意味する astound が適切です。

🔁 A：では、私の最後のマジックでは驚かなかったのですね。
B：まあ、どうやったかはわかりませんが、花を鳥に変えるだろうと思っていました。

✏️ 正解 ☐ astound …をびっくりさせる
誤答 ☐ contort …をゆがめる・ねじ曲げる
☐ barter …を交換する
☐ amass （富）を蓄積する、…を集める
英文 ☐ turn A into B A を B に変える

(104) 🔍 文頭の Talking は分詞構文として使われています。ここでの分詞構文は動詞の -ing 形を使って、主語を省略した形で主節に追加情報を提供するので、文の前半は「最新作を生み出したインスピレーションについて話して」と理解します。そして、この文の主節になる後半では「ミュージシャンは娘の誕生の際に感じた喜びで曲を〜しようとしたと語った」と説明しています。インスピレーションとなった喜びを曲にどう関係させたかを考えると、空所には「満たす」という意味を持つ infuse を入れるのが適切だとわかります。

🔁 新曲のインスピレーションについてミュージシャンは、娘の誕生の際に感じた喜びを曲に込めようとしたと語った。

✏️ 正解 ☐ infuse A with B A を B で満たす
誤答 ☐ heave …を持ち上げる・投げる、（ため息・うなり声）を苦しそうに出す
☐ seethe （怒りで）興奮する、沸き返るように騒ぐ
☐ palpate …を触診する
英文 ☐ inspiration インスピレーション、創作の刺激となるもの

(105) 🔍 文の前半で「そのダンサーが片足で回転しようとしたときにつまずいた」とあり、接続詞の but を用いて逆接の関係を示し、後半で「すぐに〜を取り戻し、演技を終えた」と言っています。空所には、つまずいて失われ、演技を再開するために取り戻すものが入ります。選択肢を見ると「落ち着き」、「平静」という意味の composure が適切だとわかります。

🔁 ダンサーは片足で回転しようとしてつまずいたが、すぐに落ち着きを取り戻し、演技を終えた。

✏️ 正解 ☐ composure 落ち着き、平静
誤答 ☐ delineation （線・図・言葉による）描写、輪郭、図形
☐ affliction 苦悩、苦痛、難儀、悩みの種
☐ furrow うね間のすじ、あぜの溝、わだち、（顔の）しわ
英文 ☐ stumble つまずく、よろめく ☐ regain …を取り戻す・回復する

🚩 **(103) 2 (104) 4 (105) 2**

(106) The speaker successfully (　　) the crowd into protesting against the government with exciting promises of freedom and new opportunities.

1　galvanized　　2　seared
3　hallucinated　4　mended

(107) The office's sign was barely (　　) in the dark, but Helen confirmed it was her destination because the faded letters matched the picture she had seen online.

1　legible　　2　manicured
3　hypnotic　4　torrid

(108) Some high school students feel uncertain about entering university. One option is to (　　) admission and work or travel abroad for a year in order to make a better decision.

1　badger　　2　defer
3　hack　　　4　drape

(106) 「演説者は人々が熱狂するような自由と新たな機会を与えるという約束をして、群衆を政府への抗議に～した」と述べています。熱狂するような約束で人々を抗議に扇動した場面だと考えられます。空所には「刺激して～させた」という意味の galvanized が適切です。空所の後に the crowd into とあります。動詞 galvanize とともに使われている into は、行わせようとする動作への方向を示しています。このように、この問題では組み合わせられる前置詞から正解を判断することもできます。

演説者は、自由と新たな機会という刺激的な約束で、群衆を政府への抗議に駆り立てることに成功した。

正解 ☐ galvanize X into *doing* X を刺激して…させる
誤答 ☐ sear …に強い影響を与える、…の表面を焼く
　　 ☐ hallucinate …に幻覚を起こさせる
　　 ☐ mend …を修理する・繕う、(事態) を改善する、(行い) を改める

(107) 文の前半では「オフィスの看板は暗闇でほとんど～なかった」です。後半は but で始まるため、文の前半で述べられた内容と対照的な情報が続くと予測できます。「ヘレンはネットで見た写真と色あせた文字が一致していることから、それが目的地であることを確認した」とあるので、空所には確認したという後半の内容とは対照的な意味になる語を入れます。「読みやすい」という意味の legible を入れると、barely と合わさって「ほとんど読めなかった」となり、文意が成立します。

オフィスの看板は暗闇でほとんど読めなかったが、色あせた文字がネットで見た写真と一致していたため、ヘレンはそこが目的地であることを確認した。

正解 ☐ legible 読みやすい
誤答 ☐ manicured 手入れをした、管理の行き届いた
　　 ☐ hypnotic 催眠の、催眠作用のある
　　 ☐ torrid (太陽の熱で) 焼け焦げた、焼けるように暑い、熱烈な
英文 ☐ faded 色あせた

(108) 前半の文では「何人かの高校生は大学進学に不安を感じている」と言っていますが、後半の文では「入学を～し、1年間働いたり海外を旅行したりして、より良い決断をするのも一つの方法だ」と続きます。決断の前に1年間の猶予を置くことは、つまり入学を「延期する」ということになります。この意味の defer が最も適切な選択肢となります。

大学進学に不安を感じる高校生もいる。入学を延期し、1年間働いたり海外を旅行したりして、より良い決断をするのも一つの方法です。

正解 ☐ defer …を延ばす・延期する
誤答 ☐ badger …をしつこく苦しめる・質問攻めにする
　　 　　(badger X to *do*/into *doing* で「X を悩ませて…させる」)
　　 ☐ hack …をたたき切る、(システム) に不法に侵入する
　　 ☐ drape (衣類・布) をゆるやかにかける・まとわせる、…を覆う、(手足) をもたせかける

(106) 1 (107) 1 (108) 2

練習しよう！ 問題・解説

(109) A: Today we had to transfer all of our old paper files to our new computer system.

B: That sounds like (　　) work. You must be tired.

1	demure	**2**	shoddy
3	tedious	**4**	rabid

(110) Greg was offered a contract with the construction firm, but it was full of (　　). He took it to his lawyer to get a better idea about the job details.

1	stealth	**2**	gustation
3	jargon	**4**	ferocity

(111) After the company used a customer's information without permission, the CEO apologized to the public, promising never to (　　) on anyone's privacy again.

1	infringe	**2**	detest
3	wail	**4**	spellbind

(109) 人物 A が「今日は古い紙のファイルをすべて新しいコンピューターシステムに移さなければなりませんでした」と言っているのに対し、人物 B は「〜な作業のようだ」と応じています。「古い紙のファイルをシステムに移す」という単調な入力作業を表す形容詞として、「長たらしい」、「退屈な」という意味の tedious を選ぶと文意が通ります。

A：今日は古い紙のファイルをすべて新しいコンピュータシステムに移さなければなりませんでした。
B：退屈な作業でしたね。お疲れでしょう。

正解 ☐ tedious 長たらしい、退屈な
誤答 ☐ demure つつましい、控えめな、上品ぶった、(服が肌を見せずに)上品な
☐ shoddy 粗悪な、見かけ倒しの、卑劣な
☐ rabid (意見・感情が)過激な、熱狂的な、狂犬病の

(110) 前半の文では「グレッグは建設会社と交わす契約書を提示されたが、〜だらけだった」と言っています。後半の文は「彼は仕事の詳細を理解するために弁護士の所へ持って行った」とあります。弁護士に相談しなければならないような「理解するのが難しい」ものを表す単語として、「専門用語」、「職業語」という意味の jargon を選ぶと文意に合います。

グレッグは建設会社との契約書を提示されたが、専門用語だらけだった。彼は仕事の詳細をもっとよく理解するために、それを弁護士の所へ持って行った。

正解 ☐ jargon 専門用語、職業語
誤答 ☐ stealth こっそりと行動すること
☐ gustation 味わうこと、賞味、味覚
☐ ferocity 獰猛、凶暴性、蛮行

(111) 文の前半は「会社が顧客の情報を無断で使用した後」とあります。後半の promising は分詞構文として使われていて、「CEO が公的に謝罪し、二度とプライバシーを〜しないという約束をした」ことを示しています。顧客の情報を無断で使用したことをもう二度としないと言っているので、その言い換えとしてプライバシーを「侵害する」という意味になる infringe を選びましょう。

会社が顧客の情報を無断で使用した後、CEO は公的に謝罪し、二度とプライバシーを侵害しないと約束した。

正解 ☐ infringe …を侵害する・犯す
誤答 ☐ detest …をひどく嫌う
☐ wail 声をあげて泣く、もの悲しい音を出す、不平をこぼす
☐ spellbind …を呪文で縛る・魅了する

(109) 3 (110) 3 (111) 1

(112) Harry hired an (   ) when his son went off to university to become a doctor, realizing he needed to train someone to take over the business in the future.

    1 apprentice   2 informant
    3 obituary   4 edifice

(113) The valley's once (   ) soil became dry and sandy after several generations of farmers used up all of its nutrients.

    1 gregarious   2 fecund
    3 burnished   4 translucent

(114) A: I promise to find your son without getting the police involved.
B: I don't know why he ran away again, but I appreciate your (   ) regarding this matter, Uncle Joe.

    1 entourage   2 discretion
    3 milieu   4 heresy

(112) 🔍 文の前半では「息子が医者になるために大学に進学したとき、ハリーは〜を雇った」とあります。分詞構文の realizing で始まる後半では、主語が主節と同じ Harry なので、簡略化して追加された情報を読み取ります。「将来事業を引き継ぐ人を育てる必要があると考えた」と続いていることから、空所には事業の継承を期待できる人、すなわち「見習い」を意味する apprentice が適切です。

📑 ハリーは、息子が医者になるために大学に進学して離れて行ったとき、将来事業を引き継ぐ人を育てる必要があると考え、見習いを雇った。

✏️ 正解 ☐ apprentice 見習い、徒弟
誤答 ☐ informant 情報提供者、通知者、密告者
　　 ☐ obituary 死亡記事、死亡者略歴
　　 ☐ edifice （宮殿・寺院などの堂々とした）建築物、（抽象的な）構築物、仕組み

筆記 1

(113) 🔍 「かつては〜だったその谷の土壌は、何世代にもわたって農民たちが栄養分を利用し尽くしたため、乾燥した砂地となった」という文です。何世代にもわたって利用し尽くされる前の、乾燥した砂地と対比する内容を示す必要があるので、空所には fecund「よく肥えた」、「肥沃な」が適切だとわかります。

📑 かつては豊かだった谷の土壌は、何世代にもわたって農民たちが栄養分を使い尽くしたため、乾燥した砂地となった。

✏️ 正解 ☐ fecund よく肥えた、多産の
誤答 ☐ gregarious 社交的な、集団を好む、群生する
　　 ☐ burnished 光沢のある、磨いた
　　 ☐ translucent 半透明の、透き通るような

(114) 🔍 人物 A が警察に頼らずに人物 B の息子を捜すことを約束しており、人物 B が「息子がなぜまた逃げ出したのかはわかりませんが、あなたの〜に感謝します」と言っている流れです。二人の関係はわかりませんが、警察沙汰にしたくない B に、A が配慮をしていることが推測できます。その協力的な姿勢を表す言葉が感謝される内容なので、空所に適切に当てはまるのは、discretion「慎重さ」、「思慮分別」です。

📑 A：警察を巻き込まずに息子さんを見つけることを約束します。
　 B：彼がなぜまた逃げ出したのかはわかりませんが、この件に関してはあなたの慎重さに感謝していますよ、ジョーおじさん。

✏️ 正解 ☐ discretion 思慮分別、慎重
誤答 ☐ entourage 側近、随員、（建物の）周囲、環境
　　 ☐ milieu （社会的・文化的な）環境
　　 ☐ heresy 異端、異論、（一般的学説・通説に反する）反論

🚩 **(112) 1　(113) 2　(114) 2**

(115) Online chats are slowly replacing customer support call centers. This leads some service workers to fear that their jobs have become (   ).

    1 impudent   **2** gallant
    3 pragmatic   **4** obsolete

(116) Patrick and his friends' favorite weekend activity was going to karaoke all night where they would (   ) all their favorite songs until dawn.

    1 prattle on   **2** belt out
    3 hanker for   **4** jazz up

(117) Ever since the violent incident, the night club has (   ) security to make visitors feel safe. They hired more guards for the entrance and also set up video cameras.

    1 beefed up   **2** edged out
    3 hemmed in   **4** bogged down

(115) 🔍 前半の文で「オンラインチャットがカスタマーサポートのコールセンターに取って代わりつつある」と言っています。後半は「一部のサービス従事者は、自分たちの仕事が〜になったのではないかと心配している」と続いています。オンラインチャットという新しい手段の登場によって代わられてしまうかもしれないということは、その仕事が古く、効率的でないと見なされるためだと考えると、心配になることとしては「すたれた」、「時代遅れの」という意味の obsolete が当てはまります。

🔁 オンラインチャットがカスタマーサポートのコールセンターに取って代わりつつある。このため、一部のサービス従業員は、自分たちの仕事が時代遅れになったのではないかと心配している。

✏️
[正解] ☐ obsolete すたれた、時代遅れの
[誤答] ☐ impudent 厚かましい、無礼な、生意気な
　　　☐ gallant 勇ましい、勇敢な、堂々とした
　　　☐ pragmatic 実用的な、実際的な
[英文] ☐ chat チャット

(116) 🔍 文の前半で「パトリックとその友人たちの週末の楽しみは、夜通しカラオケに行くこと」と言っていて、後半の関係副詞 where の後に続く節は「カラオケに行く」という行動に伴う行動を説明しています。具体的には「彼らは明け方まで好きな歌を〜した」とあります。友人との週末の楽しみというところから、選択肢の中の belt out「…を大きな声で歌う」が空所に入ると考えられます。

🔁 パトリックと彼の友人たちの週末の楽しみは、夜通しカラオケに行き、明け方まで好きな歌を熱唱することだった。

✏️
[正解] ☐ belt out …を大きな声で歌う
[誤答] ☐ prattle on しゃべり続ける
　　　☐ hanker for …に憧れる、…を渇望する
　　　☐ jazz up …を活気づける・面白くする・けばけばしく飾り立てる

(117) 🔍 前半の文で「暴力事件以来、このナイトクラブは来店客に安心してもらえるように警備を〜している」と述べていて、後半では「入り口の警備員を増員し、ビデオカメラも設置した」と説明しています。暴力事件の後に客に安心感を与えるために行うことで、警備に関することを考えると「強める」という意味の言葉が入ると考えられます。選択肢から beefed up「…を強化した」が適切だとわかります。後半の文も安全性を高めるために警備を強化したことの内容を示しています。

🔁 暴力事件以来、このナイトクラブは来店客に安心してもらえるよう警備を強化している。入り口の警備員を増員し、ビデオカメラも設置した。

✏️
[正解] ☐ beef up …を強化する
[誤答] ☐ edge out …をじりじりと押しのける、…にわずかの差で勝つ
　　　☐ hem in …を取り囲む・閉じ込める
　　　☐ bog down …に動きを取れなくさせる、…を行き詰まらせる

🚩 (115) 4　(116) 2　(117) 1

練習しよう！ 問題・解説

(118) Although Daniel wanted to sleep late on the weekends, he always
woke up early to the sounds of his mother (   ) in the kitchen
preparing breakfast.

1 brushing off   **2** amping up
3 banging about   **4** pressing on

(119) Hugh's dog doesn't like loud sounds, so she always (   ) during
thunderstorms and hides under the bed until they pass.

1 butts in   **2** freaks out
3 laps up   **4** mouths off

(118) 🔍 Although で始まる文の前半では「ダニエルは週末は遅くまで寝ていたかったが」と述べていて、後半では「いつも母親が台所で朝食の準備をする〜音で早く目が覚めた」と言っています。Although は前半の「遅くまで寝ていたかった」という願望と後半の「早く目が覚めた」という実際の状況を対比しています。寝ていたいという願望を打ち消すほどの音が出ていたことに合う言葉を選択肢から探すと、banging about「どたばた動き回る」が適切だとわかります。

⚡ ダニエルは週末は遅くまで寝ていたかったが、いつも母親が台所でばたばたして朝食の準備をする音で早く目が覚めた。

✏️ 正解 ☐ bang about どたばた動き回る
　 誤答 ☐ brush off …を払いのける・拒絶する、…(の意見)を無視する
　　　 ☐ amp up …の気分を盛り上げる、…を興奮させる
　　　 ☐ press on (不安・責任が) …にのしかかる、…を困らせる、どんどん進む

(119) 🔍 文の前半で「ヒューの犬は大きな音が嫌い」と言っていて、文の前半と後半を因果関係で結びつける接続詞 so が使われています。後半では「犬は雷雨の時はいつも〜になり、嵐が通り過ぎるまでベッドの下に隠れている」と説明しています。選択肢を見ると freaks out「パニックになる」は、大きな音の苦手な犬が雷雨のときに見せる状態を表すのに適した表現だとわかります。

⚡ ヒューの犬は大きな音が嫌いで、雷雨の時はいつもパニックになり、通り過ぎるまでベッドの下に隠れている。

✏️ 正解 ☐ freak out 平静を乱す、びっくりする
　 誤答 ☐ butt in …に口をはさむ・干渉する
　　　 ☐ lap up …を舌でなめて食べる
　　　 ☐ mouth off 文句を言う、口答えする
　 英文 ☐ thunderstorm 激しい雷雨

🚩 **(118)** 3 **(119)** 2

NOTE

筆記 2

長文空所補充問題

Unit 1 …… チャレンジしよう！
Unit 2 …… 練習しよう！

アイコン一覧

解説　　和訳　　語注　　正解　　構造解析

Unit 1　チャレンジしよう！①

目標解答時間 **8** 分

問題英文の読み方 P.108　解説・正解 P.114　訳・語句 P.116

Customized Medicine

Medicine has always been a special challenge because the effectiveness of treatments sometimes varies based on the person. A medicine that completely cures one patient can sometimes harm another. However, approaching illness from a customized, genetic level has the potential to overcome this limitation. Doctors can estimate the effects of a treatment on a particular person by analyzing their genetic structure. For example, a drug called vemurafenib has been shown to consistently work with people who have a unique gene mutation called V600E BRAF. When doctors know that patients have this mutation, they can (　**1**　). This quick action gives the person a substantial chance of recovery.

At other times, physicians can directly "edit" the actual genes of the body by adding or removing genetic materials to cure specific diseases. The p53 gene, for example, (　**2**　). When it is damaged or inactive, tumors can multiply explosively. Clinical tests have shown that addressing such damaged p53 genes can prevent the development of this condition. More specifically, replacement of defective p53 genes can cause patients to regain the natural anti-cancer power inherent in healthy p53 genes. Dr. Elizabeth McNally of the Center for Genetic Medicine also emphasizes the potential to treat muscular or cardiopulmonary diseases at the genetic level.

Yet, there are many risks to personalized therapies. As the Mayo Clinic points out, the immune system sometimes (　**3**　). Such a rejection can precipitate serious health conditions or even death. The instrument used to change genes can also fail. This instrument is typically a safe virus called a vector. The vector is aimed at certain genes but sometimes fails to hit them. At present, personalized or genetic medicine is not a cure-all and even carries unique risks. However, there is also unprecedented potential in this technology. In the future, AI-based health devices may be able to read each patient's genetic code and design medicines or treatments that suit that code. This would be more efficient and effective than simply trying out a variety of "general" treatments, as is done today.

(1)　**1**　prescribe it without much deliberation
　　　2　discharge those patients without treatment
　　　3　update their medical knowledge base
　　　4　recommend longer rest to the patient

Date ／①②③④ ／①②③④ ／①②③④

(2) 1 imitates cancer cell formation
    2 quickly makes toxic materials inactive
    3 immediately blocks hazardous drugs
    4 seems to impede abnormal cell growth

(3) 1 decimates other parts of the body
    2 overlooks pervasive genetic threats
    3 inhibits any genetic modifications
    4 blocks vectors from treating viruses

チャレンジしよう！① Customized Medicine 　問題英文の読み方

第1段落

Customized Medicine

❶Medicine has always been a special challenge because the effectiveness of treatments sometimes varies based on the person. ❷A medicine that completely cures one patient can sometimes harm another. ❸However, approaching illness from a customized, genetic level has the potential to overcome this limitation. ❹Doctors can estimate the effects of a treatment on a particular person by analyzing their genetic structure. ❺For example, a drug called vemurafenib has been shown to consistently work with people who have a unique gene mutation called V600E BRAF. ❻When doctors know that patients have this mutation, they can （　**1**　）. ❼This quick action gives the person a substantial chance of recovery.

❶ Customized Medicine というタイトルですが、どのような内容なのでしょう。そもそもこの文章では、薬や、医療は個人向けにカスタマイズされているものと捉えているのか、そうではないのか、英検1級の読解問題の内容は、タイトルを見た時点ではわからないことが多いでしょう。
1文目は Medicine has always been a special challenge で始まっています。この主節は「医療は常に特別な難題であった」とありますが、ここまで読んでも医療が特別に難しいということは当然のことのように思え、特にこの文章での主旨はわかりません。続く because 以下の「治療の効果は人によって違うからだ」という従属節を読んで、次にどのような展開があるのか興味を持って読み進めましょう。

❷ 1文目の内容の具体例です。A medicine が主語で、can harm が動詞です。「ある患者を完治させる薬が他の患者には害になることもある」と書いてあります。だから、治療の効果が人によって違うことで困難が起こる、と解釈できますね。

❸ 逆接の接続副詞 However で始まり、前の文と対比する内容となります。主語は approaching illness from a customized, genetic level で、動詞は has で目的語は the potential 以下です。「しかし、カスタマイズされた遺伝子レベルから病気にアプローチすると、この(ある患者を完治させる薬が他の患者の害になるという)限界を克服できる」というところまで読むと、タイトルにある、カスタマイズされた医療がなぜ、この文章のタイトルとして焦点を当てられているかを考えるヒントとなります。

❹ 3文目に出てきた「カスタマイズされた医療」のやり方が出てきます。Doctors が主語で、can estimate が動詞、the effects of a treatment が目的語です。「医師は遺伝子構造を分析することで、ある人の治療効果を見積もることができる」と言っています。

❺ 4文目の例を挙げています。文頭の For example の後、a drug called vemurafenib が主語、has been shown が動詞です。「vemurafenib という薬剤が、ある特定の遺伝子変異を持つ人々に有効であることがわかっている」と解釈しましょう。

❻ 6文目もさらに、この特殊な薬剤が有効である場合に関する具体的な説明です。When で始まり従属節は「医師はこの突然変異を患者がもっているとわかると」です。主節の主語は they で、従属節と同じ doctors を指すので、「医師は〜できる」という意味です。

❼ おそらく前の文の「医師は〜できる」の部分を受けて、This quick action「この迅速な行動」が主語です。「このように迅速に行動を取ることができれば、回復の可能性は高まる」とあるので、医療がカスタマイズされることの長所が第1段落の締めくくりの文として書かれていることになります。
この段落では、医師が患者の遺伝子構造を分析して、特定の人に対する治療効果を高める方法が可能であることを示していました。

チャレンジしよう！① Customized Medicine　問題英文の読み方

第2段落

❶At other times, physicians can directly "edit" the actual genes of the body by adding or removing genetic materials to cure specific diseases. ❷The p53 gene, for example, (2). ❸When it is damaged or inactive, tumors can multiply explosively. ❹Clinical tests have shown that addressing such damaged p53 genes can prevent the development of this condition. ❺More specifically, replacement of defective p53 genes can cause patients to regain the natural anti-cancer power inherent in healthy p53 genes. ❻Dr. Elizabeth McNally of the Center for Genetic Medicine also emphasizes the potential to treat muscular or cardiopulmonary diseases at the genetic level.

❶ 第2段落の1文目は遺伝子構造を分析するのではなく、医師が直接身体の遺伝子を編集するという、突然変異を見つけるのとは逆方向からのアプローチについて書かれています。主語は physicians で、動詞は can edit です。「医師が遺伝物質を加えたり取り除いたりすることで編集する」という、興味深い内容だと興味を持ちながら、読み進めましょう。

❷ 主語は The p53 gene です。その後に for example とあるので、1文目に出てきた遺伝子の編集について、ここから具体例が挙げられると推測することができます。

❸ When で始まる従属節の主語は it です。この it は2文目と同じ主語（= The p53 gene）を指すと考えられます。「p53遺伝子が損傷したり、不活性になったりしたときに、腫瘍が増殖する」とあります。

❹ 3文目を受けて、p53遺伝子の働きの臨床試験による証明について書かれています。Clinical tests が主語で、have shown が動詞、that 以下に目的語の節が続いています。臨床試験が示したものは、「損傷を受けた p53遺伝子に対処することがこの病気の進行を妨げることになる」という内容です。

❺ 5文目も More specifically, という修飾語句で始まっているので、さらに具体的に書かれています。主語は replacement of defective p53 genes で、動詞は can cause です。「不完全な p53遺伝子を置き換えると、患者は抗がん性の力を取り戻すことができる」という内容で、ここで「p53遺伝子は元々は異常な細胞の増殖を防ぐことができるもので、何らかの損傷を受けてその機能を失っていた場合でも、遺伝子を置き換えれば、その特性を再び発揮し、抗がん性を取り戻させることができる」と、読み取ることができます。

❻ 固有名詞で始まっています。Dr. で始まるので、おそらく遺伝子の専門家でしょう。もちろん、文中に固有名詞が出てきた場合、その名称などは特に重要視せず、「その分野の偉い人が～を示した」程度の解釈で十分です。この段落の最後に、遺伝子の専門家の医師が遺伝子を「編集」することについて、「マクナリー博士は、筋肉疾患や心肺疾患を遺伝子レベルで治療できる可能性を強調している」と、その可能性について言及していることが書いてあります。

第2段落では、医師が直接身体の遺伝子を編集することで、特定の病気の進行を防げるという内容が書かれていました。

筆記 ②

チャレンジしよう！① Customized Medicine 問題英文の読み方

第3段落

❶Yet, there are many risks to personalized therapies. ❷As the Mayo Clinic points out, the immune system sometimes (3). ❸Such a rejection can precipitate serious health conditions or even death. ❹The instrument used to change genes can also fail. ❺This instrument is typically a safe virus called a vector. ❻The vector is aimed at certain genes but sometimes fails to hit them. ❼At present, personalized or genetic medicine is not a cure-all and even carries unique risks. ❽However, there is also unprecedented potential in this technology. ❾In the future, AI-based health devices may be able to read each patient's genetic code and design medicines or treatments that suit that code. ❿This would be more efficient and effective than simply trying out a variety of "general" treatments, as is done today.

❶ この第3段落の1文目は Yet, で始まっているので、第2段落の内容とは反対の面、欠点について書かれていると推測できます。実際に読んでいくと「個人別に行う治療には多くのリスクがある」とあります。

❷ As the Mayo Clinic points out で始まり、1文目の具体例を挙げようとしています。the immune system が主語で、動詞部分が空所になっています。

❸ 2文目を受けて、Such a rejection で始まっています。「このような拒絶反応は深刻な状態や死を招くことがある」と、前の段落と対比して個人別の治療に関するリスクについて書かれています。

❹ The instrument が主語です。「遺伝子を変えるために使う手段もうまく行かないことがある」とありますが、この instrument とはいったい何のことでしょうか。文の新しい展開を意識して次の5文目に進みましょう。

❺ instrument と聞いて、医療用の器具か道具を想像しがちですが、SVC の構造の5文目から、実際は、ベクターと呼ばれる安全なウイルスのことだとわかります。ここまで読んでも、まだベクターがどのようなものかわからず、モヤモヤとするかもしれません。

❻ 主語が The vector で、ベクターについて説明しています。「ベクターはある遺伝子に向かって放たれるが、当たらないこともある」とあり、ようやく、「ベクターというのは、ある遺伝子を変えるために放たれるウイルスであり、それが当たらないとうまくいかない」という実態が具体的に浮かんできます。

❼ 「現在は、個人別の医療や、遺伝子医療は万能ではなくリスクを含む」と、ここまで書かれてきた内容を簡単にまとめています。この長い文章がもうすぐ終わることと、この7文目が「現在は」で始まっていること、また、この文のタイトルの欠点について書かれている、という複数の理由から、ここまで読んだ時点でこの文の後には逆接の内容が続き、この長文のまとめに入るということが予測できるのが理想です。

❽ However で始まり、上での予測どおり、カスタマイズした医療の可能性について述べることで、この文章の終わりに向かう準備をしています。

❾ 8文目で述べていた医療の可能性について書いてあることが、文頭の In the future, で予想できます。「将来的には AI を利用した機器が患者の遺伝子コードを読み取り、薬や治療法を指示できる」と、第1段落から書かれてきた、遺伝子構造を分析した個別の治療法が、AI を使って用途の広がりを見せることを想像できるでしょう。

❿ この文章の締めくくりとなりますが、実際は主語の This が9文目の内容である AI を利用した治療法の指示を指し、9文目の内容に付け加えをしています。「AI を利用した遺伝子コード読み取りによる治療の指示の方が、単にいろいろな一般的な治療を試すよりも効率がよく効果的だ」とあり、カスタマイズされた医療について将来の展望を踏まえてまとめています。

チャレンジしよう！① Customized Medicine 解説・正解

(1) 　**1**　prescribe it without much deliberation
　　　2　discharge those patients without treatment
　　　3　update their medical knowledge base
　　　4　recommend longer rest to the patient

(2) 　**1**　imitates cancer cell formation
　　　2　quickly makes toxic materials inactive
　　　3　immediately blocks hazardous drugs
　　　4　seems to impede abnormal cell growth

(3) 　**1**　decimates other parts of the body
　　　2　overlooks pervasive genetic threats
　　　3　inhibits any genetic modifications
　　　4　blocks vectors from treating viruses

(1) 📝
1 あまり思案することなくこれを処方する
2 治療せずにそれらの患者を退院させる
3 医療に関する基礎知識を最新のものにする
4 患者に休養期間の延長を勧める

🔍 第1段落で空所を含む文**6**の空所部分は主節です。前半部分は従属節で、「医師が患者の突然変異の遺伝子について知っていれば」とあります。主節に入る内容に続き、**7**は「このような迅速な対応が回復の可能性を高める」と続いているので、1が正解です。2は迅速であるかも知れませんが、回復の可能性を高めることがないので間違いです。3も4もその後の「迅速な対応」に結びつかないので不正解となります。

✏️ ☐ prescribe …を処方する　☐ deliberation 熟考　☐ discharge（患者を）退院させる
☐ update …を更新する・最新のものにする

....

(2) 📝
1 がん細胞の形成を模倣する
2 有害物質を素早く不活性化する
3 危険な薬物を即座に遮断する
4 異常な細胞の増殖を防ぐと思われている

🔍 第2段落で空所を含む文**2**の主語は The p53 gene です。次の文**3**で「これがなければ、腫瘍が爆発的に増殖する」と言っているので、「腫瘍が爆発的に増殖する」と、ほぼ同じことを表すような動詞部分を選択肢から選びます。1はがん細胞の形成段階について言っているので間違いです。2も3もがん細胞の増殖に関しては触れていません。4の「異常な細胞の増殖を防ぐ」を選ぶのが適切です。

✏️ ☐ toxic 有害な、有毒な　☐ inactive 不活性の　☐ hazardous 危険な、有害な　☐ impede …を妨げる
☐ abnormal 異常な　☐ growth 増殖

....

(3) 📝
1 身体の他の部位を衰えさせる
2 遺伝子による脅威の広がりを見落とす
3 遺伝子の改変を阻む
4 ベクターがウイルスに作用するのを阻止する

🔍 第3段落は個別の治療に関するリスクについて述べています。空所を含む文**2**の主語は The immune system で、空所は動詞部分です。続く文**3**は「このような拒絶反応が深刻な状況を招き、死に至る」という内容なので、「拒絶反応」で言い換えられる選択肢を選ぶと、正解は3となります。1、2はそれぞれ、「衰えさせる」、「見落とす」なので間違い。4はまだ本文中に vector が出てきていないので不正解です。

✏️ ☐ decimate …を弱体化する　☐ overlook …を見落とす　☐ pervasive 広がる　☐ inhibit …を抑制する
☐ genetic modification 遺伝子組み換え　☐ block …を阻止する

🚩 (1) 1　(2) 4　(3) 3

チャレンジしよう！① Customized Medicine　訳・語句

Customized Medicine

第1段落

❶ Medicine has always been a special challenge because the effectiveness of treatments sometimes varies based on the person.

❷ A medicine that completely cures one patient can sometimes harm another.

❸ However, approaching illness from a customized, genetic level has the potential to overcome this limitation.

❹ Doctors can estimate the effects of a treatment on a particular person by analyzing their genetic structure.

❺ For example, a drug called vemurafenib has been shown to consistently work with people who have a unique gene mutation called V600E BRAF.

❻ When doctors know that patients have this mutation, they can prescribe it without much deliberation.

❼ This quick action gives the person a substantial chance of recovery.

❺ (For example,) a drug (called vemurafenib)
　　　　　　　　　 S

has been shown to consistently work with
　　　　　　　　　V

people (who have a unique gene mutation (called V600E BRAF)).
　O　　S'　V'　　　　　　　O'

カスタマイズされた医療

第1段落

❶ 医療は常に特別な難題である。治療の効果が人によって様々に異なるからだ。
❷ ある患者を完治させる薬が、別の患者には害を及ぼすこともある。
❸ しかし、カスタマイズされた遺伝子レベルから病気にアプローチすることは、この限界を克服する可能性を秘めている。
❹ 医師は遺伝子構造を分析することで、特定の人に対する治療効果を推定することができる。
❺ 例えば、ベムラフェニブと呼ばれる薬剤は、V600E BRAF と呼ばれる独特な遺伝子変異を持つ人々に一貫して有効であることがわかっている。
❻ 医師は患者がこの突然変異を持っていることを知れば、あまり思案することなくこれを処方することができる。
❼ このように迅速に対応すれば、回復の可能性は格段に高まる。

- □ customize …をニーズに合わせて作る ❶□ effectiveness 有効性 □ treatment 治療
- □ base on …に基づく ❸□ genetic 遺伝子の □ limitation 限界
- ❺□ consistently 終始一貫して、変わらず □ mutation 突然変異 ❼□ substantial かなりの、相当な

チャレンジしよう！① Customized Medicine 訳・語句

第2段落

❶ At other times, physicians can directly "edit" the actual genes of the body by adding or removing genetic materials to cure specific diseases.

❷ The p53 gene, for example, seems to impede abnormal cell growth.

❸ When it is damaged or inactive, tumors can multiply explosively.

❹ Clinical tests have shown that addressing such damaged p53 genes can prevent the development of this condition.

❺ More specifically, replacement of defective p53 genes can cause patients to regain the natural anti-cancer power inherent in healthy p53 genes.

❻ Dr. Elizabeth McNally of the Center for Genetic Medicine also emphasizes the potential to treat muscular or cardiopulmonary diseases at the genetic level.

第3段落

❶ Yet, there are many risks to personalized therapies.

❷ As the Mayo Clinic points out, the immune system sometimes inhibits any genetic modifications.

❸ Such a rejection can precipitate serious health conditions or even death.

❹ The instrument used to change genes can also fail.

❺ This instrument is typically a safe virus called a vector.

❻ The vector is aimed at certain genes but sometimes fails to hit them.

❼ At present, personalized or genetic medicine is not a cure-all and even carries unique risks.

❽ However, there is also unprecedented potential in this technology.

❾ In the future, AI-based health devices may be able to read each patient's genetic code and design medicines or treatments that suit that code.

❿ This would be more efficient and effective than simply trying out a variety of "general" treatments, as is done today.

第2段落

❶ また、特定の病気を治すために、医師が遺伝物質を加えたり取り除いたりすることで、身体の遺伝子そのものを直接「編集」することもできる。
❷ 例えば、p53遺伝子は異常な細胞の増殖を防ぐと見られている。
❸ これが損傷したり不活性化したりすると、腫瘍は爆発的に増殖する。
❹ 臨床試験により、そのような損傷を受けたp53遺伝子に対処することで、この病気の進行を防げることがわかっている。
❺ より具体的には、不完全なp53遺伝子を置き換えることで、患者は健康なp53遺伝子に本来備わっている抗がん性を取り戻すことができる。
❻ 遺伝子医学センターのエリザベス・マクナリー博士も、遺伝子レベルで筋肉疾患や心肺疾患を治療できる可能性があることを強調している。

❶ □ physician 医師　□ edit （遺伝子を）組み替える　□ genetic material 遺伝物質
❸ □ inactive 不活性の　□ tumor 腫瘍　□ multiply …を増殖させる　□ explosively 爆発的に
❹ □ clinical 臨床の　□ address …に対処する　❺ □ specifically 具体的に言うと
□ replacement 置き換え　□ defective 不完全な、欠損のある　□ regain …を回復する
□ anti-cancer 抗ガン性の　□ inherent 本来の、生来の　❻ □ emphasize …を強調する
□ muscular 筋肉の　□ cardiopulmonary 心肺の

第3段落

❶ しかし、個人別に行う治療には多くのリスクがある。
❷ メイヨークリニックの指摘によれば、免疫系は遺伝子の改変を阻むことがある。
❸ このような拒絶反応が深刻な容態を招き、死に至ることさえある。
❹ 遺伝子を変化させるために使うものも支障をきたすことがある。
❺ これは通常、ベクターと呼ばれる安全なウイルスである。
❻ ベクターは特定の遺伝子に向かって放たれるのだが、時としてその遺伝子に当たり損なう。
❼ 現時点では、個人別の医療や遺伝子医療は万能ではないどころか、特有のリスクをはらむ。
❽ しかし、この技術は前例のない可能性を秘めてもいる。
❾ 将来的には、AIを利用した健康機器が患者一人ひとりの遺伝子コードを読み取り、コードに応じた薬や治療法を指示できるようになるかもしれない。
❿ その方が、今日行われているような「一般的」とされる治療を様々に試すやり方よりも効率的で効果的だろう。

❶ □ personalize …を個人のニーズに合わせる　□ therapy 治療　❷ □ immune system 免疫系
□ inhibit …を抑制する　❸ □ rejection 拒絶反応　□ precipitate …を突然引き起こす
❹ □ instrument 道具　❺ □ typically 一般的に　□ virus ウイルス　□ vector ベクター
❼ □ cure-all 万能薬　□ carry …を保有する　❽ □ unprecedented 前例のない
❾ □ based …を主体にした　□ genetic code 遺伝暗号　□ design 設計する　□ suit …に適する
❿ □ try out …を試してみる

Unit 1　チャレンジしよう！②

目標解答時間 **8** 分

問題英文の読み方 P.122　解説・正解 P.128　訳・語句 P.130

Who Owns the World's Colors?

For most of humanity's existence, there were relatively few pigments to work with. Made from substances such as animal fat, rocks, and soil, people 40,000 years ago created the basic colors of red, white, yellow, brown, and black. The colors could be used to decorate clothing, structures, weapons, or even the body. As human society advanced, many more colors (**1**), derived from pigment mixing or combining chemicals, soils, and sometimes insects. Over centuries, the range of colors available to artists eventually grew into the hundreds and then thousands.

By the 21st century, humans were able to create millions of hues that exist nowhere in nature. With the aid of basic computers and later AI, they were able to design trademarked colors such as Viva Magenta or Very Peri. These colors are the culmination of great expense in terms of time, money, and research, and companies that own them only "lease" them to users. However, as patent attorney Richard Stim notes, enforcement of a trademarked color (**2**). Unlike writing a book or inventing a machine, developing a color does not mean a company can easily charge for its use or litigate against those who replicate it.

As a case in point, Christian Louboutin, a shoe company, won a trademark infringement case against Yves St. Laurent, a competitor, for copying Louboutin's iconic red-bottomed footwear. The presiding judge was careful to narrowly craft the decision, basing it on the overall product similarity, not color alone. So far, courts have been reluctant to grant "ownership" of a color, but they have considered it as a trademark component. At the same time, there is an increasing number of AI-based firms that produce trademarked colors and claim ownership. (**3**) of art, technology, and law may still be far from any resolution.

(1)　**1**　required new scientific tools
　　　　2　began challenging natural hues
　　　　3　were either discovered or created
　　　　4　had to be carefully tested before usage

(2)   **1**   is sometimes uncertain
        2   should be done as fast as possible
        3   stands on international law
        4   needs more judges with expertise

(3)   **1**   The lack of interest in the fields
        2   The continuing high profits
        3   Such highly impeccable claim coordination
        4   This controversially paradoxical intersection

チャレンジしよう！② Who Owns the World's Colors?　問題英文の読み方

第1段落

Who Owns the World's Colors?

❶For most of humanity's existence, there were relatively few pigments to work with. ❷Made from substances such as animal fat, rocks, and soil, people 40,000 years ago created the basic colors of red, white, yellow, brown, and black. ❸The colors could be used to decorate clothing, structures, weapons, or even the body. ❹As human society advanced, many more colors (1), derived from pigment mixing or combining chemicals, soils, and sometimes insects. ❺Over centuries, the range of colors available to artists eventually grew into the hundreds and then thousands.

❶ タイトルを見て、World's Colors というのは一体何なのか、いろいろと想像が膨らみますね。例えば自然界の色の見え方のことを言っているのか、スポーツのチームカラーのことを言っているのか、国旗のことを言っているのか、考えを巡らせながら、第1段落にとりかかりましょう。

文章を読むときには、その書かれている文字から、実際に筆者が言いたいことをイメージしていくわけですが、文章の始めというのはなかなかイメージがわかないものです。この1文目も難易度は高いでしょう。まず、For most of humanity's existence, で「人類が存在してきたほとんどの期間において」とイメージしましょう。その後の there were relatively few pigments は、多くの学習者が苦手としている few が含まれています。この few は a がついていれば、「少し」の意味で、a がついていなければ「ほとんどない」の意味だと認識しましょう。なので、ここは「比較的顔料は少なかった」の意味です。to work with は、「それを用いて仕事ができるような」と考えると、全体的にこの1文目は「人間には今までずっと、使える顔料はほとんどなかった」という解釈ができます。

❷ 2文目は分詞構文の形を取り、一見複雑に見えますが、主語が people 40,000 years ago で動詞が created で目的語がその後に続く色です。「色」を含んでいることもあり、比較的、クリアにイメージができるでしょう。「4万年前の人たちは、脂肪や岩や土を使って赤、白、黄、茶、黒という基本の色を作った」と言っています。

❸ 主語は2文目で出てきた「色」です。40000年前の人々が「色」をどのように使ったのかが書かれています。「色は衣服、建物、武器、身体の装飾に使われることがあった」と書いてあります。

❹ As の従属節で始まります。As の後に SV が続き、「人類社会が進歩するにつれて」の意味です。主節に空所があり、空所の後は「顔料を混合したり、化学物質、土、昆虫を混ぜたりして」とあります。

❺ 2文目では40000年前の人々の話をして、4文目では人類社会の進歩に伴う変化を話していました。5文目はそれからさらに時を経たことを示すように、Over centuries で始まっています。主語は the range of colors で、動詞は grew です。「何世紀もの間に、芸術家が使える色の範囲は、何百、何千と増えた」と言っています。

この段落では、色について、とりわけ「顔料」や、物質の組み合わせでできる色の種類が人類社会の進歩にともなって変化したことについて述べていました。

筆記②

チャレンジしよう！② Who Owns the World's Colors?　問題英文の読み方

第2段落

❶By the 21st century, humans were able to create millions of hues that exist nowhere in nature. ❷With the aid of basic computers and later AI, they were able to design trademarked colors such as Viva Magenta or Very Peri. ❸These colors are the culmination of great expense in terms of time, money, and research, and companies that own them only "lease" them to users. ❹However, as patent attorney Richard Stim notes, enforcement of a trademarked color (**2**). ❺Unlike writing a book or inventing a machine, developing a color does not mean a company can easily charge for its use or litigate against those who replicate it.

❶ 第2段落の始まりは、By the 21st century で、話は現代に進みます。第1段落の終わりに「芸術家が使える色の範囲は何百、何千と増えた」とありましたが、1文目では「人類は自然界のどこにも存在しない、いくつもの色合いを作り出すことができるようになった」と、さらに作り出す色の範囲が広がっています。

❷ 文頭は With で始まる前置詞句です。主節の主語は they で、前の文と同じ「人類」です。「コンピュータと AI を活用して、人類は商標のついた色をデザインするようになった」と、色合いを作り出す技術の扱われ方の現代での変化について述べています。

❸ 主語は These colors で、前の文の「商標のついた色」を指しています。「これらの商標のついた色には時間とお金がつぎ込まれていて、所有する企業は『リースする』だけだ」とあります。ここで、ようやくタイトルに関連する、色の「所有」の概念について話がシフトしてきました。

❹ However で始まっているので、前の文の逆接の内容となります。前の文では商標のついた色は、リースするだけだ、と所有者の利点が書かれていました。この4文目は「接続詞 + SV」で始まり、その後に主節が来ます。「弁理士が指摘するように」の後に「商標登録された色の権利行使は〜だ」とあります。

❺ 4文目の内容に関して一つの理由を挙げています。Unlike writing a book or inventing a machine とあるので、この「本を書く」、「機械を発明する」ということは色の商標登録と対比するために出てきていることが推測できます。この5文目の主節は後半部分で、「色を開発しても、企業がその使用料を簡単に請求したり、訴訟を起こしたりできるわけではない」とあります。

第2段落は作られた色に与えられた権利とその権利行使の不確かさに関する内容でした。

チャレンジしよう！② Who Owns the World's Colors?　問題英文の読み方

第3段落

❶As a case in point, Christian Louboutin, a shoe company, won a trademark infringement case against Yves St. Laurent, a competitor, for copying Louboutin's iconic red-bottomed footwear. ❷The presiding judge was careful to narrowly craft the decision, basing it on the overall product similarity, not color alone. ❸So far, courts have been reluctant to grant "ownership" of a color, but they have considered it as a trademark component. ❹At the same time, there is an increasing number of AI-based firms that produce trademarked colors and claim ownership. ❺(3) of art, technology, and law may still be far from any resolution.

❶ As a case in point とあるので、ここでこの後に第2段落の内容を受けた例が続くことがわかります。続く文の構造は SVO で「靴メーカーのルブタンは、競合相手のイヴ・サンローランが赤い底の靴を模倣したとして、商標権侵害の訴訟に勝った」という内容ですが、この1文目だけでは「勝って」しまっているので、第2段落の5文目「権利行使を確実にできるわけではない」の例になるのかはっきりしません。続きを読み進めましょう。

❷ 1文目から書かれている「権利行使を確実にできるわけではない」ことに関する詳細な例の情報です。主語の The presiding judge「裁判長」で始まる SVC の構造になっています。1文目の例について考えると、ルブタンがまず、競合相手のサンローランに対して、訴訟を起こしたことがわかります。そして、裁判長は「色」だけで判断したのではなくて、「商品の全体的な類似性」に基づいて判断した、ということを読み取ると、「色だけでは権利行使を確実にできるわけではない」ということが理解できるでしょう。

❸ So far「これまでは」で始まり、2つの節が等位接続詞でつながっている単純な構造です。それぞれの節の主語は courts「裁判所」で、2文目の「裁判長」と同じと考えることができるでしょう。「裁判所は色の所有権については消極的だが、商標の構成要素としては考慮に入れる」と、2文目で書かれていた例の具体的な説明になっています。

❹ At the same time「同時に」で始まる、there is 構文です。「同時に」で始まっている時点で、何か他に単純化できない要素があるのかもしれない、と予測しながら読みましょう。直訳をすると「商標登録された色を作り、所有権を主張する、ますます多くの AI をベースにした企業がある」となります。

❺ この段落では、「色の商標登録だけでは権利行使を確実にできるわけではない」→「所有権を認められるわけではないが商標の構成要素としては考慮される」→「色の所有権を主張する企業が増えている」という流れでした。それを受けるのが空所のある5文目です。空所とその後ろを含んで「アート、テクノロジー、そして法律の〜は、まだ解決には程遠いだろう」とあります。
今後も所有権の主張が起こるたびに、色は決定的な基準には及ばないながらも、構成要素の一部という実体の不確かなものとしてあり続けるのでしょうか。

チャレンジしよう！② Who Owns the World's Colors?　解説・正解

---

(1)　1　required new scientific tools
　　　　2　began challenging natural hues
　　　　3　were either discovered or created
　　　　4　had to be carefully tested before usage

---

(2)　1　is sometimes uncertain
　　　　2　should be done as fast as possible
　　　　3　stands on international law
　　　　4　needs more judges with expertise

---

(3)　1　The lack of interest in the fields
　　　　2　The continuing high profits
　　　　3　Such highly impeccable claim coordination
　　　　4　This controversially paradoxical intersection

(1) 📋 1 新しい科学的ツールが必要だった
2 自然の色合いに挑戦し始めた
3 発見あるいは創造された
4 使用前に入念なテストが必要だった

🔍 空所を含む第1段落の❹は接続詞 As で始まり、「人類社会が進歩するにつれて」の後に空所があります。主節の主語が「ますます多くの色」で、その後の動詞部分が空所です。空所の後は「顔料を混合したり、化学物質、土、昆虫を混ぜたりして」とあり、これを踏まえて、❺には「何世紀もたつ間に、芸術家が使用できる色の種類が増えた」とあります。スムーズな流れにするには、3を選ぶと「ますます多くの色が発見、あるいは創造された」の意味になります。その他の選択肢はどれも後にそれらの問題を克服するような内容が必要になるので、当てはまりません。

✏️ ☐ hue 色合い ☐ usage 使用

....

(2) 📋 1 不確実なこともある
2 可能な限り迅速に行わなければならない
3 国際法に基づいている
4 専門知識を持った審査員を増やす必要がある

🔍 空所を含む第2段落の❹を受けて、❺は裏付けとなる一つの理由として「本を書いたり、機械を発明したりするのとは違って、色の商標登録をしても権利行使を確実にできるわけではない」と言っています。したがって、❹の主語「商標登録された色の権利行使は」に続く動詞部分には選択肢から「不確実なこともある」の意味の1を選ぶと、「権利行使を確実にできるわけではない」という理由につながります。他の選択肢はどれも「権利行使ができない」という内容が理由として当てはまらないので、ここでは不適切です。

✏️ ☐ uncertain 不確実な ☐ stand on …に基づく ☐ international law 国際法 ☐ expertise 専門的知識

....

(3) 📋 1 分野への関心の低さ
2 続く高収益
3 そのような完全な主張の調整
4 議論を引き起こす逆説的な絡み合い

🔍 第3段落は前段落の「色の商標登録だけでは権利行使を確実にできるわけではない」という内容から、❸「商標の構成要素としての色は考慮される」、そして❹「色の所有権を主張する企業が増えている」と流れています。この流れは「議論を引き起こす逆説的な絡み合い」と言えるので、正解は4となります。他の選択肢を見ると、1「分野への関心の低さ」も2「続く高収益」もこの段落の流れを言い表しておらず、3「そのような欠点のない主張の調整」も当てはまらないので、どれも間違いとなります。

✏️ ☐ field 分野 ☐ impeccable 欠点のない、完璧な ☐ coordination 調整、協調
☐ controversially 論争的に、議論を引き起こして ☐ paradoxical 予測に反する、逆説的な
☐ intersection 交差、交わり

🚩 **(1) 3 (2) 1 (3) 4**

チャレンジしよう！② Who Owns the World's Colors?　訳・語句

Who Owns the World's Colors?

第1段落

❶ For most of humanity's existence, there were relatively few pigments to work with.
❷ Made from substances such as animal fat, rocks, and soil, people 40,000 years ago created the basic colors of red, white, yellow, brown, and black.
❸ The colors could be used to decorate clothing, structures, weapons, or even the body.
❹ As human society advanced, many more colors were either discovered or created, derived from pigment mixing or combining chemicals, soils, and sometimes insects.
❺ Over centuries, the range of colors available to artists eventually grew into the hundreds and then thousands.

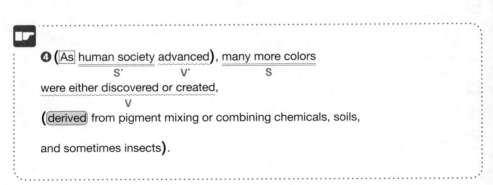

世界の色は誰のものか

第1段落

❶ 人類史のほとんどの期間において、使用できる顔料は比較的少なかった。
❷ 動物の脂肪、岩石、土などの物質を材料にして、4万年前の人々は赤、白、黄、茶、黒の基本色を作り出した。
❸ その色は衣服、建造物、武器、あるいは身体の装飾に使われることもあった。
❹ 人類社会が進歩するにつれて、顔料を混合したり、化学物質、土、時には昆虫を組み合わせたりして、さらに多くの色が発見され、あるいは創造された。
❺ 何世紀もたつ間に、芸術家が使用できる色の種類はやがて何百、何千と増えていった。

　❶ □ pigment 顔料　❸ □ decorate …を装飾する　❹ □ derive …を引き出す　□ eventually やがて

チャレンジしよう！② Who Owns the World's Colors?　訳・語句

第2段落

❶ By the 21st century, humans were able to create millions of hues that exist nowhere in nature.
❷ With the aid of basic computers and later AI, they were able to design trademarked colors such as Viva Magenta or Very Peri.
❸ These colors are the culmination of great expense in terms of time, money, and research, and companies that own them only "lease" them to users.
❹ However, as patent attorney Richard Stim notes, enforcement of a trademarked color is sometimes uncertain.
❺ Unlike writing a book or inventing a machine, developing a color does not mean a company can easily charge for its use or litigate against those who replicate it.

第3段落

❶ As a case in point, Christian Louboutin, a shoe company, won a trademark infringement case against Yves St. Laurent, a competitor, for copying Louboutin's iconic red-bottomed footwear.
❷ The presiding judge was careful to narrowly craft the decision, basing it on the overall product similarity, not color alone.
❸ So far, courts have been reluctant to grant "ownership" of a color, but they have considered it as a trademark component.
❹ At the same time, there is an increasing number of AI-based firms that produce trademarked colors and claim ownership.
❺ This controversially paradoxical intersection of art, technology, and law may still be far from any resolution.

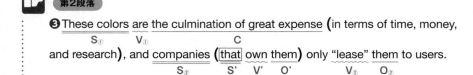

第2段落

❶ 21世紀までに、人類は自然界のどこにも存在しない、いくつもの色合いを作り出すことができるようになった。

❷ 最低限の性能のコンピューターと後にはAIを活用して、ビバマゼンタやベリーベリといった商標のついた色をデザインするようになった。

❸ これらの色は、膨大な時間、お金、研究をつぎ込んで得られた最高の収穫であり、所有する企業はユーザーに「貸す」だけだ。

❹ しかし、弁理士のリチャード・スティムが指摘するように、商標登録された色の権利行使は時として確実には実行できない。

❺ 本を書いたり機械を発明したりするのとは違って、色を開発したからといって、企業がその使用料を容易に請求できるわけでも、それを複製した者に対して訴訟を起こせるわけでもない。

- ❶ □ hue 色合い ❷ □ trademark …に商標を付ける ❸ □ culmination 成果、結実 □ lease …を貸し出す ❹ □ patent attorney 弁理士 □ note …を指摘する □ enforcement 施行 ❺ □ unlike …と違って □ litigate 訴訟を起こす □ replicate …を複製する

第3段落

❶ 一例を挙げると、靴メーカーのクリスチャン・ルブタンは、ルブタンのアイコンである赤い底の靴を模倣したとして、競合相手のイヴ・サンローランを商標権侵害で訴えて勝訴した。

❷ 裁判長は、色だけでなく全体的な製品の類似性に基づいて慎重に判断して、判決を下した。

❸ これまでのところ、裁判所は色の「所有権」を認めることには消極的だが、商標の構成要素としては考慮している。

❹ 同時に、商標登録された色を生産し、その所有権を主張する、AIを中心に扱った企業も増えている。

❺ アート、テクノロジー、法律が議論を引き起こすような逆説的な絡み合いをしているため、解決にはまだほど遠いようだ。

- ❶ □ trademark infringement 商標権侵害 □ competitor ライバル企業 □ iconic 象徴的な、代表的な □ bottomed 底が…の □ footwear 履物 ❷ □ presiding judge 裁判長 □ narrowly 念入りに □ craft …を巧みに作る □ decision 判決 □ similarity 類似点 ❸ □ so far 今までのところでは □ reluctant 気が進まない □ ownership 所有権 □ trademark 商標 □ component 構成要素

第3段落

❷ The presiding judge was careful (to narrowly craft the decision), (basing it on (the overall product similarity, not color alone)).
　　　　　　　　　　S　　　　V　　　C

Unit 2　練習しよう！①

目標解答時間 **7** 分

問題英文の読み方 P.136　解説・正解 P.140　訳・語句 P.142

AI and Human Psychology: AI effects on human social, economic, and political activities

AI is able to drive efficiencies in business, science, and academia. (**1**) gives it unique value. It is already used heavily by Web browsers, search engines, and social media: these "free-to-use" services actually profit through collecting enormous amounts of user details and then selling those details to help companies advertise in lucrative digital space. Exercise equipment, for example, might be marketed on a social media site for athletic people. Beyond that, AI may be used to subtly influence entire nations and populations, at least among specific demographics.

When used honestly and transparently, AI can benefit all parties involved. However, AI can also be used to disseminate misinformation—sometimes to affect public sentiment. The developers of these malevolent AI can be intelligence agencies, election campaigners, marketers, or various non-state actors. If done efficaciously, (**2**). For instance, false or misleading posts may be able to sway at least marginal amounts of voters. In a very competitive election, these small numbers can be decisive. Researchers Ujué Agudo and Helena Matute of the University of Deusto, Spain, have carried out several field experiments that seemed to reinforce this theory.

AI posts are not designed to convince a hardcore supporter of one party (or product brand) to support another. Rather, AI relies on microtargeting vulnerable individuals who are "open to suggestion" on specific issues, actions, or ideas. After that, the AI can sometimes nudge that individual to vote a certain way, see a certain movie, or visit a particular restaurant. However, it is difficult to pick out the effect of AI posts from the countless other factors—from friends to weather—that may affect human behavior. Even Agudo and Matute caution that their model (**3**). At present, at least, it is not possible to simply connect a smart system to a political or sales campaign and get the results one wants.

(1)　**1**　Its ability to assemble and assess data
　　　2　Its profitability compared to its price
　　　3　Its wide usage among information regulators
　　　4　Its accuracy in online security structures

Date ／ ① ② ③ ④ ／ ① ② ③ ④ ／ ① ② ③ ④

(2) 1 it can verify any claims of cheating
     2 it would help all types of visitors
     3 it can improve a range of devices
     4 it could be tremendously impactful

(3) 1 is not an ideal path to victory
     2 lacks any experimental evidence at all
     3 may not be replicable everywhere
     4 could not convince many voters

練習しよう！① AI and Human Psychology　問題英文の読み方

第1段落

AI and Human Psychology: AI effects on human social, economic, and political activities

❶AI is able to drive efficiencies in business, science, and academia. ❷(1) gives it unique value. ❸It is already used heavily by Web browsers, search engines, and social media: these "free-to-use" services actually profit through collecting enormous amounts of user details and then selling those details to help companies advertise in lucrative digital space. ❹Exercise equipment, for example, might be marketed on a social media site for athletic people. ❺Beyond that, AI may be used to subtly influence entire nations and populations, at least among specific demographics.

第2段落

❶When used honestly and transparently, AI can benefit all parties involved. ❷However, AI can also be used to disseminate misinformation—sometimes to affect public sentiment. ❸The developers of these malevolent AI can be intelligence agencies, election campaigners, marketers, or various non-state actors. ❹If done efficaciously, (2). ❺For instance, false or misleading posts may be able to sway at least marginal amounts of voters. ❻In a very competitive election, these small numbers can be decisive. ❼Researchers Ujué Agudo and Helena Matute of the University of Deusto, Spain, have carried out several field experiments that seemed to reinforce this theory.

第1段落

現代の AI の発展は目覚ましいものがありますが、このタイトルを見て、AI が人間の心理、社会活動、経済活動、政治活動に及ぼす影響が書かれていると予測できます。❶で大まかな概要について「AI はビジネス、科学、学問の分野で効率化を推し進めることができる」とあり、❷でそれを特徴づけているものが空所になっています。❸は AI が既に使われている分野について、「ブラウザや検索エンジン、ソーシャルメディア」を挙げています。"free-to-use"（無料で使える）と称されている、このサービスが引用符でくくられているのは、続く説明にあるとおり、「実際は膨大な量のユーザー情報を集めて、販売し、利益を得ている」のに利用者があまり意識していないことに対して少し皮肉めいたニュアンスを含ませていると考えられるでしょう。その具体例として❹では運動器具はアスリートたちのメディア上で宣伝されること、そして、❺では副詞 subtly を用いて、その特定の層を形成する人々の集団にじわじわと影響を及ぼしているということが書かれています。
第1段落では、AI が現代社会で人間に及ぼしている、捉えにくいけれども大きな影響について述べていました。

第2段落

❶は第1段落の流れを受けて、AI のもたらす利益を繰り返していますが、「公正かつ透明性をもって使われるのであれば」という条件をつけているので、次は「そうでない場合」について書かれることが予測できます。実際に❷では予測どおり、「しかし、誤った情報を広めるのに使われ、感情に悪影響を及ぼすことがある」とあり、❸ではそのような悪意のある AI を開発する団体について書いてあります。そして❹は、空所を含みますが、「もし、それが効果的になされれば、大変なことになる」という内容になるでしょう。その裏付けとして、❺では For instance, という例示のサインで始まり、「間違った情報でも、わずかに有権者の意見を左右する」と例を挙げていて、続く❻では「そのわずかな有権者への影響が勝敗をわける」と、その影響力について述べています。そして、❼でこれは研究者によって実地試験がなされていると書かれています。
第2段落では、AI が人間の感情に及ぼす悪影響と、その影響力について話が展開していきました。

練習しよう！① AI and Human Psychology　問題英文の読み方

第3段落

❶AI posts are not designed to convince a hardcore supporter of one party (or product brand) to support another. ❷Rather, AI relies on microtargeting vulnerable individuals who are "open to suggestion" on specific issues, actions, or ideas. ❸After that, the AI can sometimes nudge that individual to vote a certain way, see a certain movie, or visit a particular restaurant. ❹However, it is difficult to pick out the effect of AI posts from the countless other factors—from friends to weather—that may affect human behavior. ❺Even Agudo and Matute caution that their model (3). ❻At present, at least, it is not possible to simply connect a smart system to a political or sales campaign and get the results one wants.

第3段落

❶は「AI による投稿は、あるもののコアな支持者に別のものを支持させるために作られているわけではない」とあり、読者は一度、「影響力がない」という意味の文脈と捉えてしまうかもしれません。しかし、❷では「むしろ」で始まり、「コアな支持者ではなくて、流されやすい人に対するマイクロターゲティングをしている」と AI のターゲティングについて説明していて、❸では「その結果、AI は（そういった、流されやすい人が）特定のものを選択するように何気なく促す」と述べています。❹では重ねて「（友人関係から天候まで、いろいろな要因があるので、それが AI の影響だと）識別するのは難しい」と、その AI の影響がわかりにくく、じんわり人間の心理に及ぼされることが書かれています。❺は空所を含みますが、「（第2段落の最後に出てきた）研究者でさえも」と述べているので、実地試験を行った立場でも捉えられなかった何かが続くでしょう。そして、❻で「現時点では高性能なシステム（＝ AI の影響力）を単に政治や販売のキャンペーンに結び付けるだけでは、結果を得ることはできない」と締めくくっています。

第3段落では、AI の持つ影響力の作用のしかたについて詳しく述べていました。

練習しよう！① AI and Human Psychology 解説・正解

(1)　1　Its ability to assemble and assess data
　　　2　Its profitability compared to its price
　　　3　Its wide usage among information regulators
　　　4　Its accuracy in online security structures

(2)　1　it can verify any claims of cheating
　　　2　it would help all types of visitors
　　　3　it can improve a range of devices
　　　4　it could be tremendously impactful

(3)　1　is not an ideal path to victory
　　　2　lacks any experimental evidence at all
　　　3　may not be replicable everywhere
　　　4　could not convince many voters

(1) 📋
1 データを収集し評価する能力
2 価格と比べた場合の収益性
3 情報の管理者に幅広く使われていること
4 オンラインのセキュリティを確保する構造内における精度

🔍 空所を含む第1段落❷は、前の文で書かれていた「AI はビジネス、科学、学問の分野で効率化を推し進めることができる」という内容に続くため、詳細について述べていると考えられます。実際に空所以外の部分は「～によって独自の価値をもつ」となっているので、その特徴となることを説明していることがわかります。その後の❸は具体例として「ブラウザや検索エンジン」を挙げていますので、「データを収集し、評価する能力（によって独自の価値を持つ）」を選ぶと、「例えば、それはブラウザや検索エンジンで～」とつながります。

✏️ □ assemble …を集める　□ assess …を評価する　□ profitability 収益性　□ regulator 業務監査機関　□ accuracy 正確さ、精度

．．．

筆記 ②

(2) 📋
1 詐欺だという主張を何件でも検証できる
2 あらゆるタイプの訪問者に役立つだろう
3 様々な機器を改善できる
4 とてつもなく大きな影響力を持つことになるだろう

🔍 第2段落❹の空所部分の前の文❷と❸で「誤った情報で、感情に悪影響を及ぼすことがあり、そのような悪意のある AI を開発するのは、諜報機関や選挙活動家や、販売業者だ」と書いてあります。そして❹は「もし、それが効果的になされれば、～」とあるので、「大変な影響力をもつ」という内容の4を選びます。

✏️ □ verify …を確かめる、…を実証する　□ cheat 詐欺をする、だます、不正行為をする　□ tremendously 非常に、すさまじく　□ impactful 影響力の強い

．．．

(3) 📋
1 勝利に向かう理想的な道ではない
2 実験に基づく証拠がまったくない
3 どこでも再現可能とは限らない
4 多くの有権者を納得させることはできなかった

🔍 第3段落の空所の前の文❹では「AI の影響について、様々な要因があるなかでそれが AI の影響だと識別するのは難しい」と書いてあります。空所を含む❺は、「研究者のアグドとマトゥテでさえも、自分たちのモデルが～と注意を促している」の意味になるので、実地試験をした立場であっても、実験からわかったものの範囲を超えた何かがあることに気づいていることが読み取れます。そこに「どこでも再現可能とは限らない」を選ぶと「AI の影響力について、確実にはわからなかった」の文脈に合う意味になります。

✏️ □ experimental 実験に基づく　□ replicable 再製可能な　□ voter 投票者、有権者

🚩 **(1) 1　(2) 4　(3) 3**

練習しよう！① AI and Human Psychology　訳・語句

AI and Human Psychology: AI effects on human social, economic, and political activities

第1段落

❶ AI is able to drive efficiencies in business, science, and academia.
❷ Its ability to assemble and assess data gives it unique value.
❸ It is already used heavily by Web browsers, search engines, and social media: these "free-to-use" services actually profit through collecting enormous amounts of user details and then selling those details to help companies advertise in lucrative digital space.
❹ Exercise equipment, for example, might be marketed on a social media site for athletic people.
❺ Beyond that, AI may be used to subtly influence entire nations and populations, at least among specific demographics.

第2段落

❶ When used honestly and transparently, AI can benefit all parties involved.
❷ However, AI can also be used to disseminate misinformation — sometimes to affect public sentiment.
❸ The developers of these malevolent AI can be intelligence agencies, election campaigners, marketers, or various non-state actors.
❹ If done efficaciously, it could be tremendously impactful.
❺ For instance, false or misleading posts may be able to sway at least marginal amounts of voters.
❻ In a very competitive election, these small numbers can be decisive.
❼ Researchers Ujué Agudo and Helena Matute of the University of Deusto, Spain, have carried out several field experiments that seemed to reinforce this theory.

第1段落

❺ (Beyond that,) AI may be used to subtly influence
　　　　　　　　 S　　　　　　V
entire nations and populations, (at least among specific demographics).
　　　　　O

142

AIと人間の心理 人間の社会、経済および政治の活動におけるAIの影響

第1段落
❶ AIはビジネス、科学、学問の分野で効率化を推し進めることができる。
❷ データを収集し評価する能力によって独自の価値を手に入れている。
❸ 既にウェブブラウザや検索エンジン、ソーシャルメディアでは大いに取り入れられている。これらの「無料で使える」サービスは、実際には膨大な量のユーザー情報を集め、販売し、利益を期待できるデジタル空間でへの企業の広告出稿を手伝うことで利益を得ている。
❹ 例えば、運動器具は運動をしている人々に向けたソーシャルメディア上で宣伝されるだろう。
❺ それだけでなく、AIは国家全体で少なくとも特定の層を形成する人々の集団にひそかに影響を及ぼすのに使われることがある。

- □ psychology 心理学　❶□ drive (仕事などを)完遂する、する　□ efficiency 能率、有能さ
- ❸□ heavily 大いに、非常に　□ browser ブラウザー　□ profit …から利益を得る
- □ lucrative 利益の上がる、儲かる　❹□ market …を宣伝する・市場で売る
- ❺□ subtly 微妙に、かすかに　□ demographic (特定の)層、集団

第2段落
❶ 公正かつ透明性をもって使われるのであれば、AIは関係者の誰にも利益をもたらし得る。
❷ しかし、誤った情報を広めるのに使われ、時には世論に悪影響を及ぼすこともある。
❸ このような悪意のあるAIを開発するのは諜報機関や選挙活動家や販売業者だったり、様々な非国家団体だったりする。
❹ それが効果的に使われれば、すさまじい影響力を持つことになるだろう。
❺ 例を挙げると、虚偽や誤解を招く情報の投稿でもごく数名の有権者の意見を左右することが考えられる。
❻ 激しい選挙戦ではその小さな差が勝敗を分ける。
❼ スペインのデウスト大学の研究者、ウフエ・アグドとエレナ・マトゥテは、この説を裏付けるような実地試験を数回行っている。

- ❶□ honestly 公正に　□ transparently 透明に　□ benefit …のためになる、…に役立つ
- ❷□ disseminate (情報)を広める　□ misinformation 誤った情報、誤報　□ public sentiment 世論
- ❸□ malevolent 悪意のある　□ intelligence agency 情報局、諜報部、諜報機関
  □ campaigner 運動家　□ marketer 販売会社、市場で売買する人　□ non-state actor 非国家主体
- ❹□ efficaciously 有効に、効果的に　❺□ false 間違った　□ misleading 人を誤解させるような
  □ sway …の意見を左右する　□ marginal 非主流の、わずかな　❻□ competitive 競争のある
  □ decisive 決め手となる　❼□ carry out (実験・調査)を行う　□ reinforce …に説得力を与える

練習しよう！① AI and Human Psychology　訳・語句

第3段落

❶ AI posts are not designed to convince a hardcore supporter of one party (or product brand) to support another.
❷ Rather, AI relies on microtargeting vulnerable individuals who are "open to suggestion" on specific issues, actions, or ideas.
❸ After that, the AI can sometimes nudge that individual to vote a certain way, see a certain movie, or visit a particular restaurant.
❹ However, it is difficult to pick out the effect of AI posts from the countless other factors—from friends to weather—that may affect human behavior.
❺ Even Agudo and Matute caution that their model may not be replicable everywhere.
❻ At present, at least, it is not possible to simply connect a smart system to a political or sales campaign and get the results one wants.

❸ (After that,) the AI can sometimes nudge
　　　　　　　　　　 S　　　　　　　V
that individual to vote a certain way, see a certain movie,
　　　O　　　　 Oの動作①　　　　　　Oの動作②
nudge O to do「Oに…させる」

or visit a particular restaurant.
　　Oの動作③

第3段落

❶ AIによる投稿は、ある政党（あるいは製品のブランド）の筋金入りの支持者に、別のものを支持させるために作られているわけではない。

❷ むしろAIは、特定の問題、行動、アイデアに関して「提案を受け入れてしまう」流されやすい人に対するマイクロターゲティングに頼っている。

❸ そうして、AIはその個人に対して、特定の選択肢に投票したり、特定の映画を見たり、特定のレストランに行ったりするよう働きかけることがある。

❹ しかし、AIの投稿の影響を、友人関係から天候まで、人間の行動に影響を与え得る無数の要因の中から識別するのは難しい。

❺ アグドとマトゥテでさえ、自分たちのモデルがどこでも再現可能とは限らないと注意を促している。

❻ 少なくとも現時点では、単に高性能なシステムを政治や販売のキャンペーンに結びつけるだけでは望む結果を得ることはできない。

❶☐ design …を意図する、…のつもりで作る　☐ hardcore 中核派、中心勢力
❷☐ microtarget（個人）を標的にして収集した情報を基に特定の行動を促す
☐ vulnerable（影響を）受けやすい　☐ be open to …を受け入れやすい
❸☐ nudge …するように何気なく促す　**❹**☐ pick out …を見分ける
☐ countless 数えきれない、無数の　**❺**☐ caution …に警告する　**❻**☐ smart system 高性能システム

筆記②

Unit 2 練習しよう！②

目標解答時間 **7** 分

問題英文の読み方 P.148　解説・正解 P.152　訳・語句 P.154

Onion Domes

　　Domes are architectural marvels that date back to the very first civilizations. Early on, humans capitalized on the fact that a dome is self-supporting, evenly distributing the force of gravity throughout itself so that not too much pressure is put on any one point. Not even basic support beams are necessary to hold them up. In this way, they (**1**). Great care has to go into their construction, however, since a dome that is unevenly shaped will be at substantial risk of collapse. A well-designed dome will also be weather-resistant, able to handle winds of over 700 km/h. Since they stand out considerably from buildings with flat roofs and necessitate special materials and construction methodologies, domes have usually been reserved for special places such as palaces, religious buildings, and central government halls.

　　Some of the most famous buildings in the world, such as the Taj Mahal, Hagia Sophia Grand Mosque, and Florence Cathedral are domed structures. The Kremlin is likewise famous for its domes, some of which have unusual configurations composed of separate raised curves that resemble the layers of an onion. The shape (**2**). Different from their usual "helmet"-shaped counterparts found in much of the rest of the world, onion domes are wider than their base and taller than their width, with a thick middle. The base itself is cylindrical, acting as a connection between the dome and the roof itself.

　　History is still unclear as to the conception of this dome style. Some experts (**3**) and that they date back to 12th or 13th century Kievan Rus, or even earlier. Historian Boris Rybakov has noted that at Russian archeological sites onion domes have been found at higher soil levels than helmet domes. This suggests that the helmet dome might have come first to Russia and later been improved upon locally. However, other researchers hypothesize that onion domes derive from outside design frameworks, such as the Byzantine or Mughal Empire. Art historian Wolfgang Born, though, traces the style back to ancient Syria. At any event, the design's resilience has always been a distinct benefit for the long, snowy Russian winters.

(1)　**1**　are truly architecturally distinct
　　　2　make other structures appear frivolous
　　　3　consume less energy and time
　　　4　sit precariously balanced on one another

146

(2) 1 relies mainly on untested building principles
     2 results from complex engineering
     3 contrasts sharply with the grounds
     4 remains common throughout Europe

(3) 1 warn that the structures are deteriorating
     2 confirm the designs are only replicas
     3 contend that the dimensions are conventional
     4 claim the shapes are primarily indigenous

練習しよう！② Onion Domes 　問題英文の読み方

第1段落

Onion Domes

❶Domes are architectural marvels that date back to the very first civilizations. ❷Early on, humans capitalized on the fact that a dome is self-supporting, evenly distributing the force of gravity throughout itself so that not too much pressure is put on any one point. ❸Not even basic support beams are necessary to hold them up. ❹In this way, they (　**1**　). ❺Great care has to go into their construction, however, since a dome that is unevenly shaped will be at substantial risk of collapse. ❻A well-designed dome will also be weather-resistant, able to handle winds of over 700 km/h. ❼Since they stand out considerably from buildings with flat roofs and necessitate special materials and construction methodologies, domes have usually been reserved for special places such as palaces, religious buildings, and central government halls.

第2段落

❶Some of the most famous buildings in the world, such as the Taj Mahal, Hagia Sophia Grand Mosque, and Florence Cathedral are domed structures. ❷The Kremlin is likewise famous for its domes, some of which have unusual configurations composed of separate raised curves that resemble the layers of an onion. ❸The shape (　**2**　). ❹Different from their usual "helmet"-shaped counterparts found in much of the rest of the world, onion domes are wider than their base and taller than their width, with a thick middle. ❺The base itself is cylindrical, acting as a connection between the dome and the roof itself.

148

第1段落

❶はSVCの形を取り、「ドームは驚異の建築物である」と、この文章のタイトルにあるドームについて説明しています。そして、❷❸では、人間が活用してきたドームの特徴について、「自身を支えることができ、重力を内部に均等に分散させ、一点に大きな圧力がかからないようになっている」、「ドームを支える基本的な梁さえ必要ない」と続きます。空所を含む❹は In this way で始まっているので、この前の❷と❸を受けて「ドームはこのように特殊である」のような意味になると推測できます。❺は前半と後半の間に however が挟まっていますが、これは however が文頭に来ている場合と意味は同じです。したがって「けれども、ドームの建設には注意が必要だ。不均衡な形に作られたドームは倒壊の危険性が高いから」と読みます。そして❻は「うまく設計されたドームは耐候性も高く、強風にも耐えられる」とドームの長所について触れ、❼は「ドームは目立つが、特別な材料や建築方法が必要なので、特別な場所にのみ使用されてきた」と、現代のドーム型の建築の用途を例示しています。

第1段落はドーム型が取り入れられてきた理由となる基本的な特徴の紹介と、その用途についての説明をしていました。

第2段落

❶は世界で最も有名な建造物でドーム型のものを挙げています。❷で一つ変わった例として挙げているのがクレムリンのドームで、「これは（タイトルにある）タマネギ型である」と言っています。空所を含む❸は「その形は」という主語から始まり、後に続く❹の内容から、おそらく「複雑な」や「異様な」のような特殊性を描写する内容が空所に入ると考えられます。その❹では「通常のヘルメット型のドームと異なり、タマネギ型のドームは土台よりも幅が広く、横よりも縦が大きく、真ん中が厚くなっている」と、タマネギ型の形状に関して詳しく説明されています。それに続いて❺は「土台は円筒形で、ドームと屋根をつなぐ役割を果たしている」と、タマネギ型ドームの形状の説明を加えています。

第2段落は実際にある、世界のドーム型建造物の中からタマネギ型のものに焦点を移し、その特徴について述べていました。

練習しよう！② Onion Domes　問題英文の読み方

第3段落

❶History is still unclear as to the conception of this dome style. ❷Some experts (**3**) and that they date back to 12th or 13th century Kievan Rus, or even earlier. ❸Historian Boris Rybakov has noted that at Russian archeological sites onion domes have been found at higher soil levels than helmet domes. ❹This suggests that the helmet dome might have come first to Russia and later been improved upon locally. ❺However, other researchers hypothesize that onion domes derive from outside design frameworks, such as the Byzantine or Mughal Empire. ❻Art historian Wolfgang Born, though, traces the style back to ancient Syria. ❼At any event, the design's resilience has always been a distinct benefit for the long, snowy Russian winters.

第3段落

❶では「ドームの形の発想は、まだ歴史がはっきりしていない」とあり、❷は Some experts で始まり、「何人かの専門家が〜している」という内容です。空所の後ろの that 以下は、「12 〜 13世紀のキエフ・ルーシ、あるいはそれ以前にさかのぼる」とあります。❸と❹はある歴史家の「ロシアの遺跡ではヘルメット型ドームよりも上の地層からタマネギ型ドームが見つかっている」、「このことは、ヘルメット型ドームが最初にロシアに伝わり、後に改良されて、タマネギ型になった可能性を示唆している」という見解を述べています。❺は❷の Some experts と呼応し、However, other researchers で始まり、別の研究者たちの見解について触れています。他の研究者たちの仮説を紹介するかたちで「タマネギ型ドームは国外のデザインの枠組みに由来する」ということがあり、❻では、though が含まれ、違う仮説について「(美術史家のヴォルフガング・ボルンは、)この様式は古代シリアまでさかのぼるとしている」と言っています。❼はこの文章のまとめで、タマネギ型ドームの発想の由来に関して様々な説があるけれども、このタマネギ型のデザインの弾力性は、雪深いロシアでの強みだったと言っています。

第3段落では、タマネギ型ドームの形の発想についての様々な見解に触れていました。

練習しよう！② Onion Domes　解説・正解

(1)　**1**　are truly architecturally distinct
　　　　2　make other structures appear frivolous
　　　　3　consume less energy and time
　　　　4　sit precariously balanced on one another

(2)　**1**　relies mainly on untested building principles
　　　　2　results from complex engineering
　　　　3　contrasts sharply with the grounds
　　　　4　remains common throughout Europe

(3)　**1**　warn that the structures are deteriorating
　　　　2　confirm the designs are only replicas
　　　　3　contend that the dimensions are conventional
　　　　4　claim the shapes are primarily indigenous

(1) 　1　建築として他とは本当に異なっている
　　　　2　他の建築物をつまらないものにしてしまう
　　　　3　エネルギーと時間があまりかからない
　　　　4　互いに不安定なバランスを保っている

第1段落の空所の前の文では、❷「ドーム型は自身を支えることができ、重力を内部に均等に分散させ、一点に大きな圧力がかからないようになっている」、❸「ドームを支える基本的な梁さえ必要としない」と構造面の特徴について書いてあります。❹は In this way で始まっているので、「ドームはこのように」に続くのは「他とは違う」の意味になることが考えられるので1が適切です。2は「他の建築がつまらない」と言えるような評価を含む表現は言っておらず、❺や❼で細心の注意や特別な材料、建築法が必要と言っているので3のような「ドーム型の建設にはエネルギーと時間がかかる」とは言えません。❷❸から「ドーム型は安定している」と言えるので4も間違いです。

□ architecturally 建築上、建築学的に　□ frivolous 取るに足りない、つまらない　□ precariously 不安定に

....

(2) 　1　主に検証されていない建築の原則をよりどころにしている
　　　　2　複雑な工学的技術によるものである
　　　　3　周囲の敷地とは対照的である
　　　　4　ヨーロッパ中でいまだに一般的である

第2段落の空所の前の文❷で有名なドーム型建築物の一例としてクレムリンのタマネギ型ドームを挙げています。空所の後の❹はタマネギ型の形状に関して、「通常のヘルメット型のドームと異なり、タマネギ型のドームは土台よりも幅が広く、横よりも縦が大きく、真ん中が厚くなっている」と構造や形状について述べているので、空所を含む❸は「この形は複雑な技術による」のような特殊性を裏づける言葉が当てはまります。

□ sharply はっきりと

....

(3) 　1　構造物が劣化しつつあることを警告する
　　　　2　デザインが単なるレプリカであることを立証する
　　　　3　寸法は従来のものであると主張する
　　　　4　形が基本的に土地に固有のものであると主張する

第3段落の空所の前の文❶で、タマネギ型ドームの形の発想について、「まだ歴史がはっきりしていない」とあります。それを受ける❷は Some experts が主語で、「何人かの専門家が〜して、12 〜 13世紀のキエフ・ルーシ、あるいはそれ以前にさかのぼる」となっています。その後、❸❹にかけて「ロシアの遺跡ではヘルメット型ドームよりも上の地層からタマネギ型ドームが見つかっている」、「ヘルメット型ドームは最初にロシアに伝わり、後に現地で改良された」と続いて、タマネギ型ドームがロシア特有だという状況について説明しているので、「何人かの専門家は、ドームの形が土地固有のものであると主張する」の意味になると文意が通ります。

□ deteriorate 劣化する、質が低下する　□ replica 複製品、レプリカ　□ contend …だと強く主張する
□ dimension 寸法、大きさ　□ conventional 従来からある、伝統的な　□ primarily 主として
□ indigenous 土着の、固有の

(1) 1　(2) 2　(3) 4

153

練習しよう！② Onion Domes　訳・語句

Onion Domes

第1段落

❶ Domes are architectural marvels that date back to the very first civilizations.

❷ Early on, humans capitalized on the fact that a dome is self-supporting, evenly distributing the force of gravity throughout itself so that not too much pressure is put on any one point.

❸ Not even basic support beams are necessary to hold them up.

❹ In this way, they are truly architecturally distinct.

❺ Great care has to go into their construction, however, since a dome that is unevenly shaped will be at substantial risk of collapse.

❻ A well-designed dome will also be weather-resistant, able to handle winds of over 700 km/h.

❼ Since they stand out considerably from buildings with flat roofs and necessitate special materials and construction methodologies, domes have usually been reserved for special places such as palaces, religious buildings, and central government halls.

---

❷ (Early on,) humans capitalized on the fact (that a dome is self-supporting,
　　　　　　　　S　　　　V　　　　　　O　　　　　　S'　　V'　　　C'
(evenly distributing the force of gravity throughout itself
　　　　V"　　　　　O"
(so that not too much pressure is put on any one point))).
　　　　　　　S'''　　　　　V'''

154

タマネギ型ドーム

第1段落

❶ ドームはごく初期の文明にまでさかのぼる驚異の建築物である。
❷ ドームは自身を支えることができ、重力を内部に均等に分散させ、一点に大きな圧力がかからないようにするということを、人類は早くから活用してきた。
❸ ドームを支えるための基本的な梁さえ必要ない。
❹ この点で、ドームは建築として他とは本当に異なっている。
❺ しかし、形が不均衡なドームは倒壊の危険性が高いため、ドームの建設には細心の注意が必要だ。
❻ うまく設計されたドームは耐候性も高く、時速700キロメートル以上の風にも耐えられる。
❼ ドームは平らな屋根の建物よりかなり目立ち、特別な材料や建築方法が必要とされるため、通常、宮殿や宗教施設、中央官庁などの特別な場所にのみ使用されてきた。

❶ ☐ dome ドーム、丸屋根 ☐ architectural 建築上の ☐ marvel 驚異、偉業
☐ date back to …にさかのぼる ☐ civilization 文明 ❷ ☐ early on 早くから
☐ capitalize on …を活用する ☐ self-supporting 自らを支える ☐ evenly 均等に
☐ distribute …を分散させる ❸ ☐ beam 梁 ❺ ☐ unevenly 均等ではない、釣り合わずに
☐ substantial 相当な ❻ ☐ weather-resistant 耐候性 ❼ ☐ necessitate …を必要とする
☐ methodology 方法 ☐ reserve …を取っておく

練習しよう！② Onion Domes 訳・語句

第2段落

❶ Some of the most famous buildings in the world, such as the Taj Mahal, Hagia Sophia Grand Mosque, and Florence Cathedral are domed structures.

❷ The Kremlin is likewise famous for its domes, some of which have unusual configurations composed of separate raised curves that resemble the layers of an onion.

❸ The shape results from complex engineering.

❹ Different from their usual "helmet"-shaped counterparts found in much of the rest of the world, onion domes are wider than their base and taller than their width, with a thick middle.

❺ The base itself is cylindrical, acting as a connection between the dome and the roof itself.

❷ The Kremlin is likewise famous for its domes, (some of which
　　　S　　　　　 V　　　　　　　 C　　　　　　　　　 S'
have unusual configurations (composed of separate raised curves (that
　 V'　　　　　 O'　　　　　　　　　　　　　　　　　　　　　　　　 S''
resemble the layers of an onion))).
　 V''　　　　　 O''

第2段落

❶ タージ・マハル、アヤソフィア・グランド・モスク、フィレンツェの大聖堂など、世界で最も有名な建造物のいくつかはドーム型である。

❷ クレムリンも同様にドームで有名で、そのいくつかは、玉ねぎの層のように盛り上がった曲線で構成された珍しい形をしている。

❸ この形状は、複雑な工学的技術によるものだ。

❹ 世界の他の多くの地域で見られる通常の「ヘルメット」型のドームとは異なり、タマネギ型ドームは土台よりも幅が広く、幅よりも高さの方が大きく、真ん中が厚くなっている。

❺ 土台自体は円筒形で、ドームと屋根そのものをつなぐ役割を果たす。

❷ □ configuration 外形、形態 □ be composed of …から成る □ layer 層、重なり
❹ □ helmet ヘルメット □ counterpart 相当するもの ❺ □ cylindrical 円筒形の
□ act as …としての機能を果たす

筆記②

練習しよう！② Onion Domes 訳・語句

第3段落

❶ History is still unclear as to the conception of this dome style.
❷ Some experts claim the shapes are primarily indigenous and that they date back to 12th or 13th century Kievan Rus, or even earlier.
❸ Historian Boris Rybakov has noted that at Russian archeological sites onion domes have been found at higher soil levels than helmet domes.
❹ This suggests that the helmet dome might have come first to Russia and later been improved upon locally.
❺ However, other researchers hypothesize that onion domes derive from outside design frameworks, such as the Byzantine or Mughal Empire.
❻ Art historian Wolfgang Born, though, traces the style back to ancient Syria.
❼ At any event, the design's resilience has always been a distinct benefit for the long, snowy Russian winters.

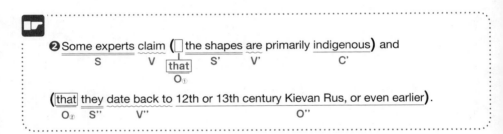

第3段落

❶ このドームの形がどのような発想で作られたのか、その歴史はまだはっきりしていない。

❷ 専門家の中には、この形は基本的にその土地に固有のもので、12 ～ 13世紀のキエフ・ルーシ、あるいはそれ以前にさかのぼると主張する者もいる。

❸ 歴史家のボリス・ルバコフは、ロシアの遺跡ではヘルメット型ドームよりも上の地層からタマネギ型ドームが見つかっていると指摘している。

❹ このことは、ヘルメット型ドームが最初にロシアに伝わり、後に現地で改良された可能性を示唆している。

❺ しかし、他の研究者たちは、タマネギ型ドームはビザンチン帝国やムガル帝国など、国外のデザインの枠組みに由来するという仮説を立てている。

❻ しかし、美術史家のヴォルフガング・ボルンは、この様式は古代シリアまでさかのぼるとしている。

❼ いずれにせよ、このデザインの弾力性は、雪深いロシアの長い冬を考えると、常に顕著な強みだった。

筆記②

❶□ conception 着想　❸□ historian 歴史家　□ archaeological site 考古学的遺跡
❹□ improve upon …をよりよいものにする　□ locally その地方で
❺□ hypothesize …であると仮定する　□ derive from …に由来する　❻□ art historian 美術史家
□ trace back to …にさかのぼる　❼□ at any event いずれにしても　□ resilience 弾力性、順応性

Unit 2 練習しよう！③

目標解答時間 7分

問題英文の読み方 P.162　解説・正解 P.166　訳・語句 P.168

Financial Technology and Our World

The emergence of Decentralized Finance (DeFi) in around 2008 was due to dissatisfaction with 20th century banking, seen by younger, tech-savvy investors as expensive and restrictive. Their goal was to move away from large financial institutions and government authorities and instead do transactions directly through a variety of small, private, and unregulated entities. DeFi relies on Financial Technology (FinTech) to buy, sell, invest, and trade. The most basic configuration of FinTech is payment apps. (**1**), which is a boon to regulators, law enforcement, and tax authorities. Apart from leaving a traceable line of operations, the app system is also economical, without the need for card readers, cashiers, and other people and machines.

Interestingly, adoption of FinTech has been (**2**). While advanced economies such as Japan, Germany, and the US were slow to accept these platforms, emerging ones such as Columbia and Nigeria began rapidly doing so: even their farmers in remote areas could analyze the daily movement of grain markets through apps. Truly digital money also began to emerge in the 2010s, with the advent of crypto currencies (crypto), Non-Fungible Tokens (NFT) and other items that are often manifested as digital coins. Advocates of crypto and NFT consider them as instruments of privacy as well, since they are not issued from a central bank but created privately out of a distributed computer network and an algorithm called "blockchain."

The opaque ownership structure of crypto gives it great appeal to anonymity-minded investors, artists, or political dissidents. However, criminals, spies, and terrorists also benefit from its clandestine user architecture. While most governments have endorsed payment apps, they have been skeptical or hostile toward crypto. In order to maintain centralized economic and social control, China has outlawed crypto, while India has strongly discouraged it, although, as of late 2022, not banned it. Paradoxically, India is second only to America in crypto adoption. However, (**3**) since both DeFi and FinTech encompass a wide array of technologies and systems, some of them more transparent and less risky than others. Only time will tell which of these systems remain with humanity long-term.

(1) 1 The transactions are easily tracked
    2 The profits are shared
    3 The users register with banks
    4 The businesses have few clients

(2) 1 achieved without risk to fund managers
    2 encouraged by financial institutions
    3 exclusive to small countries
    4 independent of national economic status

(3) 1 the future of these instruments is unpredictable
    2 many governments have expressed their concern
    3 these high-risk options have lost their appeal
    4 these digital assets are obviously short-lived

練習しよう！③ Financial Technology and Our World　問題英文の読み方

第1段落

Financial Technology and Our World

❶The emergence of Decentralized Finance (DeFi) in around 2008 was due to dissatisfaction with 20th century banking, seen by younger, tech-savvy investors as expensive and restrictive. ❷Their goal was to move away from large financial institutions and government authorities and instead do transactions directly through a variety of small, private, and unregulated entities. ❸DeFi relies on Financial Technology (FinTech) to buy, sell, invest, and trade. ❹The most basic configuration of FinTech is payment apps. ❺(1), which is a boon to regulators, law enforcement, and tax authorities. ❻Apart from leaving a traceable line of operations, the app system is also economical, without the need for card readers, cashiers, and other people and machines.

第2段落

❶Interestingly, adoption of FinTech has been (2). ❷While advanced economies such as Japan, Germany, and the US were slow to accept these platforms, emerging ones such as Columbia and Nigeria began rapidly doing so: even their farmers in remote areas could analyze the daily movement of grain markets through apps. ❸Truly digital money also began to emerge in the 2010s, with the advent of crypto currencies (crypto), Non-Fungible Tokens (NFT) and other items that are often manifested as digital coins. ❹Advocates of crypto and NFT consider them as instruments of privacy as well, since they are not issued from a central bank but created privately out of a distributed computer network and an algorithm called "blockchain."

第1段落

タイトルを見ると、「金融技術と世界」とあります。他のトピックと同様にタイトルだけではテーマの範囲が広く、予測を狭めることができませんが、金融技術の中でも最新のものに関するものかもしれないと考えながら読み進めましょう。❶では「分散型金融（DeFi）が登場したこと」が主語になっています。コンマの後ろから修飾している要素が複数ありますが、「DeFi が登場したのは、テクノロジーに詳しい若者が、不満を持ったからだ」という大きな流れを把握しましょう。❷の Their は前の文の「テクノロジーに詳しい若い投資家たち」です。「彼らの目標は大きな機関から離れて、小規模で、規制を受けていない民間団体と直接取引を行うことだった」という意味です。そして❸❹では「DeFi は売買や投資や取引を Financial Technology（FinTech）に委ねている」、「FinTech の最も基本的な要素は決済アプリである」と、DeFi を簡潔に説明しています。❺からは詳しく、「〜は、監査官、法執行機関、税務当局にとっては好都合」、「このアプリのシステムはカードリーダーや、会計係や機械を必要としないので経済的だ」と、この決済アプリシステムの長所をまとめています。

第2段落

❶では「興味深いことに」と、読者の興味を引こうとしているので、その説明にユニークな面があることを予測して読むと、❷で書かれているのは「先進国では導入に時間がかかったけれども、新興国は即座に取り入れた」という内容です。そして、さらに❸では本格的な金融取引のツールとなるデジタル通貨の登場について、クリプトや NFT を例にして触れています。❹には❸で出てきたクリプトや NFT について「その支持者はそれらを私的な証券としても見なしている」とあり、since 以下の節で「中央銀行から発行されるのではなく、コンピュータネットワークやアルゴリズムから個人間に作成されるからだ」と、その理由と仕組みを説明しています。

第2段落では第1段落に続き、FinTech の導入やクリプトや NFT の扱われ方について説明していました。

練習しよう！③ Financial Technology and Our World　問題英文の読み方

第3段落

❶The opaque ownership structure of crypto gives it great appeal to anonymity-minded investors, artists, or political dissidents. ❷However, criminals, spies, and terrorists also benefit from its clandestine user architecture. ❸While most governments have endorsed payment apps, they have been skeptical or hostile toward crypto. ❹In order to maintain centralized economic and social control, China has outlawed crypto, while India has strongly discouraged it, although, as of late 2022, not banned it. ❺Paradoxically, India is second only to America in crypto adoption. ❻However, (3) since both DeFi and FinTech encompass a wide array of technologies and systems, some of them more transparent and less risky than others. ❼Only time will tell which of these systems remain with humanity long-term.

第3段落

第2段落を受けて❶では「そのように所有の仕組みがわかりにくいことは、匿名志向の人々には魅力的に映る」とあります。❷は However で始まり、「しかし、(投資家などだけでなく)犯罪者やスパイやテロリストたちにも恩恵を与えている」という意味になります。そのために、❸で「多くの政府が暗号通貨に対して、反対する姿勢を取っている」と、政府の立場に言及し、その例として❹「中国は非合法化し、インドも推奨しないという意向を示している」と挙げています。❺では「逆説的だが、インドではアメリカに次いで暗号通貨が普及している」とあります。❻は逆接で始まり、DeFi や FinTech が様々な技術やシステムを含んでいて、その中には透明性が高く、リスクの低いものもある、と述べています。❼ではこのような金融のシステムについて、結局は「どれが長期的に人類社会の中に存在し続けることになるかは、わからない」と、その予測の難しさに触れることでこの文章を締めくくっています。

練習しよう！③ Financial Technology and Our World 　解説・正解

---

(1) 1 The transactions are easily tracked
　　 2 The profits are shared
　　 3 The users register with banks
　　 4 The businesses have few clients

---

(2) 1 achieved without risk to fund managers
　　 2 encouraged by financial institutions
　　 3 exclusive to small countries
　　 4 independent of national economic status

---

(3) 1 the future of these instruments is unpredictable
　　 2 many governments have expressed their concern
　　 3 these high-risk options have lost their appeal
　　 4 these digital assets are obviously short-lived

(1) 🖼 1 取引は簡単に追跡できる
2 利益は分配される
3 利用者は銀行に登録する
4 商取引の顧客が少ない

🔍 第1段落の空所の前の文❸❹では、DeFi について「売買や投資や取引を FinTech に委ねていて、最も基本的な要素は決済アプリである」と概要の説明をしていました。更なる説明として、❺の空所の後には「監査官、法執行機関、税務当局にとっては好都合」とあります。空所にはこれらの監査官たちに好都合であることが書かれているはずなので、「取引は簡単に追跡できる」の意味の1を選びます。また、後に続く❻が「追跡可能な操作の記録を残せるだけでなく」で始まっていることからも内容の一致が確認できます。

✒️ ☐ transaction 取引 ☐ track …を追跡する

- -

(2) 🖼 1 ファンドマネジャーがリスクを負うことなく達成される
2 金融機関に奨励される
3 小国に限られている
4 国の経済状況とは無関係である

🔍 FinTech の導入について説明している第2段落の冒頭の❶で「興味深いことに、FinTech の導入は」に続く述部を選択肢から選びます。後に続く❷では「(日本、ドイツ、アメリカなどの)先進国では導入に時間がかかったけれども、(コロンビアやナイジェリアなどの)新興国は即座に取り入れた」と先進国か新興国かに焦点を当てて取り上げているので、その導入の動きの対比の中に「興味深いことに」と言える関係があることを見出します。すると、空所には「(FinTech の導入は)国の経済状況とは無関係である」の意味の4が当てはまることがわかります。

✒️ ☐ exclusive to …にのみ限定されている

- -

(3) 🖼 1 こうした金融商品の将来は予測がつかないものになっている
2 多くの政府が懸念を表明している
3 このようなリスクの高い選択肢は魅力を失った
4 これらのデジタル資産は明らかに短命である

🔍 第3段落の❸の空所の前には「多くの政府が決済アプリを奨励する一方、暗号通貨に対しては懐疑的な姿勢を取っている」という内容があります。❹では「中国は非合法化し、インドも推奨しない意向を示している」とあり、❺では「奇妙であるが、インドではアメリカに次いで暗号通貨が普及している」という内容があることを踏まえて空所に臨みましょう。空所を含む❻は逆接で始まっていて、空所の後は since で始まるこの文の従属節で「Defi や FinTech が様々な技術やシステムを含んでいて、透明性が高く、リスクの低いものもある」とあることからも、その前まで述べてきた暗号通貨については対照的となる「こうした金融商品の将来は予測がつかない」という内容の1を選ぶのが妥当でしょう。

✒️ ☐ appeal 魅力 ☐ asset 資産 ☐ short-lived 短命の

🚩 **(1) 1　(2) 4　(3) 1**

練習しよう！③ Financial Technology and Our World　訳・語句

Financial Technology and Our World

第1段落

❶ The emergence of Decentralized Finance (DeFi) in around 2008 was due to dissatisfaction with 20th century banking, seen by younger, tech-savvy investors as expensive and restrictive.

❷ Their goal was to move away from large financial institutions and government authorities and instead do transactions directly through a variety of small, private, and unregulated entities.

❸ DeFi relies on Financial Technology (FinTech) to buy, sell, invest, and trade.

❹ The most basic configuration of FinTech is payment apps.

❺ The transactions are easily tracked, which is a boon to regulators, law enforcement, and tax authorities.

❻ Apart from leaving a traceable line of operations, the app system is also economical, without the need for card readers, cashiers, and other people and machines.

---

❷ Their goal was to move away (from large financial institutions
　　S　　　V　　　　C①
and government authorities) and instead do transactions (directly through
　　　　　　　　　　　　　　　　　　　C②
a variety of small, private, and unregulated entities).

金融技術と世界

第1段落

❶ 分散型金融（DeFi）が2008年頃に登場したのは、テクノロジーに精通した若い投資家たちが20世紀の銀行業務は金がかかり制約が多いと見なし、不満を抱いていたからだった。

❷ 彼らの目標は、大規模な金融機関や政府当局から離れ、その代わりに様々な小規模で規制を受けていない民間団体と直接取引を行うことだった。

❸ DeFi は売買や投資や取引を Financial Technology（FinTech）に委ねている。

❹ FinTech の最も基本的な要素は決済アプリである。

❺ 取引は簡単に追跡できるため、監査官、法執行機関、税務当局にとっては好都合だ。

❻ アプリシステムは、追跡可能な一連の操作の記録を残せるだけでなく、カードリーダーや会計係や他の人や機械を必要としないため、経済的でもある。

❶ □ emergence 出現、台頭　□ decentralize …を分散させる　□ dissatisfaction 不満
　□ tech-savvy ハイテク通の　□ investor 投資家　□ restrictive 制限的な
❷ □ move away 立ち去る　□ transaction 取引、売買　□ unregulated 規制されていない
　□ entity 実体　❹ □ configuration 構成　❺ □ boon ありがたいもの、利益
　□ regulator 業務監査機関　□ law enforcement 法執行機関　□ tax authorities 税務当局
❻ □ traceable 追跡できる

練習しよう！③ Financial Technology and Our World　　訳・語句

第2段落

❶ Interestingly, adoption of FinTech has been independent of national economic status.

❷ While advanced economies such as Japan, Germany, and the US were slow to accept these platforms, emerging ones such as Columbia and Nigeria began rapidly doing so: even their farmers in remote areas could analyze the daily movement of grain markets through apps.

❸ Truly digital money also began to emerge in the 2010s, with the advent of crypto currencies (crypto), Non-Fungible Tokens (NFT) and other items that are often manifested as digital coins.

❹ Advocates of crypto and NFT consider them as instruments of privacy as well, since they are not issued from a central bank but created privately out of a distributed computer network and an algorithm called "blockchain."

---

❸ Truly digital money also began to emerge in the 2010s, (with
　　　　　S　　　　　　　　　　　V

the advent of crypto currencies (crypto), Non-Fungible Tokens (NFT)

and other items (that are often manifested as digital coins)).
　　　　　　　　　　S'　　　　　V'

第2段落

❶ 興味深いことに、FinTech の導入は国の経済状況とは無関係である。

❷ 日本、ドイツ、アメリカなどの先進国はこうしたプラットフォームの導入に遅れを取る一方で、コロンビアやナイジェリアなどの新興国は即座に取り入れた。これにより、遠隔地の農家でさえ、アプリを通じて穀物市場の日々の動きを分析することができた。

❸ 本格的なデジタル通貨も2010年代に登場し、暗号通貨（クリプト）や非代替性トークン（NFT）など、デジタル通貨と銘打たれるものが登場した。

❹ クリプトや NFT の支持者はそれらを私的な証券としても見なしている。中央銀行から発行されるのではなく、分散型コンピュータネットワークと「ブロックチェーン」と呼ばれるアルゴリズムから個人で作成するからである。

❷ ☐ advanced economy 先進国　☐ platform プラットフォーム
　 ☐ emerging economy 新興経済国　❸ ☐ emerge 現れる　☐ advent 出現
　 ☐ crypto currency クリプト通貨　☐ Non-Fungible Token 非代替トークン　☐ manifest 明示する
❹ ☐ advocate 支持者　☐ instrument 証券、法律文書、証拠文書　☐ privately 個人で
　 ☐ algorithm アルゴリズム　☐ blockchain ブロックチェーン

練習しよう！③ Financial Technology and Our World　訳・語句

第3段落

❶ The opaque ownership structure of crypto gives it great appeal to anonymity-minded investors, artists, or political dissidents.

❷ However, criminals, spies, and terrorists also benefit from its clandestine user architecture.

❸ While most governments have endorsed payment apps, they have been skeptical or hostile toward crypto.

❹ In order to maintain centralized economic and social control, China has outlawed crypto, while India has strongly discouraged it, although, as of late 2022, not banned it.

❺ Paradoxically, India is second only to America in crypto adoption.

❻ However, the future of these instruments is unpredictable since both DeFi and FinTech encompass a wide array of technologies and systems, some of them more transparent and less risky than others.

❼ Only time will tell which of these systems remain with humanity long-term.

---

❹ (In order to maintain centralized economic and social control),

China has outlawed crypto, (while India has strongly discouraged it,
　S　　　　V　　　　O　　　　　　　S'　　　　　　　V'①　　　　　　　O'①
(although, (as of late 2022,) not banned it)).
　　　　　　　　　　　　　　V'②　　O'②

第3段落

❶ 暗号通貨の所有の仕組みがわかりにくいことは、匿名志向の投資家やアーティストや反体制派の活動家には非常に魅力的に映る。

❷ しかし、犯罪者やスパイやテロリストたちも同様に使い方の基本設計が秘密にされていることの恩恵を受けている。

❸ 多くの政府が決済アプリを奨励する一方で、暗号通貨に対しては懐疑的あるいは反対する姿勢を取っている。

❹ 中央集権的な経済と社会の統制を維持するため、中国は暗号通貨を非合法化し、インドも推奨しないという意向を強く示してはいるが2022年末の時点で禁止までにはいたっていない。

❺ 逆説的だが、インドではアメリカに次いで暗号通貨の普及が見られる。

❻ しかし、こうした金融商品の将来は予測のつかないものになっている。それはDeFiとFinTechはどちらも様々な技術やシステムを包含しており、その中にはより透明性が高くリスクの低いものがあるからだ。

❼ これらのシステムのうちのどれが長期的に人類社会の中に存在し続けることになるかは、時を経なければわからない。

❶ ☐ opaque 不透明な ☐ ownership 所有、所有権 ☐ anonymity 匿名
☐ -minded …気質の、…の気がある ☐ dissident 反体制の人 ❷ ☐ terrorist テロリスト
☐ benefit from …から利益を得る ☐ clandestine 内々の、秘密の ☐ architecture 構造、構成
❸ ☐ endorse …を是認する・支持する ☐ skeptical 懐疑的な ☐ hostile 反対する
❹ ☐ centralize …を中央政権制にする ☐ outlaw …を非合法化する
☐ discourage …に不賛意を表す ☐ ban …を禁止する ❺ ☐ paradoxically 逆説的なことに
☐ second only to …に次いで ❻ ☐ unpredictable 予想できない ☐ encompass …を含む
☐ array おびただしい数 ☐ transparent 透明な ☐ risky 危険な ❼ ☐ long-term 長期の

筆記 ②

Unit 2 練習しよう！④

目標解答時間 **7** 分

問題英文の読み方 P.176　解説・正解 P.180　訳・語句 P.182

Managing Plastic

Plastic is a critical part of the modern global economy and is a component in everything from radios to airplanes. The low cost of the material, along with its strength and durability, have made it useful across dozens of economic sectors. However, the substance is notoriously difficult to recycle, and worse, many plastic users do not even try to do so. If simply discarded on the ground or tossed in the sea, it (**1**) for centuries. The plastic buildup in the ocean has been so high that an Environmental Investigation Agency study indicates that plastic will outweigh fish in the oceans by 2050.

In recent decades scientists have been working on ways to more easily disintegrate plastic for recycling or design plastics that naturally deteriorate, as paper does. One breakthrough has been the development of Polyhydroxyalkanoates (PHA). This is a biodegradable plastic that can be discarded without harming the environment. If simply thrown away, PHA breaks down within two months. Another type of biodegradable plastic is Polylactic Acid (PLA), made from corn. To make PLA fully biodegradable, however, it must (**2**). This process involves heating to 60 °C, adding sugar, and exposing it to UV light. Otherwise, the plastic will not break down.

While these kinds of materials show promise, there is no shortage of skeptics and challenges. For one thing, it is unclear how much "biodegradable plastic" actually degrades. The industry standard is for at least 60% of a substance to decay over 180 days. So residual amounts of such plastic may remain. Moreover, the World Wildlife Fund for Nature (WWF) is concerned that even fully biodegradable plastic only (**3**). This, in turn, drives up carbon emissions from plastic-producing factories. Singaporean scientists have proposed a new waste management economic sector that would deal with plastic at every stage, including design, manufacture, usage, and recycling. Complemented by biodegradable plastic, this might end all plastic waste. It would be a complex and ambitious goal, but perhaps one worth considering.

(1)　**1**　will become unusable for recycling
　　　2　makes product processing slower
　　　3　causes numerous economic problems
　　　4　will remain almost wholly intact

Date
／①②③④　／①②③④　／①②③④

174

(2) 1 undergo a particular treatment
2 be stored away for centuries
3 rise in overall production costs
4 cool down from its high temperatures

(3) 1 hurts the public profiles of manufacturers
2 results in higher volumes of plastic being made
3 creates profits for waste management firms
4 impacts a large number of economic sectors

練習しよう！④ Managing Plastic　問題英文の読み方

第1段落

Managing Plastic

❶Plastic is a critical part of the modern global economy and is a component in everything from radios to airplanes. ❷The low cost of the material, along with its strength and durability, have made it useful across dozens of economic sectors. ❸However, the substance is notoriously difficult to recycle, and worse, many plastic users do not even try to do so. ❹If simply discarded on the ground or tossed in the sea, it (　1　) for centuries. ❺The plastic buildup in the ocean has been so high that an Environmental Investigation Agency study indicates that plastic will outweigh fish in the oceans by 2050.

第2段落

❶In recent decades scientists have been working on ways to more easily disintegrate plastic for recycling or design plastics that naturally deteriorate, as paper does. ❷One breakthrough has been the development of Polyhydroxyalkanoates (PHA). ❸This is a biodegradable plastic that can be discarded without harming the environment. ❹If simply thrown away, PHA breaks down within two months. ❺Another type of biodegradable plastic is Polylactic Acid (PLA), made from corn. ❻To make PLA fully biodegradable, however, it must (　2　). ❼This process involves heating to 60°C, adding sugar, and exposing it to UV light. ❽Otherwise, the plastic will not break down.

第1段落

❶❷では、プラスチックの良い側面に関して「重要な役割を担っていて、ラジオから飛行機まであらゆるものの部品となっている」、「安価で強度や耐久性に優れている」と述べたのに対して、❸では「リサイクルが難しく、多くの人はリサイクルしようとしない」という短所について述べています。❹は❸の短所を受けて、プラスチックがリサイクルされないときに起こることについて、「地面や海に捨てられたら、何世紀にもわたって～」と書いてあります。❺はさらに環境捜査局の調査でわかったこととして、「海洋におけるプラスチックの蓄積量は非常に多く、2050年までには魚より多くなる」と、その環境への悪影響についてまとめています。
第1段落ではプラスチックが広く利用しやすい長所を持つ反面、リサイクルされずに環境に蓄積してしまうという点に関して書いてありました。

第2段落

❶では、科学者たちがプラスチックを分解してリサイクルする方法や、自然に劣化するプラスチックの開発に取り組んできた、という内容について述べていて、❷❸❹では「突破口のひとつはPHAの開発である」、「PHAは生分解性プラスチックで、環境を害することなく廃棄できる」、「PHAは（従来のプラスチックと違って）普通に捨てられても分解される」と、PHAの特徴について書かれています。❺では生分解性プラスチックのもう一つのタイプとしてPLAを紹介し、❻ではPLAの利用方法について「PLAを完全に生分解性にするには～しなければならない」と書いてあります。そして❼❽ではその工程と条件について触れています。
第2段落はプラスチックの短所を補う方法として開発された生分解性プラスチックについてまとめていました。

練習しよう！④ Managing Plastic | 問題英文の読み方

第3段落

❶While these kinds of materials show promise, there is no shortage of skeptics and challenges. ❷For one thing, it is unclear how much "biodegradable plastic" actually degrades. ❸The industry standard is for at least 60% of a substance to decay over 180 days. ❹So residual amounts of such plastic may remain. ❺Moreover, the World Wildlife Fund for Nature (WWF) is concerned that even fully biodegradable plastic only (**3**). ❻This, in turn, drives up carbon emissions from plastic-producing factories. ❼Singaporean scientists have proposed a new waste management economic sector that would deal with plastic at every stage, including design, manufacture, usage, and recycling. ❽Complemented by biodegradable plastic, this might end all plastic waste. ❾It would be a complex and ambitious goal, but perhaps one worth considering.

第3段落

❶では「有望視される一方、課題も少なくない」と、問題視する展開の導入部分となり、❷❸❹では、その懐疑的な見方の中で、「生分解性プラスチックがどの程度分解されるか不明である」、「業界の標準では60％腐敗することとなっている」、「だから、腐敗しなかったプラスチックが残る可能性がある」という分解されないプラスチックがある点について、また❺❻には、WWFの見解として、「完全に生分解性のプラスチックになっても〜だけではないか」、「そうすると、プラスチック製造工場からの炭素排出量が増える」と結果的にプラスチックに関連する環境悪化の要因が強まるのではないかという懸念が書いてあります。それに対して、❼からは、シンガポールの科学者たちによる案で「新しい廃棄物管理経済セクターがプラスチックの開発、製造、使用、リサイクルなどの全段階に関与する」ことが挙がったとあり、❽❾で、生分解性プラスチックに期待される効果について「すべてのプラスチック廃棄物がなくなるかもしれない」、「検討する価値がある」とまとめています。

第3段落では、第2段落で紹介した生分解性プラスチックの問題点を挙げていました。

練習しよう！④ Managing Plastic　解説・正解

(1)　**1**　will become unusable for recycling
　　2　makes product processing slower
　　3　causes numerous economic problems
　　4　will remain almost wholly intact

(2)　**1**　undergo a particular treatment
　　2　be stored away for centuries
　　3　rise in overall production costs
　　4　cool down from its high temperatures

(3)　**1**　hurts the public profiles of manufacturers
　　2　results in higher volumes of plastic being made
　　3　creates profits for waste management firms
　　4　impacts a large number of economic sectors

(1)　🔲　1　リサイクルできなくなる
　　　　　2　製品の処理速度を遅くする
　　　　　3　数多くの経済問題を引き起こす
　　　　　4　ほとんど無傷のまま残る

🔍　第1段落❷では「安価で強度や耐久性に優れている」とプラスチックの長所について述べていますが、❸では短所について「リサイクルが難しくリサイクルしようとする人も少ない」とあります。したがって、短所を述べる展開に沿う、空所を含む❹の「もし、地面や海に捨てられたら」に続く内容としては、「（強度や耐久性に優れているので）何世紀にもわたって無傷のまま残る」の意味になる4が合います。

✏️　☐ unusable 使用できない　☐ process 処理　☐ numerous 多数の　☐ wholly 完全に
　　☐ intact そのままで、無傷で

···

(2)　🔲　1　特殊な処理を施される
　　　　　2　何世紀にもわたって保管される
　　　　　3　生産コスト全体が上がる
　　　　　4　高温から冷める

🔍　第2段落の空所の前の❺では生分解性プラスチックのもう一つのタイプとして PLA が出てきました。❻は However を含むので、その PLA の特徴に反する内容が書いてあるとわかります。それまでは生分解性であることやトウモロコシ由来であることから、自然のものと認識して読んできているので、自然なものに対するイメージとは反対の「（PLA を完全に生分解性にするには）特殊な処理を施さなければならない」という意味となる1を選ぶと、その後の❼の処理工程の説明につながります。

✏️　☐ undergo …を受ける　☐ treatment 処理　☐ store away …を保管する

···

(3)　🔲　1　メーカーの企業イメージに傷がつく
　　　　　2　プラスチックの製造量を増やすことになる
　　　　　3　廃棄物処理会社に利益をもたらす
　　　　　4　多くの経済の分野に影響を与える

🔍　第3段落の空所を含む❺では、❹の「腐敗しなかったプラスチックが残る」という内容に加えて、Moreover で WWF の懸念を挙げているので「（完全に生分解性のプラスチックになっても）プラスチックの製造量を増やすことになる」というマイナス面の意味になる2を選ぶことがわかります。次の「そうすると、プラスチック製造工場からの炭素排出量が増える」につながることも確認できます。1にある企業イメージは本文と無関係なので不正解。3はポジティブな内容で、4も文脈とは関係ありません。

✏️　☐ public profile 世間からの注目、（企業などの）イメージ　☐ volume 量

🚩　(1) 4　(2) 1　(3) 2

練習しよう！④ Managing Plastic　訳・語句

Managing Plastic

第1段落

❶ Plastic is a critical part of the modern global economy and is a component in everything from radios to airplanes.
❷ The low cost of the material, along with its strength and durability, have made it useful across dozens of economic sectors.
❸ However, the substance is notoriously difficult to recycle, and worse, many plastic users do not even try to do so.
❹ If simply discarded on the ground or tossed in the sea, it will remain almost wholly intact for centuries.
❺ The plastic buildup in the ocean has been so high that an Environmental Investigation Agency study indicates that plastic will outweigh fish in the oceans by 2050.

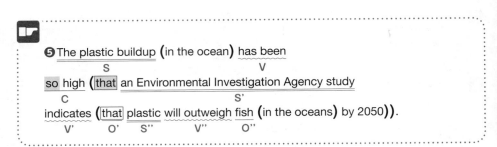

プラスチックの処理

第1段落

❶ プラスチックは現代の世界経済において重要な役割を担っており、ラジオから飛行機まであらゆるものの部品となっている。
❷ 安価で、強度や耐久性に優れているため、様々な経済の分野で重宝されている。
❸ しかし、この物質はリサイクルが難しいことで有名であり、さらに悪いことに、プラスチックを利用する人の多くはリサイクルしようともしない。
❹ 単に地面に捨てられたり、海に投げ捨てられたりしたものは、何世紀にもわたってほとんど無傷のまま残る。
❺ 海洋におけるプラスチックの蓄積量は非常に多く、環境捜査局の調査によれば、2050年までにはプラスチックの方が魚より多くなるという。

- □ manage …を処理する　❶□ critical 重要な　□ component 部品、構成要素
- ❷□ durability 耐久性　□ sector 部門　❸□ notoriously 悪評高く、周知のごとく
- □ recycle …を再生利用する　❹□ discard …を捨てる　❺□ buildup 蓄積　□ outweigh …より勝る

練習しよう！④ Managing Plastic　訳・語句

第2段落

❶ In recent decades scientists have been working on ways to more easily disintegrate plastic for recycling or design plastics that naturally deteriorate, as paper does.

❷ One breakthrough has been the development of Polyhydroxyalkanoates (PHA).

❸ This is a biodegradable plastic that can be discarded without harming the environment.

❹ If simply thrown away, PHA breaks down within two months.

❺ Another type of biodegradable plastic is Polylactic Acid (PLA), made from corn.

❻ To make PLA fully biodegradable, however, it must undergo a particular treatment.

❼ This process involves heating to 60°C, adding sugar, and exposing it to UV light.

❽ Otherwise, the plastic will not break down.

❶ (In recent decades) scientists have been working on
　　　　　　　　　　　　 S　　　　　　　 V
ways to more easily disintegrate plastic (for recycling)
 O
or design plastics ([that] naturally deteriorate, ([as] paper does)).
　　　　　　　　　　　 S'　　　　　 V'　　　　　　 S''　 V''

第2段落

❶ ここ数十年、科学者たちはプラスチックをさらに簡単に分解してリサイクルする方法や、紙のように自然に劣化するプラスチックの開発に取り組んできた。
❷ その突破口のひとつが、ポリヒドロキシアルカン酸（PHA）の開発である。
❸ これは生分解性プラスチックで、環境を害することなく廃棄できる。
❹ PHA は普通に捨てられても2か月以内に分解される。
❺ 生分解性プラスチックのもう一つのタイプは、トウモロコシから作られるポリ乳酸（PLA）である。
❻ ただし、PLA を完全に生分解性にするには、特殊な処理を施さなければならない。
❼ この工程では、60℃まで加熱し、糖を加え、紫外線に当てる。
❽ そうしないと、プラスチックは分解されない。

❶ □ disintegrate …を分解させる　□ design …を作成する・設計する　□ deteriorate 劣化する
❷ □ breakthrough 突破口　□ polyhydroxyalkanoate ポリヒドロキシアルカン酸
❸ □ biodegradable 生物分解性の　□ discard …を処分する　❹ □ throw away …を捨て去る
□ break down …を分解する　❺ □ polylactic acid ポリ乳酸

練習しよう！④ Managing Plastic 訳・語句

第3段落

❶ While these kinds of materials show promise, there is no shortage of skeptics and challenges.

❷ For one thing, it is unclear how much "biodegradable plastic" actually degrades.

❸ The industry standard is for at least 60% of a substance to decay over 180 days.

❹ So residual amounts of such plastic may remain.

❺ Moreover, the World Wildlife Fund for Nature (WWF) is concerned that even fully biodegradable plastic only results in higher volumes of plastic being made.

❻ This, in turn, drives up carbon emissions from plastic-producing factories.

❼ Singaporean scientists have proposed a new waste management economic sector that would deal with plastic at every stage, including design, manufacture, usage, and recycling.

❽ Complemented by biodegradable plastic, this might end all plastic waste.

❾ It would be a complex and ambitious goal, but perhaps one worth considering.

第3段落

❶ この種の素材が有望視される一方で、懐疑的な見方や課題も少なくない。
❷ ひとつには、「生分解性プラスチック」が実際にどの程度分解されるのか不明なのだ。
❸ 業界の標準は180日間で最低でもその物質の60%が腐敗することとなっている。
❹ そのため、腐敗しなかったプラスチックが残る可能性がある。
❺ また、世界自然保護基金（WWF）は、完全に生分解性のプラスチックになっても、プラスチックの製造量が増えるだけではないかと懸念している。
❻ そうなれば、プラスチック製造工場からの炭素の排出量が増加する。
❼ シンガポールの科学者たちは、新しい廃棄物管理経済セクターがプラスチックの開発、製造、使用、リサイクルなどの全段階に関与するという案を出した。
❽ 生分解性プラスチックによって補完されれば、すべてのプラスチック廃棄物がなくなるかもしれない。
❾ 様々な要素から成る大掛かりな目標だが、検討する価値はあるだろう。

❶ ☐ show promise 見込みがある、有望だ　☐ there is no shortage of …には事欠かない
　☐ skeptic 懐疑的な人　❷ ☐ unclear はっきりしない　☐ degrade …を分解する
❸ ☐ industry standard 業界標準　☐ decay （自然に少しずつ）腐る　❹ ☐ residual 残りの
❺ ☐ World Wildlife Fund 世界自然保護基金　☐ concern …に懸念を与える
❻ ☐ in turn 今度は、それがまた　☐ drive up …を吊り上げる・押し上げる
　☐ carbon emissions 排気ガス、炭素排出量　❼ ☐ Singaporean シンガポール人　☐ stage 段階
　☐ manufacture 製造　☐ usage 使用　❽ ☐ complement …を補完する
❾ ☐ ambitious 大掛かりな、野心的な

Unit 2 練習しよう！⑤

目標解答時間 **7** 分

問題英文の読み方 P.190　解説・正解 P.194　訳・語句 P.196

"Talkies" and Beyond

In the late 1920s, American movie studios developed and patented the first "talkie" movie sound technologies. The advent of sound also marked the breakaway of Hollywood from its global competitors. The American movie industry's concentration of technology, capital, and talent made it globally dominant by the 1940s. As Professor Tanner Mirrlees of Ontario Tech University suggested, Hollywood's entrenched network of international distribution, film locations, and equipment design was complex enough (　**1**　). This resulted in about 91% of the world's top-earning films being made by Hollywood.

Nevertheless, by the 2000s, the industry found itself in trouble. To begin with, the global entertainment market was fragmenting between music, sports, video games, and other outlets. Film as a whole (　**2**　). So, by 2022, the enormous video game industry, at US$180 billion, was larger than movies and music combined. To partially offset this, Hollywood began paying for the rights to create movies out of popular video games, but this had the side effect of amplifying the video game industry. Furthermore, while five of the top six movie studios are American, the top ten video game studios are a mix of American, Japanese, and European.

Hollywood movies have also become troubled investments. Specifically, Hollywood is notable for "blockbuster" films that, according to Film Data Research analyst Stephen Follows, have a true average cost of $400 million but earn a paltry 0.0-3.7% return. Investor returns can sometimes be far higher with independent films, where directors have less technology and capital but more creative autonomy. Follows also details how a mere 6% of movies collect 49% of all industry profits, meaning a handful of movies are responsible for about half of the industry's yearly net income. Nevertheless, Hollywood movies (　**3**　). A few films each year provide investors tremendous gains. Therefore, the industry is in no danger of bankruptcy, as billions of dollars continue to flow into American films yearly.

(1)　**1**　that profits by filmmakers were nearly guaranteed
　　　2　where stringent international standards applied
　　　3　as to make global regulation very difficult
　　　4　that replication by competitors seemed impossible

(2) 1 lost much of its market share
2 focused more on joint ventures
3 created new types of genres
4 looked for cost-cutting measures

(3) 1 cost less to produce than talkies
2 remain an attractive but risky investment
3 need to deploy more advanced technology
4 are losing some of their old popularity

練習しよう！⑤ "Talkies" and Beyond 問題英文の読み方

第1段落

"Talkies" and Beyond

❶In the late 1920s, American movie studios developed and patented the first "talkie" movie sound technologies. ❷The advent of sound also marked the breakaway of Hollywood from its global competitors. ❸The American movie industry's concentration of technology, capital, and talent made it globally dominant by the 1940s. ❹As Professor Tanner Mirrlees of Ontario Tech University suggested, Hollywood's entrenched network of international distribution, film locations, and equipment design was complex enough (**1**). ❺This resulted in about 91% of the world's top-earning films being made by Hollywood.

第2段落

❶Nevertheless, by the 2000s, the industry found itself in trouble. ❷To begin with, the global entertainment market was fragmenting between music, sports, video games, and other outlets. ❸Film as a whole (**2**). ❹So, by 2022, the enormous video game industry, at US$180 billion, was larger than movies and music combined. ❺To partially offset this, Hollywood began paying for the rights to create movies out of popular video games, but this had the side effect of amplifying the video game industry. ❻Furthermore, while five of the top six movie studios are American, the top ten video game studios are a mix of American, Japanese, and European.

第1段落

その昔、映画は「サイレント」映画だった時代があり、映像と音声が同期したものはあえて「トーキー」映画と呼びました。この文章のタイトルを見るまでそんなことは忘れていた、もしくは知らなかったという読者も多いのではないでしょうか。❶では初めて talkie という言葉が出てきますが、その言葉を知らなかったとしても、「映画の音声技術」に関するものだとわかるでしょう。❷と❸で「音声の登場で、ハリウッドが一歩抜きん出た」、「アメリカの映画産業は世界的に優位に立った」とあり、空所を含む❹ではその具体的な内容について、「ハリウッドの海外配給、ロケ地、機材設計の強固なネットワークは複雑だった」と書いてあります。❺では「その結果、世界で最も興行収入の多い映画の91％がハリウッドで製作されている」と、トーキー映画の特許取得からのハリウッド映画の圧倒的な強さについてまとめています。
第1段落では、ハリウッド映画の市場での強さについて述べていました。

第2段落

❶は Nevertheless で始まり、近年になってからのハリウッド業界の苦境について話が展開します。❷では「世界のエンターテインメント市場は音楽、スポーツ、ゲームなどに分かれつつあった」と述べていて、❸もエンターテインメント市場としての映画の側面について述べようとしていると考えられます。❹では、その結果「巨大なゲーム産業は映画と音楽を合わせたよりも大きなものになった」と、映画がゲーム産業の規模に大きく差をつけられたことが書かれています。❺❻では「人気ゲームの映画化権を得るようになったが、ゲーム業界を大きくするという副作用をもたらした」、「映画会社の上位はアメリカ企業であるのに対して、ゲーム会社の上位はアメリカ、日本、ヨーロッパが混在している」という、ハリウッドの試みと、それでもなお勢いを増すゲーム業界では優位を占められないという激しい競争の状況が上位企業の国の内訳から見て取れます。

練習しよう！⑤ "Talkies" and Beyond　問題英文の読み方

第3段落

❶Hollywood movies have also become troubled investments. ❷Specifically, Hollywood is notable for "blockbuster" films that, according to Film Data Research analyst Stephen Follows, have a true average cost of $400 million but earn a paltry 0.0-3.7% return. ❸Investor returns can sometimes be far higher with independent films, where directors have less technology and capital but more creative autonomy. ❹Follows also details how a mere 6% of movies collect 49% of all industry profits, meaning a handful of movies are responsible for about half of the industry's yearly net income. ❺Nevertheless, Hollywood movies (**3**). ❻A few films each year provide investors tremendous gains. ❼Therefore, the industry is in no danger of bankruptcy, as billions of dollars continue to flow into American films yearly.

第3段落

第3段落では、❶で投資先としてのハリウッド映画は「問題が多い」としています。❷では「映画のコストは平均4億ドルだけれども、利益はわずか0.0から3.7%である」と、その低い利益を具体的数値で示しています。❸で初めて「独立系映画」についての言及があり、「独立系映画は監督たちの技術や資本は少ないが創造的な自主性がある」という「投資家へのリターンが高くなる理由」を述べています。❹では「一握りの映画が業界の年間純利益の半分を生み出している」ことも、❷と同様に具体的数値で示しています。ここまで❸❹では独立系映画の（投資家への）リターンが高いという長所に触れながらも、業界で大きな利益を上げているのは一部の映画だという、一筋縄にはいかない業界の在り方について書かれていました。❺は Nevertheless で始まり、ハリウッド映画が主語なので、利益が不安定でもなお長所があるという内容となるでしょう。それに続く❻❼で「毎年数本の映画が投資家に利益をもたらしている」、「このため、業界は破綻することなく、毎年何十億ドルもの資金が流れ込んできている」と、ハリウッド映画のヒットした際の影響の大きさについて追加情報を加えて、この文章を締めくくっています。

筆記②

練習しよう！⑤ "Talkies" and Beyond 解説・正解

---

(1)
1 that profits by filmmakers were nearly guaranteed
2 where stringent international standards applied
3 as to make global regulation very difficult
4 that replication by competitors seemed impossible

---

(2)
1 lost much of its market share
2 focused more on joint ventures
3 created new types of genres
4 looked for cost-cutting measures

---

(3)
1 cost less to produce than talkies
2 remain an attractive but risky investment
3 need to deploy more advanced technology
4 are losing some of their old popularity

(1) 📝
1 映画製作者の利益はほぼ保証された
2 厳しい国際基準が適用された場合
3 世界的な規制を非常に難しくするほどに
4 競合相手が同じことをするのは不可能に思えた

🔍 第1段落❹の前半は「ハリウッドの海外配給、ロケ地、機材設計の強固なネットワークは実に複雑だった」です。その complex enough に続くものとして4の「競合相手が同じことをするのは不可能に思えた」を選ぶと、ハリウッド映画の強さを描写する意味となり、それに続く❺「その結果、世界で最も興行収入の多い映画の91%がハリウッドで製作されている」にもつながります。

✏️ ☐ filmmaker 映画製作者 ☐ stringent (規則などが) 厳重な ☐ replication 再現

. . . .

(2) 📝
1 市場シェアの多くを失った
2 合弁事業の方に注力した
3 新たなジャンルを生み出した
4 コスト削減策を模索した

🔍 第2段落の❶で映画業界の苦境に言及し、その背景として空所の前の文❷では、「世界のエンターテインメント市場が音楽、スポーツ、ゲームに分かれつつあった」とあります。この展開を受けて❸の「全体的に、映画は」で始まる文も市場が分散した影響を被った内容になると推測できるので、1が正解だとわかります。市場シェアを失った裏付けとして、後に so, と続き、「2022年までに巨大なゲーム産業は映画と音楽を合わせたよりも大きなものになった」と、ゲーム産業の規模に大きく差をつけられたことが書かれています。

✏️ ☐ market share 市場占有率 ☐ joint venture 合弁事業 ☐ cost-cutting 経費削減
☐ cost-cutting measure 施策

. . . .

(3) 📝
1 トーキー映画より製作費が安い
2 魅力的だがリスクの高い投資先であることに変わりはない
3 より高度な技術を活用する必要がある
4 かつての人気を失いつつある

🔍 第3段落❸❹の独立系映画の長所として主に利益率の高さに言及し、ハリウッド映画の利益の低さを示す内容を受けて、空所を含む❺は Nevertheless で始まっているので、その逆の意味になることが予測できます。「ハリウッド映画は」が主語で「魅力的だが、リスクが高い投資先であり続ける」の2を選ぶと、その後の❻❼にあるハリウッド映画の成功例の莫大な規模と、投資家への利益について述べている情報につながります。

✏️ ☐ deploy …を利用する・活用する

🚩 **(1) 4 (2) 1 (3) 2**

筆記 2

練習しよう！⑤ "Talkies" and Beyond　訳・語句

"Talkies" and Beyond

第1段落

❶ In the late 1920s, American movie studios developed and patented the first "talkie" movie sound technologies.
❷ The advent of sound also marked the breakaway of Hollywood from its global competitors.
❸ The American movie industry's concentration of technology, capital, and talent made it globally dominant by the 1940s.
❹ As Professor Tanner Mirrlees of Ontario Tech University suggested, Hollywood's entrenched network of international distribution, film locations, and equipment design was complex enough that replication by competitors seemed impossible.
❺ This resulted in about 91% of the world's top-earning films being made by Hollywood.

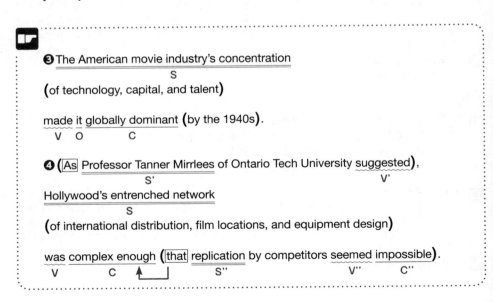

トーキー映画以後

第1段落

❶ 1920年代後半、アメリカの映画スタジオは最初の「トーキー」映画の音声技術を開発し、特許を取得した。
❷ 音声の登場は、ハリウッドが世界中の競争相手より一歩抜きん出たことを示すものでもあった。
❸ アメリカの映画産業は、技術、資本、才能が集中したことにより、1940年代には世界的に優位に立った。
❹ オンタリオ工科大学のタナー・マーリーズ教授が示唆したように、ハリウッドの海外配給、ロケ地、機材設計の強固なネットワークは実に複雑で、競合相手が同じことをするのは不可能に思えた。
❺ その結果、世界で最も興行収入の多い映画の約91％がハリウッドで製作されている。

- ☐ talkie 発声映画 ❶☐ patent …の特許を取る ☐ sound technology 音響技術 ❷☐ advent 出現
- ☐ mark …を示す ☐ breakaway 離脱 ☐ competitor 競争相手 ❸☐ concentration 集中
- ☐ capital 資本 ☐ globally 世界的に ☐ dominant 最も有力な、優勢な
- ❹☐ entrenched 確立した、強固な

練習しよう！⑤ "Talkies" and Beyond　訳・語句

> 第2段落

❶ Nevertheless, by the 2000s, the industry found itself in trouble.
❷ To begin with, the global entertainment market was fragmenting between music, sports, video games, and other outlets.
❸ Film as a whole lost much of its market share.
❹ So, by 2022, the enormous video game industry, at US$180 billion, was larger than movies and music combined.
❺ To partially offset this, Hollywood began paying for the rights to create movies out of popular video games, but this had the side effect of amplifying the video game industry.
❻ Furthermore, while five of the top six movie studios are American, the top ten video game studios are a mix of American, Japanese, and European.

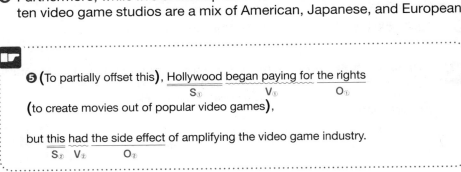

第2段落

❶ しかし、2000年代に入ると、業界は苦境に立たされるようになった。
❷ まず、世界のエンターテインメント市場は音楽、スポーツ、ゲームなど、様々に分かれつつあった。
❸ 映画は全体として見ると、市場シェアの多くを失った。
❹ そして、2022年までに巨大なゲーム産業は、1800億米ドルという規模で、映画と音楽を合わせたよりも大きなものになった。
❺ この状況を部分的に挽回するために、ハリウッドは金を払って人気ゲームの映画化権を得るようになったが、これはゲーム業界を増大させるという副作用をもたらした。
❻ なお、映画会社の上位6社のうち5社はアメリカ企業であるのに対し、ゲーム会社の上位10社にはアメリカ、日本、ヨーロッパが混在している。

❶ □ in trouble 難渋して ❷ □ to begin with まず第一に □ fragment ばらばらになる、細分化する □ outlet 市場、はけ口 ❺ □ partially 部分的に □ offset …を埋め合わせる □ out of (材料)から、…を使って □ side effect 副次的作用、思わぬ結果 □ amplify …を増大する ❻ □ furthermore なお、その上

練習しよう！⑤ "Talkies" and Beyond　訳・語句

第3段落

❶ Hollywood movies have also become troubled investments.

❷ Specifically, Hollywood is notable for "blockbuster" films that, according to Film Data Research analyst Stephen Follows, have a true average cost of $400 million but earn a paltry 0.0-3.7% return.

❸ Investor returns can sometimes be far higher with independent films, where directors have less technology and capital but more creative autonomy.

❹ Follows also details how a mere 6% of movies collect 49% of all industry profits, meaning a handful of movies are responsible for about half of the industry's yearly net income.

❺ Nevertheless, Hollywood movies remain an attractive but risky investment.

❻ A few films each year provide investors tremendous gains.

❼ Therefore, the industry is in no danger of bankruptcy, as billions of dollars continue to flow into American films yearly.

---

❷ Specifically, Hollywood is notable for "blockbuster" films (that,
　　　　　　　　 S　　 V　　 C　　　　　　　　　　　　　　 S'

(according to Film Data Research analyst Stephen Follows,)

have a true average cost of $400 million
 V'①　　　　　　　　　O'①
but earn a paltry 0.0-3.7% return).
 V'②　　　　　O'②

❹ Follows also details (how a mere 6% of movies collect
　　 S　　　　　 V　　 O　　　　　 S'　　　　　　 V'

49% of all industry profits,
　　　　　O'

(meaning a handful of movies are responsible
　　　　　　　 S''　　　　 V''　　 C''

(for about half of the industry's yearly net income))).

第3段落

❶ ハリウッド映画は問題の多い投資先でもある。
❷ 具体的には、大ヒット映画で注目されるハリウッドではあるが、フィルム・データ・リサーチのアナリスト、スティーブン・フォローズ氏によると、映画の本当の平均コストは4億ドルでありながら、利益はわずか0.0から3.7％である。
❸ 投資家へのリターンは、独立系映画の方がはるかに高くなることがある。そちらでは、監督たちの技術や資本は少ないが、創造的な自主性がある。
❹ フォローズはわずか6％の映画が業界全体の利益の49％を上げていること、つまり一握りの映画が業界の年間純利益の約半分を生み出していることも詳述している。
❺ それでも、ハリウッド映画は魅力的だがリスクの高い投資先であることに変わりはない。
❻ 毎年数本の映画が投資家に莫大な利益をもたらしている。
❼ そのため、業界は破綻の危機に瀕することなく、毎年何十億ドルもの資金がアメリカ映画に流れ込んでいる。

❶ □ troubled 問題の多い　□ investment 投資の対象　❷ □ specifically 具体的に言うと、つまり
　□ notable 注目に値する　□ blockbuster 大ヒット作　□ analyst 分析者　□ paltry わずかな
　□ return 利益、収益　❸ □ independent film 独立系映画　□ autonomy 自主性、自由
❹ □ net 掛け値のない、正味の　❻ □ tremendous 莫大な　□ gain 利益　❼ □ bankruptcy 破産、破綻
　□ flow (金などが)流れ込む

Unit 2 練習しよう！⑥

目標解答時間 **7** 分

問題英文の読み方 P.204　解説・正解 P.206　訳・語句 P.208

To the Stars?

Humans have always dreamt of the stars. Today, thanks to advances in physics, astronomers share a reasonably good idea of what fills our galaxy and the galaxies beyond ours. They (**1**) that future spaceships or probes could use in their voyages from Earth to some of these bodies. Though the cosmic routes are known, exploiting them would bring tremendous challenges.

The biggest challenge in reaching the stars is sheer distance. Using modern propulsion systems—essentially a mix of fuel and solar-powered rockets—it takes about seven months to get to Mars, about 480 million kilometers away. Neptune is the furthest planet in the solar system, about 4.3 billion kilometers from Earth; it takes about 12 years to reach. The closest solar system to ours is Alpha Centauri, which is (**2**) 4.3 light years away. That means you would need 4.3 years to reach it if you traveled in a ship at the speed of light, but using today's spacecraft would take thousands of years.

Therefore, travel beyond our solar system would have to (**3**). Utilizing these, a ship could approach or match the speed of light—which is the "speed limit of the universe," according to Einstein. Traveling to other galaxies would require thousands of light years. Some theories suggest faster-than-light travel is possible, primarily by "bending" the space structure itself, like pulling one end of a rug toward the other and making it shorter. This idea would not violate Einstein's concepts. However, even if possible, launching a ship that used such principles might take decades or centuries. Based on the current state of science, space travel seems restricted to our solar system and possibly some of its closest neighbors.

(1)　**1**　sent the first autonomous devices
　　2　indicated the most obvious hazards
　　3　plotted the likely trajectories
　　4　confirmed the central logistics

Date
／ ① ② ③ ④ ／ ① ② ③ ④ ／ ① ② ③ ④

(2) 1 an astonishingly distant
    2 a surely pragmatic
    3 a much more propitious
    4 an almost paltry

(3) 1 await the advent of better technologies
    2 implement resilient solar-powered engines
    3 be scrupulous with fuel for new rockets
    4 prioritize a balance of old and new systems

練習しよう！⑥ To the Stars?　問題英文の読み方

第1段落

To the Stars?

❶Humans have always dreamt of the stars. ❷Today, thanks to advances in physics, astronomers share a reasonably good idea of what fills our galaxy and the galaxies beyond ours. ❸They (1) that future spaceships or probes could use in their voyages from Earth to some of these bodies. ❹Though the cosmic routes are known, exploiting them would bring tremendous challenges.

第2段落

❶The biggest challenge in reaching the stars is sheer distance. ❷Using modern propulsion systems—essentially a mix of fuel and solar-powered rockets—it takes about seven months to get to Mars, about 480 million kilometers away. ❸Neptune is the furthest planet in the solar system, about 4.3 billion kilometers from Earth; it takes about 12 years to reach. ❹The closest solar system to ours is Alpha Centauri, which is (2) 4.3 light years away. ❺That means you would need 4.3 years to reach it if you traveled in a ship at the speed of light, but using today's spacecraft would take thousands of years.

第3段落

❶Therefore, travel beyond our solar system would have to (3). ❷Utilizing these, a ship could approach or match the speed of light—which is the "speed limit of the universe," according to Einstein. ❸Traveling to other galaxies would require thousands of light years. ❹Some theories suggest faster-than-light travel is possible, primarily by "bending" the space structure itself, like pulling one end of a rug toward the other and making it shorter. ❺This idea would not violate Einstein's concepts. ❻However, even if possible, launching a ship that used such principles might take decades or centuries. ❼Based on the current state of science, space travel seems restricted to our solar system and possibly some of its closest neighbors.

204

第1段落

❶は「人類は星に思いを馳せてきた」という一般的な導入で始まっています。タイトルと❶からは、漠然と「星の話？」程度にしかこの文章の内容を想像できませんが、❷で「物理学の進歩のおかげで、我々の銀河系と遠くの銀河系には何が満ちているかについて、天文学者たちは見解を持っている」とあり、物理学か、天文学に関する内容だと推測できるでしょう。❸の They は前の文の astronomers を受けています。「天文学者たちは、地球からこれらの天体まで未来の宇宙船や探査機が利用できるものを」とあり、空所になっています。❹「そのルートは知られているが、利用するのは途方もなく困難だ」と続いています。

第2段落

第1段落の最後の文の「宇宙の航路を利用するのは、困難を伴う」という内容を受けて、❶「最大の困難は途方もない距離である」で始まります。その距離については、❷で「最新の推進システムを使って約4億8000万キロ離れた火星に着くまで約7か月かかる」、また❸で海王星を挙げ、「地球から約43億キロ離れていて、12年かかる」と、太陽系の惑星の中で地球から近いものと遠いものを挙げて、その距離を表しています。そして❹❺では、太陽系の外のケンタウルス座アルファ星について、4.3光年という距離を示し、「光の速さで4.3年、現代の宇宙船では何千年もかかる」と言っています。

第3段落

第2段落の最後の文の「太陽系の外に出るには、とてつもない時間がかかる」を受けています。空所を含む❶は「したがって」で始まっているので、太陽系の外に出るのに必要な対応や課題が書かれていると推測できます。❷では「それらを駆使すれば、宇宙船は光速に近くなる」、「アインシュタインの『宇宙の制限速度』だ」と、新たな概念にも言及しています。❸では「他の銀河に行くには何千光年もかかる」とあり、❹では、光よりも速い速度での移動について、「敷物の端をもう一方の端に寄せて短くするのと同じように空間の構造を『曲げる』ことによって」と比喩を使ってその理論の説明をしています。そして、この光よりも速い移動に関する理論は❺❻❼で「この考えはアインシュタインの概念に反するものではない」、「しかし、可能だとしてもその原理を使った宇宙船を打ち上げるのは遠い未来だろう」、「現状からすると、宇宙旅行は太陽系と太陽系に最も近い一部の天体に限られるだろう」と、実現の可能性を残しながら、現状で実行可能と考えられる宇宙旅行について述べるかたちでまとめています。

「科学の現状からすると」と書いてあるものの、この文章を読んだ感想として、私たちが実際に家族で宇宙旅行をするのはまだまだ夢のようですね。

練習しよう！⑥ To the Stars? 解説・正解

(1) 1 sent the first autonomous devices
2 indicated the most obvious hazards
3 plotted the likely trajectories
4 confirmed the central logistics

(2) 1 an astonishingly distant
2 a surely pragmatic
3 a much more propitious
4 an almost paltry

(3) 1 await the advent of better technologies
2 implement resilient solar-powered engines
3 be scrupulous with fuel for new rockets
4 prioritize a balance of old and new systems

(1) 📝 1　最初の自動航行装置を送った
　　　　2　最も明白な危険を示した
　　　　3　それらしい軌道を割り出した
　　　　4　中枢の物流を確認した

🔍 第1段落の空所を含む❸は They が主語で、空所は動詞部分です。「天文学者たちは、地球からこれらの天体まで未来の宇宙船や探査機が利用できるものの〜した」に当てはまるのは移動に関することだと推測できます。「軌道を割り出した」の3を選ぶとその文意につながります。この❸「天文学者が軌道を割り出した」の後に❹「そのルートは知られているが、利用するのは途方もなく困難だ」と続いているため、the cosmic routes は選択肢3の the likely trajectories を指すと考えると、自分で正解を確認しながら進めることができますね。

✏️ ☐ autonomous 自律的な　☐ hazard 危険　☐ plot …を計算する、…の図表を描く　☐ trajectory 軌道
☐ logistic 物流

(2) 📝 1　驚異的に距離がある
　　　　2　確かに実用的な
　　　　3　はるかに好都合の
　　　　4　ほとんど価値のない

🔍 第2段落の空所の前の文❸では、太陽系で地球から最も遠い惑星である海王星を距離の例として、「地球から約43億キロ離れていて、12年かかる」と言っています。そして空所を含む❹では、太陽系の外のケンタウルス座アルファ星について、4.3光年という、さらに遠くまでの距離を示しているので、ここで表している特徴には1の「驚異的に距離がある」が当てはまります。

✏️ ☐ astonishingly 驚異的に　☐ pragmatic 実際的な　☐ propitious 好都合な　☐ paltry 無価値な

(3) 📝 1　今より優れた技術が開発されるのを待つ
　　　　2　強度に優れた太陽光発電エンジンを導入する
　　　　3　新型ロケットの燃料に細心の注意を払う
　　　　4　新旧システムのバランスを優先する

🔍 第2段落の❺の「(太陽系の外に出るには) 現在の宇宙船では時間がかかる」を受け、空所を含む第3段落の❶は Therefore で始まって、「太陽系の外に出るには〜が必要だ」と言っています。次に続く❷の「それらを駆使すれば、宇宙船は光速に近くなる」にスムーズにつながるものとして、1の「今より優れた技術が開発されるのを待つ」を選ぶと、「今より優れた技術で光速に近づく」という文の流れが成り立ちます。

✏️ ☐ await …を待つ　☐ advent 出現　☐ implement …を実装する　☐ resilient 壊れにくい、丈夫な
☐ scrupulous 細心の用心深い　☐ prioritize …を優先させる

🚩 **(1) 3　(2) 1　(3) 1**

練習しよう！⑥ To the Stars? 訳・語句

To the Stars?

第1段落

❶ Humans have always dreamt of the stars.
❷ Today, thanks to advances in physics, astronomers share a reasonably good idea of what fills our galaxy and the galaxies beyond ours.
❸ They plotted the likely trajectories that future spaceships or probes could use in their voyages from Earth to some of these bodies.
❹ Though the cosmic routes are known, exploiting them would bring tremendous challenges.

第2段落

❶ The biggest challenge in reaching the stars is sheer distance.
❷ Using modern propulsion systems—essentially a mix of fuel and solar-powered rockets—it takes about seven months to get to Mars, about 480 million kilometers away.
❸ Neptune is the furthest planet in the solar system, about 4.3 billion kilometers from Earth; it takes about 12 years to reach.
❹ The closest solar system to ours is Alpha Centauri, which is an astonishingly distant 4.3 light years away.
❺ That means you would need 4.3 years to reach it if you traveled in a ship at the speed of light, but using today's spacecraft would take thousands of years.

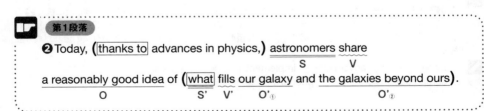

星空に向かって？

第1段落

❶ 人類は常に星に思いを馳せてきた。
❷ 今日、物理学の進歩のおかげで、我々の銀河系とはるか遠くの銀河系は何が満ちているかについて、天文学者たちは同じ説得力のある見解を持っている。
❸ 彼らは、地球からこれらの天体まで未来の宇宙船や探査機が航行する際に使えそうな軌道を割り出した。
❹ その宇宙の航路は知られているが、利用するには途方もない困難を伴う。

❷ □ physics 物理学　□ astronomer 天文学者　□ reasonably 合理的に　□ galaxy 銀河系
❸ □ spaceship 宇宙船　□ probe 探測機　❹ □ cosmic 宇宙の　□ exploit …を活用する
□ tremendous 途方もない、とても大変な

第2段落

❶ 星にたどり着くための最大の難関はまさにその距離である。
❷ 燃料ロケットと太陽電池ロケットを組み合わせた最新の推進システムを使っても、約4億8000万キロ離れた火星に着くまで約7か月かかる。
❸ 海王星は太陽系で最も遠くにある惑星で、地球から約43億キロ離れている。着くまでには約12年かかる。
❹ 我々の太陽系に最も近い恒星系のケンタウルス座アルファ星までは、4.3光年という驚くほどの距離がある。
❺ 光の速さの宇宙船で行っても4.3年かかるが、現在の宇宙船では何千年もかかるということだ。

❶ □ sheer 完全に、全く　❷ □ propulsion 推進　□ Mars 火星　❸ □ Neptune 海王星
□ solar system 太陽系　❹ □ Alpha Centauri ケンタウルス座アルファ星　□ light year 光年

第2段落

❷ (Using modern propulsion systems

—essentially a mix of fuel and solar-powered rockets—)

it takes about seven months to get to Mars, about 480 million kilometers away.
仮S　V　　　　　O　　　　　　真S

練習しよう！⑥ To the Stars? 訳・語句

第3段落

❶ Therefore, travel beyond our solar system would have to await the advent of better technologies.

❷ Utilizing these, a ship could approach or match the speed of light—which is the "speed limit of the universe," according to Einstein.

❸ Traveling to other galaxies would require thousands of light years.

❹ Some theories suggest faster-than-light travel is possible, primarily by "bending" the space structure itself, like pulling one end of a rug toward the other and making it shorter.

❺ This idea would not violate Einstein's concepts.

❻ However, even if possible, launching a ship that used such principles might take decades or centuries.

❼ Based on the current state of science, space travel seems restricted to our solar system and possibly some of its closest neighbors.

第3段落

❶ したがって、太陽系の外へ旅するには、今より優れた技術が開発されるのを待たなければならない。

❷ それらの技術を駆使すれば、宇宙船は光速に近づくかそれに並ぶほどになる。それはアインシュタインの言う「宇宙の制限速度」である。

❸ 他の銀河へ行くには何千光年もかかる。

❹ 光よりも速い速度での移動が可能であることを示唆する理論もあるが、それは主として敷物の端をもう一方の端に寄せて短くするのと同じように、空間の構造そのものを「曲げる」ことによってである。

❺ この考えは、アインシュタインの概念に反するものではない。

❻ しかし、たとえ可能だとしても、そのような原理を使った宇宙船を打ち上げるには何十年、何百年もかかるだろう。

❼ 科学の現状からすると、宇宙旅行は太陽系と、おそらく太陽系に最も近い一部の天体に限られるようだ。

❷ □ utilize …を活用する・利用する □ Einstein アインシュタイン ❹ □ primarily 主として □ rug 敷物、ラグ ❺ □ violate …に背く □ concept 概念 ❼ □ base …に基づかせる ❽ □ restrict …を限定する・限る

Unit 2　練習しよう！⑦

目標解答時間 **7** 分

問題英文の読み方 P.214　解説・正解 P.218　訳・語句 P.220

Climate and Cold War 2.0

Both of the world's polar caps are remote, but with diverse research opportunities and natural resources to exploit. However, only the Antarctic is governed by a UN treaty. The document prohibits land claims, militarization, or mining. The Arctic (**1**). Since the 1950s, both NATO and Russian forces have installed military bases in or near the Arctic Circle, and their submarines operate clandestinely under the Polar ice cap. In the advent of WWIII, each side is primed to launch nuclear strikes against the other across the North Pole. Despite improvement in relations beginning in the late 1980s, by the second decade of the 21st century the West and Russia had returned to what many experts termed "Cold War 2.0."

This has shattered Western-Russian research ties, including research on global climate science. Brendan Kelly, of the University of Alaska, stated that he found the present situation untenable, and hoped Western-Russian scientific coordination could somehow resume. In contradiction to these hopes, (**2**). Most importantly, the Russian-chaired Arctic Council, which oversees regional research, has stopped its work. Crucially, Russia operates 21 of 89 Arctic research stations, and information sharing between these stations and the West has also ceased. Speaking of the communication breakdown, oceanographer Michael Karhcher noted, "A lot of knowledge and insight from our Russian colleagues and indigenous communities is missing."

Some of the most critical missing data is from the Russian Far East and Siberia. Worldwide, scientists (**3**) in this area. Now cut off from Russia, there is no way for outside scientists to measure the region's permafrost melt rate, microbe releases, methane levels or other issues. However, there remain some informal contacts between Russian and Western scientists. Vladimir Romanovsky, another University of Alaska researcher, continues to travel internationally between the US and Russia to share updates and ideas. "I believe science should continue, no matter what," he said in an interview. However, as 2023 began, such joint scientific work was becoming scarce.

(1)　**1**　hosts many different conferences
　　　　2　is still under negotiation
　　　　3　needs additional resources
　　　　4　lacks any similar agreement

(2) 1 equipment deliveries to the area stopped
     2 international scientific cooperation halted
     3 interest in the future of the region increased
     4 global reporting from the region went down

(3) 1 slowed the effects of local pollution
     2 were able to finally inhibit a climate trend
     3 had long-held concerns on environmental changes
     4 retracted some earlier statements on development

練習しよう！⑦ Climate and Cold War 2.0　　問題英文の読み方

第1段落

Climate and Cold War 2.0

❶Both of the world's polar caps are remote, but with diverse research opportunities and natural resources to exploit. ❷However, only the Antarctic is governed by a UN treaty. ❸The document prohibits land claims, militarization, or mining. ❹The Arctic (**1**). ❺Since the 1950s, both NATO and Russian forces have installed military bases in or near the Arctic Circle, and their submarines operate clandestinely under the Polar ice cap. ❻In the advent of WWIII, each side is primed to launch nuclear strikes against the other across the North Pole. ❼Despite improvement in relations beginning in the late 1980s, by the second decade of the 21st century the West and Russia had returned to what many experts termed "Cold War 2.0."

第2段落

❶This has shattered Western-Russian research ties, including research on global climate science. ❷Brendan Kelly, of the University of Alaska, stated that he found the present situation untenable, and hoped Western-Russian scientific coordination could somehow resume. ❸In contradiction to these hopes, (**2**). ❹Most importantly, the Russian-chaired Arctic Council, which oversees regional research, has stopped its work. ❺Crucially, Russia operates 21 of 89 Arctic research stations, and information sharing between these stations and the West has also ceased. ❻Speaking of the communication breakdown, oceanographer Michael Karhcher noted, "A lot of knowledge and insight from our Russian colleagues and indigenous communities is missing."

第1段落

第1段落の冒頭は、❶で地球の極冠を「多様な研究の機会と利用できる天然資源がある」と紹介しています。❷は However で始まり、「国連の条約が適用されているのは南極だけである」とあり、その条約については❸で「土地所有権の主張、軍事化、採掘を禁止している」とあり、❹では北極圏についての動詞部分を選択肢より選びます。❺❻では「1950年代以降、NATO軍もロシア軍も北極圏と近辺に軍事基地を設置し、潜水艦は氷冠の下で活動している」、「第三次世界大戦が勃発すれば、北極を挟んで核攻撃を仕掛けるだろう」とあり、どちらの軍も北極に軍事基地を設けている様子について書いてあります。❼では「1980年代後半から関係が改善したにもかかわらず、21世紀に入って西側とロシアの関係は、多くの専門家が『冷戦2.0』と呼ぶ状況に戻ってしまった」と、ようやくタイトルにある「冷戦2.0」に言及しています。

第2段落

第1段落の終わりで西側とロシアの関係に言及していましたが、この第2段落の冒頭❶の主語 This はこれを指しています。「このこと（冷戦2.0と呼ばれる状態）が、西側とロシアの調査の提携を終わらせた」とあり、それに対して❷では「現在の状況は肯定できないもので、西側とロシアの科学研究の協調が再開することを願っている」と、ある人の懸念と希望について書いてあります。❸は「このような希望に反して」の後に空所が続いています。❹❺は、その否定的な内容と思われるものについて付け加えていて、「何より重大なのは、ロシアが議長を務めている北極評議会が活動を停止したことだ」、「決定的なことに、ロシアは89か所の研究所のうち21か所を運営していて、各研究所と西側諸国間の情報共有も停止している」と大規模な情報共有の停止があることを述べています。❻で、海洋学者の指摘では、その結果、「ロシアの同僚やその地域固有のコミュニティーから大量の知識や洞察が得られなくなった」とあります。

練習しよう！⑦ Climate and Cold War 2.0　問題英文の読み方

第3段落

❶Some of the most critical missing data is from the Russian Far East and Siberia. ❷Worldwide, scientists (3) in this area. ❸Now cut off from Russia, there is no way for outside scientists to measure the region's permafrost melt rate, microbe releases, methane levels or other issues. ❹However, there remain some informal contacts between Russian and Western scientists. ❺Vladimir Romanovsky, another University of Alaska researcher, continues to travel internationally between the US and Russia to share updates and ideas. ❻"I believe science should continue, no matter what," he said in an interview. ❼However, as 2023 began, such joint scientific work was becoming scarce.

第3段落

前の段落までで見てきた「冷戦2.0」と呼ばれる状況により、ロシアが議長を務めている北極評議会の活動と、ロシアが運営する研究所と西側諸国との情報共有が停止しているという内容を受けて、❶では「得られないデータの最も重大なものはロシアの極東地域とシベリアからのもの」とあります。❷には空所が含まれますが、それは「世界的に科学者たちがこのエリアに」に続く述部です。❸では「もう、ロシアから切り離されてしまっているので、外部の科学者たちが、この地域の永久凍土の融解速度、微生物の放出、メタンのレベル、その他の値を測定する方法はない」と言っています。しかし、非公式な接触方法として、❹❺で「ロシアと欧米の科学者の間では接触が続いている」、「アラスカ大学の研究者は、情報とアイデアを共有するためにアメリカ・ロシア間の行き来を続けている」とあり、❻では、その研究者の発言として「何があろうと、科学は続けるべきだと思っている」とあります。それでも、この文章の最終文の❼では「2023年にはそのような共同研究もほとんど見られなくなっていった」で終わっています。

練習しよう！⑦ Climate and Cold War 2.0 解説・正解

(1) 1 hosts many different conferences
2 is still under negotiation
3 needs additional resources
4 lacks any similar agreement

(2) 1 equipment deliveries to the area stopped
2 international scientific cooperation halted
3 interest in the future of the region increased
4 global reporting from the region went down

(3) 1 slowed the effects of local pollution
2 were able to finally inhibit a climate trend
3 had long-held concerns on environmental changes
4 retracted some earlier statements on development

(1) 🔲 1　様々な会議を多数主催している
　　　　2　まだ交渉中である
　　　　3　さらなるリソースが必要となる
　　　　4　同様の協定がない

🔍 第1段落の空所を含む文の前の❷❸は「国連の条約が適用されているのは南極だけ」、「この条約では土地所有権の主張、軍事化、採掘を禁止している」とあるので、北極では条約が適用されていないとわかります。❹は The Arctic が「北極圏」なので、続く述部を選択肢より選びます。「北極圏では同様の協定がない」の意味になる4が正解です。協定がないため、後の❺では「NATO 軍もロシア軍も北極圏の近辺に軍事基地を設置して、潜水艦が秘密裏に活動している」と続いています。

- -

(2) 🔲 1　同地域への機材搬入が停止した
　　　　2　科学における国際協力が停止した
　　　　3　この地域の将来への関心が高まった
　　　　4　この地域からの世界に向けた報道が減少した

🔍 第2段落の空所を含む文の前の❷では「現在の状況は肯定できないもので、西側とロシアの科学研究の協調が再開することを願っている」と、懸念を抱いた人の述べた希望について書いてあります。❸の「このような希望に反して」の後が空所です。希望されるものに反する内容をヒントに考えると、「(このような希望に反して) 国際協力が停止した」の意味になる2が当てはまるとわかります。その停止した内容が❹❺に続いているので、正解を確定できるでしょう。

✎ ☐ halt …を停止させる　☐ go down …が減少する

- -

(3) 🔲 1　地域汚染の影響を遅らせた
　　　　2　最終的に気候変動の傾向を抑制することができた
　　　　3　環境変化について長年懸念を抱いていた
　　　　4　開発に関する過去の発言を撤回した

🔍 第3段落の空所の前の文❶には「得られなくなってしまったデータの最も重大なものはロシアの極東地域とシベリアからのもの」とあります。❷には空所が含まれていて、「世界的に、科学者たちが〜」に続く述部になるものを考えます。続く❸では「(もう、ロシアから切り離されてしまっているので) 外部の科学者たちが、この地域の永久凍土の融解速度、微生物の放出、メタンのレベル、その他の値を測定する方法はない」とあり、それらが環境の変化にかかわるものなので、「世界的に、科学者たちが環境変化について長年懸念を抱いてきた」の意味になる3を選ぶと、空所部分と対応していることが理解できるでしょう。

✎ ☐ inhibit …を抑制する　☐ long-held 長年の　☐ retract …を撤回する

🚩 **(1) 4　(2) 2　(3) 3**

練習しよう！⑦ Climate and Cold War 2.0 訳・語句

Climate and Cold War 2.0

第1段落

❶ Both of the world's polar caps are remote, but with diverse research opportunities and natural resources to exploit.

❷ However, only the Antarctic is governed by a UN treaty.

❸ The document prohibits land claims, militarization, or mining.

❹ The Arctic lacks any similar agreement.

❺ Since the 1950s, both NATO and Russian forces have installed military bases in or near the Arctic Circle, and their submarines operate clandestinely under the Polar ice cap.

❻ In the advent of WWIII, each side is primed to launch nuclear strikes against the other across the North Pole.

❼ Despite improvement in relations beginning in the late 1980s, by the second decade of the 21st century the West and Russia had returned to what many experts termed "Cold War 2.0."

気候と冷戦2.0

第1段落

❶ 地球の極冠はどちらも人が住む場所から遠く離れているが、多様な研究の機会と利用できる天然資源がある。
❷ しかし、国連の条約が適用されているのは南極だけである。
❸ この条約では、土地所有権の主張、軍事化、採掘を禁止している。
❹ 北極圏には同様の協定がない。
❺ 1950年代以降、NATO軍もロシア軍も北極圏またはその近辺に軍事基地を設置し、潜水艦が極地の氷冠の下で秘密裏に活動している。
❻ 第三次世界大戦が勃発すれば、北極を挟んで互いに核攻撃を仕掛ける構えだ。
❼ 1980年代後半から関係が改善したにもかかわらず、21世紀になって20年を迎える頃までに、西側とロシアの関係は多くの専門家が「冷戦2.0」と呼ぶ状況に戻ってしまった。

❶ □ polar cap 極冠　□ diverse 種々の、多様の　□ exploit (資源)を開発する、…を利用する
❷ □ Antarctic 南極大陸　□ UN 国際連合　❸ □ militarization 軍国化　□ mine …を採掘する
❹ □ Arctic 北極　❺ □ NATO 北大西洋条約機構　□ Arctic Circle 北極圏
❺ □ clandestinely ひそかに　□ Polar 極地の　□ ice cap 氷冠　❻ □ advent 出現、到来
　 □ be primed to do …する準備がしてある　□ nuclear strike 核攻撃　□ North Pole 北極
❼ □ the West 西側諸国　□ term …と呼ぶ

練習しよう！⑦ Climate and Cold War 2.0 訳・語句

第2段落

❶ This has shattered Western-Russian research ties, including research on global climate science.

❷ Brendan Kelly, of the University of Alaska, stated that he found the present situation untenable, and hoped Western-Russian scientific coordination could somehow resume.

❸ In contradiction to these hopes, international scientific cooperation halted.

❹ Most importantly, the Russian-chaired Arctic Council, which oversees regional research, has stopped its work.

❺ Crucially, Russia operates 21 of 89 Arctic research stations, and information sharing between these stations and the West has also ceased.

❻ Speaking of the communication breakdown, oceanographer Michael Karhcher noted, "A lot of knowledge and insight from our Russian colleagues and indigenous communities is missing."

❺ Crucially, Russia operates 21 of 89 Arctic research stations,
S① V① O①
and information sharing between these stations and the West
S②
has also ceased.
V②

第2段落

❶ このことが地球規模の気候科学の研究を含む、西側とロシアの調査の提携を終わらせた。
❷ アラスカ大学のブレンダン・ケリーは、現在の状況は肯定できないものであり、西側とロシアの科学研究の協調がなんとか再開することを願っていると述べた。
❸ このような期待に反して、科学における国際協力は停止した。
❹ 何より重大なのは、ロシアが議長を務め、地域研究を監督する北極評議会が活動を停止したことである。
❺ 決定的なことに、ロシアは89か所ある北極圏研究所のうち21か所を運営しており、各研究所と西側諸国間の情報共有も停止している。
❻ コミュニケーションの断絶について、海洋学者のマイケル・カーチャーは、「ロシアの同僚やその地域固有のコミュニティーから大量の知識や洞察が得られなくなった」と指摘した。

❶ □ shatter …を損なう・だめにする・破壊する　□ tie 提携、関係　❷ □ untenable 支持できない　□ coordination 協力、協調　□ resume 再開する　❸ □ in contradiction to …と矛盾して
❹ □ chair …の議長を務める　□ Arctic Council 北極評議会　□ oversee …を監督する・監視する
❺ □ crucially 決定的に、とりわけ重要なことは　□ research station 研究所　□ cease やむ、終わる
❻ □ breakdown 崩壊、破綻　□ oceanographer 海洋学者　□ indigenous 土着の、先住の

筆記 ②

練習しよう！⑦ Climate and Cold War 2.0 　訳・語句

第3段落

❶ Some of the most critical missing data is from the Russian Far East and Siberia.

❷ Worldwide, scientists had long-held concerns on environmental changes in this area.

❸ Now cut off from Russia, there is no way for outside scientists to measure the region's permafrost melt rate, microbe releases, methane levels or other issues.

❹ However, there remain some informal contacts between Russian and Western scientists.

❺ Vladimir Romanovsky, another University of Alaska researcher, continues to travel internationally between the US and Russia to share updates and ideas.

❻ "I believe science should continue, no matter what," he said in an interview.

❼ However, as 2023 began, such joint scientific work was becoming scarce.

第3段落

❶ 得られないデータの最も重大なものにはロシアの極東地域とシベリアのものがある。
❷ 世界的に科学者たちはこの地域の環境変化について長年懸念を抱いていた。
❸ ロシアから切り離された現在、外部の科学者がこの地域の永久凍土の融解速度、微生物の放出、メタンのレベル、その他の値を測定する方法はない。
❹ しかし、ロシアと欧米の科学者の間では非公式な接触が続いている。
❺ 同じくアラスカ大学の研究者であるウラジーミル・ロマノフスキーは最新情報とアイデアを共有するためにアメリカ・ロシア間の行き来を続けている。
❻ 「何があろうと、科学は続けるべきだと思っています」と彼はインタビューで語った。
❼ ところが、2023年になると、そのような共同研究もほとんど見られなくなっていった。

❶ ☐ Far East 極東　❸ ☐ permafrost 永久凍土　☐ rate 速度、進度　☐ microbe 微生物　☐ methane メタン　❼ ☐ scarce 少ない、まれな

Unit 2　練習しよう！⑧

目標解答時間 **8** 分

問題英文の読み方 P.228　解説・正解 P.232　訳・語句 P.234

Working from Anywhere

　As of 2019, only about 6% of Americans were completing their assignments outside of their company premises, otherwise known as remote working. As the COVID-19 pandemic struck, firms began instructing their employees to work from home to limit the virus spread among company staff. By 2022, as the virus spread slowed, the remote worker figure had grown explosively—to 41%. Remote work seemed propitious to American professionals, if not a liberation. Such work allowed them to not only save time and money otherwise spent on commuting, but (**1**) their daily agendas to themselves. Moreover, workers could more easily care for young children or elderly parents if they worked remotely, simultaneously saving money typically spent on childcare or elder care.

　Companies also saw new benefits. Contrary to expectations that remote workers would waste most of their time snacking, napping, and playing video games, (**2**). In addition, with few or no staff reporting daily to company campuses, some firms downsized their offices or relocated to low-cost, mid-sized cities, especially those that were away from expensive coastal business hubs. At the very least, firms could save on energy, cleaning, and maintenance expenses when their offices remained closed.

　At the same time, remote work was contentious to most American managers, and many of them clamored for it to end. They found it difficult to plan, organize, and meet teams solely through videoconferences. Some companies had required remote staff to log into company systems to track their activities in real time, but this was just not the same as seeing employees at their desks. As COVID-19 waned, there were sharp variations in the post-pandemic approaches that companies adopted. While some firms allowed complete flexibility to work remotely, others only permitted staff a hybrid work schedule, working 2-3 days per week at the office, and the rest of the time from home. Some companies also returned to the strict pre-pandemic schedule of all work being done in the office—although they sometimes (**3**) to firms that offer employees work flexibility. This was because some staff would rather change jobs than lose their remote work options. By mid-2023, only about 13% of Americans still worked remotely, while about 28% worked a hybrid schedule. While remote and hybrid work have declined since the pandemic, such work seems unlikely to disappear entirely.

226

(1)
1. provide credibility to explanations for
2. delegate more control over
3. collect work assignments through
4. circumvent office tasks of

(2)
1. they demanded and received much higher pay
2. profit targets were reset to more realistic levels
3. they were found spending more time exercising
4. productivity actually climbed during this period

(3)
1. lose some of their top talent
2. have to pay much higher dividends
3. offer better health perspectives
4. find ways to quickly ship products

練習しよう！⑧ Working from Anywhere　問題英文の読み方

第1段落

Working from Anywhere

❶As of 2019, only about 6% of Americans were completing their assignments outside of their company premises, otherwise known as remote working. ❷As the COVID-19 pandemic struck, firms began instructing their employees to work from home to limit the virus spread among company staff. ❸By 2022, as the virus spread slowed, the remote worker figure had grown explosively—to 41%. ❹Remote work seemed propitious to American professionals, if not a liberation. ❺Such work allowed them to not only save time and money otherwise spent on commuting, but (　**1**　) their daily agendas to themselves. ❻Moreover, workers could more easily care for young children or elderly parents if they worked remotely, simultaneously saving money typically spent on childcare or elder care.

第2段落

❶Companies also saw new benefits. ❷Contrary to expectations that remote workers would waste most of their time snacking, napping, and playing video games, (　**2**　). ❸In addition, with few or no staff reporting daily to company campuses, some firms downsized their offices or relocated to low-cost, mid-sized cities, especially those that were away from expensive coastal business hubs. ❹At the very least, firms could save on energy, cleaning, and maintenance expenses when their offices remained closed.

228

第1段落

タイトルの Working from Anywhere というのは、新型コロナウイルス感染症（COVID-19）防止のためにリモートワークを経験してきた社会人の方々にとっては、もはや身近に感じられるでしょう。❶では「2019年の時点ではまだ、アメリカ人の約6％しかリモートワークをしていなかった」とあり、❷では COVID-19 が広がるにつれて、リモートワークが広まった経緯を示しています。そして、❸「2022年までにはリモートワークをする人は、41％に達していた」と、その具体的な規模について書いてあります。❹では「アメリカの専門職労働者には好都合だったようだ」と、リモートワークが拡大した理由を付け足して述べているので、空所を含む❺では、さらに具体的に述べようとしていて、「そのような働き方のおかげで、通勤に費やす時間やお金を節約できるだけでなく、彼らの毎日の予定を（決められる）」のような意味になるでしょう。❻では「労働者がリモートで働けば、育児や高齢者介護に費やされていた費用も節約できる」と、さらにリモートワークの利点を述べています。

第2段落

第1段落では、労働者にとってのリモートワークの利点について書かれていましたが、第2段落は❶「企業もまた、新たな利益を得た」で始まり、企業にとっての利点に話が展開します。❷の空所は「リモートワークをする人は、時間を無駄にするだろうという予想に反して」に続くので「それとは違う結果になった」という意味の言葉が入るでしょう。❸❹は「社員が毎日会社に出勤しないため、ある企業は、オフィスを縮小したり、ビジネス拠点を移転したりした」、「少なくとも、企業は光熱費や、清掃、メンテナンスの費用を節約できた」と、企業にとっての利益に関する詳細をまとめています。

練習しよう！⑧ Working from Anywhere　問題英文の読み方

第3段落

❶At the same time, remote work was contentious to most American managers, and many of them clamored for it to end. ❷They found it difficult to plan, organize, and meet teams solely through videoconferences. ❸Some companies had required remote staff to log into company systems to track their activities in real time, but this was just not the same as seeing employees at their desks. ❹As COVID-19 waned, there were sharp variations in the post-pandemic approaches that companies adopted. ❺While some firms allowed complete flexibility to work remotely, others only permitted staff a hybrid work schedule, working 2-3 days per week at the office, and the rest of the time from home. ❻Some companies also returned to the strict pre-pandemic schedule of all work being done in the office—although they sometimes (3) to firms that offer employees work flexibility. ❼This was because some staff would rather change jobs than lose their remote work options. ❽By mid-2023, only about 13% of Americans still worked remotely, while about 28% worked a hybrid schedule. ❾While remote and hybrid work have declined since the pandemic, such work seems unlikely to disappear entirely.

第3段落

前の段落までは、労働者と企業の両方にとってのリモートワークの利点について書いてありましたが、第3段落では別の切り口でリモートワークを見ていきます。労働者と企業にとっての利点はあるものの、❶には「管理職の多くにとって論争の的であり、廃止を求める声も多く上がった」とあり、その理由を❷で「ビデオ会議だけでは、チームを企画したり、組織化したり、打ち合わせたりするのが難しいと考えたから」と挙げています。その具体例として、❸では「一部の企業では社員の行動を追跡するためにリモートのスタッフに会社のシステムにログインすることを義務付けていたが、在席している社員を見るのと同じようにはできない」とあります。その結果、❹にあるように「パンデミック後のアプローチには大きなばらつきが見られるようになった」と続いています。具体的には、❺で「リモートワークを柔軟に認めた企業もあれば、週2, 3日はオフィスで勤務し、残りを在宅勤務にするという混成の形態に限って認めた企業もある」と示しています。空所を含む❻は Some companies で始まり、いくつかの企業の例を挙げています。パンデミック後に「厳格にパンデミック以前の、オフィスで働く形式に戻した企業があったけれども」とあるので、「あまり良い結果にならなかった」という主旨になるでしょう。❼は、❻の理由について「リモートワークの選択肢がなくなるなら、転職した方がいいと考えるスタッフがいた」と書かれています。この文章のまとめとして、❽で「2023年半ばにはアメリカ人の28％が混成で働いていて」と具体的な数値を挙げ、一時期の状況からの変化を示しています。そして、❾で「パンデミック後もリモートワークが完全になくなることはなさそうだ」と締めくくっています。
この第3段落ではパンデミック後のリモートワークの在り方について、まとめていました。

練習しよう！⑧ Working from Anywhere　解説・正解

(1)　**1**　provide credibility to explanations for
　　　2　delegate more control over
　　　3　collect work assignments through
　　　4　circumvent office tasks of

(2)　**1**　they demanded and received much higher pay
　　　2　profit targets were reset to more realistic levels
　　　3　they were found spending more time exercising
　　　4　productivity actually climbed during this period

(3)　**1**　lose some of their top talent
　　　2　have to pay much higher dividends
　　　3　offer better health perspectives
　　　4　find ways to quickly ship products

(1) ⚡ 1 …の説明に信憑性を与える
2 …のコントロールをさらに委ねる
3 …を通じて割り当てた仕事の成果を集める
4 …の事務作業を回避する

🔍 第1段落の空所の前の文❹では「リモートワークはアメリカの専門職労働者には好都合だったようだ」と、その拡大した理由が書いてあります。❺は「そのような働き方は、通勤に費やす時間やお金を節約できるだけでなく」とあるので、さらに好都合となる材料になるように、選択肢から当てはまるものを選びましょう。「(毎日の予定を) コントロールできる」の意味になる2が正解となります。

✏️ ☐ credibility 信憑性　☐ delegate …を委任する　☐ assignment 割り当て
☐ circumvent …を巧みに回避する

- -

(2) ⚡ 1 彼らは大幅な昇給を要求し、勝ち取った
2 利益目標がより現実的な水準に再設定された
3 彼らがもっと長い時間、運動していることがわかった
4 この期間の生産性は実際は上昇した

🔍 第2段落の空所の前の文❶は「企業もまた、新たな利益を得た」と、リモートワークの広がりによる企業にとっての利点に言及しています。空所を含む❷の前半部分は Contrary to expectations that で始まり、「リモートワークをする人は時間を無駄にするだろうという予想に反して」という意味になっているので、選択肢から、予想の反対の「時間を無駄にしていない」という内容を選ぶと4「(予想に反して) 生産性は上昇した」が当てはまることがわかります。

✏️ ☐ climb 上がる

- -

(3) ⚡ 1 優秀な人材を失う
2 はるかに高い配当を支払わなければならない
3 健康に対するもっと良い考え方を教える
4 製品を迅速に出荷する方法を見つける

🔍 第3段落の空所を含む❻のダッシュの前の部分は、「いくつかの企業はオフィスで働く、厳格なパンデミック前のスケジュールに戻している」とあります。その説明となる空所を含む部分は「それらの企業はフレキシブルな企業に～しているけれども」という内容なので、厳格な企業とフレキシブルな企業との間に起こり得る現象を考えます。選択肢から「(フレキシブルな企業に) 優秀な人材を奪われている」という意味になる1を選ぶと文意が通ります。

✏️ ☐ talent 人材　☐ dividend 配当　☐ perspective 観点

🚩 **(1) 2　(2) 4　(3) 1**

練習しよう！⑧ Working from Anywhere　訳・語句

Working from Anywhere

第1段落

❶ As of 2019, only about 6% of Americans were completing their assignments outside of their company premises, otherwise known as remote working.

❷ As the COVID-19 pandemic struck, firms began instructing their employees to work from home to limit the virus spread among company staff.

❸ By 2022, as the virus spread slowed, the remote worker figure had grown explosively—to 41%.

❹ Remote work seemed propitious to American professionals, if not a liberation.

❺ Such work allowed them to not only save time and money otherwise spent on commuting, but delegate more control over their daily agendas to themselves.

❻ Moreover, workers could more easily care for young children or elderly parents if they worked remotely, simultaneously saving money typically spent on childcare or elder care.

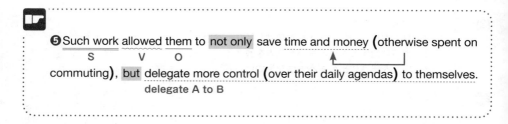

どこででも働く

第1段落

❶ 2019年の時点ではアメリカ人の約6％しか、会社へ行かずに仕事を完結させる、いわゆるリモートワークをしていなかった。

❷ COVID-19の世界的な流行が発生すると、企業は従業員間のウイルス感染拡大を抑えるため、従業員に在宅勤務を指示し始めた。

❸ 2022年、ウイルスの感染拡大がゆるやかになる頃までには、リモートワークをする人は爆発的に増加し、41％に達していた。

❹ リモートワークは、解放とまではいかなくても、アメリカの専門職労働者には好都合なようだった。

❺ そのような働き方のおかげで、通勤に費やすはずの時間やお金を節約できるだけでなく、日々の予定を自分でコントロールできるようになった。

❻ さらに、労働者がリモートで働けば、幼い子どもや年老いた両親の世話をしやすくなり、同時に育児や高齢者介護に費やされていた費用も節約できる。

- ❶ □ as of …現在で □ premise 建物、構内 ❷ □ pandemic 全国（世界）的流行病
- ❸ □ explosively 爆発的に ❹ □ propitious 都合の良い ❺ □ delegate X to Y YにXを任せる
- ❻ □ remotely 遠くから □ typically いつものように、決まって □ childcare 育児、子育て
- □ elder care 老人介護

練習しよう！⑧ Working from Anywhere　　訳・語句

第2段落

❶ Companies also saw new benefits.

❷ Contrary to expectations that remote workers would waste most of their time snacking, napping, and playing video games, productivity actually climbed during this period.

❸ In addition, with few or no staff reporting daily to company campuses, some firms downsized their offices or relocated to low-cost, mid-sized cities, especially those that were away from expensive coastal business hubs.

❹ At the very least, firms could save on energy, cleaning, and maintenance expenses when their offices remained closed.

---

❷(Contrary to expectations (that remote workers

　　　　　　　　　　　　　　　　　　S'

would waste most of their time snacking, napping, and playing video games),

　V'　　　　　O'

　waste X *doing*

productivity actually climbed (during this period).

　　S　　　　　　　　V

第2段落

❶ 企業もまた新たな利益を得た。
❷ リモートワークをする人はほとんどの時間を間食や昼寝、ゲームで無駄にするだろうとの予想に反して、この期間の生産性は実際は上昇した。
❸ 加えて、社屋に毎日出勤するスタッフがほとんど、あるいはまったくいなかったため、オフィスを縮小したり、物価が安い中規模の都市、特に物価が高い沿岸部のビジネス拠点から離れた場所に移転したりする企業もあった。
❹ 少なくとも、企業はオフィスが閉鎖されている間の光熱費、清掃とメンテナンスの費用を節約することができた。

❷ □ snack 軽食を取る　□ nap 昼寝する　❸ □ report 出向く　□ campus 構内
　□ downsize …を縮小する　□ relocate …を移転させる　□ coastal 沿岸の　□ hub 中枢、中心
❹ □ at the very least 少なくとも

練習しよう！⑧ Working from Anywhere 訳・語句

第3段落

❶ At the same time, remote work was contentious to most American managers, and many of them clamored for it to end.

❷ They found it difficult to plan, organize, and meet teams solely through videoconferences.

❸ Some companies had required remote staff to log into company systems to track their activities in real time, but this was just not the same as seeing employees at their desks.

❹ As COVID-19 waned, there were sharp variations in the post-pandemic approaches that companies adopted.

❺ While some firms allowed complete flexibility to work remotely, others only permitted staff a hybrid work schedule, working 2-3 days per week at the office, and the rest of the time from home.

❻ Some companies also returned to the strict pre-pandemic schedule of all work being done in the office—although they sometimes lose some of their top talent to firms that offer employees work flexibility.

❼ This was because some staff would rather change jobs than lose their remote work options.

❽ By mid-2023, only about 13% of Americans still worked remotely, while about 28% worked a hybrid schedule.

❾ While remote and hybrid work have declined since the pandemic, such work seems unlikely to disappear entirely.

第3段落

❶ 同時に、リモートワークはアメリカの管理職の多くにとって論争の的であり、廃止を強く求める声も多く上がった。

❷ ビデオ会議だけでチームの企画、組織、会談を行うのは難しいと考えられたのだ。

❸ 一部の企業では、リモートのスタッフが会社のシステムにログインし、リアルタイムで社員の行動を追跡することを義務付けていたが、このやり方では在席している社員を見るのと全く同じようにはできない。

❹ COVID-19が終息に向かうにつれて、企業が採用したパンデミック後のアプローチには大きなばらつきが見られるようになった。

❺ リモートワークを全く柔軟に認めた企業もあれば、週2、3日はオフィスで勤務し、残りを在宅勤務にするという混成の勤務形態に限って認めた企業もある。

❻ また、パンデミック以前のすべての仕事をオフィスでこなす、厳格なスケジュールに戻した企業は、社員に柔軟な働き方を認める企業に優秀な人材を奪われることもある。

❼ これは、リモートワークの選択肢がなくなるなら、転職した方がいいと考えるスタッフがいたからだ。

❽ 2023年半ばには、アメリカ人の約13％しかリモートワークをしておらず、約28％が混成の形態で働いていた。

❾ パンデミック以降、リモートワークや混成勤務は減少しているが、そうした働き方が完全になくなることはなさそうだ。

❶ □ contentious 議論を呼びそうな □ clamor やかましく要求する ❷ □ solely ただ…だけ
□ videoconference テレビ会議 □ track …を追跡する □ in real time 即時に、同時に
❹ □ wane 衰える □ sharp 急激な □ variation 変化の度合い ❺ □ flexibility 適応性
□ hybrid 混在の ❻ □ pre- …以前の

NOTE

筆記 3

長文内容一致問題

Unit 1 …… チャレンジしよう！
Unit 2 …… 練習しよう！

アイコン一覧

解説　　和訳　　語注　　正解　　構造解析

Unit 1 チャレンジしよう！①

目標解答時間 15分

問題英文の読み方 P.246　解説・正解 P.254　訳・語句 P.258

Groundscrapers

Skyscrapers are some of the most impressive manmade structures on earth. Every few years, they reach new pinnacles and some of them already rise above low-lying clouds. Echelons of politicians, investors, and companies also see skyscrapers as benchmarks of successful capitalism. In emerging markets especially, an abundance of skyscrapers can serve as a marker of growth. This is one reason that seven of the world's most skyscraper-dense cities, including Shanghai, Kuala Lumpur, and Mumbai, are in the developing world. However, there is a litany of problems with skyscrapers. The greater their height, the more intricate and costly they are to build, and their construction materials and security features must be robust enough to thwart storms, fires, floods, earthquakes, and other disastrous events. This is made challenging by the typical design of these buildings: wide at their foundation, then tapering narrowly near the top. This means that the taller a building is, the more space is lost—particularly near the top. A typical skyscraper, for instance, will only have 70% of its space actually habitable by tenants. Moreover, gravity itself is a problem in skyscraper design. As engineering firm S3DA explains, "The primary challenge in skyscraper design is the gravitational load of the building's own weight."

In recent years, there has been an increasing focus on groundscrapers, essentially skyscrapers designed to lie horizontally. They are typically very long buildings only a few stories tall. Well-known groundscrapers include Apple Park in California, Platform G in London, Squaire office building in Frankfurt and Vanke Center Shenzhen. As Professor Mir M. Ali of the University of Illinois Urbana-Champaign states, groundscrapers are more efficient in their engineering, requiring less energy, simpler designs, and cheaper materials because they are not "fighting gravity" like skyscrapers. Groundscrapers avoid the engineering challenges of tall structures and have virtually no limit in length. Vanke Center Shenzhen, for instance, is the length of the Empire State Building laid on its side. Unlike skyscrapers, groundscrapers do not obstruct views—one reason they may be gaining more popularity in Europe, where some cities restrict building height. Besides, about 80% of a groundscraper is available for use.

The longest groundscraper under construction is The Line in Saudi Arabia. If completed, the structure would be 170 km long, stretching from the Red Sea deep into the Saudi desert. Fully automated, robot-intensive, and maintained and secured through AI, it would be both car and carbon-free, as a high-speed train would operate in its lower levels. Endorsements have come from some architects and planners for this ambitious project that epitomizes groundscrapers. However, there are numerous skeptics of groundscrapers. While Professor Alex Anderson of Harvard Graduate School of Design praises the structures for allowing social space, with their long corridors acting as "roads" where occupants can leisurely walk or gather, critics have noted that groundscrapers can become overcrowded in halls and stairwells. Moreover, these structures cannot easily be built within major cities, where the cost of land is exorbitant. To date, The Line has drawn special criticism because of its potential impact on the desert ecosystem and the displacement of indigenous desert tribes. In addition, its cost could reach US$1 trillion. By the mid-2020s, many observers were doubtful such a complex structure could ever be completed, despite some construction activity at the site. Regardless, a groundscraper's low cost, simplicity of design, and ability to contain many people, facilities, and amenities make it attractive to some nations and cities. If complex groundscrapers like The Line are completed, even more attention may come to these buildings.

チャレンジしよう！① Groundscrapers 問題

(1) What does the author of the passage imply in the first paragraph?
1. Many nations in the developing world are wasting precious resources on the construction of skyscrapers with limited use.
2. Skyscraper development invariably attracts enough investment to act as a precursor to fast economic development in nations that would otherwise grow slowly.
3. Skyscraper density is often seen as an accurate indicator of economic advancement, particularly in nations that are developing.
4. The technology of advanced skyscrapers allows them to contain more space at their very highest levels than at their lowest ones.

(2) What conclusion can be drawn about the fundamental design of groundscrapers?
1. Their tremendous length makes them much more expensive regarding design, materials, and maintenance, as exemplified by projects in London, Frankfurt, and Saudi Arabia.
2. They are much more engineering-efficient, since unlike tall skyscrapers they do not have the need to offset the powerful force of gravity.
3. The buildings are operationally fine when laid horizontally but sometimes expose a critical number of structural flaws when raised into vertical positions.
4. Most of the earlier structures of this type simply could not contain the large number of people and businesses who wanted to reside there.

(3) What does the author of the passage believe is true of The Line?

1 It has attracted so many investors that other global cities are now actively considering building similar groundscrapers on their unused land.

2 It extends through several desert countries near Saudi Arabia, which has begun to generate some serious international tensions in the region.

3 It makes other groundscraper plans in many parts of the world seem outdated by comparison, especially in terms of absolute height.

4 It exists primarily as a structural and technological concept that has so far drawn both substantial support and opposition.

チャレンジしよう！① Groundscrapers　問題英文の読み方

第1段落

Groundscrapers

❶Skyscrapers are some of the most impressive manmade structures on earth. ❷Every few years, they reach new pinnacles and some of them already rise above low-lying clouds. ❸Echelons of politicians, investors, and companies also see skyscrapers as benchmarks of successful capitalism. ❹In emerging markets especially, an abundance of skyscrapers can serve as a marker of growth. ❺This is one reason that seven of the world's most skyscraper-dense cities, including Shanghai, Kuala Lumpur, and Mumbai, are in the developing world. ❻However, there is a litany of problems with skyscrapers. ❼The greater their height, the more intricate and costly they are to build, and their construction materials and security features must be robust enough to thwart storms, fires, floods, earthquakes, and other disastrous events. ❽This is made challenging by the typical design of these buildings: wide at their foundation, then tapering narrowly near the top. ❾This means that the taller a building is, the more space is lost—particularly near the top. ❿A typical skyscraper, for instance, will only have 70% of its space actually habitable by tenants.

❶ なじみのない単語がタイトルになっていますが、文の中に説明があると考えて、気負わずに読み始めましょう。1文目はタイトルとは違う Skyscrapers で始まります。ここで混乱せずに落ち着いて、「超高層ビル（スカイスクレイパー）」を主語と捉え、それは「地球上でもっとも印象的な建物だ」と書いてあるとおりの情報を理解できればいいのです。

❷ Every few years がピンと来なくても、every を「定期的に」程度の感覚で理解しておきましょう。主語の they は前の文と同じ主語を指します。「それらは、新しくてっぺんに届いて、そのいくつかは雲よりも高くなっている」から雲よりも高いスカイスクレイパーが定期的に建設されているイメージが浮かびます。

❸ Echelons で始まっています。この単語の意味がわからなくても、「politicians, investors, and companies の Echelons」が主語です。文の構造をそのまま捉えて、「政治家や投資家たちの Echelons はスカイスクレイパーを成功の指標として見ている」と理解します。

❹ In emerging markets especially, で始まっていますが、「特に」から、前の文を受けていると解釈します。前の文では「スカイスクレイパーは成功の指標」でしたが、「特に新興市場では、スカイスクレイパーの多さが成長の目印として役割を果たしている」という意味を an abundance of skyscrapers が主語、can serve が動詞という構造を理解しながら読み取りましょう。

❺ 文の始めの This is one reason that で「これが1つの理由です」。この that の後に節が続きます。that 以下は「スカイスクレイパーが密集している都市のうち7つが発展している社会にある」と解釈します。

❻ However で始まり、there is a litany of problems と続きます。前の文までは、成功の指標としてのスカイスクレイパーの華やかな点を強調してきたのに対して、ここで、スカイスクレイパーの問題点に話が展開していくことを感じ取りながら、文章の方向性を意識しましょう。仮に litany がわからなくても、理解をあきらめないようにしましょう。意味のわからない単語に気を取られるのではなく、わかるところをヒントに、全体の流れをつかむことに集中して読み進めます。

❼ The greater their height, で始まるところで、「the ＋比較級＋ SV（V は省略）, the ＋比較級＋ SV」の構文を意識できれば良いですが、そんな段階を通り越して、意味がイメージできるのが理想です。「高ければ高いほど、建てるのは大変で、費用がかかる」とあります。さらに接続詞 and でつながり、その後の主語は「建設資材やセキュリティ機能」で述部は「嵐や火事や、地震などの災害を防ぐのに十分頑丈でなければいけない」とあります。この文の前半の「高さが増せば費用がかかる」理由を具体的に述べているとわかります。

❽ 最初の語、This は前の文の全体を指しています。つまり「資材は頑丈でなければならない」。しかし、それは challenging だ、とあります。by the typical design of these buildings 以下も含めて、「資材を頑丈にするのは難しい、ビルの形状が通常、土台部分が広くて、上の部分が狭くなっているから」と解釈しましょう。

❾ This means で始まっています。This はまた前の文の全体、つまり「土台が広く、上が狭いこと」を指しています。that 以下は、再び「the ＋比較級＋ SV, the ＋比較級＋ SV」の形で、「土台が広く、上が狭いから、ビルが高いほど、多くの場所がなくなっている。特に上の部分」という解釈になります。

❿ 主語は A typical skyscraper です。for instance とあるので、前の文までに述べてきた事柄の具体例だと考えることができます。「例えば、典型的なスカイスクレイパーは、70％のスペースにしか、テナントが住むことができない」という記述で、この段落を締めくくっています。
この段落では、始めに「スカイスクレイパーは都市の成功の指標である」ということを十分強調してから、それに対して「しかし、費用がかかるし、頑丈にするのが難しい」という欠点に触れて、次の段落につなげています。

筆記③

チャレンジしよう！① Groundscrapers　問題英文の読み方

第2段落

❶In recent years, there has been an increasing focus on groundscrapers, essentially skyscrapers designed to lie horizontally. ❷They are typically very long buildings only a few stories tall. ❸Well-known groundscrapers include Apple Park in California, Platform G in London, Squaire office building in Frankfurt and Vanke Center Shenzhen. ❹As Professor Mir M. Ali of the University of Illinois Urbana-Champaign states, groundscrapers are more efficient in their engineering, requiring less energy, simpler designs, and cheaper materials because they are not "fighting gravity" like skyscrapers. ❺Groundscrapers avoid the engineering challenges of tall structures and have virtually no limit in length. ❻The Vanke Center Shenzhen, for instance, is the length of the Empire State Building laid on its side. ❼Unlike skyscrapers, groundscrapers do not obstruct views—one reason they may be gaining more popularity in Europe, where some cities restrict building height. ❽Besides, about 80% of a groundscraper is available for use.

❶ 第2段落に入って、ようやくタイトルの groundscrapers という単語が出現します。第1段落で、Skyscrapers についての説明を読んだ後なので、読み手は groundscrapers を目にしただけでも、skyscrapers との対比があるだろうと察知できるはずです。
1文目は「最近は」で始まっています。そして there has been と、完了形を使っているので、現在までの流れを示しているとわかります。groundscrapers の後にコンマがあり、essentially skyscrapers designed to lie horizontally の部分が実際に groundscrapers について説明している部分です。つまり、groundscrapers とは「実質的に水平に設計されたスカイスクレイパー」だとわかります。

❷ 始まりの They は groundscrapers を指します。1文目に続き、グランドスクレイパーについて、「非常に長く、高さは数階分程度」と説明しています。

❸ 主語は Well-known groundscrapers、動詞は include です。長文読解をするときは、文ごとに主語が違って見えても、同じ段落内では同じものを指していると意識しながら読み進めましょう。前の文の They と、この文の Well-known groundscrapers は同じものを指しています。ここでは要するに有名なグランドスクレイパーの例になるものを並べて示しています。

❹ 始まりは As Professor Mir M. Ali of the University of Illinois Urbana-Champaign states, ですが、この As で始まる従属節が出てきても、学習の段階では、基本的に主節の主語は2文目、3文目と同種のものを指していることを意識しましょう。もちろん、難易度の高い文がスラスラ読めるようになってくれば、わざわざ意識しなくても、文意が自然と頭に入ってくるようになります。ここでは「グランドスクレイバーは工学的に効率的である。なぜなら重力と戦っているスカイスクレイバーとは違うからだ」と、ある教授が言っているのだと解釈しておきましょう。第1段落の「スカイスクレイバーは費用がかかり、頑丈にするのが難しい」と対比した内容になっています。

❺ こちらも主語は Groundscrapers です。「グランドスクレイバーは高層建築が抱える工学上の課題を避けている、だから事実上、長さの制限はない」と読み取りましょう。

❻ 固有名詞が主語です。深圳（シェンチェン）の万科（バンカ）センターを用いて、前の文で述べた「グランドスクレイバーには長さの制限がない」の具体例を挙げています。「深圳の万科センターの長さは（高い建物の代表格である）エンパイア・ステート・ビルの高さと同じである」と言っています。

❼ unlike skyscrapers という前置詞句で始まっていますが、また主語が groundscrapers に戻ります。SVO の形を取り、「グランドスクレイバーは眺望を妨げない」と言っています。そして、この7文目の前半を―（ダッシュ）の後の one reason が受けて、「これがヨーロッパで人気を得ている理由の一つだ」という意味になっています。

❽ この段落の最終文です。Besides で、さらに長所を付け足して、締めくくっています。第1段落の最後の文で述べていたスカイスクレイバーの居住スペースは全体の70％に過ぎないという点と比較し、グランドスクレイバーは80％が使用可能だと言っています。
この段落ではグランドスクレイバーの基本的な構造と長所について書かれていました。

筆記②

筆記③

チャレンジしよう！① Groundscrapers 問題英文の読み方

第3段落 前半

❶The longest groundscraper under construction is The Line in Saudi Arabia. ❷If completed, the structure would be 170 km long, stretching from the Red Sea deep into the Saudi desert. ❸Fully automated, robot-intensive, and maintained and secured through AI, it would be both car and carbon-free, as a high-speed train would operate in its lower levels. ❹Endorsements have come from some architects and planners for this ambitious project that epitomizes groundscrapers. ❺However, there are numerous skeptics of groundscrapers. ❻While Professor Alex Anderson of Harvard Graduate School of Design praises the structures for allowing social space, with their long corridors acting as "roads" where occupants can leisurely walk or gather, critics have noted that groundscrapers can become overcrowded in halls and stairwells. ❼Moreover, these structures cannot easily be built within major cities, where the cost of land is exorbitant. ❽To date, The Line has drawn special criticism because of its potential impact on the desert ecosystem and the displacement of indigenous desert tribes. ❾In addition, its cost could reach US$1 trillion. ❿By the mid-2020s, many observers were doubtful such a complex structure could ever be completed, despite some construction activity at the site. ⓫Regardless, a groundscraper's low cost, simplicity of design, and ability to contain many people, facilities, and amenities make it attractive to some nations and cities. ⓬If complex groundscrapers like The Line are completed, even more attention may come to these buildings.

❶ 第1段落では、スカイスクレイパーの長所と欠点について、第2段落では、それと対比して、グランドスクレイパーの長所について書かれていました。この段落では、どのように文章が展開するのか意識して読みましょう。SVCの構造で、The longest groundscraper under constructionが主語です。読者の視点は実在する建設中の建物である、サウジアラビアのThe Lineに向けられます。

❷ If (it wereは省略) completedという従属節の後にSVCの構造が続いています。主語はthe structureで、The Lineを指します。「完成されれば、その建物は全長170kmになる」と言って、その長さを説明しています。

❸ 主語は it ですが、1文目、2文目と少しずつ主語になるものが変わってきています。この3文目のような文を読むときに、日本の学習者でありがちなのが、Fully で始まる文を最初から読み下して、方向性がわからなくなることです。どんな文を読むときにも、まず、その文の骨格となる主語と動詞の組み合わせを探すことが重要です。最初は Fully automated, robot-intensive, and maintained and secured through AI, の解釈を我慢して、主語と動詞を探すと it would be だとわかります。その瞬間に Fully からの前半部分は分詞構文だと識別できるでしょう。例えば Since のような順接の接続詞が省略されていると考えて、「完全に自動化され、ロボットを多用し、メンテナンスと安全が確保されているので」と読めます。そして、その後の「それ (the structure) は、自動車や二酸化炭素排出がない」という形と意味を読み取りましょう。as 以下は SV の構造が続いているので、「高速列車が運行しているので」という従属節であることがわかります。3文目の最後の部分ですが、突然、「低層階で高速列車が運行している」というイメージが頭に浮かぶと新鮮な驚きがありますね。

❹ 主語は Endorsements です。endorsement は「承認」、「賛同」という意味です。英語の語順で Endorsements have come とあると、理解しにくいかもしれませんが、「建築家やプランナーから賛同が来ている」と解釈しましょう。epitomize「〜の典型となる」の使い方も、この文で覚えておくとよいでしょう。「グランドスクレイパーの典型となる、この野心的なプロジェクト」という意味です。

❺ However で始まっています。第2段落からここまではグランドスクレイパーの長所について書かれていましたが、ここから、短所について語られると予測して読みましょう。予測と言っても読みながら、However に続く文はもう目に入っているはずです。there are numerous skeptics of groundscrapers.「グランドスクレイパーに懐疑的な人もいる」とあるので、予測どおり、グランドスクレイパーの欠点についての話題に移っていることを確認しましょう。

❻ 6文目は長いですが、While という接続詞がまず目に入った上で読み始めます。While の後の SV を確認しながら、主節の SV を探しましょう。While の節の主語と動詞は Professor Alex Anderson と praises です。where の後にも SV の形で occupants と walk or gather と続いていますが、これは関係副詞の節で、この文の骨格となる SV ではありません。critics have noted「批評家は言っている」がこの文の SV です。ここでは、要するに「教授は社会的なスペースの確保を評価しているけれども、批評家は混みすぎてしまうことを指摘している」ということを最低限読み取れればよいでしょう。

筆記②

筆記③

チャレンジしよう！① Groundscrapers 問題英文の読み方

第3段落 後半

❶The longest groundscraper under construction is The Line in Saudi Arabia. ❷If completed, the structure would be 170 km long, stretching from the Red Sea deep into the Saudi desert. ❸Fully automated, robot-intensive, and maintained and secured through AI, it would be both car and carbon-free, as a high-speed train would operate in its lower levels. ❹Endorsements have come from some architects and planners for this ambitious project that epitomizes groundscrapers. ❺However, there are numerous skeptics of groundscrapers. ❻While Professor Alex Anderson of Harvard Graduate School of Design praises the structures for allowing social space, with their long corridors acting as "roads" where occupants can leisurely walk or gather, critics have noted that groundscrapers can become overcrowded in halls and stairwells. ❼Moreover, these structures cannot easily be built within major cities, where the cost of land is exorbitant. ❽To date, The Line has drawn special criticism because of its potential impact on the desert ecosystem and the displacement of indigenous desert tribes. ❾In addition, its cost could reach US$1 trillion. ❿By the mid-2020s, many observers were doubtful such a complex structure could ever be completed, despite some construction activity at the site. ⓫Regardless, a groundscraper's low cost, simplicity of design, and ability to contain many people, facilities, and amenities make it attractive to some nations and cities. ⓬If complex groundscrapers like The Line are completed, even more attention may come to these buildings.

❼ Moreover で始まっているので、前の文に引き続き、グランドスクレイパーの短所が語られることを予測しましょう。these 以下を見ると「これらの建物は主要都市には簡単に建てることはできない」とあり、where 以下は「地価が高すぎる」です。「このような建物は地価が高すぎるところには簡単には建てられない」という意味です。

❽ To date で始まり、The Line has drawn special criticism「ザ・ラインは特別な批判を浴びている」とあるので、これまでに聞こえてきたこの建造物への批判について、具体例が挙げられます。それは because of 以下の「砂漠の生態系」と「先住民族の立ち退き」の2つに影響を及ぼす可能性です。

❾ In addition で始まっているので、さらにグランドスクレイパーの短所が続きます。「そのコストは一兆ドルに達する可能性がある」ことが短所として挙げられています。

❿ By the mid-2020s で始まっていて、主語は many observers で SVC（＋ that 節の that の省略）の形です。「多くの視察者が疑問を抱いていた」とあり、それは「そのような建物が完成するか」ということです。そして、despite 以下は「いくつかの建設工事が行われているにもかかわらず」という意味です。

⓫ 始めの Regardless は単独で副詞として機能し、ここでは「とにかく」の意味です。主語が続いていますが、1つ目は a groundscraper's low cost、2つ目は simplicity of design、その後に and があるので、次が3つ目の "ability to contain many people, facilities, and（また、この and の後は contain の3つ目の目的語としての）amenities" であり、A,B and C の C の中にまた3つある、という主語の入れ子状態になっています。とにかく、この長い主語の部分のものにより、「グランドスクレイパーは魅力的なのだ」とまとめています。

⓬ この文章の最後の文になります。シンプルに If で始まる複文です。If の後に SV が来て、その後に骨格となる SV で「さらなる注目が集まるだろう」と続いています。
文全体では、要するに「グランドスクレイパーは新しい建物で、スカイスクレイパーの欠点と対照的に長所が多い。問題点もあるものの、新たに建設される The Line の完成により、注目が集まるだろう」という主旨になっていました。

筆記③

チャレンジしよう！① Groundscrapers 解説・正解

(1) What does the author of the passage imply in the first paragraph?

1 Many nations in the developing world are wasting precious resources on the construction of skyscrapers with limited use.

2 Skyscraper development invariably attracts enough investment to act as a precursor to fast economic development in nations that would otherwise grow slowly.

3 Skyscraper density is often seen as an accurate indicator of economic advancement, particularly in nations that are developing.

4 The technology of advanced skyscrapers allows them to contain more space at their very highest levels than at their lowest ones.

(2) What conclusion can be drawn about the fundamental design of groundscrapers?

1 Their tremendous length makes them much more expensive regarding design, materials, and maintenance, as exemplified by projects in London, Frankfurt, and Saudi Arabia.

2 They are much more engineering-efficient, since unlike tall skyscrapers they do not have the need to offset the powerful force of gravity.

3 The buildings are operationally fine when laid horizontally but sometimes expose a critical number of structural flaws when raised into vertical positions.

4 Most of the earlier structures of this type simply could not contain the large number of people and businesses who wanted to reside there.

(1) 筆者は最初の段落で何を示唆していますか。
1 発展途上国の多くは、用途が限られる高層ビルの建設に貴重な資源を浪費している。
2 超高層ビルの開発は、それが行われなければゆっくりとしか成長しない国々に、急速な経済発展の先駆けとなるのに十分な規模の投資を必ず引き寄せる。
3 高層ビルの密集度は、特に発展途上国においては、経済的な進歩の度合いを示す正確な指標と見なされることが多い。
4 最先端の超高層ビルの技術を使えば、最下層階よりも最上層階の方が広いスペースを確保できる。

第1段落の主な内容は、例えば、❸❹にあるように「様々な階層の政治家、投資家、企業も、スカイスクレイパーを資本主義の成功の指標と見なしている」、「特に新興市場では、スカイスクレイパーの多さが成長の目印となっている」と、「スカイスクレイパーが成功の指標と見なされていること」を示していると考えられます。したがって、「高層ビルの密集度が経済的な進歩の度合いの指標となる」と言い換えて述べている3が正解となります。

□ invariably 必ず、常に □ precursor 先駆け

(2) グランドスクレイバーの基本設計について、どのような結論が導き出せますか。
1 ロンドン、フランクフルト、サウジアラビアのプロジェクトに代表されるように、その途方もない長さは、設計、材料、メンテナンスの面ではるかに高価になる。
2 高層ビルとは異なり、強力な重力を相殺する必要がないため、工学的効率がはるかにいい。
3 建物は水平に造ると運営上の問題がないが、垂直に積み上げると構造上の欠陥が危険なほど多く露呈することがある。
4 このタイプの初期の建造物のほとんどは、入居を希望する多くの人々や企業を収容することができなかった。

グランドスクレイバーの基本設計について言及があるのは、第2段落❹As Professor Mir M. Ali of the University of Illinois Urbana-Champaign states, で始まる部分です。「グランドスクレイバーは工学的に効率的である。なぜなら重力と戦っている skyscrapers とは違うからだ」という内容をほぼ同じ意味で言い換えている2が正解となります。

筆記③

(1) 3 (2) 2

チャレンジしよう！① Groundscrapers 解説・正解

(3) What does the author of the passage believe is true of The Line?

1 It has attracted so many investors that other global cities are now actively considering building similar groundscrapers on their unused land.

2 It extends through several desert countries near Saudi Arabia, which has begun to generate some serious international tensions in the region.

3 It makes other groundscraper plans in many parts of the world seem outdated by comparison, especially in terms of absolute height.

4 It exists primarily as a structural and technological concept that has so far drawn both substantial support and opposition.

(3) 📻 筆者がザ・ラインについて正しいと考えていることは何ですか。

　　1　他の国際的な都市も未利用地での同じようなグランドスクレイパーの建設を積極的
　　　　に検討するようになるほど多くの投資家を魅了した。

　　2　サウジアラビアの近隣の砂漠地帯の国々を通って伸びているため、この地域の国家
　　　　間で深刻な緊張が生じている。

　　3　世界各地の他のグランドスクレイパー建設計画が、特に絶対的な高さという点で、
　　　　これに比べると時代遅れに思える。

　　4　それは第一に構造的、技術的な概念として存在し、これまでに相当数の賛否の両方
　　　　を受けている。

🔍 第3段落の始めに The Line の記述があります。❷❸では、その形状やシステムに関して説明されてい
　　ます。❹では「グランドスクレイパーの典型とも言えるこのプロジェクトには、一部の建築家や都市計
　　画立案者から賛同の声が上がっている」と支持を受けている側面が述べられている一方で、❺では「懐
　　疑的な人も多い」と、反対の面もあるので、正解はそれらを短くして表している4だと考えられます。

🚩 **(3) 4**

チャレンジしよう！① Groundscrapers　訳・語句

Groundscrapers

第1段落

❶ Skyscrapers are some of the most impressive manmade structures on earth.

❷ Every few years, they reach new pinnacles and some of them already rise above low-lying clouds.

❸ Echelons of politicians, investors, and companies also see skyscrapers as benchmarks of successful capitalism.

❹ In emerging markets especially, an abundance of skyscrapers can serve as a marker of growth.

❺ This is one reason that seven of the world's most skyscraper-dense cities, including Shanghai, Kuala Lumpur, and Mumbai, are in the developing world.

❻ However, there is a litany of problems with skyscrapers.

❼ The greater their height, the more intricate and costly they are to build, and their construction materials and security features must be robust enough to thwart storms, fires, floods, earthquakes, and other disastrous events.

❽ This is made challenging by the typical design of these buildings: wide at their foundation, then tapering narrowly near the top.

❾ This means that the taller a building is, the more space is lost—particularly near the top.

❿ A typical skyscraper, for instance, will only have 70% of its space actually habitable by tenants.

258

グランドスクレイパー

第1段落

1. 超高層ビルは地球上で最も印象的な人工建造物のひとつである。
2. 数年ごとに高さが新たな最高点に届き、既に低い雲の上に出ているものもある。
3. 様々な階層の政治家、投資家、企業も超高層ビルを資本主義の成功の指標と見なしている。
4. 特に新興市場では、高層ビルの多さが成長の目印となる。
5. 上海、クアラルンプール、ムンバイなど、世界で最も超高層ビルが密集している都市のうち7つが発展し続けている国にある理由のひとつはこれだ。
6. しかし、超高層ビルにはうんざりするほど多くの問題がある。
7. 高さが増すほど、建設は複雑でコストがかかり、建設資材やセキュリティ機能は嵐、火災、洪水、地震、その他の災害を防げるほど強固でなければならない。
8. それを難しくしているのは、建物の典型的なデザインで、土台部分の幅が広くても、頂上へ向かうにつれて細くなっている点にある。
9. ビルが高くなるほど、特に頂上付近のスペースが失われるということになる。
10. 一般的な超高層ビルで見ると、賃借人が実際に居住することができるスペースは全体の70%に過ぎない。

- □ groundscraper 低く広く延びたビル ❶□ skyscraper 超高層ビル、高層建築
- □ manmade 人工の ❷□ low-lying 低い ❸□ echelon 階層、級 ❹□ emerging 新興の
- ❺□ a litany of かなりの数の ❼□ intricate 入り組んだ、複雑な □ robust 丈夫な
- □ thwart …を阻止する、…に反対する ❽□ taper 先細になる ❿□ habitable 住むのに適した

チャレンジしよう！① Groundscrapers　訳・語句

第2段落

❶ In recent years, there has been an increasing focus on groundscrapers, essentially skyscrapers designed to lie horizontally.

❷ They are typically very long buildings only a few stories tall.

❸ Well-known groundscrapers include Apple Park in California, Platform G in London, Squaire office building in Frankfurt and Vanke Center Shenzhen.

❹ As Professor Mir M. Ali of the University of Illinois Urbana-Champaign states, groundscrapers are more efficient in their engineering, requiring less energy, simpler designs, and cheaper materials because they are not "fighting gravity" like skyscrapers.

❺ Groundscrapers avoid the engineering challenges of tall structures and have virtually no limit in length.

❻ The Vanke Center Shenzhen, for instance, is the length of the Empire State Building laid on its side.

❼ Unlike skyscrapers, groundscrapers do not obstruct views—one reason they may be gaining more popularity in Europe, where some cities restrict building height.

❽ Besides, about 80% of a groundscraper is available for use.

260

第2段落

❶ 近年、グランドスクレイパーという、実質的には水平に設計された超高層ビルの注目度が高まっている。

❷ 通常は非常に長い建物で、高さは数階程度である。

❸ 有名なグランドスクレイパーには、カリフォルニアのアップル・パーク、ロンドンのプラットフォームG、フランクフルトのスクェアオフィスビル、深圳の万科センターがある。

❹ イリノイ大学アーバナ・シャンペーン校のミル・M・アリ教授が述べるように、グランドスクレイパーは工学的に効率的で、必要とするエネルギーは少なく、簡単なデザインで、安価な材料で済む。超高層ビルと違って、「重力と戦っている」わけではないからである。

❺ グランドスクレイパーは高層の建築が抱える工学上の課題を避けているため、実質的に長さの制限はない。

❻ 深圳の万科センターを例に取ると、エンパイア・ステート・ビルを横にしたのと同じ長さになる。

❼ 超高層ビルと異なり、グランドスクレイパーが眺望を妨げることはない。それが、建物の高さを制限している都市があるヨーロッパで人気を獲得している理由のひとつにもなっているだろう。

❽ その上、グランドスクレイパーの内部は約80％が利用可能だ。

❼ □ obstruct …を遮る

チャレンジしよう！① Groundscrapers　訳・語句

第3段落

❶ The longest groundscraper under construction is The Line in Saudi Arabia.
❷ If completed, the structure would be 170 km long, stretching from the Red Sea deep into the Saudi desert.
❸ Fully automated, robot-intensive, and maintained and secured through AI, it would be both car and carbon-free, as a high-speed train would operate in its lower levels.
❹ Endorsements have come from some architects and planners for this ambitious project that epitomizes groundscrapers.
❺ However, there are numerous skeptics of groundscrapers.
❻ While Professor Alex Anderson of Harvard Graduate School of Design praises the structures for allowing social space, with their long corridors acting as "roads" where occupants can leisurely walk or gather, critics have noted that groundscrapers can become overcrowded in halls and stairwells.
❼ Moreover, these structures cannot easily be built within major cities, where the cost of land is exorbitant.
❽ To date, The Line has drawn special criticism because of its potential impact on the desert ecosystem and the displacement of indigenous desert tribes.
❾ In addition, its cost could reach US$1 trillion.
❿ By the mid-2020s, many observers were doubtful such a complex structure could ever be completed, despite some construction activity at the site.
⓫ Regardless, a groundscraper's low cost, simplicity of design, and ability to contain many people, facilities, and amenities make it attractive to some nations and cities.
⓬ If complex groundscrapers like The Line are completed, even more attention may come to these buildings.

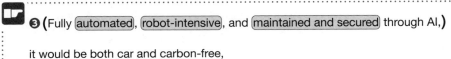

第3段落

❶ 建設中のグランドスクレイパーで最長のものは、サウジアラビアのザ・ラインだ。
❷ 完成すれば、全長170kmになり、紅海からサウジアラビアの砂漠の奥深くにまで及ぶ。
❸ 完全に自動化され、ロボットを多用し、AIによってメンテナンスと安全が確保され、低層階で運行される高速列車のおかげで自動車の二酸化炭素排出もなくなるだろう。
❹ グランドスクレイパーの典型ともいえるこの野心的なプロジェクトには、一部の建築家や都市計画立案者から賛同の声が上がっている。
❺ しかし、グランドスクレイパーに懐疑的な人も多い。
❻ ハーバード大学デザイン大学院のアレックス・アンダーソン教授が、長い廊下が「道」の役割を果たし、居住者がのんびりと歩いたり集まったりできるため、社会的なスペースが確保されていると、その構造を高く評価する一方で、グランドスクレイパーはホールや階段が過密状態になる可能性があると批判する人もいる。
❼ しかも、こうした構造物は、地価が法外な大都市内では簡単に建設できない。
❽ これまでで既に、ザ・ラインは砂漠の生態系への影響や砂漠の先住民族を強制立ち退きさせる可能性があるとして、特別な批判を浴びている。
❾ 加えて、そのコストは1兆米ドルに達する可能性がある。
❿ 2020年代の半ばまでは、現地で建設工事をしているにもかかわらず、多くの視察者がこのような複雑な構造物を完成できるのかと疑問を抱いていた。
⓫ いずれにしても、グランドスクレイパーは低コストで設計がシンプルであり、非常に多くの人々や施設、快適な設備を収容できるため、一部の国や都市にとっては魅力的である。
⓬ ザ・ラインのような複雑なグランドスクレイパーが完成すれば、これらの建物にさらに注目が集まることだろう。

❹□ endorsement 是認、賛成、支持　□ epitomize …の典型である　❺□ skeptic 懐疑論者
❻□ occupant 入居者　□ stairwell 階段吹抜　❼□ exorbitant 法外な、途方もない

⓫ (Regardless), a groundscraper's low cost, simplicity of design,
　　　副詞　　　　S①　　　　　　　　　　S②
and ability to contain many people, facilities, and amenities
　　　S③　　　　containの目的語
make it attractive to some nations and cities.
　V　O　C

Unit 1 チャレンジしよう！②

目標解答時間 **22分**

問題英文の読み方 P.268　解説・正解 P.280　訳・語句 P.284

AI and Lights-out Factories

Manufacturing has always needed large numbers of people to do a variety of physically difficult things: pulling, lifting, fastening, and other motions. The earliest nineteenth-century machines, in particular those powered by coal and then oil, gave humans the ability to produce and distribute goods on a mass scale. But these machines, even up to the 1960s, were simply mechanical. They were designed to do a specific task. A nineteenth or early twentieth-century factory might have hundreds of machines in different locations, but they were independent of one another and unable to analyze, communicate, or adapt.

The increasing use of computers from the 1960s onward gave industries the chance to integrate the calculation and design power of software with the strength and accuracy of industrial hardware. The first industrial robot, designed by George Charles Devol Jr. and Joseph Frederick Engelberger, emerged in the United States in 1962. This first robot, Unimate, was a basic mechanical arm that could lift heavy objects from a conveyor belt. Since it was computerized, and not just mechanical, it could be reprogrammed. This made Unimate a breakthrough device, essentially a working prototype for more advanced designs that were to come over the following decades.

The emergence of the Internet and Artificial Intelligence brought robotics to an entirely new level. Wirelessly connected to each other through company computer systems, robots could work alone or in groups and even learn some things on their own —such as the fastest route through one warehouse as opposed to another. When they couldn't solve problems or had breakdowns, they could also notify technicians. It was at this time that some experts began thinking of a "lights out" automated factory. The assumption was that future factories or machines would not need people, so they would not need light.

It is debatable whether there is or can ever truly be lights-out manufacturing. Some factories have become so automated, at least on the production floor, that they operate with minimal or no lighting. However, even these very advanced locations usually have humans onsite or nearby. Moreover, with sometimes hundreds of robots in a modern factory, even more robot technicians, engineers, programmers and others have become necessary, which means that even a dark production space needs the ability to become well-lit.

Even so, modern robotic systems are becoming smarter and more independent. Autostores, for example, are very large vertical cubes (several floors high). Smaller cubes rotate and move within this large structure and outside its surface to transport items to sections where they may be stored or moved on to delivery vehicles. There is no space for a human to enter an autostore, and items within it move very fast. The autostores take up much less horizontal space than traditional warehouses, which means that they can be closer to buyers in big cities.

Delivery of goods and equipment to and from industrial sites has also become subject to more automation. Loading, for instance, had typically been one of the most challenging industrial processes, as several employees had to work together to rapidly load or unload a vehicle. Nowadays, Automated Truck Loading Systems (ATLS) are being installed at many factories, warehouses, and industrial sites. Some ATLS are essentially large conveyor belts at worksites that move products into or out of trucks. Others use automated tractors to move heavier items, while still others have automated arms or extensions that can place single packages or products into a space in the rear of a vehicle.

The trucks transporting goods themselves are becoming automated, with more and more such vehicles being tested or fully operated on American roads. Automated trucks—linked to a central AI for easier tracking and delivery schedule confirmation—are somewhat easier to operate than automated cars, because they usually drive over rural highways that lack the navigational challenges of big cities or suburbs: any urban road might contain cars, trucks, bicycles, pedestrians, and even animals, but rural highways are usually empty of anything but traffic. Tied to intelligent and centralized networks, automated trucks can help managers at a site adjust shipment and delivery schedules much more accurately. When AI manages industrial systems, problems can be detected early and sometimes stopped from interfering with production. At the very least they can notify technicians and managers of an issue so that they can make decisions as to what to do.

The expansion of AI and robots into more areas keeps creating entirely new types of jobs across a variety of fields. Specialized insurance agents, for example, are needed to create coverage for automated trucks. Roads must be upgraded by specially trained road crews so that automated trucks can, ideally, follow sensors in the road itself instead of relying solely on onboard cameras. One complaint, however, is that AI-focused business planners seem to be expecting humans to offer the same work pace, efficiency, and precision as robots. Increasing numbers of American industrial workers complain of tightening deadlines, shorter work breaks, and higher output demands.

チャレンジしよう！② AI and Lights-out Factories　問題

(1) During the 1960s, George Charles Devol Jr. and Joseph Frederick Engelberger
  1. released the very first computers that could be manufactured through an assembly line process instead of being created individually by hand.
  2. created a device called the Unimate which could program a variety of other machines along a typically automated assembly line in a factory.
  3. designed a programmable and adjustable piece of equipment which had the power to lift things of great weight in an industrial environment.
  4. developed an active technical prototype that would become the basic structure of every model of robot that has been created ever since.

(2) Which of the following statements regarding the lights-out manufacturing concept is true?
  1. It is not possible for human technicians, managers or workers to safely remain in a dark industrial environment for long periods.
  2. The production space of a fully automated industrial location could remain dark for some time but other parts may hold humans and need illumination.
  3. Both humans and robots need visual inputs in order to work together efficiently whether they are on or off industrial sites.
  4. The definition of lights-out manufacturing has been steadily changing over the years as new Web-based technologies and systems are deployed.

(3) Which of the following statements regarding AI that manages industrial operations is true?

1. Information can be collected from different areas of a facility and either appropriate action taken or decisions passed on to executives.
2. When AI is used to manage industrial systems, adjustments can be made without technicians ever having to program or re-program the software.
3. Workers have no role in the maintenance of AI-based systems, since data can be easily updated from computer systems throughout the company, regardless of location.
4. Any issues that come up during operations can easily be fixed because the AI has complete knowledge of everything that is going on.

(4) Robotics create entirely new job fields since

1. autostores, automated loading systems, and other AI-based equipment or facilities attract people who are willing to work long hours in a technologically advanced environment.
2. unique careers and work skills arise that are related to the expansion of robotics into wider areas of the national economy.
3. AI systems require people from a number of sectors to stop their current work and learn special skills that enable them to work in AI-free environments.
4. technologies are continually changing, and it is nearly impossible for people currently employed across a broad number of economic sectors to get retrained to keep up.

チャレンジしよう！② AI and Lights-out Factories 問題英文の読み方

第1段落

AI and Lights-out Factories

❶Manufacturing has always needed large numbers of people to do a variety of physically difficult things: pulling, lifting, fastening, and other motions. ❷The earliest nineteenth-century machines, in particular those powered by coal and then oil, gave humans the ability to produce and distribute goods on a mass scale. ❸But these machines, even up to the 1960s, were simply mechanical. ❹They were designed to do a specific task. ❺A nineteenth or early twentieth-century factory might have hundreds of machines in different locations, but they were independent of one another and unable to analyze, communicate, or adapt.

❶ このタイトルも一見しただけでは、意味がわかりません。それが一体どういう意味なのか注意しながら読み始めましょう。
1文目はタイトルにある、AI にも Factories にも触れていません。突然 Manufacturing で始まり、「製造業はたくさんの人に様々なことをしてもらう必要があった」とあります。しかし、physically difficult things のあたりで、何かと対比したり、変化を示したりするだろうと推測することはできます。肉体的にきつい労働の例として、引っ張り、持ち上げ、固定することを挙げています。

❷ 主語は「19世紀初頭に登場した機械」です。1文目の主語は「製造業」だったので、どちらも似たものと考えてよいでしょう。文構造を見ると「機械は人間に物を生産して流通を行う能力を与えた」と読み取れます。

❸ 「しかし」で始まり、主語は2文目と同じく「これらの機械」です。同じ文章内では表現の仕方は変わっても、同じ主語が続く傾向があるので、常に主語を追いかけながら読み進めましょう。「これらの機械は1960年代まで単なる機械だった」と言っています。わざわざ言うということは、その後に単なる機械でなくなったのか。機械が単なる機械でなければ何なのか。疑問を持ちながら読み進めていきましょう。

❹ シンプルな受動態の文です。主語は前の文と同じで、They は「これらの機械」を指しています。前の文の「機械は単なる機械だった」を受けているので、頭の片隅に置いておきましょう。「これらの機械は特定の仕事をするために設計された」と言っています。

❺ 主語は A nineteenth or early twentieth-century factory です。SVO の構造で、動詞は might have です。「違う場所に何百もの機械を持っていた」とあります。その後は逆接でつながり、「それぞれ独立していて、分析やコミュニケーションなどはできなかった」と言っています。
この段落では、一昔前の製造業における機械について説明していました。第1段落を読み終えたところで、「一昔前の製造業の機械は、それぞれ独立していた」ということが、タイトルにある AI と関わってくるのだろうと予測できますね。

チャレンジしよう！② AI and Lights-out Factories 問題英文の読み方

第2段落

❶The increasing use of computers from the 1960s onward gave industries the chance to integrate the calculation and design power of software with the strength and accuracy of industrial hardware. ❷The first industrial robot, designed by George Charles Devol Jr. and Joseph Frederick Engelberger, emerged in the United States in 1962. ❸This first robot, Unimate, was a basic mechanical arm that could lift heavy objects from a conveyor belt. ❹Since it was computerized, and not just mechanical, it could be reprogrammed. ❺This made Unimate a breakthrough device, essentially a working prototype for more advanced designs that were to come over the following decades.

❶ The increasing use of computers が主語で、ここで初めて文の中に「機械」ではなく、それと対比される「コンピュータ」が出てきます。動詞は gave で、the chance 以下が直接目的語です。「コンピュータ使用の増加が産業にソフトの計算能力とハードの強度を組み合わせる機会を与えた」と解釈しましょう。

❷ 主語は The first industrial robot です。「〜に設計された最初の産業用ロボットは出現した」という長いSとVの構造です。1文目と主語は変わっていますが、内容は1文目の具体例になっています。

❸ This first robot が主語です。表現が違っても、指しているものは2文目と同じです。This first robot のコンマの後の固有名詞は主語と同格で、最初のロボットの名前を表しています。「Unimate は重い物を持ち上げるアームだった」という内容です。

❹ Since で始まる複文です。「Since SV, SV.」の構造になっています。「それは、ただの機械式ではなく、コンピュータ化されていたので、プログラム変更が可能だった」とあります。ここで、ようやく、第1段落から続いていた、「単なる機械」の対比となる「コンピュータ化」の要素が現れてきますね。タイトルの意味がまだモヤモヤとしているので、どう関連するのか注意して読み進めます。

❺ 始めの This は前の文を指しています。This「このこと」というのは、「最初のロボット、Unimate がコンピュータ化されていたこと」を指します。「このことが Unimate を画期的なデバイスにした」と当時の位置づけを説明し、「その後さらに高度になるデザインの原型となった」と言っています。
第2段落では、第1段落と比較して、製造業における「単なる機械」から「コンピュータ化されたロボット」の出現に話が移ってきました。

チャレンジしよう！② AI and Lights-out Factories 問題英文の読み方

第3段落

❶The emergence of the Internet and Artificial Intelligence brought robotics to an entirely new level. ❷Wirelessly connected to each other through company computer systems, robots could work alone or in groups and even learn some things on their own—such as the fastest route through one warehouse as opposed to another. ❸When they couldn't solve problems or had breakdowns, they could also notify technicians. ❹It was at this time that some experts began thinking of a "lights out" automated factory. ❺The assumption was that future factories or machines would not need people, so they would not need light.

第4段落

❶It is debatable whether there is or can ever truly be lights-out manufacturing. ❷Some factories have become so automated, at least on the production floor, that they operate with minimal or no lighting. ❸However, even these very advanced locations usually have humans onsite or nearby. ❹Moreover, with sometimes hundreds of robots in a modern factory, even more robot technicians, engineers, programmers and others have become necessary, which means that even a dark production space needs the ability to become well-lit.

❶ 主語に「インターネットと人工知能の出現」とあります。ここで、ようやく、タイトルの AI と結びつく Artificial Intelligence の表現を確認できますね。「インターネットと人工知能の出現は、ロボット工学をまったく新しいレベルに押し上げた」と読み取れれば、話の展開がわかり、少し落ち着いて読み進められるでしょう。

❷ Wirelessly で始まりますが、このかたまりに主語の機能はありません。主語は robots です。最初のかたまりは分詞構文で、接続詞が隠されている節と解釈することができます。「ワイヤレスでそれぞれ通信がつながっているので、ロボットは単独でもグループでも働くことができ、学習もできる」という構造です。さらに —（ダッシュ）の後に追加情報があり、自分で学習できる内容について「ルートを対照し、最短ルートを探す」ことを挙げています。

❸ When で始まるシンプルな複文です。When の節の主語も主節の主語も they で robots を指しています。「ロボットが問題を解決できないときや故障したときは、ロボット自身が技術者に知らせることができた」といって、ロボット同士が接続されたことにより、「自分で故障を知らせることもできる」というロボットの進化した点を示しています。

❹ It was at this time で始まっている文頭だけで、「それはこの時だった」と、まず解釈します。that 以下は「専門家が "lights out" automated factory を考え始めた」です。したがって、「そのときに専門家が『無灯火』の工場について考え始めた」と書いてあります。ここでタイトルの Lights-out も引用符にくくられて出てきました。

❺ The assumption が主語で、「仮説は〜だった」と解釈します。前の文に lights out が出てきているので、この語句の説明だと考えられます。仮説では「未来の工場は人々を必要としない。だからライトもいらないだろう」ということだったと言っています。ここで、ロボットだけでやっていける → 人がいらない → ライトもいらない → それで "lights out" factory なのだとタイトルと本文のつながりを認識できます。

❶ 始まりの It is debatable は「議論の余地がある」という意味です。仮主語の It が指すのは、whether 以下の「本当に無灯火の環境で製造が行われるのか」という内容です。

❷ 1文目の「議論の余地がある」に応えて、まずは成功例を挙げています。「いくつかの工場は、かなり自動化されているので、最小限、もしくはほとんどライトなしで操業している」と言っています。

❸ 接続副詞の However で始まっているので、2文目のうまくいっている点とは対照的な内容だと推測しましょう。「しかし、これらの先進的な場所でも近くに人間がいる」とあります。

❹ Moreover で始まっているので、3文目から引き続いて、2文目とは対照的な文になっているはずです。実際に工場から完全に人間がいなくならない例として、「ロボットの数が多い工場となると、ロボット技術者、エンジニア、プログラマーが必要である」という事実が挙げられています。

この段落では、前の段落で登場した「無灯火の工場」という新しい仮説に疑問を投げかけていました。

チャレンジしよう！② AI and Lights-out Factories　問題英文の読み方

第5段落

❶Even so, modern robotic systems are becoming smarter and more independent. ❷Autostores, for example, are very large vertical cubes (several floors high). ❸Smaller cubes rotate and move within this large structure and outside its surface to transport items to sections where they may be stored or moved on to delivery vehicles. ❹There is no space for a human to enter an autostore, and items within it move very fast. ❺The autostores take up much less horizontal space than traditional warehouses, which means that they can be closer to buyers in big cities.

第6段落

❶Delivery of goods and equipment to and from industrial sites has also become subject to more automation. ❷Loading, for instance, had typically been one of the most challenging industrial processes, as several employees had to work together to rapidly load or unload a vehicle. ❸Nowadays, Automated Truck Loading Systems (ATLS) are being installed at many factories, warehouses, and industrial sites. ❹Some ATLS are essentially large conveyor belts at worksites that move products into or out of trucks. ❺Others use automated tractors to move heavier items, while still others have automated arms or extensions that can place single packages or products into a space in the rear of a vehicle.

❶ 始まりの Even so「それでも」で第4段落と反対の内容が続くとわかります。「それでも、現代のロボットシステムはより高性能で独立している」と言っています。

❷ 現代のロボットシステムの一例を挙げています。Autostores という単語で始まっていて、それは「非常に大きな縦長の立方体の集まりである」と言うのです。ここで読者の意識にロボットと関係があるらしい大きなものが登場します。

❸ 2文目のオートストアの具体的な説明です。Smaller cubes が主語、rotate and move が動詞です。「小型の立方体が大きな構造物の中や外面を回転・移動し、商品を運ぶ」と書いてあります。

❹ さらにオートストアの説明が続いています。「オートストアには人間が入るスペースはなく、その中での物品の移動は非常に速い」とあります。ここまで、現場を人間が全く必要のない「無灯火」にすることが可能かどうか議論が進んできましたが、このオートストアに関しては、人間が全く必要のない状況に近づいているのを読み取ることができます。

❺ さらにオートストアの長所について言っています。主語は The autostores で、動詞は take up「占める」です。「オートストアは水平方向に占めるスペースが従来の倉庫よりも少ない。だから、大都市に設置できる」と言うのです。
この段落では、第4段落で挙げられた、人間が全く必要のない「無灯火」にできるかを考えるために、ロボットシステムの長所を示す事例を挙げていました。

---

❶ 「産業現場に出入りする商品や設備を運ぶこと」が主語で、動詞部分は has also become subject to more automation「自動化するようになってきた」です。

❷ 2文目からは1文目の内容の具体例です。2文目では、自動化が進んでいないため困難であった Loading「積み込み」について、「これまで、複数の従業員が協力して行わなければならなかったため、最も困難なプロセスであった」と言っています。

❸ 「複数の従業員による積み下ろし」に代わるものとして、「自動トラック積載システム (ATLS)」について書かれています。Nowadays「最近では」に修飾されるかたちで始まる「ATLSは多くの工場や倉庫や、産業現場に設置されている」という文から、積み荷をする現場でも自動化が進んでいることを読み取りましょう。

❹ ATLS の種類について、SVCの構文を用いて、Some ATLS「いくつかの ATLS」は大きなコンベアベルトだと言っています。

❺ Others で始まっていることから、4文目の最初の語、Some との相関語句であることに気づきましょう。4文目では ATLS のいくつかの例として、コンベアベルトを挙げたのに対して、ここでは「重い物を移動させる自動化されたトラクター」を挙げています。さらに while still others と続き、「また他のものは自動化されたアームや拡張部分を備え、製品を車両後部に置くことができる」と言っています。
第6段落では、さらに別の例として自動化が進んでいる現場について書かれていました。

チャレンジしよう！② AI and Lights-out Factories 問題英文の読み方

第7段落

❶The trucks transporting goods themselves are becoming automated, with more and more such vehicles being tested or fully operated on American roads. ❷Automated trucks—linked to a central AI for easier tracking and delivery schedule confirmation—are somewhat easier to operate than automated cars, because they usually drive over rural highways that lack the navigational challenges of big cities or suburbs: any urban road might contain cars, trucks, bicycles, pedestrians, and even animals, but rural highways are usually empty of anything but traffic. ❸Tied to intelligent and centralized networks, automated trucks can help managers at a site adjust shipment and delivery schedules much more accurately. ❹When AI manages industrial systems, problems can be detected early and sometimes stopped from interfering with production. ❺At the very least they can notify technicians and managers of an issue so that they can make decisions as to what to do.

❶ The trucks (transporting goods themselves) が主語の SVC の形で、「物を運ぶトラックそのものも自動化されている」という内容です。with 以下はその詳細を示し、「アメリカの道路で、テスト走行や本格運用をされるトラックが増えている」とあります。

❷ —（ダッシュ）や、:（コロン）が用いられ、文が長くなっていますが、構造自体は複雑ではありません。文頭から順番に理解していきましょう。まず、コンマの前までの主語は Automated trucks で、動詞は are です。ダッシュで Automated trucks の詳細を説明していて、「自動運転トラックは、追跡やスケジュール確認を容易にするために、AI につながっていて、自動運転車よりも運用が簡単だ」と言っています。ここで、「どうして、トラックの運転の方が車の運転よりも簡単なのだろう」という疑問が頭をよぎりますね。次に because があるので、その理由があることを意識して読むことができます。because 以下を見てみると、主語は they で動詞は drive です。「トラックは田舎の幹線道路を走るから」だと書いてあります。that 以下は田舎の幹線道路の説明で「大都市のような運転の難しさはない」という意味です。コロン以下はさらなる説明となる情報として「都会の道路は車や歩行者や、動物がいるが、田舎の幹線道路は車以外通らない」と加えています。

❸ 分詞構文です。Tied to intelligent and centralized networks に接続詞と主語と be 動詞が隠れています。主節の主語と動詞を見ると automated trucks can help managers「自動化されたトラックはマネジャーを助ける」とあるので、分詞構文に隠れた接続詞は順接の「〜ので」という意味の Since あたりが入っていると解釈してもよいでしょう。すると、意味は「集中化されたネットワークにつながっているので、自動トラックは現場の管理者がスケジュールを管理するのを助ける」と読むことができます。

❹ When で始まるシンプルな複文です。「AI が産業を管理すると、問題が早くわかり、生産が止まることがなくなる」と解釈できます。

❺ この段落の締めくくりの文です。At the very least で始まり、they が主語です。この 1 つ目の they は 4 文目の従属節の主語と同じ、AI です。「AI は少なくとも人間に問題を知らせ、人間にどうするかを判断させることができる」とあります。
前の段落では、産業現場での商品や設備の移動に導入された自動化に関する内容でしたが、この段落では、読者の視点は屋外に向かいました。この段落を読み終わって、物を運ぶトラックも自動化されているけれども、人間なしで、すべてを自動化したシステムにはなっていないことが読み取れますね。

筆記 ③

チャレンジしよう！② AI and Lights-out Factories 問題英文の読み方

第8段落

❶The expansion of AI and robots into more areas keeps creating entirely new types of jobs across a variety of fields. ❷Specialized insurance agents, for example, are needed to create coverage for automated trucks. ❸Roads must be upgraded by specially trained road crews so that automated trucks can, ideally, follow sensors in the road itself instead of relying solely on onboard cameras. ❹One complaint, however, is that AI-focused business planners seem to be expecting humans to offer the same work pace, efficiency, and precision as robots. ❺Increasing numbers of American industrial workers complain of tightening deadlines, shorter work breaks, and higher output demands.

❶ 第8段落は、この文章の最後の段落です。これまでの段落では、一昔前の単なる機械の時代と比べて、AIとロボットにより、産業や、輸送においても自動化が進んでいることについて書かれていました。
1文目を見ると、主語は The expansion of AI and robots into more areas で、動詞は keeps creating です。「AIやロボットが多くの分野に進出することで、新しいタイプの仕事が生まれてきている」という内容です。ここまでの文章を読んで、「ロボットの活躍により、人がいらなくなる可能性がある」と考えていたところに、「ロボットの活躍は人間に他の仕事を生み出してもいる」という考えも浮かんできますね。

❷ 1文目の具体例を挙げています。Specialized insurance agents が主語で、その後に for example、そして、それに続く動詞の are needed です。「自動運転トラックを対象にした、専門の保険代理店が必要だ」とあります。

❸ Roads で始まっています。ここまでの段落と違って、文ごとに主語が変わっています。文のテーマにもよりますが、トピックとなる主語を限定し、集中して説明した後に、最終段落ではトピックの周辺に目を向け、今後の発展に含みを持たせるという流れの文もあります。ここでは、トラックではなく、道路自体をロボットのために改良してしまおうという発想が出てきます。「道路は、自動トラックが道路に設置されたセンサーに従って進むように、特別な訓練を受けた道路作業員が改良しなければならない」とあります。

❹ One complaint, however, で始まっているので、これまでに挙げてきたような AI やロボットの進出した社会の展望にも、一つの不満な点が挙げられるとわかります。「一つの不満は、AI にフォーカスした事業計画者が人間にも同じスピードと効率や精度を求めてしまうことだ」と述べています。

❺ 4文目の具体例を挙げています。主語は Increasing numbers of American industrial workers で、動詞は complain です。「多くの産業労働者は（ロボットと比較されているせいで）締め切りが厳しくなり、休憩が減り、要求されるものが高くなっていることに不平を言っている」という文意になります。
結局タイトルの AI と無灯火の工場とはどういうことだったのでしょうか。どうやら、「無灯火の工場」には「人間が不要になる世界」というイメージに近い意味合いがあるのかもしれません。文法や構文の読みが正しくても、細かい部分などの解釈や感じ方は、人によって少しずつ違います。自分なりに解釈をしてみてから、日本語訳を読んだり、考え直したりして読解力を養っていきましょう。

チャレンジしよう！② AI and Lights-out Factories 解説・正解

(1) During the 1960s, George Charles Devol Jr. and Joseph Frederick Engelberger

1 released the very first computers that could be manufactured through an assembly line process instead of being created individually by hand.

2 created a device called the Unimate which could program a variety of other machines along a typically automated assembly line in a factory.

3 designed a programmable and adjustable piece of equipment which had the power to lift things of great weight in an industrial environment.

4 developed an active technical prototype that would become the basic structure of every model of robot that has been created ever since.

(2) Which of the following statements regarding the lights-out manufacturing concept is true?

1 It is not possible for human technicians, managers or workers to safely remain in a dark industrial environment for long periods.

2 The production space of a fully automated industrial location could remain dark for some time but other parts may hold humans and need illumination.

3 Both humans and robots need visual inputs in order to work together efficiently whether they are on or off industrial sites.

4 The definition of lights-out manufacturing has been steadily changing over the years as new Web-based technologies and systems are deployed.

(1) 🔲 1960年代に、ジョージ・チャールズ・デヴォル・ジュニアとジョセフ・フレデリック・エンゲルベルガーは、

1 手作業でひとつひとつ製造するのではなく、組立ライン工程で製造できる最初のコンピュータを公開した。

2 工場内の一般的な自動組立ラインに沿って、他の様々な機械をプログラムすることができるユニメートと呼ばれる装置を開発した。

3 産業の現場でとても重量のあるものを持ち上げる力を持つ、プログラムと調整が可能な装置を設計した。

4 それ以来生み出されてきたあらゆるロボットのモデルの基本構造となった、アクティブで技術的なプロトタイプを開発した。

🔍 問題文に含まれているのと同じ年代と人物が、第2段落の❷で見つかります。この2人がデザインしたロボットについて、❸で「このユニメートは、重い物を持ち上げる基本的な機械式アームだった」、❹で「ただの機械式ではなくコンピュータ化されていたため、プログラムの変更が可能だった」とあるので、これをまとめて言い換えている3が正解となります。

✏️ ☐ ever since それ以来ずっと

....

(2) 🔲 無灯火の環境で製造を行う構想に関する次の記述のうち、正しいものはどれか。

1 人間の技術者、管理者、労働者が暗い現場に長時間安全に居続けることは不可能である。

2 完全に自動化された工場の生産スペースは、暗くしておけることもあるが、人を留め置く場所もあり、照明が必要である。

3 産業現場の内外を問わず、効率的に共同作業を行うためには、人間にもロボットにも視覚情報が必要である。

4 無灯火の環境での製造の定義は、ウェブベースの新しい技術やシステムの導入に伴い、年々変化してきている。

🔍 lights-out manufacturing concept に関しては、第4段落の❶で「本当に無灯火の環境での製造が行われているのか、あるいは行われ得るのかについては議論の余地がある」と問題を提起していることから、この後を読むとわかります。❷で「一部の工場では、少なくとも生産現場は、最小限の照明あるいは照明なしで操業できるほど自動化している」と述べて、自動化された現場の例を挙げておきながらも❸で「しかし、このような非常に先進的な場所であっても、たいていは現場かその近くに人間がいる」と、それでも人間の手を必要とするという展開をしていることから、これを「暗くしておける部分もあるが、人を留めるために照明が必要な場所もある」と表している2が正解となります。

✏️ ☐ lights-out 消灯時間

....

🏁 **(1) 3 (2) 2**

チャレンジしよう！② AI and Lights-out Factories 解説・正解

---

(3) Which of the following statements regarding AI that manages industrial operations is true?

1 Information can be collected from different areas of a facility and either appropriate action taken or decisions passed on to executives.

2 When AI is used to manage industrial systems, adjustments can be made without technicians ever having to program or re-program the software.

3 Workers have no role in the maintenance of AI-based systems, since data can be easily updated from computer systems throughout the company, regardless of location.

4 Any issues that come up during operations can easily be fixed because the AI has complete knowledge of everything that is going on.

---

(4) Robotics create entirely new job fields since

1 autostores, automated loading systems, and other AI-based equipment or facilities attract people who are willing to work long hours in a technologically advanced environment.

2 unique careers and work skills arise that are related to the expansion of robotics into wider areas of the national economy.

3 AI systems require people from a number of sectors to stop their current work and learn special skills that enable them to work in AI-free environments.

4 technologies are continually changing, and it is nearly impossible for people currently employed across a broad number of economic sectors to get retrained to keep up.

---

(3) 1 Information can be collected (from different areas of a facility)
$S_①$ $V_①$
and either appropriate action taken or decisions passed on to executives.
$S_②$ $V_②$ $S_③$ $V_③$
3つのVにcan beがかかっている

(3) 📺 次の記述のうち、産業の工程を管理する AI に関して正しいものはどれか。

1　施設の様々なエリアから情報を収集し、適切な措置を講じるか、経営幹部に決定事項を伝えることができる。
2　産業システムの管理に AI を使用すると、技術者がソフトウェアをプログラムしたり、プログラムを変更したりすることなく、調整を行うことができる。
3　AI ベースのシステムのメンテナンスには労働者の役割はない。それは、データの更新が場所を選ばず、全社的なコンピュータシステムで簡単にできるからだ。
4　機械の運転中に発生するあらゆる問題も、AI がすべてを完全に把握しているため、簡単に解決できる。

🔍 産業の工程を管理する AI について、第7段落❷の Automated trucks で始まる文に記述があります。「自動運転トラックは、追跡や配送スケジュールの確認を容易にするために中央の AI につなげられている」とあり、情報が集められている様子がわかります。また、その集中管理システムについて❸「集中化された高性能なネットワークとつながった自動トラックは、現場の管理者が出荷や配送のスケジュールをより正確に調整するのに役立つ」と、集められた情報を基に工程が管理されている様子が書かれています。これを1で「施設の様々なエリアから情報を収集し、適切な措置を講じるか、経営幹部に決定事項を伝えることができる」と言い換えています。

---

(4) 📺 ロボット工学がまったく新しい職種を創造するのは、

1　オートストアや自動積載システムやその他の AI を利用した機器や設備が、技術的に進んだ環境で長時間働くことを厭わない人々を惹きつけるからだ。
2　ロボット工学が国民経済の広い分野に拡大することに関連して、これまでになかったキャリアと仕事のスキルが生まれるからだ。
3　AI システムが、様々な分野の人々に現在の仕事を中断して、AI のない環境でも働けるような特別なスキルを身に付けることを要求するからだ。
4　技術は絶え間なく変化しており、様々な業界で現在雇用されている人々が、それに追いつくために再教育を受けることはほぼ不可能であるからだ。

🔍 ロボット工学による、新しい職種については、第8段落❶の「AI やロボットがより多くの分野に進出することにより、様々な分野でまったく新しいタイプの仕事が生まれている」から続く文を読むとわかります。❷では自動運転トラックを対象にした保険代理店を挙げ、❸ではセンサーに従って進めるように道路を整備する、特別な訓練を受けた作業員が挙げられています。これを言い換えて表している2が正解となります。

✎ □ economic sector 経済部門　□ keep up …に遅れないでついて行く

筆記③

👉 **(4) 2** Robotics create entirely new job fields
　　　　 S　　　 V　　　　　　O
(since unique careers and work skills arise (that are related to
　　　　　　 S'　　　　　　　　 V'　 S''　　 V''
the expansion of robotics into wider areas of the national economy.))
　　 O''

🏳 **(3) 1　(4) 2**

AI and Lights-out Factories

第1段落

❶ Manufacturing has always needed large numbers of people to do a variety of physically difficult things: pulling, lifting, fastening, and other motions.

❷ The earliest nineteenth-century machines, in particular those powered by coal and then oil, gave humans the ability to produce and distribute goods on a mass scale.

❸ But these machines, even up to the 1960s, were simply mechanical.

❹ They were designed to do a specific task.

❺ A nineteenth or early twentieth-century factory might have hundreds of machines in different locations, but they were independent of one another and unable to analyze, communicate, or adapt.

第2段落

❶ The increasing use of computers from the 1960s onward gave industries the chance to integrate the calculation and design power of software with the strength and accuracy of industrial hardware.

❷ The first industrial robot, designed by George Charles Devol Jr. and Joseph Frederick Engelberger, emerged in the United States in 1962.

❸ This first robot, Unimate, was a basic mechanical arm that could lift heavy objects from a conveyor belt.

❹ Since it was computerized, and not just mechanical, it could be reprogrammed.

❺ This made Unimate a breakthrough device, essentially a working prototype for more advanced designs that were to come over the following decades.

AI と無灯火の工場

第1段落

❶ 製造業は常に肉体的にきつい様々な動作を大勢の人間にしてもらう必要があった。引っ張る、持ち上げる、固定するといった動作である。

❷ 19世紀初頭に登場した機械、とりわけ石炭や石油を動力源とする機械により、人類は大量の生産と流通を行う力を手に入れた。

❸ しかし、これらの機械は1960年代まで、単なる機械でしかなかった。

❹ 特定の仕事をするために設計されていたのだ。

❺ 19世紀や20世紀初頭の工場には、数百台の機械が様々な場所に設置されていただろうが、それらは互いに独立しており、分析したり、コミュニケーションをとったり、適応したりすることはできなかった。

☐ lights-out 消灯時間

第2段落

❶ 1960年代以降、コンピュータの普及が進み、産業界はソフトウェアの計算・設計能力と産業用ハードウェアの強度・精度を組み合わせる機会を得た。

❷ ジョージ・チャールズ・デヴォル・ジュニアとジョセフ・フレデリック・エンゲルベルガーが設計した最初の産業用ロボットは、1962年に米国で完成した。

❸ この最初のロボット、ユニメート (Unimate) は、ベルトコンベアから重い物を持ち上げることができる基本的な機械式アームだった。

❹ ただの機械式ではなくコンピュータ化されていたため、プログラムの変更が可能だった。

❺ これにより、ユニメートは画期的なデバイスとなり、実質的にその後数十年にわたって登場してくる、さらに高度なモデルの実際に稼働するプロトタイプとなった。

❹☐ computerize …をコンピュータで処理する・コンピュータ化する

チャレンジしよう！② AI and Lights-out Factories　訳・語句

第3段落

❶ The emergence of the Internet and Artificial Intelligence brought robotics to an entirely new level.
❷ Wirelessly connected to each other through company computer systems, robots could work alone or in groups and even learn some things on their own—such as the fastest route through one warehouse as opposed to another.
❸ When they couldn't solve problems or had breakdowns, they could also notify technicians.
❹ It was at this time that some experts began thinking of a "lights out" automated factory.
❺ The assumption was that future factories or machines would not need people, so they would not need light.

第4段落

❶ It is debatable whether there is or can ever truly be lights-out manufacturing.
❷ Some factories have become so automated, at least on the production floor, that they operate with minimal or no lighting.
❸ However, even these very advanced locations usually have humans onsite or nearby.
❹ Moreover, with sometimes hundreds of robots in a modern factory, even more robot technicians, engineers, programmers and others have become necessary, which means that even a dark production space needs the ability to become well-lit.

第3段落

❷ (Wirelessly [connected] to each other through company computer systems,)
 robots could work alone or in groups and even learn some things on their own
　　S　　　　V①　　　　　　　　　　　　　　　　V②　　　O②
—([such as] the fastest route (through one warehouse) as opposed to another).

第3段落

❶ インターネットと人工知能の出現は、ロボット工学をまったく新しいレベルに押し上げた。
❷ 会社のコンピューター・システムを通して互いにワイヤレスで接続されたロボットは、単独でもグループでも働くことができ、倉庫の他のルートと対照して最短ルートを割り出すなど、自ら学習することもできるようになった。
❸ 問題を解決できないときや故障したときは、技術者に知らせることもできた。
❹ まさにこの頃、一部の専門家が「無灯火」の自動工場について考え始めた。
❺ 未来の工場や機械は人を必要としないので、照明も必要ないという仮説だった。

❷☐ as opposed to …に対立するものとして、…とは対照的に　❸☐ breakdown 故障、破損

第4段落

❶ 本当に無灯火の環境での製造が行われているのか、あるいは行われ得るのかについては議論の余地がある。
❷ 一部の工場では、少なくとも製造フロアは、最小限の照明あるいは照明なしで操業できるほど自動化している。
❸ しかし、このような非常に先進的な場所でも、たいていは現場かその近くに人間がいる。
❹ さらに、時に数百台のロボットを備えた現代の工場となると、さらに多くのロボット技術者、エンジニア、プログラマーなどが必要になっている。そのため、暗い製造エリアも適度に明るくできる備えがなければならないのだ。

❹☐ well- ほどよく…、十分に…

チャレンジしよう！② AI and Lights-out Factories 訳・語句

第5段落

❶ Even so, modern robotic systems are becoming smarter and more independent.

❷ Autostores, for example, are very large vertical cubes (several floors high).

❸ Smaller cubes rotate and move within this large structure and outside its surface to transport items to sections where they may be stored or moved on to delivery vehicles.

❹ There is no space for a human to enter an autostore, and items within it move very fast.

❺ The autostores take up much less horizontal space than traditional warehouses, which means that they can be closer to buyers in big cities.

第6段落

❶ Delivery of goods and equipment to and from industrial sites has also become subject to more automation.

❷ Loading, for instance, had typically been one of the most challenging industrial processes, as several employees had to work together to rapidly load or unload a vehicle.

❸ Nowadays, Automated Truck Loading Systems (ATLS) are being installed at many factories, warehouses, and industrial sites.

❹ Some ATLS are essentially large conveyor belts at worksites that move products into or out of trucks.

❺ Others use automated tractors to move heavier items, while still others have automated arms or extensions that can place single packages or products into a space in the rear of a vehicle.

第5段落

① それでも、現代のロボットシステムはますます高性能で、自律したものになってきている。
② 例えば、オートストアは非常に大きな縦長（数階建ての高さ）の立方体の集まりである。
③ 小型の立方体がこの大きな構造物の中や外面を回転・移動し、商品を保管する区画や配送車に載せる区画に運ぶ。
④ オートストアに人間が入るスペースはなく、オートストア内の物品の移動は非常に速い。
⑤ オートストアは、従来の倉庫よりも水平方向に占めるスペースがはるかに小さいため、大都市のバイヤーの近くに設置することができる。

⑤ □ take up （場所）を占める　□ buyer 消費者、仕入れ担当

第6段落

① 産業現場での商品や設備の搬入・搬出も、さらに自動化を進める対象になってきている。
② 例えば、荷物の積み込みは、複数の従業員が協力して迅速に行わなければならないため、一般的に工業の最も困難なプロセスのひとつであった。
③ 今日では、自動トラック積載システム（ATLS）が多くの工場、倉庫、工業現場に設置されつつある。
④ ATLS の中には、製品をトラックに積み込んだり、トラックから積み下ろしたりする、作業現場の大型ベルトコンベヤのようなものもある。
⑤ また、自動化されたトラクターを使用してもっと重い製品を移動させるものもあれば、自動化されたアームや拡張部分を使用して、個々のパッケージや製品を車両後部のスペースに置くことができるものもある。

⑤ □ extension 拡張部分

チャレンジしよう！② AI and Lights-out Factories　訳・語句

第7段落

① The trucks transporting goods themselves are becoming automated, with more and more such vehicles being tested or fully operated on American roads.
② Automated trucks—linked to a central AI for easier tracking and delivery schedule confirmation—are somewhat easier to operate than automated cars, because they usually drive over rural highways that lack the navigational challenges of big cities or suburbs: any urban road might contain cars, trucks, bicycles, pedestrians, and even animals, but rural highways are usually empty of anything but traffic.
③ Tied to intelligent and centralized networks, automated trucks can help managers at a site adjust shipment and delivery schedules much more accurately.
④ When AI manages industrial systems, problems can be detected early and sometimes stopped from interfering with production.
⑤ At the very least they can notify technicians and managers of an issue so that they can make decisions as to what to do.

第8段落

① The expansion of AI and robots into more areas keeps creating entirely new types of jobs across a variety of fields.
② Specialized insurance agents, for example, are needed to create coverage for automated trucks.
③ Roads must be upgraded by specially trained road crews so that automated trucks can, ideally, follow sensors in the road itself instead of relying solely on onboard cameras.
④ One complaint, however, is that AI-focused business planners seem to be expecting humans to offer the same work pace, efficiency, and precision as robots.
⑤ Increasing numbers of American industrial workers complain of tightening deadlines, shorter work breaks, and higher output demands.

 第7段落　③ (Tied) to intelligent and centralized networks),
　　　　後続する文の理由を表す分詞構文
automated trucks can help managers at a site adjust
　　　　S　　　　　　 V　　　 O
shipment and delivery schedules much more accurately.

第7段落

① 商品を輸送するトラック自体も自動化されつつあり、アメリカの道路でテスト走行や本格運用をされるトラックが増えている。
② 自動運転トラックは、追跡や配送スケジュールの確認を容易にするために中央のAIにつなげられており、自動運転車よりも幾分操作が簡単である。なぜなら、自動運転トラックは通常、大都市や郊外で発生するような運行上の問題がない田舎の幹線道路を走るからである。都市の道路では、自動車・トラック・自転車・歩行者、さらには動物も通行することがあるが、田舎の幹線道路は通常、車両以外が通ることはない。
③ 集中化された高性能なネットワークとつながった自動トラックは、現場の管理者が出荷や配送のスケジュールをより正確に調整するのに役立つ。
④ AIが工業システムを管理すれば、問題を早期に発見し、時には生産に支障が出るのを食い止めることができる。
⑤ 少なくとも、技術者や管理者がどうすべきか判断できるように問題を通知することはできる。

　❷□ pedestrian 歩行者

第8段落

① AIやロボットがより多くの分野に進出することにより、様々な分野でまったく新しいタイプの仕事が生まれている。
② 例えば、自動運転トラックを対象にした保険を作る専門の保険代理店が必要だ。
③ 道路は、自動運転トラックが搭載されたカメラだけに頼るのではなく、理想的には道路自体に設置されたセンサーに従って進めるように、特別な訓練を受けた道路作業員が道路を改良しなければならない。
④ しかし、不満な点を挙げると、AIを中心に置いた事業計画を立てる人が、人間にロボットと同じ作業ペース、効率、精度を期待してしまうように思われることだ。
⑤ アメリカの産業労働者の中では、厳しくなる締め切り、短くなる休憩時間、成果に対して高まる要求に不満を抱く人が増えている。

　　❸□ onboard 搭載の

Unit 2　練習しよう！①

目標解答時間 14 分

問題英文の読み方 P.296　解説・正解 P.302　訳・語句 P.306

A Perfect Ancient Animal

About 65 million years ago, a giant meteor struck earth, raising millions of tons of ash into the atmosphere, culminating in clouds that enveloped the planet and blocked much sunlight from reaching its surface. This was an extinction-level event for the dinosaurs. With so little sunlight, megaflora, plants large enough for herbivore dinosaurs to consume, died out. With these herbivores gone, the carnivorous dinosaurs who preyed on them disappeared as well. While dinosaurs were gone forever, reptiles as a family were not. Some reptiles had features that were especially advantageous, and the crocodile, which has been around for about 200 million years, or since the early Jurassic Period, had many of these.

The largest of the reptiles today, but still diminutive compared to the dinosaurs in their heritage, crocodiles survived because their prey—and the foliage their prey consumed—were relatively unaffected by the extinction event. Also, unlike many other predators, crocodiles can go for long periods without any sustenance at all—even up to a year. This helps them endure dry seasons or wait for certain times of the year when prey is ubiquitous, such as when the wildebeest of Africa have to migrate across crocodile-filled lakes and rivers.

The crocodile, with its conspicuous snout, became the apex predator in its environment, due to the physical attributes of its genetic inheritance. To begin with, the crocodile is heavily armored. Specifically, its skin is a combination of scales and tough skin that is about five millimeters thick. This was thick enough to deflect the wooden spears and arrows of prehistoric tribes, and it can even sometimes resist a bullet fired from too far or from a low-caliber gun. University of Iowa professor Christopher Brochu explained that this armor, combined with an ability to hunt on land as well as water, made early humans one of the primary prey of crocodiles. Big cats, such as jaguars, can sometimes kill and eat these giant reptiles, but they risk their own lives in the attempt.

As an ambush hunter, the crocodile lies still in murky water, just under the surface. Unique among all animals, crocodiles sense prey through Dome Pressure Receptors (DPR). It is unclear exactly how DPRs work, but they seem to detect even slight vibrations in the water (such as an antelope bending over to drink), as well as chemical and heat changes in the air or water. Therefore, dark nights provide no protection to the reptile's prey. With a bite force of about 200 kilograms, it is almost impossible to escape from crocodile jaws. Once in its grip, a crocodile will usually perform a "death roll" with its prey,

292

twisting and rotating underwater until the prey has drowned.

Interestingly enough, the crocodile of today is almost identical to its ancestors of millions of years ago. Many experts say that, as its habitat has remained the same, the reptile retains the ideal form to dominate it. Still, these giants cannot withstand the penetration of their habitats by humanity. At least seven species are critically endangered by the steady encroachment of cities. Nevertheless, it is hoped that these creatures will find a way to continue for another 200 million years.

練習しよう！① A Perfect Ancient Animal　問題

(1) Why was the crocodile able to survive an extinction-level event for the dinosaurs?

1　Its skin protected it from being harmed by the hot debris that fell from the meteor that impacted the earth.
2　Its food chain did not extend to prey that relied on very large plants that were wiped out by the cloud of ash.
3　It was able to use its tremendous size and swimming power to escape areas affected by the primary meteor impact.
4　It was able to switch back and forth from being an herbivore to being a carnivore, depending on the structure of its habitat.

(2) According to Christopher Brochu,

1　crocodiles hardly ever bothered the earliest dinosaur species, since they were so small compared to larger and more dominant reptiles.
2　the hunting strategies of crocodiles and the protective aspects of their armor made the animals a primary risk to ancient tribal groups.
3　despite developing powerful spears, arrows, and then finally guns, humans can rarely hope to escape from an encounter with a crocodile.
4　firing a low-caliber weapon at a crocodile can be dangerous, since the armor of the animal can easily deflect it.

(3) What do some experts believe happened to the appearance of crocodiles over millions of years?
   1. Its broad retention of ancestral features is due to the fact that its environment has remained consistent during this period.
   2. Its Dome Pressure Receptors have developed based on the need for the creature to hunt through the hot daylight hours.
   3. It has evolved tremendously to deal with the encroachment of competing predators, including big cats such as jaguars.
   4. It has kept the outward semblance of a dinosaur, although its strength and size are far below that of its ancestors.

練習しよう！① A Perfect Ancient Animal 問題英文の読み方

第1段落

A Perfect Ancient Animal

❶About 65 million years ago, a giant meteor struck earth, raising millions of tons of ash into the atmosphere, culminating in clouds that enveloped the planet and blocked much sunlight from reaching its surface. ❷This was an extinction-level event for the dinosaurs. ❸With so little sunlight, megaflora, plants large enough for herbivore dinosaurs to consume, died out. ❹With these herbivores gone, the carnivorous dinosaurs who preyed on them disappeared as well. ❺While dinosaurs were gone forever, reptiles as a family were not. ❻Some reptiles had features that were especially advantageous, and the crocodile, which has been around for about 200 million years, or since the early Jurassic Period, had many of these.

第2段落

❶The largest of the reptiles today, but still diminutive compared to the dinosaurs in their heritage, crocodiles survived because their prey—and the foliage their prey consumed—were relatively unaffected by the extinction event. ❷Also, unlike many other predators, crocodiles can go for long periods without any sustenance at all—even up to a year. ❸This helps them endure dry seasons or wait for certain times of the year when prey is ubiquitous, such as when the wildebeest of Africa have to migrate across crocodile-filled lakes and rivers.

296

第1段落

タイトルから「古代の動物」に関するトピックであることがわかります。しかし、第1段落の文頭の❶は About 65 million years ago, で始まり、骨格となる SVO は a giant meteor struck earth です。「巨大な隕石が地球に衝突し、舞い上がった灰が雲となり、太陽光が地表に届くのをブロックした」という話でこの段落が始まっています。ここでタイトルにある ancient から、隕石の衝突まで時をさかのぼっていることがわかります。❷には「これは恐竜を絶滅に追いやるほどの出来事だった」とあり、出てきた動物は「恐竜」です。❸❹では herbivore dinosaurs「草食恐竜」が話題に上がり、「太陽光が少なかったため、草食恐竜が食べる植物は絶滅した」、「草食恐竜を捕食していた肉食恐竜もいなくなった」と、恐竜が絶滅してしまった経緯が書いてあります。続く❺❻で出てきたのは reptiles「爬虫類」です。「爬虫類はいなくならなかった」、「爬虫類には有利な特徴があり、2億年前から存在するクロコダイルには、そのような特徴がたくさんあった」という記述を読めば、ここでようやく、この文章のトピックは「クロコダイル」だろうと推察することができるでしょう。

第2段落

第2段落は❶の長めの分詞構文で「現在の最も大きい爬虫類だが、祖先である恐竜と比べると小さい」と、主語である crocodiles を修飾していることから、第1段落の最後に出てきた「クロコダイル」の説明だろうと確認して読み進められるでしょう。主語は crocodiles で動詞は survived です。接続詞 because 以下の節ではクロコダイルが生き残った理由について「クロコダイルの獲物と、獲物が食べる草木が絶滅の影響を受けなかったから」と説明し、第1段落の恐竜の絶滅と対比させています。続く❷では、クロコダイルが生き残った理由について補足していて、「クロコダイルは長期間、食べなくても1年くらい生きることができる」とあります。❸では「これが乾季に耐えたり、特定の時期を待つのに役立つ」とあり、その特定の時期に関して such as の後で「アフリカのヌーがクロコダイルのいる湖や川を渡る時期」と具体的に示しています。

筆記 ③

練習しよう！① A Perfect Ancient Animal　問題英文の読み方

第3段落

❶The crocodile, with its conspicuous snout, became the apex predator in its environment, due to the physical attributes of its genetic inheritance. ❷To begin with, the crocodile is heavily armored. ❸Specifically, its skin is a combination of scales and tough skin that is about five millimeters thick. ❹This was thick enough to deflect the wooden spears and arrows of prehistoric tribes, and it can even sometimes resist a bullet fired from too far or from a low-caliber gun. ❺University of Iowa professor Christopher Brochu explained that this armor, combined with an ability to hunt on land as well as water, made early humans one of the primary prey of crocodiles. ❻Big cats, such as jaguars, can sometimes kill and eat these giant reptiles, but they risk their own lives in the attempt.

第4段落

❶As an ambush hunter, the crocodile lies still in murky water, just under the surface. ❷Unique among all animals, crocodiles sense prey through Dome Pressure Receptors (DPR). ❸It is unclear exactly how DPRs work, but they seem to detect even slight vibrations in the water (such as an antelope bending over to drink), as well as chemical and heat changes in the air or water. ❹Therefore, dark nights provide no protection to the reptile's prey. ❺With a bite force of about 200 kilograms, it is almost impossible to escape from crocodile jaws. ❻Once in its grip, a crocodile will usually perform a "death roll" with its prey, twisting and rotating underwater until the prey has drowned.

第3段落

❶は主語が The crocodile で始まって、前置詞句の with its conspicuous snout と後半の due 以下の句で修飾されているので、クロコダイルの身体的特徴について説明しているとわかります。「特徴的な鼻を持つクロコダイルは遺伝的形質の特徴によって、その生息環境における頂点の捕食者となった」という意味になります。❷では「クロコダイルにはがっしりした鎧がある」と、体の硬さを示唆し、その鎧について❸では「鱗と厚さ5ミリほどの丈夫な皮膚が組み合わさっている」、❹では「これは先史時代の部族の木製の槍や矢をそらすほどの厚さだった」などと、その強度を具体的に説明しています。❺❻では、その強い鎧があったことによるクロコダイルと他の捕食者との関係に触れ、「ブロチュ教授が言うには、水辺だけでなく陸上でも狩りをする能力と相まって、原始時代の人類をクロコダイルの主要な獲物にした」、「ジャガーのような大型ネコ科動物は、クロコダイルを食べることもあるが、自分の命も危険にさらしている」と、クロコダイルが頂点捕食者となり得たことが書いてあります。
第3段落では、クロコダイルの特徴と、その特徴によって生態系のどこに位置し、競合する捕食者とどのような関係にあるのかを説明しています。

第4段落

❶は As an ambush hunter「待ち伏せをするハンターとして」で始まっていて、「クロコダイルは濁った水面のすぐ下でじっとしている」と、クロコダイルが待ち伏せ型の捕食者であることに焦点を当てています。❷❸では「ドーム状圧力受容器官（DPR）を通して獲物を感知する」、「そのDPRがどのように機能するかはわかっていないが、水中のわずかな振動や、空気中や水中の化学変化や熱変化を感知するようだ」と、クロコダイルの高度な感覚器官を使った狩猟方法について書いてあり、❹は「そのため、夜の闇にクロコダイルの獲物が守られるということはない」と、クロコダイルが夜も獲物を狩ることができるという内容です。❺❻では「噛む力が200キログラム」、「いったん獲物をつかむとおぼれるまで"death roll"という回転技をかける」と、クロコダイルが恐ろしい捕食者であることを強調しています。
第4段落では、狩猟の際にクロコダイルの身体的特徴がどのように機能するのか、どのような動きをするのかについて述べていました。

練習しよう！① A Perfect Ancient Animal　問題英文の読み方

第5段落

❶Interestingly enough, the crocodile of today is almost identical to its ancestors of millions of years ago. ❷Many experts say that, as its habitat has remained the same, the reptile retains the ideal form to dominate it. ❸Still, these giants cannot withstand the penetration of their habitats by humanity. ❹At least seven species are critically endangered by the steady encroachment of cities. ❺Nevertheless, it is hoped that these creatures will find a way to continue for another 200 million years.

第5段落

❶は副詞句 Interestingly enough で始まり、主語は the crocodile of today、動詞は is で、クロコダイルが数百万年前の祖先とほとんど変わっていないという事実に焦点を当てています。❷では、その理由が説明されます。「専門家たちは、クロコダイルの生息地が変わらなかったために、生息地を支配するための理想的な形態を保持し続けている」と述べています。しかし、その後の❸では、クロコダイルを these giants で受け、「人類がクロコダイルの生息地に侵入することに抵抗できない」とあり、❹では「少なくとも7種のクロコダイルが特に都市の拡大で絶滅の危機に瀕している」とされています。最後に、❺で「それにもかかわらず、これらの種がさらに2億年間生き延びる方法を見つけるだろう」と、クロコダイルの適応性の高さからくる希望的な結論を示唆する文で締めくくられています。

練習しよう！① A Perfect Ancient Animal 解説・正解

(1) Why was the crocodile able to survive an extinction-level event for the dinosaurs?

1 Its skin protected it from being harmed by the hot debris that fell from the meteor that impacted the earth.

2 Its food chain did not extend to prey that relied on very large plants that were wiped out by the cloud of ash.

3 It was able to use its tremendous size and swimming power to escape areas affected by the primary meteor impact.

4 It was able to switch back and forth from being an herbivore to being a carnivore, depending on the structure of its habitat.

(2) According to Christopher Brochu,

1 crocodiles hardly ever bothered the earliest dinosaur species, since they were so small compared to larger and more dominant reptiles.

2 the hunting strategies of crocodiles and the protective aspects of their armor made the animals a primary risk to ancient tribal groups.

3 despite developing powerful spears, arrows, and then finally guns, humans can rarely hope to escape from an encounter with a crocodile.

4 firing a low-caliber weapon at a crocodile can be dangerous, since the armor of the animal can easily deflect it.

(1) 🔁 なぜクロコダイルは恐竜を絶滅させる程の出来事から生き延びることができたのか。

1 地球に衝突した隕石から落ちてくる高温の破片で傷つけられるのを皮膚が防いだ。

2 その食物連鎖の中に、灰の雲で全滅した大きな植物を食べて生きる獲物までは含まれていなかった。

3 巨大な体と泳力を駆使して、初めの隕石の衝突の影響を受けた地域から逃れることができた。

4 生息環境の構造に応じて、草食と肉食を切り替えることができた。

🔍 第1段落で「灰が雲となり地球を覆って太陽光が地表に届くのを妨げた」と、恐竜が絶滅した原因を述べていましたが、クロコダイルについては第2段落❶で「現在の爬虫類の中で最大の大きさを誇るが、祖先である恐竜に比べて小さい」と述べ、生き残った理由を「獲物や獲物が食べる草木が絶滅の影響を受けなかったから」と説明しているので、これを言い換えた2が正解になります。

✒️ ☐ debris 破片、瓦礫　☐ meteor 隕石　☐ impact …に衝突する　☐ food chain 食物連鎖
☐ wipe out …を全滅させる　☐ tremendous 巨大な　☐ impact 衝突　☐ herbivore 草食動物
☐ carnivore 肉食動物

....

(2) 🔁 クリストファー・ブロチュによると

1 クロコダイルが初期の恐竜にほとんど害を与えなかったのは、より大きくて支配的な他の爬虫類と比べて非常に小さかったからだ。

2 クロコダイルの捕食方法や鎧の防御力のため、古代の部族にとってクロコダイルは危険な動物の代表であった。

3 強力な槍や矢、ひいては銃などが開発されたにもかかわらず、人間がクロコダイルに遭遇したら逃れられる望みはほとんどない。

4 クロコダイルの装甲が簡単に弾丸をそらすので、口径の小さい銃で撃つのは危険なことがある。

🔍 設問から、クリストファー・ブロチュ教授の発言内容を理解すればこの問題は解けるとわかります。第3段落❺でブロチュ教授の名前が出てきます。ブロチュ教授が説明したのは、「クロコダイルの鎧が水辺だけでなく、陸上でも狩りをする能力と相まって、先史時代の人類をクロコダイルの獲物にした」という内容でした。したがって、それを言い換えたかたちで「捕食方法」と「鎧」と「先史時代の人類」に触れている2が正解となります。

✒️ ☐ hardly ever めったに…ない　☐ dominant 支配的な　☐ strategy 手段、方法　☐ protective 保護的な
☐ tribal 種族の、部族の　☐ caliber 口径　☐ deflect …をそらせる

....

筆記③

🚩 **(1) 2　(2) 2**

303

練習しよう！① A Perfect Ancient Animal　解説・正解

(3) What do some experts believe happened to the appearance of crocodiles over millions of years?

1 Its broad retention of ancestral features is due to the fact that its environment has remained consistent during this period.

2 Its Dome Pressure Receptors have developed based on the need for the creature to hunt through the hot daylight hours.

3 It has evolved tremendously to deal with the encroachment of competing predators, including big cats such as jaguars.

4 It has kept the outward semblance of a dinosaur, although its strength and size are far below that of its ancestors.

(3) 🚩 専門家は数百万年にわたってクロコダイルの外見に何が起こったと考えているか。

1　先祖の特徴がかなり残っているのは、その生息環境が今日まで一貫して保たれてきたことによる。

2　ドーム状圧力受容器官は、クロコダイルには暑い日中に狩りをする必要性があったため、発達してきた。

3　ジャガーなどの大型ネコ科動物を含む、競合する捕食動物の侵入に対処するため、驚異的な進化を遂げてきた。

4　外見上は恐竜の面影を残しているが、強さと大きさは祖先よりもはるかに劣る。

🔍 クロコダイルの外見に関しては、第5段落❶に「数百万年前の祖先とほとんど同じである」とあり、❷では「専門家の多くが言うには、生息地が変わらずに保たれているために、理想的な形態を維持している」と、その形、つまり外見が変わっていないことがわかります。したがって、1が正解となります。

🖊 ☐ retention 保有、維持　☐ ancestral 先祖伝来の　☐ consistent 持続的な、変わらない
　　☐ daylight 日中、昼間　☐ evolve 進化する　☐ tremendously すさまじく　☐ outward 外見の、外側の
　　☐ semblance 形、姿

🚩 (3) 1

練習しよう！① A Perfect Ancient Animal　訳・語句

A Perfect Ancient Animal

第1段落

❶ About 65 million years ago, a giant meteor struck earth, raising millions of tons of ash into the atmosphere, culminating in clouds that enveloped the planet and blocked much sunlight from reaching its surface.

❷ This was an extinction-level event for the dinosaurs.

❸ With so little sunlight, megaflora, plants large enough for herbivore dinosaurs to consume, died out.

❹ With these herbivores gone, the carnivorous dinosaurs who preyed on them disappeared as well.

❺ While dinosaurs were gone forever, reptiles as a family were not.

❻ Some reptiles had features that were especially advantageous, and the crocodile, which has been around for about 200 million years, or since the early Jurassic Period, had many of these.

第2段落

❶ The largest of the reptiles today, but still diminutive compared to the dinosaurs in their heritage, crocodiles survived because their prey—and the foliage their prey consumed—were relatively unaffected by the extinction event.

❷ Also, unlike many other predators, crocodiles can go for long periods without any sustenance at all—even up to a year.

❸ This helps them endure dry seasons or wait for certain times of the year when prey is ubiquitous, such as when the wildebeest of Africa have to migrate across crocodile-filled lakes and rivers.

第1段落

❺ (While dinosaurs were gone forever), reptiles (as a family) were not.
　　　　 S'　　 V'　　 C'　　　　　　　　 S 　　　　　　　　　 V

306

完璧な古代の動物

第1段落

❶ 約6500万年前、巨大な隕石が地球に衝突し、何百万トンもの灰が大気中に舞い上がった。灰は雲となり、地球を覆って太陽光が地表に届くのを遮断した。

❷ これは恐竜を絶滅に追いやるほどの出来事だった。

❸ 日光の量が少なかったため、草食恐竜が食べるのに十分な大きさの植物である大型の植物相は絶滅した。

❹ 草食恐竜がいなくなると、それを捕食していた肉食恐竜も姿を消した。

❺ 恐竜は永遠に姿を消したが、爬虫類という種族全体はそうならなかった。

❻ 爬虫類には特に有利な特徴を持つものがいて、約2億年前、つまりジュラ紀初期から存在するクロコダイルには、そのような特徴がたくさんあった。

❶ ☐ meteor 隕石　☐ culminate ついに…となる　☐ envelop …を覆う・覆い隠す
❸ ☐ mega- 大きい　☐ flora 植物相　☐ herbivore 草食動物　☐ consume …をたくさん食べる
☐ die out 絶滅する　❹ ☐ carnivorous 肉食性の　☐ prey …を捕食する　❺ ☐ reptile 爬虫類
☐ family 種族、科　❻ ☐ advantageous 有利な、都合のいい　☐ crocodile クロコダイル、ワニ
☐ be around 存在する　☐ the Jurassic period ジュラ紀

第2段落

❶ 現在の爬虫類の中で最大の大きさを誇るが、祖先である恐竜に比べればまだ小さいクロコダイルが生き残ったのは、獲物や獲物が食べる草木が絶滅の影響を比較的受けなかったからである。

❷ また、他の多くの肉食動物とは異なり、クロコダイルは長期間まったく栄養を摂らずに生きることができ、それが一年に及ぶこともある。

❸ そのため、乾季に耐えたり、獲物が多く現れるようになる時期、例えばアフリカのヌーが無数のクロコダイルのいる湖や川を渡って移動する時期まで待ったりすることができる。

❶ ☐ diminutive 小さい、小柄の　☐ heritage 遺産、先祖伝来のもの　☐ prey えさ
☐ foliage（1本の草木の）葉　☐ unaffected 影響を受けない　❷ ☐ predator 捕食動物、肉食動物
☐ sustenance 生命を維持するもの、食べ物、栄養物　❸ ☐ endure …に耐える
☐ the dry season 乾季　☐ ubiquitous 至るところにある、偏在する　☐ wildebeest ヌー
☐ migrate（周期的に）移動する、渡る

練習しよう！① A Perfect Ancient Animal 訳・語句

第3段落

❶ The crocodile, with its conspicuous snout, became the apex predator in its environment, due to the physical attributes of its genetic inheritance.

❷ To begin with, the crocodile is heavily armored.

❸ Specifically, its skin is a combination of scales and tough skin that is about five millimeters thick.

❹ This was thick enough to deflect the wooden spears and arrows of prehistoric tribes, and it can even sometimes resist a bullet fired from too far or from a low-caliber gun.

❺ University of Iowa professor Christopher Brochu explained that this armor, combined with an ability to hunt on land as well as water, made early humans one of the primary prey of crocodiles.

❻ Big cats, such as jaguars, can sometimes kill and eat these giant reptiles, but they risk their own lives in the attempt.

第4段落

❶ As an ambush hunter, the crocodile lies still in murky water, just under the surface.

❷ Unique among all animals, crocodiles sense prey through Dome Pressure Receptors (DPR).

❸ It is unclear exactly how DPRs work, but they seem to detect even slight vibrations in the water (such as an antelope bending over to drink), as well as chemical and heat changes in the air or water.

❹ Therefore, dark nights provide no protection to the reptile's prey.

❺ With a bite force of about 200 kilograms, it is almost impossible to escape from crocodile jaws.

❻ Once in its grip, a crocodile will usually perform a "death roll" with its prey, twisting and rotating underwater until the prey has drowned.

第3段落

❶ 特徴的な鼻を持つクロコダイルは、遺伝的形質が持つ特徴によって、その生息環境における頂点の捕食者となった。

❷ まず、クロコダイルにはがっしりした鎧がある。

❸ 具体的には、鱗と厚さ5ミリほどの丈夫な皮膚が組み合わさっている。

❹ これは、先史時代の部族の木製の槍や矢をそらすほどの厚さであり、遠距離から発射された弾丸や口径の小さい銃の弾丸になら耐えられる。

❺ アイオワ大学のクリストファー・ブロチュ教授は、この鎧が水辺だけでなく陸上でも狩りをする能力と相まって、先史時代の人類をクロコダイルの主要な獲物のひとつにしたと説明した。

❻ ジャガーのような大型ネコ科動物は時にこの巨大な爬虫類を捕食することがあるが、そのときは自らの命を危険にさらしてもいる。

- ❶ □ conspicuous 目立つ □ snout 鼻、吻状突起 □ apex 頂点、最高位 □ attribute 属性、特長 □ genetic 遺伝上の □ inheritance 遺伝的性質 ❷ □ to begin with まず、第一に □ heavily がっしりと、厳重に □ armored 装甲した ❸ □ Specifically 具体的に言うと □ combination 組み合わされたもの □ scale うろこ ❹ □ deflect …をそらせる □ spear 槍 □ prehistoric 有史以前の、先史時代の □ fire …を発射する □ caliber 口径 ❺ □ armor よろいかぶと、甲冑 ❻ □ jaguar ジャガー

第4段落

❶ 待ち伏せをするハンターであるクロコダイルは、濁った水の中の、水面のすぐ下でじっとしている。

❷ クロコダイルは動物の中で唯一、ドーム状圧力受容器官(DPR)を通して獲物を感知する。

❸ DPRがどのように機能するかは正確にはわかっていないが、水中のほんのわずかな振動(レイヨウが身をかがめて水を飲むときなど)や、空気中や水中の化学変化や熱変化を感知するようだ。

❹ そのため、クロコダイルの獲物が夜の闇に守られるということにはならない。

❺ 噛む力は約200キログラムもあり、クロコダイルの顎から逃れることはほとんど不可能だ。

❻ クロコダイルはいったん獲物をつかむと決まって獲物が溺れるまで水中で体をねじりながら回転する「デス・ロール」をかける。

- ❶ □ ambush 待ち伏せ(攻撃) □ hunter ハンター、捕食動物 □ still じっとして動かない □ murky 濁っている ❷ □ receptor 受容器、感覚器官 ❸ □ unclear 不確かな □ detect …を感知する □ vibration 振動 □ antelope レイヨウ □ bend 上半身を曲げる、かがむ ❺ □ jaw 顎 ❻ □ rotate 回転する

練習しよう！① A Perfect Ancient Animal　訳・語句

第5段落

❶ Interestingly enough, the crocodile of today is almost identical to its ancestors of millions of years ago.

❷ Many experts say that, as its habitat has remained the same, the reptile retains the ideal form to dominate it.

❸ Still, these giants cannot withstand the penetration of their habitats by humanity.

❹ At least seven species are critically endangered by the steady encroachment of cities.

❺ Nevertheless, it is hoped that these creatures will find a way to continue for another 200 million years.

第5段落

❶ 興味深いことに、現在のクロコダイルは数百万年前の祖先とほとんど同じ姿である。
❷ 専門家の多くが言うには、生息地が変わらずに保たれているために、クロコダイルはその場所の支配者であるための理想的な形態を維持している。
❸ しかし、この巨大な動物は人類が生息地に侵入することに抵抗することができない。
❹ 少なくとも7種が都市による侵食の進行によって絶滅の危機に瀕している。
❺ それでもなお、これらの種があと2億年は生きる道を見出していくだろうと考えられている。

❶ □ identical 全く同じ □ ancestor 先祖、祖先 ❷ □ habitat 生息地 □ retain …を保つ・維持する
□ dominate …を支配する ❸ □ giant 巨大な動物 □ withstand …に抵抗する □ penetration 侵入
❹ □ species 種 □ critically 危機的に □ endangered 絶滅の危機にさらされた
□ encroachment 侵害、侵略

Unit 2 練習しよう！②

目標解答時間 **14** 分

問題英文の読み方 P.316　解説・正解 P.320　訳・語句 P.324

What are Superstorms?

During many contemporary broadcasts or online weather programs, a reporter will casually link an extreme weather event, such as a powerful storm or "superstorm," to climate change. Consequently, a social consensus seems to have emerged on this topic, with ordinary people often commenting that a certain day's blizzard or hurricane "must be due to global warming." However, this widespread public perception is not fully in line with scientific reality. Specifically, while it is true that higher storm frequency is the result of higher global precipitation, the supposed link between superstorm conception and climate change is precarious, reflecting a range of probabilities and the fluctuation of various factors. Phil Klotzbach, a senior scientist at the Department of Atmospheric Science at Colorado State University, explained, "The relationship between hurricanes and climate change is a topic of vigorous scientific debate…which highlights the uncertainty that we still have about the relationship."

To begin with, although the term "superstorm" is often shared by commentators, the word actually has no meteorological definition. In common usage, the term refers to the strongest meteorological categories of storms. For example, hurricane strength is assessed on a scale of 1 to 5, Category 1 being the weakest and Category 5 the strongest, with winds faster than 253 kilometers per hour. Only four Category 5 hurricanes have ever been recorded as making landfall in the US. As of early 2023, the latest such storm was 2018's Hurricane Michael.

Although superstorms remain a relative anomaly, scientists have conceded that, paradoxically, their occurrence is becoming more frequent. Peter Webster, a scientist at the Georgia Tech School of Earth and Atmospheric Sciences, stated that, "since 1990, the number of Category 4 and Category 5 hurricanes has almost doubled, averaging 18 per year globally." Webster links climate change to superstorms, but cautiously so, saying, for instance, "it is difficult to discern what is natural variability and what is human-caused." He also pointed out that Category 4 and Category 5 hurricanes were becoming a greater percentage of hurricane totals. Moreover, hurricane season itself is intensifying, with 17 of the most recent seasons being stronger than usual, as determined by the National Oceanic and Atmospheric Association (NOAA). NOAA is concerned that melting ice warms Arctic waters, which in turn melts more ice. During this vicious cycle, superstorms increase. NOAA estimates that for every 1°C increase in temperatures, the number of superstorms rises by 21%.

At the very least, then, there is circumstantial evidence that global warming is a contributor to superstorms. However, researchers warn that many factors encompass storm formation, and it is difficult or maybe even impossible to determine which factors are decisive. To add to the complexity, "weather" refers to a short period of atmospheric conditions, while "climate" refers to the culmination of those conditions over a long period, even decades or centuries. A newly-emerging area of science, extreme weather event attribution, may connect specific theories and research to potentially climate change-based weather incidents. Over the coming decades, this field may be able to discern which storms are caused by climate change. At present, however, the subject is in its infancy.

練習しよう！② What are Superstorms?　問題

(1) Which of the following best describes the social consensus regarding the relationship between hurricanes and climate change?

1　The recent increase in powerful superstorms has a variety of reasons, although it seems to coincide with rising temperatures globally.
2　Superstorms have always existed, but ordinary people are only now starting to notice them because of the growing number of news reports.
3　Many people habitually assume that climate change is the primary factor in increasing superstorms, despite continuing scientific debate as to whether this is true.
4　The very fact that scientists are constantly debating the topic shows that hurricanes are unlikely to have any direct connection at all to global warming.

(2) According to Peter Webster, the role of climate change in increasing hurricane intensity

1　is well proven by the fact that the yearly count of very damaging hurricanes has nearly doubled across recent decades.
2　is close to negligible, since melting ice in the Arctic would counteract any negative effect global warming has on hurricanes.
3　is difficult to clearly disentangle from what may otherwise be natural causes of the changes in storm strength and frequency.
4　has been wrongly assessed because of certain errors in the long-term scientific estimates presented by NOAA to weather monitoring bodies.

(3) What conclusion does the author of the passage make about dealing with the actual causes of extreme weather events such as superstorms?

1. Although people in general complain that superstorms are caused by global warming, they don't seem to be making any efforts to discover methods to manage them.
2. A new scientific field may detect measurable factors behind actual weather incidents like superstorms, although it is currently in its earliest stages.
3. While scientists hold the view that superstorms are clearly the result of global warming, too many citizens are still rejecting this concept.
4. When storms of Categories 4 or 5 make landfall, their causes are widely discussed by scientists and the general public, but little real research has been initiated on this issue.

練習しよう！② What are Superstorms?　問題英文の読み方

第1段落

What are Superstorms?

❶During many contemporary broadcasts or online weather programs, a reporter will casually link an extreme weather event, such as a powerful storm or "superstorm," to climate change. ❷Consequently, a social consensus seems to have emerged on this topic, with ordinary people often commenting that a certain day's blizzard or hurricane "must be due to global warming." ❸However, this widespread public perception is not fully in line with scientific reality. ❹Specifically, while it is true that higher storm frequency is the result of higher global precipitation, the supposed link between superstorm conception and climate change is precarious, reflecting a range of probabilities and the fluctuation of various factors. ❺Phil Klotzbach, a senior scientist at the Department of Atmospheric Science at Colorado State University, explained, "The relationship between hurricanes and climate change is a topic of vigorous scientific debate... which highlights the uncertainty that we still have about the relationship."

第2段落

❶To begin with, although the term "superstorm" is often shared by commentators, the word actually has no meteorological definition. ❷In common usage, the term refers to the strongest meteorological categories of storms. ❸For example, hurricane strength is assessed on a scale of 1 to 5, Category 1 being the weakest and Category 5 the strongest, with winds faster than 253 kilometers per hour. ❹Only four Category 5 hurricanes have ever been recorded as making landfall in the US. ❺As of early 2023, the latest such storm was 2018's Hurricane Michael.

第1段落

タイトルを見て、「天候の話題かな？」などと予測を立てながら読み進めましょう。❶は During 以下の「多くの現代の放送やオンラインの天気予報番組の中では」という前置詞句で始まり、主語は a reporter、動詞は will casually link です。「レポーターが猛烈な嵐や『スーパーストーム』のような異常気象を安易に気候変動と結び付けている」と現代の傾向について指摘しています。❷では、その結果として、多くの人々が気象現象を地球温暖化の影響と見なす社会的なコンセンサスが広まっていることが述べられます。❸は However で始まり、世間に広がっているその認識が科学的事実とは必ずしも一致していないことが取り上げられます。❹で「具体的には、暴風雨の頻度が増加するのは世界的な降水量の増加の結果であることは事実であるものの、スーパーストームと気候変動の関連性は不確実であり、幅のある確率や、様々な要因の変動に影響を受ける」と説明されています。最後に、❺では専門家の意見として、「ハリケーンと気候変動の関係が現在も科学的な議論の対象であり、この関係についてはまだ多くの不確実性が残されている」ということが述べられています。

この段落ではスーパーストームと気候変動との関係について、メディア報道から影響を受けている社会の人々の認識、そうとは言い切れない科学的現実、そして議論が続いている専門家の意見へと、駆け足で視点を動かすように論が流れていました。

第2段落

第2段落では、❶が To begin with「そもそも」で始まり、superstorm という言葉が一般的に使われているにもかかわらず、実際には気象学的な定義がないという事実が示されます。❷では、その言葉が一般的には最も強力な嵐のカテゴリーを指すために使われていることが説明されます。❸で「ハリケーンの強さは1から5の尺度で評価され、カテゴリー5のハリケーンが最も強力である」と示された上で、その後の❹で「アメリカに上陸したカテゴリー5のハリケーンはこれまでに4回しか記録されていない」ことが述べられます。❺では最近の例として2018年のハリケーン・マイケルが挙げられており、この文が書かれたと推定される2023年初めの時点から見ても数年間は強力な嵐が到来していないことが読み取れます。

この第2段落は、superstorm という用語が曖昧だということから始まり、具体的な尺度と実際の嵐の発生事例を通じて、実際にそれに遭遇する機会がいかに少ないかを説明していました。

練習しよう！② What are Superstorms?　問題英文の読み方

第3段落

❶Although superstorms remain a relative anomaly, scientists have conceded that, paradoxically, their occurrence is becoming more frequent. ❷Peter Webster, a scientist at the Georgia Tech School of Earth and Atmospheric Sciences, stated that, "since 1990, the number of Category 4 and Category 5 hurricanes has almost doubled, averaging 18 per year globally." ❸Webster links climate change to superstorms, but cautiously so, saying, for instance, "it is difficult to discern what is natural variability and what is human-caused." ❹He also pointed out that Category 4 and Category 5 hurricanes were becoming a greater percentage of hurricane totals. ❺Moreover, hurricane season itself is intensifying, with 17 of the most recent seasons being stronger than usual, as determined by the National Oceanic and Atmospheric Association (NOAA). ❻NOAA is concerned that melting ice warms Arctic waters, which in turn melts more ice. ❼During this vicious cycle, superstorms increase. ❽NOAA estimates that for every 1°C increase in temperatures, the number of superstorms rises by 21%.

第4段落

❶At the very least, then, there is circumstantial evidence that global warming is a contributor to superstorms. ❷However, researchers warn that many factors encompass storm formation, and it is difficult or maybe even impossible to determine which factors are decisive. ❸To add to the complexity, "weather" refers to a short period of atmospheric conditions, while "climate" refers to the culmination of those conditions over a long period, even decades or centuries. ❹A newly-emerging area of science, extreme weather event attribution, may connect specific theories and research to potentially climate change-based weather incidents. ❺Over the coming decades, this field may be able to discern which storms are caused by climate change. ❻At present, however, the subject is in its infancy.

第3段落

❶は接続詞 Although で始まり、「スーパーストームは依然として珍しい現象だけれど、その発生頻度が増えていることを科学者は認めている」と述べられています。❷は長々とした固有名詞が主語ですが、「その分野の専門家」のように理解をしておけば問題ありません。ジョージア工科大学のピーター・ウェブスター氏の見解として、「1990年以降、カテゴリー4およびカテゴリー5のハリケーンの数がほぼ倍増し、年間平均18個に達している」という一定期間を通して見たデータが引用されています。❸❹では❷と同様に主語はウェブスター氏を指しています。「気候変動とスーパーストームを関連付けているけれども、自然の変動と人為的な原因を区別するのは難しい」、「カテゴリー4およびカテゴリー5のハリケーンが全体のハリケーン数に占める割合が増加している」というのがウェブスター氏の見解でした。続いて、この段落の後半では米国海洋大気局(NOAA)の見解について書かれています。❺では NOAA の判断として、「最近のハリケーンシーズンが通常よりも強力である」ことが述べられています。❻は NOAA が主語で、「溶ける氷が北極海を温め、さらに氷を溶かすという悪循環が進行していることに懸念を表明している」とあり、❼は❻の現象を this vicious cycle と表して、「この悪循環でスーパーストームが増加している」と情報を追加しています。❽も NOAA が主語です。「NOAA の推定によると、気温が1℃上昇するごとにスーパーストームの数が21% 増加する」ことが示されています。

第3段落では、(前段落で述べたように定義はないけれど) スーパーストームの発生頻度増加に関する近年の科学的観測とその背後にある要因から今後懸念されることが論じられていました。

第4段落

冒頭は At the very least, then で始まり、書いてあることはわかっていることの全てではないけれども、最低限確実なものであると示唆されています。❶❷では、嵐の発生には多くの要因が関与しており、その決定的な要因を特定することは難しいという研究者の警告が示されています。さらに❸の主語 weather と climate と、それぞれの動詞 refers to で、天気と気候の違いを説明した上で、❹では、気象現象と特定の理論や研究を結びつける新しい科学の分野 extreme weather event attribution「異常気象の原因の究明」に触れています。❺は主語 this field、動詞 may be able to discern で、❺❻では「この分野で今後数十年にわたり、どの嵐が気候変動によって引き起こされたのかを識別できる」可能性があると示され、「現時点ではまだその研究が始まったばかりである」と述べることで、今後この分野に関して明らかになってくることがあると示唆しています。

このように、第4段落では、地球温暖化とスーパーストームの関連性を探ろうとすると直面する複雑さがあることを示し、それでもその原因を究明しようという動きが進んでいることを述べて、この文章を締めくくっています。

練習しよう！② What are Superstorms? 　解説・正解

(1) Which of the following best describes the social consensus regarding the relationship between hurricanes and climate change?

1 The recent increase in powerful superstorms has a variety of reasons, although it seems to coincide with rising temperatures globally.

2 Superstorms have always existed, but ordinary people are only now starting to notice them because of the growing number of news reports.

3 Many people habitually assume that climate change is the primary factor in increasing superstorms, despite continuing scientific debate as to whether this is true.

4 The very fact that scientists are constantly debating the topic shows that hurricanes are unlikely to have any direct connection at all to global warming.

(2) According to Peter Webster, the role of climate change in increasing hurricane intensity

1 is well proven by the fact that the yearly count of very damaging hurricanes has nearly doubled across recent decades.

2 is close to negligible, since melting ice in the Arctic would counteract any negative effect global warming has on hurricanes.

3 is difficult to clearly disentangle from what may otherwise be natural causes of the changes in storm strength and frequency.

4 has been wrongly assessed because of certain errors in the long-term scientific estimates presented by NOAA to weather monitoring bodies.

(1) 🔲 ハリケーンと気候変動の関係に関する社会的コンセンサスの記述として、最も適切なものはどれか。

    1   最近の強力なスーパーストームの増加には様々な理由があるが、世界的な気温の上昇と一致しているようだ。

    2   スーパーストームは常に存在していたが、一般人が今頃その存在に気づき始めたのは、報道の数が増えたからである。

    3   それが真実かどうかについて科学的な議論が続いているにもかかわらず、多くの人々は、気候変動がスーパーストームを増加させる主な要因であるといつも思い込んでいる。

    4   科学者たちがこのテーマについて常に議論しているという事実そのものが、ハリケーンが地球温暖化と直接の関係があるとはまったく考えにくいことを示している。

🔍 まず、問題文の中の the social consensus regarding the relationship between hurricanes and climate change について書いてある場所を特定しましょう。第1段落の始まりで、スーパーストームについて触れた後、すぐに❷「ハリケーンについて『これは地球温暖化のせいに違いない』と一般人が考える」とあります。また、❺のフィル・クロッツバッハ氏の発言から、ハリケーンと気候変動の関係性についての議論が活発であり、決着がついていないことがわかります。それらが選択肢3の内容と一致しています。

----

(2) 🔲 ピーター・ウェブスターによれば、ハリケーンの強大化に気候変動が果たす役割は、

    1   ここ数十年の間に、非常に大きな被害をもたらすハリケーンの年間発生数がほぼ倍増しているという事実がよく証明している。

    2   北極の氷が溶ければ、地球温暖化がハリケーンに及ぼす悪影響は打ち消されるため、ほとんど取るに足らない。

    3   暴風雨の強さと頻度の変化の自然的な要因と思われるものとはっきり区別するのが難しい。

    4   NOAA が気象を観測している団体に提示した長期的な科学的推定値に誤りがあったため、誤って評価されている。

🔍 問題文の始まりが According to Peter Webster なので、ピーター・ウェブスター氏の発言内容が解答のヒントになります。第3段落の❷が Peter Webster で始まっています。この❷と❸の内容は「ウェブスター氏は気候変動とスーパーストームを関連付けているけれども、自然の変動と人為的な原因を区別するのは難しい」という意見を述べているので、3が正解となります。

✏️ ☐ negligible 取るに足らない、ごくわずかな ☐ counteract …を打ち消す、…に対して反作用する
☐ disentangle …を整理する

筆記③

🚩 **(1) 3 (2) 3**

練習しよう！② What are Superstorms? 解説・正解

(3) What conclusion does the author of the passage make about dealing with the actual causes of extreme weather events such as superstorms?

1 Although people in general complain that superstorms are caused by global warming, they don't seem to be making any efforts to discover methods to manage them.

2 A new scientific field may detect measurable factors behind actual weather incidents like superstorms, although it is currently in its earliest stages.

3 While scientists hold the view that superstorms are clearly the result of global warming, too many citizens are still rejecting this concept.

4 When storms of Categories 4 or 5 make landfall, their causes are widely discussed by scientists and the general public, but little real research has been initiated on this issue.

(3) 📺 スーパーストームのような異常気象の実際の原因への対処について、この文章の筆者は どのような結論を出しているか。

1 一般の人々は、スーパーストームは地球温暖化のせいだと訴えるが、それを制御する方法を発見しようとはしていないようだ。

2 現時点においては初期段階であるが、新しい科学分野はスーパーストームのような実際の気象現象の背後にある測定可能な要因を発見するものになる。

3 科学者たちは、スーパーストームは明らかに地球温暖化の結果であるという見解を示しているが、あまりにも多くの市民がこの考えを否定している。

4 カテゴリー4やカテゴリー5の暴風雨が上陸した場合は、その原因が科学者や一般市民によって広く議論されるが、この問題について本格的な研究が始められたことはほとんどない。

🔍 問題文は What conclusion で始まって、この文章で扱ったトピックに対する結論を聞かれています。第4段落の最後の❹❺❻を読むと、「異常気象の原因の究明は特定の理論や研究を気象現象に結びつけることになる。まだ初期段階であるけれども、どの暴風雨が気候変動によって引き起こされたのかを見極めることができるかもしれない」と、まとめられています。この内容と一致するのは選択肢2です。

✎ □ initiate …を始める

筆記③

🚩 **(3) 2**

323

練習しよう！② What are Superstorms?　訳・語句

What are Superstorms?

第1段落

❶ During many contemporary broadcasts or online weather programs, a reporter will casually link an extreme weather event, such as a powerful storm or "superstorm," to climate change.

❷ Consequently, a social consensus seems to have emerged on this topic, with ordinary people often commenting that a certain day's blizzard or hurricane "must be due to global warming."

❸ However, this widespread public perception is not fully in line with scientific reality.

❹ Specifically, while it is true that higher storm frequency is the result of higher global precipitation, the supposed link between superstorm conception and climate change is precarious, reflecting a range of probabilities and the fluctuation of various factors.

❺ Phil Klotzbach, a senior scientist at the Department of Atmospheric Science at Colorado State University, explained, "The relationship between hurricanes and climate change is a topic of vigorous scientific debate…which highlights the uncertainty that we still have about the relationship."

第2段落

❶ To begin with, although the term "superstorm" is often shared by commentators, the word actually has no meteorological definition.

❷ In common usage, the term refers to the strongest meteorological categories of storms.

❸ For example, hurricane strength is assessed on a scale of 1 to 5, Category 1 being the weakest and Category 5 the strongest, with winds faster than 253 kilometers per hour.

❹ Only four Category 5 hurricanes have ever been recorded as making landfall in the US.

❺ As of early 2023, the latest such storm was 2018's Hurricane Michael.

スーパーストームとは何か

第1段落

❶ 現代の多くのテレビ・ラジオの放送やネットの天気予報番組の中では、レポーターが猛烈な嵐や「スーパーストーム」のような異常気象を、たやすく気候変動と結びつけている。

❷ その結果、ある日、吹雪やハリケーンが来ると「これは地球温暖化のせいに違いない」と一般人が言うことが多くなり、この件に関する社会的コンセンサスが生まれているように見える。

❸ しかし、このような多くの一般人が抱く認識は、科学の現実と完全に一致しているわけではない。

❹ 具体的には、暴風雨の頻度の高まりが地球全体の降水量の増加の結果であることは事実だが、スーパーストームの概念と気候変動の間にあると推定されている関連性は、幅のある確率や様々な要因の変動を反映した不確かなものである。

❺ コロラド州立大学大気科学部の研究主任であるフィル・クロッツバッハ氏は「ハリケーンと気候変動の関係は科学上の議論が活発に行われており、それは関係性がまだ不明確であることを顕著に表している」と説明する。

❶ □ event 出来事、事象　❸ □ in line with …と一致して　❹ □ precipitation 降水量、雨量
□ supposed 思われている、仮定の、想像上の、想定される
□ precarious 不確かな、危険な、あてにならない　□ fluctuation 変動、動揺

第2段落

❶ そもそも「スーパーストーム」という言葉はコメンテーターがよく使うが、実は気象学上の定義はない。

❷ 一般的な使い方では、気象の最も強い暴風雨の部類を指している。

❸ 例えば、ハリケーンの強さは1から5の程度で計算される。カテゴリー1が最も弱く、カテゴリー5が最も強くて、風速は時速253kmを超える。

❹ カテゴリー5のハリケーンがアメリカに上陸した記録は過去に4回しかない。

❺ 2023年初めの時点で、一番最近の事例は2018年のハリケーン・マイケルである。

❶ □ meteorological 気象学上の　❹ □ landfall 上陸（make landfall で「上陸する」）

練習しよう！② What are Superstorms?　訳・語句

第3段落

❶ Although superstorms remain a relative anomaly, scientists have conceded that, paradoxically, their occurrence is becoming more frequent.

❷ Peter Webster, a scientist at the Georgia Tech School of Earth and Atmospheric Sciences, stated that, "since 1990, the number of Category 4 and Category 5 hurricanes has almost doubled, averaging 18 per year globally."

❸ Webster links climate change to superstorms, but cautiously so, saying, for instance, "it is difficult to discern what is natural variability and what is human-caused."

❹ He also pointed out that Category 4 and Category 5 hurricanes were becoming a greater percentage of hurricane totals.

❺ Moreover, hurricane season itself is intensifying, with 17 of the most recent seasons being stronger than usual, as determined by the National Oceanic and Atmospheric Association (NOAA).

❻ NOAA is concerned that melting ice warms Arctic waters, which in turn melts more ice.

❼ During this vicious cycle, superstorms increase.

❽ NOAA estimates that for every 1°C increase in temperatures, the number of superstorms rises by 21%.

第3段落

❶ スーパーストームは依然として相対的には例外的な現象であるが、科学者たちは、それとは矛盾するが、その発生頻度が高まっていることを認めている。

❷ ジョージア工科大学地球大気科学部の科学者であるピーター・ウェブスターは「1990年と比べて、カテゴリー4とカテゴリー5のハリケーンの数はほぼ倍増し、世界全体で年間平均18回発生している」と述べている。

❸ ウェブスターは、気候変動とスーパーストームを結びつけているが、慎重な姿勢で、例えば「何が自然に起こった変動で何が人為的なものかを見分けるのは難しい」という見方をしている。

❹ また、カテゴリー4とカテゴリー5のハリケーン総数に占める割合が大きくなっていることも指摘した。

❺ さらに、ハリケーンのシーズン自体も激化しており、米国海洋大気局（NOAA）の判断では、最近のシーズンのうち17シーズンが例年よりも激しかった。

❻ NOAAは、氷の融解が北極海の温度を上げ、それがまた氷を解かすことを懸念している。

❼ この悪循環の中で、スーパーストームは増加する。

❽ NOAAは、気温が1℃上昇するごとに、スーパーストームの数は21％増加すると見積もっている。

❶ □ anomaly 異常、変則的なこと　□ paradoxically 逆説的に、一見矛盾しているようだが
❷ □ atmospheric 大気の、空気の　□ average 平均…となる　❺ □ intensify 強くなる、激しくなる
❼ □ vicious ひどい

練習しよう！② What are Superstorms?　訳・語句

第4段落

❶ At the very least, then, there is circumstantial evidence that global warming is a contributor to superstorms.

❷ However, researchers warn that many factors encompass storm formation, and it is difficult or maybe even impossible to determine which factors are decisive.

❸ To add to the complexity, "weather" refers to a short period of atmospheric conditions, while "climate" refers to the culmination of those conditions over a long period, even decades or centuries.

❹ A newly-emerging area of science, extreme weather event attribution, may connect specific theories and research to potentially climate change-based weather incidents.

❺ Over the coming decades, this field may be able to discern which storms are caused by climate change.

❻ At present, however, the subject is in its infancy.

❷ However, researchers warn (that many factors
　　　　　　　　　　 S　　　 V　 O　　　 S'①
encompass storm formation, and it is difficult or maybe even impossible
　 V'①　　　　 O'①　　　　 仮S'② V'②　　　　　　　　 C'②
to determine (which factors are decisive)).
　 真S'②　　　　 S''　　　 V''　 C''
　　　　　　 determineの目的語

第4段落

❶ そうなると、少なくとも地球温暖化がスーパーストームの一因であることの状況証拠はある。
❷ しかし、研究者たちは、暴風雨の発生には多くの要因が絡んでおり、どの要因が決定的であるかを判断するのは難しいどころか不可能でさえあると注意喚起している。
❸ さらに複雑なことに、「天候」は短期間の大気の状態を指すのに対し、「気候」は数十年、数百年ともいった長期間における、その最高の状態を指す。
❹ 新たに登場した科学分野である異常気象の原因の究明は、特定の理論や研究を、気候変動に基づく可能性のある気象現象に結びつけるものとなる。
❺ 今後数十年のうちに、この分野では、どの暴風雨が気候変動によって引き起こされたのかを見極めることができるようになるかもしれない。
❻ しかし、現時点では、このテーマはまだ初期段階にある。

❷ □ encompass …を含む・包含する　❸ □ culmination 結実、最高点
❹ □ attribution 帰すること、起因、作者の特定　❺ □ discern …を識別する・見分ける
❻ □ infancy 初期、幼年時代

Unit 2 練習しよう！③

目標解答時間 14分

問題英文の読み方 P.334　解説・正解 P.340　訳・語句 P.344

American Voting: Systems, Technologies, and Controversies

America has always prided itself on being one of the first modern democracies, freeing itself from the British monarchy and aristocracy. Americans would thereafter elect their own rulers. Many Europeans were skeptical of the American experiment, and even the American founding fathers were doubtful. Benjamin Franklin himself told an interviewer that the US Constitution framers had given Americans "a republic, if you can keep it." Nevertheless, the US has continued to hold elections on time, even during its civil war and two world wars. The US Cybersecurity and Infrastructure Security Agency (CISA) confirmed that the 2020 elections were "the most secure in American history." Nevertheless, according to a 2021 MIT Election Lab study, about 30% of Americans doubt the basic fairness of elections, and this percentage rises when a voter's preferred candidate loses. Aggravating the situation is the inclination of politicians of both major American parties to sometimes claim that an election was "stolen," "rigged," or "fixed" when they lose—with such claims circulating rapidly through social media. Moreover, American voting, even for national offices, is run at the state level, meaning voting methods vary from state to state, including paper ballots, voting machines, voting by postal service, and other options or rules.

Some scholars have suggested that American confidence in elections might increase under a faster or more transparent voting system, such as "e-voting." The system is used in Estonia, a high-tech European nation where e-ballots are praised as efficacious and convenient for everyone. With e-ballots, cybersecurity firms such as Hyperion, Cisco, or Crowdstrike provide robust protection against election hacking. Paradoxically, even Crowdstrike's founder Dmitri Alperovitch recommends paper ballots over digital voting, saying the complex systems involved in online voting are "very vulnerable to hacking." Likewise, Cylumena Cybersecurity listed several major e-voting vulnerabilities. While some experts have cited Estonia as a model for US elections, Estonian leaders have admitted that the Estonian online voting model "could not be copied" onto other nations. Former president Kersti Kaljulaid said that voting methods "could not be separated from culture," pointing out that voting methods were not just technical but developed from a nation's history, social organization, and particular experiences.

At present, there is no consensus on which voting method is best, but Princeton University dean Sanjeev Kulkarni says any system can be used, as

330

long as it yields what he terms the "Condorcet winner." A Condorcet winner is a candidate whom the voters very clearly prefer. Under the Condorcet Method, any election model can be called fair if it renders a Condorcet winner. However, as Kulkarni himself concedes to critics, there is sometimes no such candidate in an election. When voters have no clear preference, or only a weak preference, election outcomes can be arbitrary, and sometimes surprising. In the end, if too many Americans feel the system is flawed, they may resort to violence, which has sometimes plagued American elections—especially in the late 1800s and more recently in the 2020s. As former congressman David Jolly stated, a rising number of American voters feel that it is justified to "use force and intimidation."

練習しよう！③ American Voting　問題

(1) What is one reason that so many Americans doubt the fairness of elections in the US?

1. The role of social media in amplifying false claims of election theft made by some American political candidates.
2. The inability of the founding fathers to design a constitution that would be strong enough to withstand repeated efforts at cheating.
3. The failure to date of CISA to stop repeated low-level hacking against American electoral systems.
4. The complexity of American election systems being too hard to understand, leaving many voters confused about their real preferences.

(2) In the context of the passage, Kersti Kaljulaid's statements indicates that voting

1. should be primarily online, as it is in high-tech countries such as Estonia and similar Western states.
2. requires a balance of in-person voting machines and e-ballots, to give people maximum choices.
3. depends on the nature and organized social structures of the country, as well as its unique history.
4. could be copied in some technical respects, but not in the design of the overall election system and methods.

(3) According to critics, what is one problem with the concept of the Condorcet Method?

1. It excludes the possibility of the most preferred candidate of the voters choosing to reject the idea of running for office.
2. It focuses solely on the fairest systems and technologies of organized national election campaigns instead of the main candidates' characters.
3. It promotes only the very strongest electoral candidates, making it hard for weaker candidates to have any kind of fair chance.
4. It overlooks the distinct possibility of a specific election lacking any very strong candidates at all, leading to random outcomes.

練習しよう！③ American Voting　問題英文の読み方

第1段落

American Voting: Systems, Technologies, and Controversies

❶America has always prided itself on being one of the first modern democracies, freeing itself from the British monarchy and aristocracy. ❷Americans would thereafter elect their own rulers. ❸Many Europeans were skeptical of the American experiment, and even the American founding fathers were doubtful. ❹Benjamin Franklin himself told an interviewer that the US Constitution framers had given Americans "a republic, if you can keep it." ❺Nevertheless, the US has continued to hold elections on time, even during its civil war and two world wars. ❻The US Cybersecurity and Infrastructure Security Agency (CISA) confirmed that the 2020 elections were "the most secure in American history." ❼Nevertheless, according to a 2021 MIT Election Lab study, about 30% of Americans doubt the basic fairness of elections, and this percentage rises when a voter's preferred candidate loses. ❽Aggravating the situation is the inclination of politicians of both major American parties to sometimes claim that an election was "stolen," "rigged," or "fixed" when they lose—with such claims circulating rapidly through social media. ❾Moreover, American voting, even for national offices, is run at the state level, meaning voting methods vary from state to state, including paper ballots, voting machines, voting by postal service, and other options or rules.

第1段落

この文章はタイトルを見れば、ある程度内容について予測の範囲が狭められます。

❶は America が主語で、アメリカが最初の近代民主主義国家の一つであることを誇りにしてきたことが述べられます。❷では、Americans が主語で、アメリカ人が自分たちの統治者を選出するようになったと説明されています。それに対して、❸では、Many Europeans と the American founding fathers が主語で、ヨーロッパの多くの人々やアメリカの建国の父たちがその実験に懐疑的だったことが述べられます。❹では、ベンジャミン・フランクリンの言葉が引用され、アメリカが共和国を維持できるかどうかは国民次第だという見解が示されています。❺は Nevertheless で始まり、「それにもかかわらず（その懸念にもかかわらず）、アメリカは内戦や世界大戦中でも選挙を継続してきた」という点が強調され、❻では「2020年の選挙が歴史上最も安全であった」という CISA の言明が引用されています。しかし、❼では「それにもかかわらず、多くのアメリカ人が選挙の公正さを疑っており、その割合は候補者が敗北したときに高まる」ことが指摘されています。❽では「この状況を悪化させているのが、主要政党の政治家たちが選挙に敗北すると選挙が不正であったと主張する傾向で、これがソーシャルメディアを通じて広まる」と述べられています。最後に❾では「アメリカの投票システムは州ごとに異なり、これが投票方法やルールに多様性をもたらしている」ことを説明しています。

この段落では、アメリカを民主主義国家たらしめている投票とそのシステムの公正さに対する信頼の揺らぎが問題点として論じられています。

練習しよう！③ American Voting　問題英文の読み方

第2段落

❶Some scholars have suggested that American confidence in elections might increase under a faster or more transparent voting system, such as "e-voting." ❷The system is used in Estonia, a high-tech European nation where e-ballots are praised as efficacious and convenient for everyone. ❸With e-ballots, cybersecurity firms such as Hyperion, Cisco, or Crowdstrike provide robust protection against election hacking. ❹Paradoxically, even Crowdstrike's founder Dmitri Alperovitch recommends paper ballots over digital voting, saying the complex systems involved in online voting are "very vulnerable to hacking." ❺Likewise, Cylumena Cybersecurity listed several major e-voting vulnerabilities. ❻While some experts have cited Estonia as a model for US elections, Estonian leaders have admitted that the Estonian online voting model "could not be copied" onto other nations. ❼Former president Kersti Kaljulaid said that voting methods "could not be separated from culture," pointing out that voting methods were not just technical but developed from a nation's history, social organization, and particular experiences.

第2段落

第1段落では、アメリカの投票システムが多様であることと、公正さに対する信頼の揺らぎがあることについて書いてありましたが、この段落では、その問題点が解消されるのか考えながら読み進めましょう。❶の主語は Some scholars で、学者たちの提案で電子投票の導入によって、アメリカ人の選挙への信頼が増すかもしれないと述べられています。❷では電子投票を実施している例としてエストニアが挙げられ、そのシステムが効果的で便利であると評価されていることが説明されています。❸でサイバーセキュリティの企業がその安全性を支えていることがわかります。❹は Paradoxically で始まっているので、逆説的な内容へと展開します。「しかし、逆説的に、サイバーセキュリティ企業の創設者でさえ、紙の投票を電子投票よりも推奨しており、オンライン投票のシステムがハッキングに対して非常に脆弱であると警告している」という内容です。❺ではさらに、電子投票の脆弱性が述べられています。❻は従属接続詞の While で始まり、文の前半と後半が対照的な意味になります。「一部の専門家がエストニアをアメリカの選挙モデルとして引き合いに出している」が、しかし、「エストニアのリーダーたちはそのモデルが他の国にコピーできないことを認めている」と述べています。その理由を示すように、最後の❼では、前エストニア大統領が指摘した、投票方法は単なる技術的な問題ではなく、国の文化や歴史、社会的な背景に根ざしていることが述べられています。

この段落では、アメリカの選挙に対する信頼を高める手段と考えられる電子投票の利点と欠点に触れ、その適用の可能性を検討するように相反する情報を展開していました。

練習しよう！③ American Voting　問題英文の読み方

第3段落

❶At present, there is no consensus on which voting method is best, but Princeton University dean Sanjeev Kulkarni says any system can be used, as long as it yields what he terms the "Condorcet winner." ❷A Condorcet winner is a candidate whom the voters very clearly prefer. ❸Under the Condorcet Method, any election model can be called fair if it renders a Condorcet winner. ❹However, as Kulkarni himself concedes to critics, there is sometimes no such candidate in an election. ❺When voters have no clear preference, or only a weak preference, election outcomes can be arbitrary, and sometimes surprising. ❻In the end, if too many Americans feel the system is flawed, they may resort to violence, which has sometimes plagued American elections—especially in the late 1800s and more recently in the 2020s. ❼As former congressman David Jolly stated, a rising number of American voters feel that it is justified to "use force and intimidation."

第3段落

第3段落は投票の最適な形についての言及で始まります。❶は At present で始まり、現時点でどの投票方法が最適か意見が一致しないけれども、プリンストン大学の学部長サンジーブ・クルカルニ氏が言う「コンドルセ勝者」を生み出す限り、どのシステムでも使用できると述べています。この「コンドルセ勝者」について、疑問が浮かびますが、直後の❷❸に「コンドルセ勝者は、有権者が明確に支持する候補者のことである」、「コンドルセ方式の下では、どの選挙モデルもコンドルセ勝者を生み出す限り公正と見なされる」とあります。しかし、❹は However で始まり、「クルカルニ氏自身が認めているように、選挙ではいい候補者が存在しないこともある」と、この方式にも問題点があることを示唆しています。❺では「その場合、選挙結果が恣意的になるか、時には意外なものになる可能性がある」と指摘しています。❻は In the end と、この文章のまとめに入っています。「多くのアメリカ人がシステムに欠陥があると感じた場合、彼らが暴力に訴える可能性があり、これは過去にも見られた問題である」と述べられています。最後に❼で、元下院議員デイビッド・ジョリー氏の言葉を引用し、力と脅迫を正当化するアメリカの有権者が増えている現状が示されています。

この段落では、投票の最適な方式をテーマに話が展開しましたが、それにも候補者や有権者の状況次第で課題が生じることが述べられました。この文章全体では、投票システムの公正性を保つための案と、それに対する人々の反応が焦点となっていました。絶対的な投票システムをつくるのは難しいため、新しい試みとそこでカバーしきれない要素についての議論が今後も繰り返されていくのかもしれませんね。

練習しよう！③ American Voting 　解説・正解

---

(1) What is one reason that so many Americans doubt the fairness of elections in the US?

1 The role of social media in amplifying false claims of election theft made by some American political candidates.

2 The inability of the founding fathers to design a constitution that would be strong enough to withstand repeated efforts at cheating.

3 The failure to date of CISA to stop repeated low-level hacking against American electoral systems.

4 The complexity of American election systems being too hard to understand, leaving many voters confused about their real preferences.

---

(2) In the context of the passage, Kersti Kaljulaid's statements indicates that voting

1 should be primarily online, as it is in high-tech countries such as Estonia and similar Western states.

2 requires a balance of in-person voting machines and e-ballots, to give people maximum choices.

3 depends on the nature and organized social structures of the country, as well as its unique history.

4 could be copied in some technical respects, but not in the design of the overall election system and methods.

340

(1) 🔲 多くのアメリカ人がアメリカの選挙の公正さを疑う理由のひとつは何か。

1 アメリカの一部の候補者による、選挙不正の虚偽の主張を増幅させたソーシャルメディアの役割。

2 建国の父たちが、度重なる不正行為にもびくともしないような強固な憲法を作成できなかったこと。

3 アメリカの選挙システムに対する度重なる低レベルのハッキングを今まで阻止できなかった CISA の失敗。

4 多くの有権者が、自分は本当は誰を選びたいのかわからなくなるくらい理解しにくい、アメリカの選挙制度の複雑さ。

🔍 問題文には the fairness of elections「選挙の公正性」とあります。それに関しては第1段落の❼に支持する候補者が敗れた際に公正性への疑いが高まるという言及があります。続く❽にはアメリカの政治家たちが「(票が) 盗まれた」、「不正に操作された」と主張する傾向があり、それがソーシャルメディアで広まっていると書かれているので、そのことを示している1が正解となります。

✏️ ☐ amplify …を拡大する・詳説する・敷衍する ☐ inability 無力、無能、不能

. . . .

(2) 🔲 この文脈では、ケルスティ・カリユライドの発言が示すように選挙は

1 エストニアや同様の西側諸国などのハイテク国で行われているように、主にオンラインでするべきだ。

2 人々に最大限の選択肢を与えるため、対面投票機と電子投票のバランスが必要だ。

3 その国の特徴や組織された社会構造、そして独自の歴史などに左右される。

4 技術的な点は複製できても、全体的な選挙制度や方法の設計は真似できない。

🔍 問題文に出てくる人物 Kersti Kaljulaid は、第2段落の❼の主語になっています。彼女の言う内容は、投票方法を文化から切り離すことはできず、それは歴史、社会組織、経験などから発展するということなので、3を選びましょう。

✏️ ☐ in some respects ある点において

筆記 ③

. . . .

🚩 **(1) 1　(2) 3**

練習しよう！③ American Voting 解説・正解

(3) According to critics, what is one problem with the concept of the Condorcet Method?

1 It excludes the possibility of the most preferred candidate of the voters choosing to reject the idea of running for office.

2 It focuses solely on the fairest systems and technologies of organized national election campaigns instead of the main candidates' characters.

3 It promotes only the very strongest electoral candidates, making it hard for weaker candidates to have any kind of fair chance.

4 It overlooks the distinct possibility of a specific election lacking any very strong candidates at all, leading to random outcomes.

(3) 🔲 批判者によると、コンドルセ方式のコンセプトの問題点は何か。

1 有権者が最も支持する候補者が出馬を拒否する可能性は排除される。

2 主要な候補者の人物像ではなく、組織的な国政選挙運動の最も公正なシステムと技術のみに焦点を当てている。

3 最有力の選挙候補者だけを優遇するため、弱い候補者には公平なチャンスが与えられない。

4 特定の選挙で有力な候補者がまったくおらず、予測不能の結果になるという明らかな可能性を考慮に入れていない。

🔍 コンドルセ方式については第3段落に書かれていました。コンドルセ方式の critics は第3段落❹に However, as Kulkarni himself concedes to critics「クルカルニ自身が批判者に認めているように」のかたちで、間接的に出てきます。認めている内容は、❹❺に「いい候補者がいない」、「選挙結果が意外なものになる」と書かれているので、選択肢の4が正解となります。

🔖 □ run for office 選挙に出馬する

🚩 **(3) 4**

練習しよう！③ American Voting　訳・語句

American Voting: Systems, Technologies, and Controversies

第1段落

❶ America has always prided itself on being one of the first modern democracies, freeing itself from the British monarchy and aristocracy.

❷ Americans would thereafter elect their own rulers.

❸ Many Europeans were skeptical of the American experiment, and even the American founding fathers were doubtful.

❹ Benjamin Franklin himself told an interviewer that the US Constitution framers had given Americans "a republic, if you can keep it."

❺ Nevertheless, the US has continued to hold elections on time, even during its civil war and two world wars.

❻ The US Cybersecurity and Infrastructure Security Agency (CISA) confirmed that the 2020 elections were "the most secure in American history."

❼ Nevertheless, according to a 2021 MIT Election Lab study, about 30% of Americans doubt the basic fairness of elections, and this percentage rises when a voter's preferred candidate loses.

❽ Aggravating the situation is the inclination of politicians of both major American parties to sometimes claim that an election was "stolen," "rigged," or "fixed" when they lose—with such claims circulating rapidly through social media.

❾ Moreover, American voting, even for national offices, is run at the state level, meaning voting methods vary from state to state, including paper ballots, voting machines, voting by postal service, and other options or rules.

アメリカにおける投票：システム、テクノロジー、論争

第1段落

❶ アメリカは常に、イギリスの君主制と貴族制から解放された最初の近代民主主義国家のひとつであることを自負してきた。

❷ 解放後、アメリカ人は自分たちで統治者を選ぶようになった。

❸ 多くのヨーロッパ人がアメリカの実験に懐疑的であり、そのうえアメリカの建国の父たちでさえ疑念を持っていた。

❹ ベンジャミン・フランクリン自身、あるインタビュアーに合衆国憲法の制定者がアメリカ人に与えたのは「維持できるのなら共和国と呼べるもの」だと語った。

❺ その懸念にもかかわらず、アメリカは内戦や2度の世界大戦の最中でも選挙を期日通りに実施し続けてきた。

❻ アメリカサイバーセキュリティ社会基盤安全保障庁（CISA）は2020年の選挙が「アメリカ史上最もセキュリティが強固だった」と断定した。

❼ とはいえ、2021年のマサチューセッツ工科大学（MIT）選挙研究所の調査によれば、アメリカ人の約30%が選挙の根本的な公正性に疑問を抱いており、この割合は有権者の支持する候補者が敗れた場合に上昇する。

❽ さらに状況を悪化させているのは、アメリカの二大政党の政治家たちは負けると「票が盗まれた」「不正に操作された」「買収があった」と主張する傾向があり、そのような主張がソーシャルメディアを通じて急速に広まっていることにある。

❾ さらに、アメリカでは国政選挙であっても投票は州レベルで行われているため、投票方法は州によって異なり、投票用紙、投票機、郵便による投票、その他の選択肢や規則が様々である。

---

❶ ☐ monarchy 君主政治　☐ aristocracy 貴族政治
❸ ☐ skeptical 懐疑的な、疑い深い（skeptical of X で「X を疑っている」）
☐ doubtful （人が）疑いを抱いている　❽ ☐ aggravate （病気・状況）をさらに悪化させる
☐ inclination 傾向　☐ rig …を不正に操作する　☐ fix …を買収する　❾ ☐ ballot 投票用紙

練習しよう！③ American Voting　訳・語句

第2段落

❶ Some scholars have suggested that American confidence in elections might increase under a faster or more transparent voting system, such as "e-voting."

❷ The system is used in Estonia, a high-tech European nation where e-ballots are praised as efficacious and convenient for everyone.

❸ With e-ballots, cybersecurity firms such as Hyperion, Cisco, or Crowdstrike provide robust protection against election hacking.

❹ Paradoxically, even Crowdstrike's founder Dmitri Alperovitch recommends paper ballots over digital voting, saying the complex systems involved in online voting are "very vulnerable to hacking."

❺ Likewise, Cylumena Cybersecurity listed several major e-voting vulnerabilities.

❻ While some experts have cited Estonia as a model for US elections, Estonian leaders have admitted that the Estonian online voting model "could not be copied" onto other nations.

❼ Former president Kersti Kaljulaid said that voting methods "could not be separated from culture," pointing out that voting methods were not just technical but developed from a nation's history, social organization, and particular experiences.

第2段落

❶ 「電子投票」のような、より迅速で透明性の高い投票システムが導入されれば、アメリカ人の選挙に対する信頼が高まるかもしれないと指摘する学者もいる。

❷ ヨーロッパのハイテク国家であるエストニアではこのシステムが採用されており、電子投票は効率的で誰にとっても便利だと称賛されている。

❸ 電子投票では、ハイペリオンやシスコ、クラウドストライクのようなサイバーセキュリティ企業が、選挙のハッキングに対する強固な防御を提供している。

❹ 矛盾するようだが、クラウドストライクの創設者ドミトリー・アルペロビッチでさえ、オンライン投票に伴う複雑なシステムは「ハッキングに対して非常に脆弱である」として、デジタル投票よりも紙での投票を推奨している。

❺ 同様に、サイルーミナ・サイバーセキュリティはいくつかの主要な電子投票の脆弱性を挙げている。

❻ 米国の選挙の手本としてエストニアを挙げる専門家もいるが、エストニアの指導者たちは、エストニアのオンライン投票モデルは他国には「まねできない」という認識をしてきている。

❼ ケルスティ・カリユライド前大統領はさらに、投票方法は「文化から切り離すことはできない」と述べ、投票方法は技術的なものだけではなく、その国の歴史、社会組織、独特の経験などから発展するものだと指摘した。

❷ ☐ efficacious 効き目のある、有効な　❸ ☐ robust 頑丈な、たくましい
❹ ☐ paradoxically 逆説的に、一見矛盾しているようだが　❺ ☐ vulnerability 脆弱性

練習しよう！③ American Voting　訳・語句

第3段落

❶ At present, there is no consensus on which voting method is best, but Princeton University dean Sanjeev Kulkarni says any system can be used, as long as it yields what he terms the "Condorcet winner."
❷ A Condorcet winner is a candidate whom the voters very clearly prefer.
❸ Under the Condorcet Method, any election model can be called fair if it renders a Condorcet winner.
❹ However, as Kulkarni himself concedes to critics, there is sometimes no such candidate in an election.
❺ When voters have no clear preference, or only a weak preference, election outcomes can be arbitrary, and sometimes surprising.
❻ In the end, if too many Americans feel the system is flawed, they may resort to violence, which has sometimes plagued American elections—especially in the late 1800s and more recently in the 2020s.
❼ As former congressman David Jolly stated, a rising number of American voters feel that it is justified to "use force and intimidation."

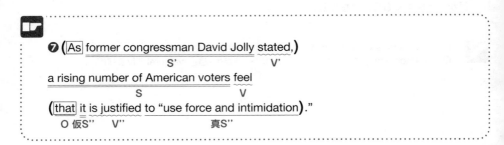

第3段落

❶ 現在のところ、どの投票方式がベストかについて意見の一致は得られていないが、プリンストン大学のサンジーヴ・クルカルニ学部長は、彼が「コンドルセ勝者」と呼ぶものが得られるのであれば、どのような方式を用いてもよいと言う。

❷ コンドルセ勝者とは、有権者が明確に選んだ候補者のことである。

❸ コンドルセ方式では、コンドルセ勝者が得られるのであれば、どのような選挙モデルも公正と呼ぶことができる。

❹ しかし、クルカルニ自身が批判者にしぶしぶ認めているように、選挙にはいい候補者がいないこともある。

❺ 有権者が明確な投票の意思を持たない、あるいは弱い意思しか持たない場合、選挙結果は恣意的になり、時には意外なものになる。

❻ 結局のところ、システムに欠陥があると感じるアメリカ人が多ければ、彼らは暴力に訴えるかもしれない。これは時にアメリカの選挙を苦しめてきたもので、特に1800年代の後半と、近いところでは2020年代にあった。

❼ 元下院議員のデビッド・ジョリーが述べているように、アメリカの有権者の中には、「暴力と脅迫の行使」が正当化されていると感じる人が増えているのだ。

❶ □ consensus 意見の一致、合意　□ yield …を生む・もたらす・与える　□ term A B AをBと呼ぶ
❸ □ render …を差し出す・表現する　❹ □ concede 譲歩する
❺ □ preference 好み、選択、優先、ひいき　□ arbitrary 任意の、恣意的な、独断的な
❻ □ resort to (やむなく良くない手段に)頼る　□ plague …を悩ます・苦しめる
❼ □ congressman 連邦議会議員、下院議員　□ intimidation 脅迫、威嚇

Unit 2　練習しよう！④

目標解答時間 14分

問題英文の読み方 P.354　解説・正解 P.360　訳・語句 P.364

America's Second Revolution: the 1960s

The 1960s are often singled out as the most contentious decade in American history. This is particularly the case when contrasted against the idyllic 1950s, often seen as the most peaceful and prosperous period of America—so much so that even today many modern American leaders implicitly promise its return. By comparison, the 1960s saw a cascade of social norms collapse, as groups ranging from ethnic minorities to women and immigrant farmworkers staged protests for their constitutional rights. Young people, especially college students, discarded traditional ideas of propriety and modesty in favor of the Sexual Revolution. Hanging over all of this was the antiwar movement, supported by the unwillingness of many American young men to serve in the Vietnam conflict. Even the new music genres—Hard Rock, Soul, Funk, and other styles—were loud and sexual, as well as disparaging of Western culture. One president (John F. Kennedy) and one presidential candidate (Robert Kennedy) were assassinated, as were civil rights leaders such as Martin Luther King Jr. and Malcolm X. By the closing years of the decade, many American cities—including LA, Newark, Detroit, and others—were plagued by riots, often set off by confrontations between the police (nearly all-White in many cases) and racial minorities.

There has been a tremendous amount of scholarship over what caused such a turbulent decade. According to professor William Rorabaugh of the University of Washington, the 1960s turmoil was largely youth-driven, as students of the time sought independence and identity. They debunked their parents' ideals of patriotism, capitalism, conventional gender roles, and family values. However, in the absence of ready replacements for their social heritage, some youth sought meaning in music or art, while others immersed themselves in one or more of the ubiquitous socioeconomic or protest movements around the country, squaring off against police and national guard forces. Still others were self-indulgent, with "free love," replacing dating or marriage. Many fell in with the "hippie" lifestyle of exotic clothing, communal life, and illicit drugs. Rorabaugh points out that, while this shocked many mothers and fathers, in the eyes of youth, parents were often rigidly conservative and oblivious to America's injustices. Rorabaugh suggests that parents were cautious about life because they had experienced the Great Depression (1930s) and then WWII (1940s). From a parental perspective, 1960s America encapsulated comprehensive abundance and freedom, built on the struggles and sacrifices of earlier generations. They could not understand why their own children did not

350

appreciate it.

At any event, with President Richard Nixon withdrawing American forces from Vietnam in 1973, campuses quieted. As men graduated, most began taking jobs in corporate America, emulating their fathers, while women who had been radical feminists on campus mostly assumed the role of suburban housewives upon graduating. The lasting effects of this decade are still debated. According to author Bill Bishop, the 1960s' loss of social consensus has resulted in Americans demographically sorting themselves into regions and zip codes according to the values they share and their collective preferences for certain media, vacation spots, entertainment, and schools—particularly among the upper classes. Other authors and researchers, including Jonathan Haidt, have claimed the opposite, that the apparent divisions among Americans are mostly superficial. Americans may still not fully understand what may have been the causes or effects of its most socially chaotic decade. That may be the final lesson.

練習しよう！④ America's Second Revolution　問題

(1) According to the author of the passage, a characteristic of American society in the 1950s was that

1. there were frequent armed conflicts between people who enjoyed the peace and prosperity of the period and those who did not.
2. its reputation among the American people as a positive social and political period lasted long after the actual years of that decade were over.
3. it delivered most of the same changes that the 1960s did, but only in a slower, more peaceful, and less controversial way.
4. certain well-accepted social norms of that period resulted in extreme prosperity, which soon led to the equality of all citizens.

(2) What can be concluded about American parents in their attitudes toward college students in the 1960s as a consequence of material abundance?

1. They believed the youth had a right to be extravagant because their parents had endured hardships such as the Great Depression and WWII.
2. They expected the young men and women to be grateful to the nation which had provided them such a relatively affluent lifestyle.
3. They were surprised at the unconventional behavior of the young people, but conceded that they had to create their own set of values.
4. They were shocked that young men were patriotically eager to join the military and serve in the Vietnam War instead of studying.

(3) What does the author of the passage refer to when he says "That may be the final lesson."?

   1 American universities have lost their ability to control students since the 1960s, resulting in confusion for various researchers and experts.

   2 Most young Americans now refuse to participate in any war because of the 1960s, preferring to dedicate themselves to quiet lives within corporations and suburbs.

   3 Despite extensive research, there remains no widespread agreement on what the 1960s has meant for the United States over the long-term.

   4 The end of the 1960s led to social chaos that no American leaders have been able to effectively manage to this date.

練習しよう！④ America's Second Revolution　問題英文の読み方

第1段落

America's Second Revolution: the 1960s

❶The 1960s are often singled out as the most contentious decade in American history. ❷This is particularly the case when contrasted against the idyllic 1950s, often seen as the most peaceful and prosperous period of America—so much so that even today many modern American leaders implicitly promise its return. ❸By comparison, the 1960s saw a cascade of social norms collapse, as groups ranging from ethnic minorities to women and immigrant farmworkers staged protests for their constitutional rights. ❹Young people, especially college students, discarded traditional ideas of propriety and modesty in favor of the Sexual Revolution. ❺Hanging over all of this was the antiwar movement, supported by the unwillingness of many American young men to serve in the Vietnam conflict. ❻Even the new music genres—Hard Rock, Soul, Funk, and other styles—were loud and sexual, as well as disparaging of Western culture. ❼One president (John F. Kennedy) and one presidential candidate (Robert Kennedy) were assassinated, as were civil rights leaders such as Martin Luther King Jr. and Malcolm X. ❽By the closing years of the decade, many American cities—including LA, Newark, Detroit, and others—were plagued by riots, often set off by confrontations between the police (nearly all-White in many cases) and racial minorities.

第1段落

タイトルから、この文章がアメリカの1960年代に関する内容だと推測できます。❶の主語はまさに The 1960s で、1960年代が最も論争の多い時代として特筆され、❷では、これが1950年代の理想的な時代と対比されるときに特に顕著であることが述べられます。—（ダッシュ）の後の so much so that は副詞句で、「そのため、今でも多くのアメリカの指導者がその時代の再来を暗に約束している」と解釈できます。❸は By comparison, で始まり、1950年代と対比される1960年代が主語です。「それに対して、1960年代は少数民族や女性、移民の農民などが憲法上の権利を求めて抗議活動を行い、社会的規範の崩壊が相次いだ」と書かれています。❹では「若者、特に大学生は伝統的な価値観を捨て、セクシュアル・レボリューションを支持した」、❺では「ベトナム戦争に反対する反戦運動も広がり、多くの若者が戦争への従軍を拒否していた」と、具体例が続いています。❻では主語の the new music genres の前に Even があり、「新しい音楽ジャンルでさえも、大音量と性的な内容で西洋文化を軽蔑していた」とあり、さらに❼では「ジョン・F・ケネディ大統領やロバート・ケネディ大統領候補、公民権運動の指導者であるマーティン・ルーサー・キング・ジュニアやマルコムＸが暗殺された」と、1960年代がアメリカにとっていかに劇的で激動の時代であったかが示されています。❽では、最終的に、「1960年代の終わりには、多くのアメリカの都市が警察と人種的マイノリティの対立から発生した暴動に見舞われた」とあるように、この段落では、歴史的な出来事を交えて、社会的規範が崩壊し、1960年代が騒ぎの絶えない時代であったことを示していました。

練習しよう！④ America's Second Revolution 問題英文の読み方

第2段落

❶There has been a tremendous amount of scholarship over what caused such a turbulent decade. ❷According to professor William Rorabaugh of the University of Washington, the 1960s turmoil was largely youth-driven, as students of the time sought independence and identity. ❸They debunked their parents' ideals of patriotism, capitalism, conventional gender roles, and family values. ❹However, in the absence of ready replacements for their social heritage, some youth sought meaning in music or art, while others immersed themselves in one or more of the ubiquitous socioeconomic or protest movements around the country, squaring off against police and national guard forces. ❺Still others were self-indulgent, with "free love," replacing dating or marriage. ❻Many fell in with the "hippie" lifestyle of exotic clothing, communal life, and illicit drugs. ❼Rorabaugh points out that, while this shocked many mothers and fathers, in the eyes of youth, parents were often rigidly conservative and oblivious to America's injustices. ❽Rorabaugh suggests that parents were cautious about life because they had experienced the Great Depression (1930s) and then WWII (1940s). ❾From a parental perspective, 1960s America encapsulated comprehensive abundance and freedom, built on the struggles and sacrifices of earlier generations. ❿They could not understand why their own children did not appreciate it.

第2段落

❶では、1960年代の混乱の原因について膨大な研究が行われてきたことが述べられます。❷は According to の後の教授の名前と大学名までが副詞句なので、the 1960s turmoil was largely youth-driven という主節の意味に注目します。ワシントン大学のウィリアム・ロラボー教授の見解として、❷から❸にかけて、「1960年代の混乱は主に若者によって引き起こされたもので、当時の学生たちは独立とアイデンティティを求めていた」、「若者たちは、親世代の愛国心や資本主義、従来の性別役割、家族の価値観といった理想を否定した」と指摘しています。❹❺❻で「社会的遺産に代わるものがなかったため、一部の若者は音楽や芸術に意味を求め、他の若者は抗議運動に参加した」、「『自由恋愛』にはまる者」、「『ヒッピー』のライフスタイルに染まった者もいた」と、さらなる具体例が挙げられています。❼❽❾❿では、ロラボー教授の指摘として「(若者たちの行動が) 多くの親たちを驚かせた一方で、若者たちにとっては親たちが保守的であり、アメリカの不正に気づいていなかったことが問題であった」、「親たちは、大恐慌と第二次世界大戦を経験したため、人生に慎重であり、その結果、1960年代のアメリカには豊かさと自由が凝縮されていると見なしていたが、子どもたちがそれに感謝しない理由が理解できなかった」と世代間の隔たりについてまとめています。

この段落では、1960年代が激動の時代だったという前段落の内容を受けて、市民の間ではどのような社会的現象があったかをある研究者の視点を基に紹介していました。

練習しよう！④ America's Second Revolution　問題英文の読み方

第3段落

❶At any event, with President Richard Nixon withdrawing American forces from Vietnam in 1973, campuses quieted. ❷As men graduated, most began taking jobs in corporate America, emulating their fathers, while women who had been radical feminists on campus mostly assumed the role of suburban housewives upon graduating. ❸The lasting effects of this decade are still debated. ❹According to author Bill Bishop, the 1960s' loss of social consensus has resulted in Americans demographically sorting themselves into regions and zip codes according to the values they share and their collective preferences for certain media, vacation spots, entertainment, and schools—particularly among the upper classes. ❺Other authors and researchers, including Jonathan Haidt, have claimed the opposite, that the apparent divisions among Americans are mostly superficial. ❻Americans may still not fully understand what may have been the causes or effects of its most socially chaotic decade. ❼That may be the final lesson.

第3段落

第3段落では、1970年代初頭にベトナム戦争からアメリカ軍が撤退した後、1960年代の激動が次第に収まった様子が書かれています。❶では、At any event「いずれにしても」で始まり、「1973年にリチャード・ニクソン大統領がアメリカ軍をベトナムから撤退させたことで、大学キャンパスが静かになった」とあります。❷では、男性たちは卒業後にアメリカ企業で働き始め、女性たちは急進的なフェミニストから郊外の主婦に変わったと言っていて、一見落ち着いたように見えます。しかし、❸はThe lasting effectsが主語で、「この10年間が持つ、長く続く影響は今でも議論されている」と述べています。❹も"According to ＋ 人"で始まっているので、専門家の意見について述べているとわかります。「ビル・ビショップによれば、1960年代の社会的コンセンサスがなくなったことで、アメリカ人は共有する価値観や集団的な好みに基づいて、自らを地域や郵便番号のくくりで分ける結果となった」と言っています。❺は、また別の人物たちが主語になり、「他の著述家や研究者らは、アメリカ人の間の分裂がほとんど表面的なものだと主張している」と言っています。この文章のまとめとして、❻では主語がAmericansとなり、「アメリカ人はこの最も社会的に混乱した10年間の原因や影響をまだ完全には理解していないかもしれない」と指摘し、❼「それが最終的な課題なのかもしれない」と結ばれています。

この段落では、第1段落、第2段落から述べてきた1960年代の目に見える混乱は次第に収まったとするものの、人々の分断が現在も別のかたちで続いているという見方があることが論じられていました。

練習しよう！④ America's Second Revolution　　解説・正解

(1) According to the author of the passage, a characteristic of American society in the 1950s was that

1 there were frequent armed conflicts between people who enjoyed the peace and prosperity of the period and those who did not.

2 its reputation among the American people as a positive social and political period lasted long after the actual years of that decade were over.

3 it delivered most of the same changes that the 1960s did, but only in a slower, more peaceful, and less controversial way.

4 certain well-accepted social norms of that period resulted in extreme prosperity, which soon led to the equality of all citizens.

(2) What can be concluded about American parents in their attitudes toward college students in the 1960s as a consequence of material abundance?

1 They believed the youth had a right to be extravagant because their parents had endured hardships such as the Great Depression and WWII.

2 They expected the young men and women to be grateful to the nation which had provided them such a relatively affluent lifestyle.

3 They were surprised at the unconventional behavior of the young people, but conceded that they had to create their own set of values.

4 They were shocked that young men were patriotically eager to join the military and serve in the Vietnam War instead of studying.

(1) 📑 この文章の筆者によれば、1950年代のアメリカ社会の特徴は

1 当時の平和と繁栄を享受していた人々と、そうでない人々の間で武力衝突が頻発した。

2 社会的にも政治的にも好ましい時代であったというアメリカ国民の評価は、その年代が終わった後も長く生き続けた。

3 1960年代とほとんど同じ変化が生じたが、60年代よりゆっくりと、平和的に、論議を呼ばずに進行した。

4 その時期の受け入れられたある種の社会的規範が極端な繁栄をもたらし、やがてすべての市民が平等になった。

🔍 1950年代のアメリカ社会の特徴については、第1段落の❷がこの問題のヒントになります。「1950年代はアメリカでもっとも平和で繁栄した時代と見なされることが多く、今日でも多くのアメリカの指導者たちが、その再来を約束するほどだ」とあるので、それを言い換えている2が正解となります。

✎ ☐ norms 規範、水準

....

(2) 📑 物質的に豊かになった結果としてアメリカの親たちが1960年代の大学生に対して取っていた態度について、結局どのようなことが言えるか。

1 親の世代が大恐慌や第二次世界大戦などの苦難に耐えてきたのだから、若者には贅沢をする権利があると考えていた。

2 若い男性も女性も、比較的豊かな生活をさせてくれている国に感謝するのが当然だと考えていた。

3 若者の型破りな行動に驚いたが、若者たち自身の価値観を作り上げなければならないのだと認めた。

4 若者たちが愛国心に燃えて勉強せずに軍隊に入り、ベトナム戦争に参加したがることに衝撃を受けた。

🔍 アメリカの親たちが1960年代の大学生に対して取っていた態度は、第2段落のローラボー教授の指摘の後にあります。❾に「親の視点から見ると、1960年代のアメリカには、それ以前の世代の苦労と犠牲の上に築かれた、すべてを包み込む豊かさと自由が凝縮されていた」と、❿に「彼らは自分の子どもたちがなぜそれを評価しないのか理解できなかった」とあるので、それを言い換えている2が正解となります。

✎ ☐ extravagant 浪費する、無駄遣いする、ぜいたくな ☐ affluent 裕福な、豊かな、豊富な
☐ unconventional 慣例に従わない、因習にとらわれない ☐ concede …を（しぶしぶ）認める
☐ patriotically 愛国的に

筆記③

....

🚩 **(1)** 2 **(2)** 2

練習しよう！④ America's Second Revolution　解説・正解

(3) What does the author of the passage refer to when he says "That may be the final lesson."?

1 American universities have lost their ability to control students since the 1960s, resulting in confusion for various researchers and experts.

2 Most young Americans now refuse to participate in any war because of the 1960s, preferring to dedicate themselves to quiet lives within corporations and suburbs.

3 Despite extensive research, there remains no widespread agreement on what the 1960s has meant for the United States over the long-term.

4 The end of the 1960s led to social chaos that no American leaders have been able to effectively manage to this date.

(3) ⬚ 「それが最終的な課題なのかもしれない」という箇所で、筆者は何を言っているか。

1　アメリカの大学が1960年代以降、学生を管理する能力を失った結果、様々な研究者や専門家が混乱している。

2　1960年代があったからこそ、今のアメリカの若者の大半は戦争に参加することを拒み、企業や郊外でただ平穏に生きることを望んでいる。

3　広範な調査を行ったにもかかわらず、1960年代がアメリカにとって長い目で見て何を意味するのかについて、広範な合意は得られていない。

4　1960年代の終わりに、今日に至るまでどのアメリカの指導者もうまく収束できていない社会的混乱が生じた。

🔍 "That may be the final lesson." という言葉は第3段落の最後にあります。この文の That が指すものが何かを考えましょう。この文の前では❸から❺にかけて現在まで続く1960年代の影響の捉え方の違いを述べており、それらについて❻で「アメリカ人はこの最も社会的に混乱した10年間の原因や影響をまだ完全には理解していないかもしれない」という著者の解釈を示しています。それを❼で「それが最終的な課題なのかもしれない」と受けているので、❹から❻までの内容を言い換えている3を選びましょう。

筆記③

🚩 **(3) 3**

練習しよう！④ America's Second Revolution　訳・語句

America's Second Revolution: the 1960s

第1段落

❶ The 1960s are often singled out as the most contentious decade in American history.
❷ This is particularly the case when contrasted against the idyllic 1950s, often seen as the most peaceful and prosperous period of America—so much so that even today many modern American leaders implicitly promise its return.
❸ By comparison, the 1960s saw a cascade of social norms collapse, as groups ranging from ethnic minorities to women and immigrant farmworkers staged protests for their constitutional rights.
❹ Young people, especially college students, discarded traditional ideas of propriety and modesty in favor of the Sexual Revolution.
❺ Hanging over all of this was the antiwar movement, supported by the unwillingness of many American young men to serve in the Vietnam conflict.
❻ Even the new music genres—Hard Rock, Soul, Funk, and other styles—were loud and sexual, as well as disparaging of Western culture.
❼ One president (John F. Kennedy) and one presidential candidate (Robert Kennedy) were assassinated, as were civil rights leaders such as Martin Luther King Jr. and Malcolm X.
❽ By the closing years of the decade, many American cities—including LA, Newark, Detroit, and others—were plagued by riots, often set off by confrontations between the police (nearly all-White in many cases) and racial minorities.

❸ (By comparison,) the 1960s saw a cascade (of social norms collapse),
　　　　　　　　　　　　S　　 V　　　O
([as] groups (ranging from ethnic minorities to women and immigrant farmworkers)
　　　　S'
staged protests for their constitutional rights).
　　V'　　O'

アメリカの第二革命：1960年代

第1段落

❶ 1960年代は、しばしばアメリカ史上最も議論を呼ぶ年代として取り上げられる。
❷ 穏やかでのんびりしていた1950年代と対比されると特に顕著である。1950年代はアメリカで最も平和で繁栄した時代と見なされることが多く、今日でも多くの現代アメリカの指導者たちがそれとなくその再来を約束するほどである。
❸ それに比べて1960年代は、少数民族から女性、移民の農民まで、様々なグループが憲法上の権利を求めて抗議行動を起こし、社会規範が連鎖的に崩壊した。
❹ 若者たち、特に大学生たちは、伝統的な男女間の品行や慎みといった考えを捨て、セクシュアルレボリューションを支持した。
❺ これらすべてに立ち込めていたのが反戦運動であり、多くのアメリカの青年がベトナム戦争に参加することを望まなかったことが運動を支えていた。
❻ ハードロック、ソウル、ファンクなどの新しい音楽ジャンルさえ、騒々しく性的で、西洋文化を軽蔑するものだった。
❼ マーティン・ルーサー・キング・ジュニアやマルコムXといった公民権運動の指導者が暗殺され、ジョン・F・ケネディ大統領とロバート・ケネディ大統領候補も暗殺された。
❽ この1960年代の終わりには、LA、ニューアーク、デトロイトなど、アメリカの多くの都市が暴動に見舞われた。それらは警察（多くの場合、ほぼ全員が白人）と人種的マイノリティとの対立が発端となることが多かった。

❶ ☐ single out …を選び出す ☐ contentious 議論を引き起こす、異論のある ❷ ☐ idyllic 牧歌的な ☐ prosperous 成功した、繁栄する ☐ implicitly 暗黙のうちに ❸ ☐ cascade 一連のもの ☐ norms 規範、水準 ☐ stage （抗議行動・軍事作戦）を敢行する ☐ constitutional 憲法の、憲章にかなった、合法の ❹ ☐ discard …を捨てる ☐ propriety 作法、礼儀、礼節 ❺ ☐ hang over …を覆う、…にのしかかる・差し迫る ☐ antiwar 反戦の、戦争反対の ☐ unwillingness 進んで欲しないこと ❻ ☐ genre 形式、様式、ジャンル ☐ disparaging 批判的な、さげすんだ ❼ ☐ assassinate …を暗殺する ❽ ☐ plague …を悩ます、…に災いする ☐ confrontation 対立、対決、衝突、直面

練習しよう！④ America's Second Revolution 訳・語句

第2段落

❶ There has been a tremendous amount of scholarship over what caused such a turbulent decade.

❷ According to professor William Rorabaugh of the University of Washington, the 1960s turmoil was largely youth-driven, as students of the time sought independence and identity.

❸ They debunked their parents' ideals of patriotism, capitalism, conventional gender roles, and family values.

❹ However, in the absence of ready replacements for their social heritage, some youth sought meaning in music or art, while others immersed themselves in one or more of the ubiquitous socioeconomic or protest movements around the country, squaring off against police and national guard forces.

❺ Still others were self-indulgent, with "free love," replacing dating or marriage.

❻ Many fell in with the "hippie" lifestyle of exotic clothing, communal life, and illicit drugs.

❼ Rorabaugh points out that, while this shocked many mothers and fathers, in the eyes of youth, parents were often rigidly conservative and oblivious to America's injustices.

❽ Rorabaugh suggests that parents were cautious about life because they had experienced the Great Depression (1930s) and then WWII (1940s).

❾ From a parental perspective, 1960s America encapsulated comprehensive abundance and freedom, built on the struggles and sacrifices of earlier generations.

❿ They could not understand why their own children did not appreciate it.

第2段落

❶ このような激動の10年間が生じた原因については、非常に多くの研究がなされてきた。
❷ ワシントン大学のウィリアム・ローラボー教授によれば、1960年代の混乱は、当時の学生たちが自立とアイデンティティを求めた結果、若者主導で起こったという。
❸ 彼らは、愛国主義、資本主義、従来の男女の役割、家族の価値観といった親の世代の理想の虚偽を暴いた。
❹ しかし、社会の中で親たちから受け継いだものに代わるものがなかったため、音楽や芸術に意味を求める若者もいれば、警察や国家警備隊と対決しながら、全国各地で起こっていた社会経済運動や抗議運動の一つあるいは複数に加わって没頭する若者もいた。
❺ また、デートや結婚に代わる「自由恋愛」にふけってしまう者もいた。
❻ エキゾチックな服装、共同生活、違法薬物といった「ヒッピー」のライフスタイルにのめり込んだ者も多かった。
❼ ローラボーは、このことは多くの母親や父親に衝撃を与えたが、若者の目には、親はしばしば頑なに保守的で、アメリカの不正義に気づいていないように映ったと指摘する。
❽ ローラボーは、親の世代が慎重に生きたのは、大恐慌（1930年代）、そして第二次世界大戦（1940年代）を経験していたからだと指摘する。
❾ 親の視点から見ると、1960年代のアメリカには、それ以前の世代の苦労と犠牲の上に築かれた、すべてを包み込む豊かさと自由が凝縮されていた。
❿ 彼らは、自分の子どもがなぜそれを評価しないのか理解できなかった。

❶ ☐ tremendous 莫大な、途方もない　☐ turbulent 騒然とした、激動の
❷ ☐ -driven …を原動力とする　☐ turmoil 騒ぎ、騒動、混乱
❸ ☐ debunk …の正体を暴露する・虚偽を暴く　☐ patriotism 愛国心　☐ capitalism 資本主義
　☐ conventional 慣例的な、従来の、伝統的な　❹ ☐ ready 持ち合わせの、手近の、すぐ使える
　☐ immerse *oneself* in …にふける・没頭する　☐ ubiquitous 至る所にある、偏在する、どこにでもある
　☐ socioeconomic 社会経済の、社会経済的な　☐ square off against …と戦う身構えをする
❺ ☐ self-indulgent わがままな、放縦な　❻ ☐ fall in with …に同意する・同調する
　☐ communal 共有の、人種・宗教を異にする共同体の　☐ illicit 不法の、違法な、不正の
❼ ☐ rigidly 厳格に、頑固に、堅く　☐ oblivious to …に気がつかないで、…を気にとめない
❾ ☐ encapsulate …を内部に閉じ込める・カプセルに包む・縮約する

練習しよう！④ America's Second Revolution　訳・語句

第3段落

❶ At any event, with President Richard Nixon withdrawing American forces from Vietnam in 1973, campuses quieted.
❷ As men graduated, most began taking jobs in corporate America, emulating their fathers, while women who had been radical feminists on campus mostly assumed the role of suburban housewives upon graduating.
❸ The lasting effects of this decade are still debated.
❹ According to author Bill Bishop, the 1960s' loss of social consensus has resulted in Americans demographically sorting themselves into regions and zip codes according to the values they share and their collective preferences for certain media, vacation spots, entertainment, and schools—particularly among the upper classes.
❺ Other authors and researchers, including Jonathan Haidt, have claimed the opposite, that the apparent divisions among Americans are mostly superficial.
❻ Americans may still not fully understand what may have been the causes or effects of its most socially chaotic decade.
❼ That may be the final lesson.

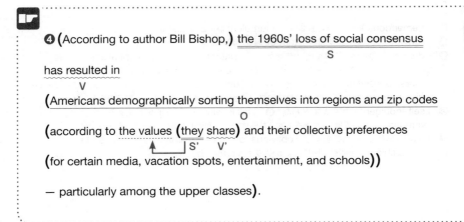

368

第3段落

❶ いずれにせよ、1973年にリチャード・ニクソン大統領がベトナムから米軍を撤退させると、キャンパスは静かになった。

❷ 男性たちは卒業すると、ほとんどがアメリカ企業で職を得て父親たちに負けじと励み、大学では急進的なフェミニストであった女性たちも、卒業と同時に郊外の主婦となった。

❸ この10年間の永続的な影響については、いまだに議論が行われている。

❹ 著述家のビル・ビショップによれば、1960年代に社会的コンセンサスが失われた結果、アメリカ人は、特に上流階級の間で、共有する価値観や、集団の全員が特定のメディア、行楽地、娯楽、学校を愛好しているという事実にしたがって、人口統計のように地域や郵便番号で自分たちを分類するようになったという。

❺ ジョナサン・ハイトをはじめとする他の著述家や研究者たちは、アメリカ人の見かけ上の分裂は、そのほとんどが表面的なものだと、正反対の主張をしている。

❻ アメリカ人は最も社会的に混沌としていた10年間が生じた原因やその影響として考え得ることをまだ十分に理解していないのだろう。

❼ それが最終的な課題なのかもしれない。

❶ □ at any event いずれにせよ、とにかく　❷ □ corporate America アメリカ企業
□ emulate …に負けまいと努力する、…を熱心にまねる　□ radical 徹底的な、急進的な
❹ □ consensus 意見の一致、合意、世論　□ demographically 人口統計的に
□ collective 集合的な、集団の、共同の　❺ □ superficial 表面的な、取るに足らない

Unit 2 練習しよう！⑤

目標解答時間 **14分**

問題英文の読み方 P.374　解説・正解 P.380　訳・語句 P.384

The Coldest Frontier of War and Business

The Arctic has long been a place of mystery. Average temperatures are around −30°C, and it is extremely challenging to navigate due to expansive icy plains that provide few landmarks. Moreover, the further north one travels, the less useful a compass becomes; near the North Pole, a compass will not function at all. Finally, animals and plants live only in the lower latitudes of the Arctic, so anyone going beyond that has to bring abundant supplies. Floating ice, glaciers, or icebergs in the region can damage or even sink ships: at subzero temperatures glacial ice has the strength of concrete and can cut right through a ship's hull. In other conditions, the ice and water can suddenly freeze and condense, trapping a ship and rendering it unable to move for weeks or months. In past times, trapped crews risked slow starvation. These harsh conditions prevented long-term exploration or habitation in the Arctic until the 20th century.

From the 1950s, however, both the Soviet Union and the West built military bases in or near the Arctic as advantageous positions against one another. By this time, engineers could build large, heated facilities for military staff to work, sleep, and relax in, as well as large airfields. In a nuclear war, bombers and missiles from all belligerents would have crisscrossed the North Pole, the shortest line of attack between North America, Europe, and Russia. Fearful of just such an event, each side maintained complex and powerful radars and covert electronic listening systems at the icy frontier—later linked to satellites to give senior commanders notification of anything suspicious coming over the Pole. Submarines armed with nuclear missiles were also quietly deployed under the polar ice cap for months at a time, almost perfectly safe from detection or enemy action through the dense ice. In the event of war, they would have pushed up through that same ice to launch missiles at their targets. At present, Russia and the West retain this same confrontational Arctic posture, with Chinese forces likely to soon join them.

But the Arctic is also full of lucrative natural resources, from copper and phosphates to diamonds and fish. Oil and gas field discoveries in the Arctic have been few, but this may be because exploration across icy seas and land is difficult. Global warming could be engendering change, though, as commercial development becomes easier. China has already announced plans to build a "Polar Silk Road," similar to the road, rail, and air links it is building in Central Asia and Africa. There are no legal barriers to it doing so, since no treaties govern development activities outside of Arctic coastal waters. The nation also has a proven track record in creating massive structures such as bridges, tunnels and skyscrapers. Nevertheless, there could be powerful environmental impacts from such large infrastructure projects, including impacts on Arctic foxes, polar bears, seals, and migratory birds. Most importantly, any large economic gains could be heavily outweighed by flooding, fires, and droughts in southern latitudes that seem to accompany a warming world.

練習しよう！⑤ The Coldest Frontier of War and Business 問題

(1) What do we learn about the Arctic in the first paragraph?
1. The very first settlements in the region were comprised of sailors and explorers but failed due to the harsh environmental conditions that they faced.
2. The terrain of the area provides little or no resources or advantages for transiting through the area, or even basic survival.
3. Ocean travel to the area was dangerous but also offered an opportunity to hunt rare animals at the highest latitudes.
4. The zone is cold, but the first travelers learned to adjust their compasses as they neared the magnetism of the North Pole.

(2) How did the West and Russia use the Arctic from the 1950s?
1. They used extensive covert electronic systems to measure the depth, strength, and consistency of the ice, prior to deploying submarines.
2. They installed radar and air bases that could accept planes carrying passengers from one another's countries, in case they had to crisscross the Pole.
3. They set up tracking systems to detect opposing submarines that could not always remain quiet under the polar ice cap.
4. They built numerous clandestine facilities in the area that provide high-powered electronic surveillance of the actions and intentions of opponents.

(3) What does the author of the passage suggest about China's future approach to dealing with the Arctic?

1. It envisions developing various kinds of large-scale economic infrastructure across the area that could have an effect on wildlife.
2. It is based primarily on buying Russian-made submarines that are quiet enough to deal with Western ones under the icy waters.
3. It could operate powerful military bases on or near the polar ice cap that could threaten the northern coast of countries throughout the West.
4. It is in violation of several legal treaties that currently govern economic development in the region.

練習しよう！⑤ The Coldest Frontier of War and Business 問題英文の読み方

第1段落

The Coldest Frontier of War and Business

❶The Arctic has long been a place of mystery. ❷Average temperatures are around −30°C, and it is extremely challenging to navigate due to expansive icy plains that provide few landmarks. ❸Moreover, the further north one travels, the less useful a compass becomes; near the North Pole, a compass will not function at all. ❹Finally, animals and plants live only in the lower latitudes of the Arctic, so anyone going beyond that has to bring abundant supplies. ❺Floating ice, glaciers, or icebergs in the region can damage or even sink ships: at subzero temperatures glacial ice has the strength of concrete and can cut right through a ship's hull. ❻In other conditions, the ice and water can suddenly freeze and condense, trapping a ship and rendering it unable to move for weeks or months. ❼In past times, trapped crews risked slow starvation. ❽These harsh conditions prevented long-term exploration or habitation in the Arctic until the 20th century.

第1段落

タイトルと第1段落の最初に目を通すと、単に北極が神秘的な場所だという内容ではなさそうです。難しそうなタイトルにも見えますが、国際事情に関して理解を深める良い機会です。一つ一つの情報を丁寧に追っていきましょう。

まず、❶では主語は The Arctic、動詞は has been のシンプルで短い一文で「北極は謎に包まれてきた場所だ」と述べ、❷で具体的に「平均気温が－30℃と非常に低く、広大な氷原が航行を困難にする」という説明がされています。❸は Moreover で始まり、航行が困難な要因として、さらに the further north one travels, the less useful a compass becomes は「the ＋比較級＋ SV, the ＋比較級＋ SV」の構文で、「北に進むほど、コンパスがますます役に立たなくなる」という意味を表しています。❹は Finally で始まり、「動植物が低緯度地域にしか生息していないため、さらに北に進むには豊富な物資が必要である」と指摘しています。また、北に進む困難に加えて、❺では、その場所にある「浮氷や氷河、氷山が船にとって大きな危険をもたらす」ことが説明され、特に「氷河の氷がコンクリートのように硬く、船体を切り裂く可能性がある」ことが述べられています。❻は In other conditions で始まって「別の状況では」と言っていますが、北極の過酷な面に関して「氷と水が突然凍結して船を閉じ込め、長期間動けなくする危険性がある」ことも述べられています。その具体例として❼で過去の例を挙げ、❽で「これらの過酷な条件が、20世紀まで北極での長期的な探検や居住を妨げていた」とまとめています。

第1段落では、具体例を挙げて、北極の環境がいかに探検や居住を困難にするものであったかが強調されていました。

練習しよう！⑤ The Coldest Frontier of War and Business　**問題英文の読み方**

第2段落

❶From the 1950s, however, both the Soviet Union and the West built military bases in or near the Arctic as advantageous positions against one another. ❷By this time, engineers could build large, heated facilities for military staff to work, sleep, and relax in, as well as large airfields. ❸In a nuclear war, bombers and missiles from all belligerents would have crisscrossed the North Pole, the shortest line of attack between North America, Europe, and Russia. ❹Fearful of just such an event, each side maintained complex and powerful radars and covert electronic listening systems at the icy frontier—later linked to satellites to give senior commanders notification of anything suspicious coming over the Pole. ❺Submarines armed with nuclear missiles were also quietly deployed under the polar ice cap for months at a time, almost perfectly safe from detection or enemy action through the dense ice. ❻In the event of war, they would have pushed up through that same ice to launch missiles at their targets. ❼At present, Russia and the West retain this same confrontational Arctic posture, with Chinese forces likely to soon join them.

第2段落

❶では From the 1950s, という前置詞句が文の冒頭に来て、文全体の時間的な枠組みを表しています。however で前の段落との対比を示しています。「1950年代からソ連と西側諸国が北極に軍事基地を建設し、お互いに有利な位置を確保したこと」が書かれています。❷では、その後、「軍事スタッフが働き、眠り、リラックスできる大規模な施設や飛行場が建設できるようになった」と説明しています。❸では「核戦争が起きた場合、北極は北米、ヨーロッパ、ロシア間の最短攻撃ルートとなり、爆撃機やミサイルが北極を縦横に移動しただろう」と述べられています。❹は❸の内容を受けています。Fearful of just such an event は分詞構文で、「そのような事態を恐れて」という意味です。これにより、主語 each side が何を恐れていたのかが説明されています。主語は each side、動詞は maintained です。「このような事態を恐れて、両陣営は複雑で強力なレーダーや秘密の電子盗聴システムを氷で覆われた国境地帯に設置し、それらは後に衛星と連携された」とあります。❺❻では「核ミサイルを搭載した潜水艦が北極氷床の下に静かに配備され」、「戦争が起きた場合には氷を突き破ってミサイルを発射しただろう」と説明しています。❼では、この段落のまとめとして、「現在でも、ロシアと西側諸国は北極でのこの対立的な姿勢を維持しており、中国もすぐにそれに加わる可能性が高い」と書いてあります。

この第2段落を通じて、北極が冷戦時代における重要な軍事拠点となり、そして各国の対立構造が現在でも続いていることが読み取れました。

練習しよう！⑤ The Coldest Frontier of War and Business 問題英文の読み方

第3段落

❶But the Arctic is also full of lucrative natural resources, from copper and phosphates to diamonds and fish. ❷Oil and gas field discoveries in the Arctic have been few, but this may be because exploration across icy seas and land is difficult. ❸Global warming could be engendering change, though, as commercial development becomes easier. ❹China has already announced plans to build a "Polar Silk Road," similar to the road, rail, and air links it is building in Central Asia and Africa. ❺There are no legal barriers to it doing so, since no treaties govern development activities outside of Arctic coastal waters. ❻The nation also has a proven track record in creating massive structures such as bridges, tunnels and skyscrapers. ❼Nevertheless, there could be powerful environmental impacts from such large infrastructure projects, including impacts on Arctic foxes, polar bears, seals, and migratory birds. ❽Most importantly, any large economic gains could be heavily outweighed by flooding, fires, and droughts in southern latitudes that seem to accompany a warming world.

第3段落

冒頭の❶は But で始まり、第2段落の内容と対比して、「北極には銅やリン鉱石、ダイヤモンド、魚などの利益をもたらす天然資源が豊富に存在している」ことが述べられます。しかし、❷で「石油とガスの発見は少なく、それは探索の困難さに起因している」と説明しています。次の❸も逆接の though が入り、「商業開発が容易になれば、地球温暖化が変化をもたらす可能性がある」と書かれています。❹では、主語は China、動詞は has announced です。中国の例を挙げて、「中国は既に『北極シルクロード』を建設する計画を発表して」とあり、続いて similar to the road, rail, and air links it is building in Central Asia and Africa は、先に述べた Polar Silk Road と Central Asia and Africa での活動を比較し、「中央アジアとアフリカで構築中の道路、鉄道、航空の連結に似ている」という意味を示しています。さらに、❺「北極沿岸水域外の開発活動を規制する条約が存在しないため、中国の計画に対する法的な障壁はない」と説明しています。続いて、❻で「中国が大規模な構造物を建設した実績を持っていること」が強調されますが、❼「それでも、これらの大規模なインフラプロジェクトが北極の環境に強力な影響を与える可能性がある」ことが指摘されています。特に、「ホッキョクギツネ、ホッキョクグマ、アザラシ、渡り鳥などへの影響」が懸念されています。最終文❽の主語は any large economic gains、動詞は could be outweighed です。be outweighed by は「～によって上回られる」という受動態の表現で、flooding, fires, and droughts が主語に対して強い影響を与えることを示しています。「最も重要なことは、どれほど大きな経済的利益があっても、世界の温暖化に伴って南半球で発生する洪水や火災、干ばつの被害によって大きく相殺される可能性がある」ということが強調されています。第3段落では、北極が天然資源の宝庫でもあるために、経済的可能性と、開発に伴う環境的なリスクがあることが取り上げられていました。

練習しよう！⑤ The Coldest Frontier of War and Business 解説・正解

(1) What do we learn about the Arctic in the first paragraph?

1 The very first settlements in the region were comprised of sailors and explorers but failed due to the harsh environmental conditions that they faced.

2 The terrain of the area provides little or no resources or advantages for transiting through the area, or even basic survival.

3 Ocean travel to the area was dangerous but also offered an opportunity to hunt rare animals at the highest latitudes.

4 The zone is cold, but the first travelers learned to adjust their compasses as they neared the magnetism of the North Pole.

(2) How did the West and Russia use the Arctic from the 1950s?

1 They used extensive covert electronic systems to measure the depth, strength, and consistency of the ice, prior to deploying submarines.

2 They installed radar and air bases that could accept planes carrying passengers from one another's countries, in case they had to crisscross the Pole.

3 They set up tracking systems to detect opposing submarines that could not always remain quiet under the polar ice cap.

4 They built numerous clandestine facilities in the area that provide high-powered electronic surveillance of the actions and intentions of opponents.

(1) 📝 最初の段落で北極圏について何がわかるか。

1 この地域に最初に入植したのは船乗りや探検家たちだったが、過酷な環境条件に直面したため失敗に終わった。

2 この地域の地勢からは、この地域を通過するため、あるいは基本的な生存のための資源や役に立つものがほとんどないか、まったく提供されない。

3 この地域への航海は危険だったが、高緯度の地域で希少な動物を狩る機会にもなった。

4 この地帯は寒冷だが、最初の旅行者たちは北極の磁気に近づくにつれてコンパスを調整することを学んだ。

🔍 第1段落で、北極圏について書かれているのは、❷❸❹で、その内容は、平均気温が氷点下30℃であること、北に行くほどコンパスが役に立たないこと、そして、動物や植物が北極の低緯度地域にしか生息していないため、それより北に行く場合は物資を潤沢に持参しなければならないことです。これをまとめて言い換えている2が正解です。

✏️ ☐ be comprised of …から構成される ☐ terrain 地形、地勢、地域 ☐ near …に近づく
☐ magnetism 磁気、磁性

....

(2) 📝 西側諸国とロシアは1950年代から北極圏をどのように利用していたか。

1 潜水艦を配備する前に、氷の深さ、強度、密度を測定する大規模な秘密電子システムを使用した。

2 お互いの国から乗客を乗せてきた飛行機が極地の上空で交差せざるを得ないときに飛行機を受け入れられるよう、レーダーと空軍基地を設置した。

3 北極の氷の下で全く音を発せずにいられるわけではない敵の潜水艦を探知するために、追跡システムを設置した。

4 敵対勢力の行動や目論見を高性能の電子機器で監視する複数の秘密施設をこの地域に建設している。

🔍 1950年代の北極圏の利用方法に関しては、まず、第2段落の始めの❶に「1950年代以降、ソ連も西側諸国も北極圏やその近辺に相手に対して有利な拠点となる軍事基地を建設するようになった」とあります。また、❹でも「このような事態（＝他国が北極をルートとして攻撃を仕掛けてくること）を恐れて、各国は氷で覆われた国境地帯に複雑で強力なレーダーと秘密の電子傍受システムを整備した。これは、不審なものが北極を越えて飛来すると上級指揮官に情報を通知するためのもので、後に人工衛星とつながった」と言っています。これを言い換えている4が正解です。

✏️ ☐ crisscross …を行き来する・縦横に通る ☐ clandestine 秘密の、内々の
☐ high-powered 高性能の、強力な

筆記③

....

🚩 **(1) 2　(2) 4**

練習しよう！⑤ The Coldest Frontier of War and Business 解説・正解

(3) What does the author of the passage suggest about China's future approach to dealing with the Arctic?

1 It envisions developing various kinds of large-scale economic infrastructure across the area that could have an effect on wildlife.

2 It is based primarily on buying Russian-made submarines that are quiet enough to deal with Western ones under the icy waters.

3 It could operate powerful military bases on or near the polar ice cap that could threaten the northern coast of countries throughout the West.

4 It is in violation of several legal treaties that currently govern economic development in the region.

(3) 〔✓〕 この文章の筆者は、北極圏に対する中国の今後のアプローチについて何を示唆しているか。

1 野生生物に影響を及ぼす可能性のある、様々な種類の大規模な経済インフラを地域全体で開発することを想定している。

2 氷の海域で西側の潜水艦とやり合える、音を立てないロシア製の潜水艦を購入することに主眼を置いている。

3 西側諸国の北の沿岸を脅かすことができる強力な軍事基地を、北極の氷の上や周辺で運用することができる。

4 現在この地域の経済開発を規定しているいくつかの条約に違反している。

〔🔍〕 中国による北極への今後のアプローチに関しては、第3段落の❹や❻❼を読むとわかります。中国は極地の大規模な商業開発に意欲的で、著者は「中国には橋やトンネル、超高層ビルなどの巨大建造物を建設した実績もある」、「とはいえ、このような大規模なインフラプロジェクトは、ホッキョクギツネ、ホッキョクグマ、アザラシ、渡り鳥への影響など、環境に大きな影響を与える可能性がある」と述べています。ここから著者が、大規模な開発によって自然環境に影響が及ぼされることを懸念していると考えられます。それを言い換えた**1**が正解です。

〔✎〕 ☐ envision (将来のこと)を心に描く

〔🚩〕 **(3) 1**

練習しよう！⑤ The Coldest Frontier of War and Business 　訳・語句

The Coldest Frontier of War and Business

第1段落

❶ The Arctic has long been a place of mystery.

❷ Average temperatures are around −30°C, and it is extremely challenging to navigate due to expansive icy plains that provide few landmarks.

❸ Moreover, the further north one travels, the less useful a compass becomes; near the North Pole, a compass will not function at all.

❹ Finally, animals and plants live only in the lower latitudes of the Arctic, so anyone going beyond that has to bring abundant supplies.

❺ Floating ice, glaciers, or icebergs in the region can damage or even sink ships: at subzero temperatures glacial ice has the strength of concrete and can cut right through a ship's hull.

❻ In other conditions, the ice and water can suddenly freeze and condense, trapping a ship and rendering it unable to move for weeks or months.

❼ In past times, trapped crews risked slow starvation.

❽ These harsh conditions prevented long-term exploration or habitation in the Arctic until the 20th century.

戦争とビジネスの極寒のフロンティア

第1段落

❶ 北極は長い間、謎に包まれた場所だった。

❷ 平均気温は氷点下30℃、目印となるものがほとんどない氷の平原が広がるため、航行は困難を極める。

❸ さらに、北へ行くほどコンパスは役に立たなくなり、北極点付近ではコンパスはまったく機能しなくなる。

❹ そして、動物や植物は北極の低緯度地域にしか生息していないため、それより北に行く者は豊富な物資を持参しなければならない。

❺ そこにある浮氷や氷河や氷山は船を破損したり沈めたりすることもある。氷点下の気温では氷河の氷はコンクリート並みの強度を持ち、船体を切り裂くこともある。

❻ また、氷と水が突然凍結して圧縮し、船を閉じ込めて、数週間から数か月にわたって動けなくすることもある。

❼ 過去には、閉じ込められた乗組員がゆっくりと飢餓に陥る危険性があった。

❽ このような過酷な条件のため、20世紀まで北極圏での長期的な探査や居住は不可能だった。

---

❶ □ the Arctic 北極地方、北極海、北極　**❷** □ navigate (船・航空機を) 操縦する、どうにか進む
□ expansive 広々とした、広大な　**❹** □ latitudes (緯度から見たときの) 地帯、地方　**❺** □ glacier 氷河
□ iceberg 氷山　□ subzero 氷点下、零下　□ glacial 氷河の　□ hull 船体
❻ □ condense 凝結する、凝縮する、固まる　□ render X Y X を Y にする　**❼** □ risk …の危険を冒す

筆記③

練習しよう！⑤ The Coldest Frontier of War and Business 訳・語句

第2段落

❶ From the 1950s, however, both the Soviet Union and the West built military bases in or near the Arctic as advantageous positions against one another.

❷ By this time, engineers could build large, heated facilities for military staff to work, sleep, and relax in, as well as large airfields.

❸ In a nuclear war, bombers and missiles from all belligerents would have crisscrossed the North Pole, the shortest line of attack between North America, Europe, and Russia.

❹ Fearful of just such an event, each side maintained complex and powerful radars and covert electronic listening systems at the icy frontier—later linked to satellites to give senior commanders notification of anything suspicious coming over the Pole.

❺ Submarines armed with nuclear missiles were also quietly deployed under the polar ice cap for months at a time, almost perfectly safe from detection or enemy action through the dense ice.

❻ In the event of war, they would have pushed up through that same ice to launch missiles at their targets.

❼ At present, Russia and the West retain this same confrontational Arctic posture, with Chinese forces likely to soon join them.

---

❸ (In a nuclear war), bombers and missiles from all belligerents
                        S
would have crisscrossed the North Pole, (the shortest line of attack
         V   O | 同格
between North America, Europe, and Russia).

第2段落

❶ しかし、1950年代以降、ソ連も西側諸国も北極圏やその近辺に相手よりも有利な拠点となる軍事基地を建設するようになった。

❷ この頃には、技術者たちは、軍の参謀が働き、眠り、くつろぐための大規模で暖房の効いた施設や、大規模な飛行場を建設できるようになっていた。

❸ 核戦争になっていれば、すべての交戦国の爆撃機とミサイルが、北米、ヨーロッパ、ロシアを結ぶ最短の攻撃ラインである北極の上空で交差していただろう。

❹ このような事態を恐れて、各国は氷で覆われた国境地帯に複雑で強力なレーダーと秘密の電子傍受システムを整備した。これは、不審なものが北極を越えて飛来すると上級指揮官に情報を通知するためのもので、後に人工衛星とつながった。

❺ 核ミサイルを搭載した潜水艦も、一回あたり数か月間、極地の氷の下にひそかに配備されていたが、厚い氷のために探知されたり敵に攻撃されたりすることはほとんどなかった。

❻ 戦争になっていれば、その同じ氷を突き破ってミサイルを標的に向けて発射しただろう。

❼ 現在、ロシアと西側諸国は、北極圏においてこのような対決姿勢を維持しており、中国軍もまもなくこれに加わるだろう。

---

❶ ☐ advantageous 有利な、都合のよい　❷ ☐ airfield 軍用飛行場、離着陸場　❸ ☐ bomber 爆撃機　☐ belligerent 交戦国、交戦者　☐ crisscross 交差する、行き来する　❹ ☐ complex 複雑な、入り組んだ　☐ covert 隠された、ひそかな　❺ ☐ deploy …を配備する・配置する　☐ detection 探知、看破、発覚、発見　❼ ☐ confrontational 対決的な、対立的な

練習しよう！⑤ The Coldest Frontier of War and Business 訳・語句

第3段落

❶ But the Arctic is also full of lucrative natural resources, from copper and phosphates to diamonds and fish.
❷ Oil and gas field discoveries in the Arctic have been few, but this may be because exploration across icy seas and land is difficult.
❸ Global warming could be engendering change, though, as commercial development becomes easier.
❹ China has already announced plans to build a "Polar Silk Road," similar to the road, rail, and air links it is building in Central Asia and Africa.
❺ There are no legal barriers to it doing so, since no treaties govern development activities outside of Arctic coastal waters.
❻ The nation also has a proven track record in creating massive structures such as bridges, tunnels and skyscrapers.
❼ Nevertheless, there could be powerful environmental impacts from such large infrastructure projects, including impacts on Arctic foxes, polar bears, seals, and migratory birds.
❽ Most importantly, any large economic gains could be heavily outweighed by flooding, fires, and droughts in southern latitudes that seem to accompany a warming world.

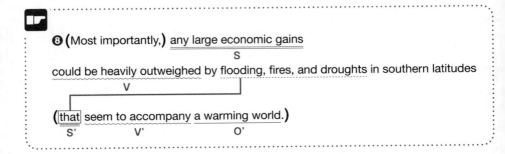

第3段落

❶ それだけでなく、北極圏には銅やリン鉱石からダイヤモンドや魚に至るまで、利益になる天然資源もたくさんある。
❷ 北極圏で油田やガス田が発見されることは少ないが、これは氷の多い海や陸地での探査が難しいからかもしれない。
❸ しかし、商業開発が容易になれば、地球温暖化が変化をもたらす可能性も出てくる。
❹ 中国は既に、中央アジアやアフリカに建設中の道路、鉄道、航空網に似た「極地のシルクロード」を建設する計画を発表している。
❺ 北極圏の沿岸海域以外での開発活動を規制する条約はないため、中国がこれを行うことに対する法的な障壁はない。
❻ また、中国には橋やトンネル、超高層ビルなどの巨大建造物を建設した実績もある。
❼ とはいえ、このような大規模なインフラプロジェクトは、ホッキョクギツネ、ホッキョクグマ、アザラシ、渡り鳥への影響など、環境に大きな影響を与える可能性がある。
❽ 最も重要なことは、大きな経済的利益があったとしても、温暖化に伴うと思われる南半球での洪水、火災、干ばつによる被害がそれを大きく上回る可能性があるということだ。

❶ □ lucrative 利益をもたらす、もうかる　□ phosphate リン酸鉱物
❸ □ engender …を生ずる・発生させる　❻ □ proven 証明された、立証された、明らかな
□ track record 実績、業績　□ skyscraper 超高層ビル　❼ □ seal アザラシ、オットセイ
□ migratory bird 渡り鳥　❽ □ outweigh …より勝る・重い

Unit 2 練習しよう！⑥

目標解答時間 14分

問題英文の読み方 P.394　解説・正解 P.400　訳・語句 P.404

Prohibition: Past, Present and Future

Prohibition, the 1920-1933 ban on alcohol, was one of the most notable periods in America. With the Volstead Act and the 18th Amendment in 1919, the US officially outlawed the manufacture, sale, and distribution of alcoholic drinks: beer, wine, liquor, and other beverages with significant alcohol content. Nevertheless, demand for drinks remained high, and criminal gangs moved in to satisfy it. Their techniques included smuggling in contraband alcohol. Smuggling operations—which often included kickbacks to police—became so shrewdly organized that they were nearly impossible to defeat. In addition, shielded by corrupt mayors and police chiefs, most gang ringleaders had little fear of incarceration. At the same time, illegal manufacture and sale of alcohol or "bootlegging" became widespread. As demand persisted, "speakeasies," underground bars, became pervasive, if not ubiquitous. Companies also found ways to market alcohol through loopholes in the Volstead Act, such as allowances for medicinal alcohol. Some alcohol could even be extracted from industrial chemicals. With so many tainted sources, thousands of Americans were exposed to contaminated alcohol that sometimes resulted in hospitalization or even death.

In hindsight, Prohibition is widely deemed a failure. It engendered large criminal gangs that were impossible to break up. It also generated widespread corruption. The international reputation of the country also deteriorated, particularly among Europeans, who widely mocked the American social experiment. Most importantly, Prohibition did not even curb the percentage of people drinking. The US National Bureau of Economic Research (NBER) states that, overall, the first few years of Prohibition saw a sharp decline in drinking, but consumption rapidly returned to pre-Prohibition levels after that. Although the NBER notes that alcohol-related health issues, hospitalizations, and deaths generally declined somewhat during this time, many alcoholics were unable or unwilling to seek medical care.

Although the 23rd Amendment of 1933 made alcohol legal again, the debate over "substance use" continued. Drug usage rose sharply in the 1960s, prompting President Richard Nixon to declare a "War on Drugs" in 1971. Successive presidents have continued Nixon's effort, with only marginal results. According to the Cato Institute, over one trillion cumulative dollars have been spent on trying to intercept drug shipments, yet about 90% of them reach the market anyway. Considering this situation, some analysts have called for the repeal of anti-drug laws. Research from Australian Alcohol and Drug

Service Director Alex Wodak at St. Vincent's Hospital in Sydney suggests that drug criminalization has worse outcomes than drug decriminalization. Under drug decriminalization, crimes decrease, as do overdose deaths. Also, less money has to be spent on criminal justice systems. Some American states are following this lead. Cannabis, for instance, is legal in 19 American states as of late 2022. However, all drugs remain federally illegal, creating a constitutional tension. Moreover, there is a backlash against decriminalization by social conservatives who are against drugs being sold everywhere. Some physicians also worry that decriminalization would lead to a health crisis. Any regulatory or legislative solution to this controversial issue would have to cover all of these concerns.

練習しよう！⑥ Prohibition 問題

(1) What does the author of the passage imply in the first paragraph?
1. The American government managed to establish strict control over the sale and distribution of beer and wine, although it took many years.
2. National regulations did not prevent people for long from exploring different ways to access alcoholic drinks for themselves.
3. Criminal activity and political corruption in American society decreased for over a decade as a result of banning alcohol consumption.
4. Despite widespread resentment against the ban on alcohol, people by and large complied with it to avoid punishment.

(2) What is mentioned as a reason Prohibition is considered a failure?
1. The overall health conditions of Americans declined during this period, taking years to reach pre-Prohibition levels.
2. Consumers were repelled by the contaminated and illegal alcohol that became widely available during this period.
3. Implementation of Prohibition regulations was severely opposed by the economically weak businesses that depended on the sale of these drinks.
4. The original goal of the legislation as concerns alcohol consumption levels was not achieved over the long term.

(3) What does the author of the passage state about drug restrictions?
1. Socially conservative families could not survive in a society where drug use was common and even acceptable.
2. The policy has not succeeded because people are not made fully aware of the problems associated with drug abuse.
3. Timely government intervention with suitable laws and regulations has helped the country avoid potential health risks of drug use.
4. There are many medical, criminal, and socioeconomic aspects to this issue that would have to be factored into any major policy.

練習しよう！⑥ Prohibition　問題英文の読み方

第1段落

Prohibition: Past, Present and Future

❶Prohibition, the 1920-1933 ban on alcohol, was one of the most notable periods in America. ❷With the Volstead Act and the 18th Amendment in 1919, the US officially outlawed the manufacture, sale, and distribution of alcoholic drinks: beer, wine, liquor, and other beverages with significant alcohol content. ❸Nevertheless, demand for drinks remained high, and criminal gangs moved in to satisfy it. ❹Their techniques included smuggling in contraband alcohol. ❺Smuggling operations— which often included kickbacks to police—became so shrewdly organized that they were nearly impossible to defeat. ❻In addition, shielded by corrupt mayors and police chiefs, most gang ringleaders had little fear of incarceration. ❼At the same time, illegal manufacture and sale of alcohol or "bootlegging" became widespread. ❽As demand persisted, "speakeasies," underground bars, became pervasive, if not ubiquitous. ❾Companies also found ways to market alcohol through loopholes in the Volstead Act, such as allowances for medicinal alcohol. ❿Some alcohol could even be extracted from industrial chemicals. ⓫With so many tainted sources, thousands of Americans were exposed to contaminated alcohol that sometimes resulted in hospitalization or even death.

第1段落

Prohibitionという単語だけでアメリカで実施された「禁酒法」と「禁酒法時代」を表します。禁酒法時代は、思いがけない社会問題を引き起こした複雑な時代でした。しっかりと読み進めることで、現代にも影響を与える歴史的な出来事について理解を深めることができるでしょう。

❶では、まず、Prohibitionという単語が「禁酒法時代」を表すと知らなくても、Prohibitionの後にコンマで挟まれた同格の挿入句があり、「禁酒法時代（1920-1933年のアルコール禁止）は、アメリカで最も注目すべき時代の一つであった」と述べているので、文章のトピックを明確にして読み始めることができるでしょう。❷では「1919年に成立したボルステッド法と憲法修正第18条によって、アメリカは公式にアルコール飲料の製造、販売、流通を禁止した」という事実を述べています。❸はNeverthelessで始まり、前の文との対比を示しています。「それでも、アルコール飲料の需要は依然として高く、これを満たすために犯罪組織が活動を開始した」とあります。❹❺❻は、その犯罪組織について「犯罪組織は密輸アルコールを持ち込むなどの手法を駆使していた」、「警察への賄賂を含む巧妙な組織化により、密輸活動はほとんど取り締まりが不可能だった」、「腐敗した市長や警察署長に守られてもいたため、多くのギャングの首謀者たちは投獄を恐れることはなかった」とあります。❺のwhich often included kickbacks to policeは関係代名詞whichで始まる節で、前のSmuggling operationsを修飾し、「警察への賄賂を含んでいた」と説明しています。❻のshielded by corrupt mayors and police chiefsは分詞構文で、主語most gang ringleadersがどのような状態であるかを説明しています。その背景があった中で❼❽で「これに伴い、違法なアルコール製造と販売、いわゆるブートレッキング（密造）が広がった」、「地下バーであるスピークイージーが広まった」と、その犯罪組織の広まりについて書かれています。さらに、企業に関しても❾❿で「企業もボルステッド法の抜け穴を利用して、医療用アルコールなどの認可のもとでアルコールを市場に出す方法を見つけた」、「一部のアルコールは産業用化学物質から抽出されることさえあった」と、社会的に不健全であった様子がうかがえます。この段落の最後の文⓫には「こうした汚染された供給源によって、多くのアメリカ人が汚染されたアルコールに接し、時には入院や死亡に至ることもあった」とあり、この段落全体で、禁酒法が犯罪を助長し、社会に極度に深刻な影響を与える結果を招いたことをまとめています。

筆記 ③

練習しよう！⑥ Prohibition 　問題英文の読み方

第2段落

❶In hindsight, Prohibition is widely deemed a failure. ❷It engendered large criminal gangs that were impossible to break up. ❸It also generated widespread corruption. ❹The international reputation of the country also deteriorated, particularly among Europeans, who widely mocked the American social experiment. ❺Most importantly, Prohibition did not even curb the percentage of people drinking. ❻The US National Bureau of Economic Research (NBER) states that, overall, the first few years of Prohibition saw a sharp decline in drinking, but consumption rapidly returned to pre-Prohibition levels after that. ❼Although the NBER notes that alcohol-related health issues, hospitalizations, and deaths generally declined somewhat during this time, many alcoholics were unable or unwilling to seek medical care.

第2段落

❶は In hindsight で始まっています。「時間が経過した後に振り返ると」というニュアンスを持ちます。「後から振り返ると、禁酒法は広く失敗と見なされている」と述べられ、❷❸❹では、具体的な理由として「大規模な犯罪組織が生まれ、それらを解体させることがほぼ不可能だった」、「広範な腐敗を引き起こした」、「アメリカの国際的な評判が悪化し、特にヨーロッパ人の間でアメリカの社会実験が嘲笑された」ことが挙げられています。そして、❺で最も重要な点として「禁酒法は飲酒する人々の割合を抑制することさえできなかったこと」を強調し、❻ではアメリカ国立経済研究所（NBER）の調査結果として、禁酒法施行後の最初の数年間は飲酒量が急激に減少したものの、その後すぐに施行前の水準に戻ったことが述べられ、❺の裏付けを示しています。❼は対比を表す接続詞 Although で始まり、従属節の主語は the NBER、動詞は notes です。「NBERは、アルコール関連の健康問題、入院、および死亡がこの期間中にある程度減少したことを指摘しているが、多くのアルコール依存症者が医療を受けることができなかったか、あるいは受けようとしなかった」と説明して、禁酒法の効果として見られていたわずかな点も否定的に示しています。第2段落では、禁酒法が失敗だったと見なされる理由として、アメリカ社会に混乱をもたらし、その目標を達成できていなかった状況が説明されていました。

練習しよう！⑥ Prohibition　問題英文の読み方

第3段落

❶Although the 23rd Amendment of 1933 made alcohol legal again, the debate over "substance use" continued. ❷Drug usage rose sharply in the 1960s, prompting President Richard Nixon to declare a "War on Drugs" in 1971. ❸Successive presidents have continued Nixon's effort, with only marginal results. ❹According to the Cato Institute, over one trillion cumulative dollars have been spent on trying to intercept drug shipments, yet about 90% of them reach the market anyway. ❺Considering this situation, some analysts have called for the repeal of anti-drug laws. ❻Research from Australian Alcohol and Drug Service Director Alex Wodak at St. Vincent's Hospital in Sydney suggests that drug criminalization has worse outcomes than drug decriminalization. ❼Under drug decriminalization, crimes decrease, as do overdose deaths. ❽Also, less money has to be spent on criminal justice systems. ❾Some American states are following this lead. ❿Cannabis, for instance, is legal in 19 American states as of late 2022. ⓫However, all drugs remain federally illegal, creating a constitutional tension. ⓬Moreover, there is a backlash against decriminalization by social conservatives who are against drugs being sold everywhere. ⓭Some physicians also worry that decriminalization would lead to a health crisis. ⓮Any regulatory or legislative solution to this controversial issue would have to cover all of these concerns.

第3段落

❶では「1933年の憲法修正第23条によりアルコールが再び合法化されたものの、薬物使用に関する議論は続いている」ことが説明されています。❷の主語は Drug usage、動詞は rose です。prompting は現在分詞で、「〜を促して」という意味です。「1960年代に薬物使用が急増し、それがリチャード・ニクソン大統領に1971年に『薬物戦争』を宣言させる要因となった」と述べています。❸では「その取り組みは後の大統領にも続けられたものの、成果はわずかにとどまった」と示しています。❹では「ケイトー研究所によると、麻薬の取り締まりに1兆ドル以上が費やされたにもかかわらず、約90% が市場に到達している」としていて、❺は前置詞句 Considering this situation「この状況を考慮して」で始まり、主語は some analysts、動詞は have called for です。「この状況を考慮して、一部の分析者は麻薬禁止法の廃止を求めている」と述べています。また、❻で「オーストラリアの機関の研究によると、薬物の犯罪化は非犯罪化よりも悪い結果をもたらしている」と示唆されていて、❼❽では「非犯罪化の下では犯罪や過剰摂取による死亡が減少」し、「刑事司法組織にかかる費用も削減できる」と指摘しています。❾❿では「一部のアメリカの州はこの方針を取り」、「大麻が合法化されている州もある」とありますが、⓫で書かれているように「すべての薬物は連邦レベルでは依然として違法であり、これが憲法上の緊張を生じさせている」。さらに、⓬⓭にあるように、「薬物の非犯罪化に反対する社会的保守派からの反発がある」ことや「非犯罪化が健康危機を招くことを懸念する医師もいる」ことを述べています。この文章の最後⓮で「この議論を呼ぶ問題に対する法令による解決策は、これらすべての懸念を考慮しなければならない」と結論づけています。

第3段落では、禁酒法廃止後の現代のアメリカにおいて、今度は薬物使用に関する議論があることに話題が発展し、禁酒法時代のアルコールと同様に、ある対応策が他の方面では問題をはらみ得るという複雑な状況に直面していることが述べられていました。

筆記 ③

練習しよう！⑥ Prohibition 解説・正解

---

(1) What does the author of the passage imply in the first paragraph?

   1 The American government managed to establish strict control over the sale and distribution of beer and wine, although it took many years.

   2 National regulations did not prevent people for long from exploring different ways to access alcoholic drinks for themselves.

   3 Criminal activity and political corruption in American society decreased for over a decade as a result of banning alcohol consumption.

   4 Despite widespread resentment against the ban on alcohol, people by and large complied with it to avoid punishment.

---

(2) What is mentioned as a reason Prohibition is considered a failure?

   1 The overall health conditions of Americans declined during this period, taking years to reach pre-Prohibition levels.

   2 Consumers were repelled by the contaminated and illegal alcohol that became widely available during this period.

   3 Implementation of Prohibition regulations was severely opposed by the economically weak businesses that depended on the sale of these drinks.

   4 The original goal of the legislation as concerns alcohol consumption levels was not achieved over the long term.

(1) 📩 この文章の筆者は第1段落で何を示唆しているか。
1 アメリカ政府は、長い年月を要したものの、ビールとワインの販売と流通に厳しい統制をかけることに成功した。
2 国の規制では、人々が自分たちでアルコール飲料の入手方法を様々に模索することを長くは防げなかった。
3 飲酒を禁止した結果、アメリカ社会の犯罪活動や政治腐敗が10年以上減少を続けた。
4 禁酒法に対する憤りが広がっていたにもかかわらず、人々は処罰を避けるために総じてそれに従った。

🔍 第1段落❷に「アメリカが公式にアルコール飲料の製造、販売、流通を違法とした」とあり、❸で「それでも、酒類に対する需要は依然として高く、犯罪組織がそれを満たそうと動き出した」と述べた後で具体例が書かれています。これを端的にまとめている2が正解です。

✒️ ☐ resentment 憤り、憤慨、恨み ☐ by and large 全般的に、概して ☐ comply …に応じる・従う

. . . .

(2) 📩 禁酒法が失敗だったとされる理由として何が挙げられているか。
1 この時期に、アメリカ人の全般的な健康状態が悪化し、禁酒法以前の水準に達するには何年もかかった。
2 この時期に広く出回るようになった汚染された違法アルコールに、消費者は嫌悪を抱いた。
3 禁酒法時代の規制の実施は、これらの飲料の販売に依存していた経済的に弱い業者から厳しく反対された。
4 アルコール消費量に関する法律の当初の目標は、長期的には達成されなかった。

🔍 禁酒法が失敗だった理由は、第2段落の❷から❺にかけて書いてあります。❷犯罪組織が現れ、❸汚職が蔓延し、❹アメリカの評判が悪化し、そして、❺飲酒者の割合が上昇した、とあります。❻にも、禁酒法施行直後の数年間は飲酒量が減少したが、また前の水準に戻った、とあります。アルコールの消費を防げなかったことについて述べている4が正解になります。

✒️ ☐ repel …に嫌悪感を抱かせる、…を不快にさせる ☐ implementation 実行、履行
☐ as concerns …に関して

筆記
③

. . . .

🚩 **(1)** 2 **(2)** 4

401

練習しよう！⑥ Prohibition 解説・正解

(3) What does the author of the passage state about drug restrictions?

1 Socially conservative families could not survive in a society where drug use was common and even acceptable.

2 The policy has not succeeded because people are not made fully aware of the problems associated with drug abuse.

3 Timely government intervention with suitable laws and regulations has helped the country avoid potential health risks of drug use.

4 There are many medical, criminal, and socioeconomic aspects to this issue that would have to be factored into any major policy.

(3) この文章の筆者は、薬物規制についてどのように述べているか。

1 社会に対して保守的な人々は、薬物の使用が一般的で容認もされている社会では生き残れなかった。

2 この政策が成功していないのは、人々が薬物の乱用に関連する問題を十分に認識させられていないからである。

3 適切な法律や規則に基づく政府の時宜を得た介入が、薬物の使用による潜在的な健康リスクを国民が回避するのに役立っている。

4 この問題には、医学、犯罪、社会経済に関連する側面が数多くあり、それらは主要な政策に織り込まれなければならない。

薬物規制に関しては第3段落の最後の文❶にあります。「この論争を呼んでいる問題に対する法律や規則に基づく解決策は、そういった懸念をすべて踏まえるものでなければならない」と言っているので、そういった懸念が指す❹から❸までの内容が属する分野を整理して示している4が正解となります。

□ socioeconomic 社会経済の、社会経済的な　□ factor X into Y X(物事)を Y(計画・結果)に入れる

(3) 4

練習しよう！⑥ Prohibition 訳・語句

Prohibition: Past, Present and Future

第1段落

① Prohibition, the 1920-1933 ban on alcohol, was one of the most notable periods in America.
② With the Volstead Act and the 18th Amendment in 1919, the US officially outlawed the manufacture, sale, and distribution of alcoholic drinks: beer, wine, liquor, and other beverages with significant alcohol content.
③ Nevertheless, demand for drinks remained high, and criminal gangs moved in to satisfy it.
④ Their techniques included smuggling in contraband alcohol.
⑤ Smuggling operations—which often included kickbacks to police—became so shrewdly organized that they were nearly impossible to defeat.
⑥ In addition, shielded by corrupt mayors and police chiefs, most gang ringleaders had little fear of incarceration.
⑦ At the same time, illegal manufacture and sale of alcohol or "bootlegging" became widespread.
⑧ As demand persisted, "speakeasies," underground bars, became pervasive, if not ubiquitous.
⑨ Companies also found ways to market alcohol through loopholes in the Volstead Act, such as allowances for medicinal alcohol.
⑩ Some alcohol could even be extracted from industrial chemicals.
⑪ With so many tainted sources, thousands of Americans were exposed to contaminated alcohol that sometimes resulted in hospitalization or even death.

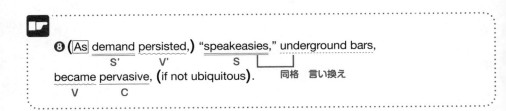

禁酒法時代：過去、現在、未来

第1段落

❶ 1920年から1933年にかけての禁酒法時代は、アメリカで最も注目された時代のひとつである。

❷ 1919年のボルステッド法と憲法修正第18条により、アメリカは公式にアルコール飲料（ビール、ワイン、リカー、その他アルコール度数の高い飲料）の製造、販売、流通を違法とした。

❸ それでも、酒類に対する需要は依然として高く、犯罪組織がそれを満たそうと動き出した。

❹ 彼らの手口には輸入が禁止されているアルコールの密輸が含まれていた。

❺ 密輸活動は、警察への賄賂を含んでいることも多く、彼らを取り締まるのはほぼ不可能なほどに抜け目なく組織されていた。

❻ さらに、汚職にまみれた市長や警察の上層部に守られていたため、組織の首謀者はほとんど誰も投獄される心配がなかった。

❼ 同時に、アルコールを違法に製造・販売する、「ブートレッキング」が蔓延した。

❽ 需要が持続すると、どこにでもあるわけではなかったが、「スピークイージー」と呼ばれる違法バーが広がった。

❾ 企業もまた、医療用アルコールが許可されていることなど、ボルステッド法の抜け穴を利用してアルコールを販売する方法を見つけた。

❿ 一部のアルコールは工業薬品からも抽出されることがあった。

⓫ アルコールの供給源が汚染されている場合がとても多かったため、大勢のアメリカ人が汚染されたアルコールを飲ませられ、時には入院したり死に至ったりすることさえあった。

---

❷ □ outlaw …を非合法化する・禁止する　❸ □ move in（新しい仕事）に就く、…に乗り出す
❹ □ smuggle in …を密輸入する・ひそかに持ち込む　□ contraband 密輸の、輸出入禁止の
❺ □ kickback 不当な謝礼、賄賂　□ shrewdly 抜け目なく
❻ □ shield …を保護する・かばう・かくまう　□ corrupt 堕落した、腐敗した、賄賂のきく
□ ringleader（非合法活動の）リーダー、首謀者　□ incarceration 投獄、監禁
❼ □ bootlegging 密造、密売　❽ □ speakeasy 酒類密売店、もぐり酒場
□ pervasive 広がる、普及する　□ ubiquitous いたる所にある、偏在する
❾ □ loophole（法律の）抜け穴　□ medicinal 医薬の、薬効のある　⓫ □ tainted 汚染された、汚れた
□ contaminated 汚染された

練習しよう！⑥ Prohibition　訳・語句

第2段落

① In hindsight, Prohibition is widely deemed a failure.
② It engendered large criminal gangs that were impossible to break up.
③ It also generated widespread corruption.
④ The international reputation of the country also deteriorated, particularly among Europeans, who widely mocked the American social experiment.
⑤ Most importantly, Prohibition did not even curb the percentage of people drinking.
⑥ The US National Bureau of Economic Research (NBER) states that, overall, the first few years of Prohibition saw a sharp decline in drinking, but consumption rapidly returned to pre-Prohibition levels after that.
⑦ Although the NBER notes that alcohol-related health issues, hospitalizations, and deaths generally declined somewhat during this time, many alcoholics were unable or unwilling to seek medical care.

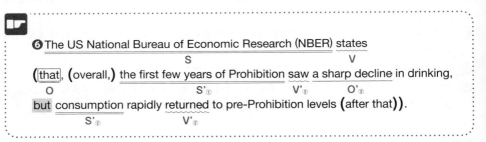

第2段落

❶ 今にして思えば、禁酒法は失敗だったと多くの人が考えている。
❷ 禁酒法の影響で、止めることのできない大規模な犯罪組織が現れた。
❸ 汚職も蔓延した。
❹ この国の国際的な評判は悪化し、特にヨーロッパの広い範囲でアメリカの社会実験は嘲笑された。
❺ 最も重大なのは、禁酒法は飲酒者の割合の抑制さえできなかったことだ。
❻ アメリカ国立経済研究所(NBER)は、全体を見ると禁酒法施行後の初めの数年間は飲酒量が激減したが、その後の消費量は早々に施行前の水準に戻ったと述べている。
❼ NBER は、概してこの間のアルコールに関連した健康問題、入院、死亡はいくらか減少したと指摘してはいるが、アルコール依存症を抱える多くの人は医療を受けることができなかったか、受けようとしなかった。

❶ ☐ in hindsight 後で考えてみると ☐ deem X Y X を Y と見なす
❷ ☐ engender …を発生させる・生ずる ☐ break up …を追い散らす・終わらせる・解体する・やめさせる
❸ ☐ corruption 汚職、堕落、腐敗、贈収賄 ❹ ☐ deteriorate 悪化する、低下する
☐ mock …をあざける・ばかにする ❺ ☐ curb …を抑制する

練習しよう！⑥ Prohibition　訳・語句

第3段落

❶ Although the 23rd Amendment of 1933 made alcohol legal again, the debate over "substance use" continued.

❷ Drug usage rose sharply in the 1960s, prompting President Richard Nixon to declare a "War on Drugs" in 1971.

❸ Successive presidents have continued Nixon's effort, with only marginal results.

❹ According to the Cato Institute, over one trillion cumulative dollars have been spent on trying to intercept drug shipments, yet about 90% of them reach the market anyway.

❺ Considering this situation, some analysts have called for the repeal of anti-drug laws.

❻ Research from Australian Alcohol and Drug Service Director Alex Wodak at St. Vincent's Hospital in Sydney suggests that drug criminalization has worse outcomes than drug decriminalization.

❼ Under drug decriminalization, crimes decrease, as do overdose deaths.

❽ Also, less money has to be spent on criminal justice systems.

❾ Some American states are following this lead.

❿ Cannabis, for instance, is legal in 19 American states as of late 2022.

⓫ However, all drugs remain federally illegal, creating a constitutional tension.

⓬ Moreover, there is a backlash against decriminalization by social conservatives who are against drugs being sold everywhere.

⓭ Some physicians also worry that decriminalization would lead to a health crisis.

⓮ Any regulatory or legislative solution to this controversial issue would have to cover all of these concerns.

第3段落

① 1933年の憲法修正第23条によりアルコールは再び合法化されたが、「薬物使用」をめぐる議論は続いた。
② 1960年代に薬物使用量が急増するのを受けて、リチャード・ニクソン大統領は1971年に「薬物戦争」を宣言した。
③ ニクソン以後の歴代の大統領も取り組みを引き継いだが、その成果はわずかであった。
④ ケイトー研究所によれば、麻薬の密輸を阻止するために累計で1兆ドルを超える額が費やされたが、それでも密輸されたうちの約90%が市場に出回っている。
⑤ このような状況を考慮し、麻薬取締法の廃止を求めるアナリストもいる。
⑥ シドニーにあるセント・ヴィンセント病院のオーストラリア・アルコール・ドラッグ・サービス局長アレックス・ウォダックの調査では、薬物の犯罪化は薬物の非犯罪化よりも悪い結果をもたらすという。
⑦ 薬物を非犯罪化すれば、犯罪は減少し、過剰摂取による死亡も減少する。
⑧ また、刑事司法組織にかかる費用も少なく済む。
⑨ アメリカのいくつかの州はこの提言に従っている。
⑩ たとえば大麻は、2022年後半の時点で、アメリカの19の州で合法化されている。
⑪ しかし、連邦政府はすべての薬物をいまだに違法としており、憲法上の緊張関係が生じている。
⑫ さらに、麻薬がどこでも販売できることに反対する社会的保守派による非犯罪化への反発もある。
⑬ また、非犯罪化が健康危機を招くと懸念する医師もいる。
⑭ この論争を呼んでいる問題に対する法令による解決策は、そういった懸念をすべて踏まえるものでなければならない。

① □ substance 薬物　② □ prompt X to do Xを促して…させる
③ □ marginal わずかな、あまり重要でない　④ □ trillion 一兆　□ cumulative 累積する、累加する
⑤ □ repeal 廃止、撤回　⑥ □ criminalization 違法と見なすこと　□ decriminalization 非犯罪化、解禁
⑦ □ overdose 過量服用　⑧ □ criminal justice system 刑事司法制度　⑨ □ lead 先導、指導、手本
⑩ □ cannabis 大麻　⑪ □ constitutional 憲法の、憲法上の　⑫ □ backlash (政治・改革への)反発
⑬ □ physician 医師、内科医　⑭ □ regulatory 規制する、規定する、取り締まる

Unit 2　練習しよう！⑦

目標解答時間 14分

問題英文の読み方 P.414　解説・正解 P.420　訳・語句 P.424

How Should We Store Information?

　　The Sumerians were the first civilization to employ written records, in 3400 B.C. The Sumerians used clay tablets and a writing system known as cuneiform, roughly analogous to an alphabet. Later on, societies used other surfaces for record keeping, ranging from silk to papyrus to tree bark. The value of collecting and storing information was apparent to early civilizations in the Middle East, South Asia, and East Asia. Paper was a tremendous breakthrough, invented by Chinese scholar Cai Lun in 50-120 A.D. Prior to archives, all records were oral histories. As Sue McKemmish, Chair of Archival Systems and IT at Monash University, explained, oral histories were valuable to tribal societies as a social organizing method but were prone to error or simply being forgotten. Archives provide a much more precise and durable tool. She wrote, "An archival institution…ensures that records are accessible and that their meaning is available over time."

　　Since literacy in early civilizations was very low, only priests, scholars, or the nobility could pore over archives. Mass literacy, beginning in Medieval Europe, changed all of this. Derek Brewer, professor of Cambridge, noted, "By 1200, everyone in England knew someone who could read." Literacy in England reached an unprecedented 50% by the 1500s, and this also meant a wider distribution of archival information. Moreover, the development of Johannes Gutenberg's "movable type" printing press made disseminating information easier and cheaper. The device was thereby conducive to controversial concepts—including anti-church and anti-monarchy ideas—gaining a wider audience. Since information was not located exclusively in a central archive controlled by the state or church anymore, but also in private homes, schools, and libraries, it proved impossible to eradicate these competing ideas. Yet, as authors Yuval Noah Harari and Ori Brafman pointed out, it was this very competition between ideas that powered Western economic, military and scientific progress after 1500.

　　Many people had anticipated that the Digital Age of the early 2000s would be an extension of distributed archives, since information was now dispersed over millions of different servers worldwide. However, server-based information was accessible primarily through a handful of Western search engines. In fact, a single search engine, Google, held a 90% market share as of early 2023. AI expert Robert Epstein explained in a study at least 10 major ways Google censors information, and claims that the company's opaque algorithms "affect people's attitudes, beliefs, and behavior" in ways that might not happen if the

410

online search market was divided more evenly. China is a major exception, operating entirely behind its own Internet firewall. There, search engine Baidu, which closely cooperates with the Chinese Communist Party (CCP), is dominant. Epstein accuses both the CCP/Baidu and Google of "reengineering humanity," with Google merely being subtler than its Chinese counterparts. It is unclear whether there will be a resurgence of a truly distributed archival system. Some analysts simply hope for more online search companies to emerge. Others believe blockchain could be a solution, since it offers encrypted searches and security against tampering. Generative AI may also become a strong competitor. For now, however, ordinary citizens will have difficulty realizing one of the initial promises of the Internet, that "information wants to be free."

(1) Sue McKemmish argued that archival institutions

1. keep private or social information safe and secure by storing it in places that cannot be accessed by outside tribes or nations.
2. collect oral histories that were developed by ancient tribes and write them down in order for future generations to use.
3. overcome the limit of oral histories by ensuring that information remains both comprehensible and usable over time.
4. select and shield information from being changed or damaged by ordinary people who are not trained to manage it properly.

(2) What did Derek Brewer believe was a result of Johannes Gutenberg's printing press?

1. Mass printing combined with mass literacy served to generate a large amount of competitive ideas distributed across a variety of archives.
2. Large volumes of printing created a demand for more and more literacy and the private ownership of all types of information.
3. The state and the church had to defend themselves against individuals and enemy nations who were using printing presses to promote controversial ideas.
4. Fights and divisions became more common since distributed archives meant that there was no longer a central belief system that everyone had to abide by.

(3) What does the study by Epstein suggest about online search engines?

    1 Censorship takes place to a limited degree by Western companies, but it is not on the scale or effectiveness of the CCP government in China.

    2 The few technology firms that dominate online search markets effectively prevent government control over how ordinary people access information.

    3 Differences between Western and Chinese online search engines are largely a matter of subtlety rather than goals.

    4 Chinese firms like Baidu collect data both domestically and from Google, with an overall target of reengineering humanity.

練習しよう！⑦ How Should We Store Information?　問題英文の読み方

第1段落

How Should We Store Information?

❶The Sumerians were the first civilization to employ written records, in 3400 B.C. ❷The Sumerians used clay tablets and a writing system known as cuneiform, roughly analogous to an alphabet. ❸Later on, societies used other surfaces for record keeping, ranging from silk to papyrus to tree bark. ❹The value of collecting and storing information was apparent to early civilizations in the Middle East, South Asia, and East Asia. ❺Paper was a tremendous breakthrough, invented by Chinese scholar Cai Lun in 50-120 A.D. ❻Prior to archives, all records were oral histories. ❼As Sue McKemmish, Chair of Archival Systems and IT at Monash University, explained, oral histories were valuable to tribal societies as a social organizing method but were prone to error or simply being forgotten. ❽Archives provide a much more precise and durable tool. ❾She wrote, "An archival institution…ensures that records are accessible and that their meaning is available over time."

> [!NOTE] 第1段落

冒頭❶の主語は The Sumerians、動詞は were です。「シュメール人は、紀元前3400年に書くことによる記録を初めて使用した文明人であった」と述べ、❷で「粘土板とくさび形文字を使用していた」ことが説明されています。その記録の方法は❸の Later on で始まる文で示されるとおり、変化し、「その後の社会では絹やパピルス、樹皮などの素材を使って記録を保存していた」と説明されています。❹では「情報を収集し、保存することの価値は初期の文明にとって明らかであった」と述べられています。❺では「紙が蔡倫によって発明されたことが画期的な進展であった」と、情報の保存が文明の発展に寄与したことを示しています。❻❼では、それ以前は情報の伝達手段が口述であったが、正確性に欠けたことを述べています。❼の"As Sue McKemmish ... explained"は「スー・マッケミッシュが説明したように」という従属接続詞の節です。主節の主語は oral histories、動詞は were です。そこから見ると、❽では「文書の保存ははるかに正確で耐久性のある方法となる」とされるのは、ごく当然に思えます。❾では、この段落の最後に、スー・マッケミッシュの言葉の「文書保存機関が記録へのアクセスとその意味を保証する役割を果たしている」が引用されています。

第1段落では、古代から現代まで続いている情報の保存について、その方法が書くことに変わったときに、それ以前とはどう変わったのか、そこから情報の保存が社会にとってどのような役割を持つと言えるかが示されていました。

練習しよう！⑦ How Should We Store Information?　問題英文の読み方

第2段落

❶Since literacy in early civilizations was very low, only priests, scholars, or the nobility could pore over archives. ❷Mass literacy, beginning in Medieval Europe, changed all of this. ❸Derek Brewer, professor of Cambridge, noted, "By 1200, everyone in England knew someone who could read." ❹Literacy in England reached an unprecedented 50% by the 1500s, and this also meant a wider distribution of archival information. ❺Moreover, the development of Johannes Gutenberg's "movable type" printing press made disseminating information easier and cheaper. ❻The device was thereby conducive to controversial concepts—including anti-church and anti-monarchy ideas—gaining a wider audience. ❼Since information was not located exclusively in a central archive controlled by the state or church anymore, but also in private homes, schools, and libraries, it proved impossible to eradicate these competing ideas. ❽Yet, as authors Yuval Noah Harari and Ori Brafman pointed out, it was this very competition between ideas that powered Western economic, military and scientific progress after 1500.

第2段落

❶従属接続詞の Since で始まる節の主語は literacy in early civilizations、動詞は was で、主節の主語は priests から the nobility までです。「初期の文明において識字率が非常に低かったため、アーカイブを詳しく調べることができたのは、司祭、学者、または貴族だけであった」とあります。しかし、❷では「中世ヨーロッパで識字率が向上し、この状況が劇的に変わった」と指摘されています。❸は固有名詞で始まっています。「ケンブリッジ大学のデレク・ブルーワー教授が述べたように、1200年までにはイングランドのほとんどの人が読み書きのできる人を知っていた」とされ、ほぼすべての人が書かれた情報に間接的にアクセスできたことがわかります。❹では「1500年代には識字率が50％に達し、アーカイブ情報の広範な普及が可能となった」と、情報にアクセスできた人の割合の高まりが示されています。また、❺では、さらに「グーテンベルクの活版印刷技術の発展により、情報の普及がより簡単かつ安価になった」とあります。❻の主語は The device、動詞は was conducive です。「この装置により、反教会や反君主制の思想を含む論争の的となる概念が、より多くの聴衆を得るようになった」と、もはや情報へのアクセスが一部の特権階級に限られるものではなくなったと述べています。including は「〜を含む」という意味で、具体例を示しています。❼では「情報が家庭や学校、図書館などに保存されるようになった結果、競合する思想を根絶することが不可能となった」と述べ、❽のこの段落の最後で「ユヴァル・ノア・ハラリとオリ・ブラフマンが指摘したように、この思想間の競争が1500年以降の西洋の経済、軍事、科学の進歩を推進した」と、アーカイブ情報が大きな影響力を持つまでにいたったことが述べられています。

第2段落では識字率の向上にともなう情報の普及がどれほど社会を変容させ、影響力を持つにいたったかが述べられていました。

練習しよう！⑦ How Should We Store Information? 問題英文の読み方

第3段落

❶Many people had anticipated that the Digital Age of the early 2000s would be an extension of distributed archives, since information was now dispersed over millions of different servers worldwide. ❷However, server-based information was accessible primarily through a handful of Western search engines. ❸In fact, a single search engine, Google, held a 90% market share as of early 2023. ❹AI expert Robert Epstein explained in a study at least 10 major ways Google censors information, and claims that the company's opaque algorithms "affect people's attitudes, beliefs, and behavior" in ways that might not happen if the online search market was divided more evenly. ❺China is a major exception, operating entirely behind its own Internet firewall. ❻There, search engine Baidu, which closely cooperates with the Chinese Communist Party (CCP), is dominant. ❼Epstein accuses both the CCP/Baidu and Google of "reengineering humanity," with Google merely being subtler than its Chinese counterparts. ❽It is unclear whether there will be a resurgence of a truly distributed archival system. ❾Some analysts simply hope for more online search companies to emerge. ❿Others believe blockchain could be a solution, since it offers encrypted searches and security against tampering. ⓫Generative AI may also become a strong competitor. ⓬For now, however, ordinary citizens will have difficulty realizing one of the initial promises of the Internet, that "information wants to be free."

第3段落

第3段落から場面は現代に移ります。❶で「多くの人々がデジタル時代を様々なサーバーを介して行われる文書情報の流布の延長のように予想していた」とありますが、❷で「実際にはそのアクセスは少数の西洋の検索エンジンを通じたものであった」と述べています。❸では、その中でも特に「Googleが2023年初頭の時点で90％の市場シェアを占めていた」ことが取り上げられています。❹の主語はAI expert Robert Epstein、動詞はexplainedとclaimsです。「AI専門家のロバート・エプスタインは、少なくとも10通りの方法でGoogleが情報を検閲していると説明し、同社の不透明なアルゴリズムが人々の態度、信念、行動に影響を与えていると主張している」と述べ、Googleには人々がアクセスする情報の傾向を操作している疑いがあることを指摘しています。一方、❺❻で「中国は独自のインターネットファイアウォールの内側で活動し」、「政府と結びついた百度が支配的な立場にある」と示され、❼で「エプスタインはGoogleと百度が人類を再編成していると非難している」と述べています。❽の主語はIt、動詞はis unclearで、「真に分散されたアーカイブシステムが復活するかどうかは不明だ」として、❾で「一部の分析者はより多くのオンライン検索企業の登場を望んでいる」と述べています。❿⓫では「他の人々は、ブロックチェーンが解決策になる可能性を示唆している」、「生成的AIが強力な競争相手になるかもしれない」という考えも述べられています。⓬は、この文章の締めくくりとして、「現時点では、一般市民がインターネットの初期の約束である『情報は自由を欲している』を真に体験するのは難しいだろう」と結論づけています。

第3段落では前段落までの内容にあった、情報が普及し一般市民のものになっていった動きとは逆行して、2000年代初頭からのデジタル時代では人々が操作され、限られた情報の中に置かれていることが示され、その状況を変える可能性についての見解がめぐらされていました。

練習しよう！⑦ How Should We Store Information? 解説・正解

---

(1) Sue McKemmish argued that archival institutions

1 keep private or social information safe and secure by storing it in places that cannot be accessed by outside tribes or nations.

2 collect oral histories that were developed by ancient tribes and write them down in order for future generations to use.

3 overcome the limit of oral histories by ensuring that information remains both comprehensible and usable over time.

4 select and shield information from being changed or damaged by ordinary people who are not trained to manage it properly.

---

(2) What did Derek Brewer believe was a result of Johannes Gutenberg's printing press?

1 Mass printing combined with mass literacy served to generate a large amount of competitive ideas distributed across a variety of archives.

2 Large volumes of printing created a demand for more and more literacy and the private ownership of all types of information.

3 The state and the church had to defend themselves against individuals and enemy nations who were using printing presses to promote controversial ideas.

4 Fights and divisions became more common since distributed archives meant that there was no longer a central belief system that everyone had to abide by.

(1) 🔁 スー・マッケミッシュの主張では、文書保存機関は

1　個人情報や社会の情報を、外部の部族や国家がアクセスできない場所に保管することで、安全かつ確実に保つ。
2　古代の部族が蓄積した口述による史料を収集し、後世の人々が利用できるように整理して書き記す。
3　時がたっても情報を理解しやすく使いやすい状態にしておくことで、口述による史料の限界を克服する。
4　適切に管理する訓練を受けていない一般人が情報を変更したり傷つけたりしないように、情報を選択して保護する。

🔍 スー・マッケミッシュの主張は、第1段落の❼が As Sue McKemmish で始まることから、この後にあるとわかります。「口承の歴史は、社会を体系化する方法として部族社会にとって貴重であったが、誤ったり忘れられたりする可能性があった」という理由から、❾で「文書保存機関が記録のアクセスとその意味を保証する役割を果たしている」と書いてあります。これを言い換えている3が正解となります。

· ·

(2) 🔁 デレク・ブリュワーは、ヨハネス・グーテンベルクの印刷機がもたらしたものは何だと考えていたか。

1　大量印刷と庶民の読み書き能力が組み合わさることで、互いに対立する大量の思想が様々な文書によって流布するようになった。
2　大量の印刷は、識字率の向上の要求とあらゆる情報の私有を生み出した。
3　国家と教会は、論争を呼ぶ思想を広めるために印刷機を利用する個人や敵国から身を守らなければならなかった。
4　文書が流布したことは、全員が従わなければならない思想体系の中心がなくなることを意味したため、喧嘩や分裂が頻発するようになった。

🔍 デレク・ブリュワーの名前は第2段落の❸で出てきます。彼が、ヨハネス・グーテンベルクの印刷機がもたらしたものは何だと考えていたかについては、❸の具体的な背景となる❺❻に「グーテンベルクの活版印刷技術の発展により、情報の普及がより簡単かつ安価になり、反教会や反君主制の思想を含む論争の的となる概念が、より多くの聴衆に届くようになった」とあり、❼で「情報が家庭や学校、図書館などに保存されるようになった結果、競合する思想を根絶することが不可能となった」という情報も追加されていることから、これを端的に言い換えた1が正解だとわかります。

✒ □ abide by …を守る、…に従う

筆記③

· ·

🚩 **(1) 3　(2) 1**

練習しよう！⑦ How Should We Store Information? 解説・正解

(3) What does the study by Epstein suggest about online search engines?

1 Censorship takes place to a limited degree by Western companies, but it is not on the scale or effectiveness of the CCP government in China.

2 The few technology firms that dominate online search markets effectively prevent government control over how ordinary people access information.

3 Differences between Western and Chinese online search engines are largely a matter of subtlety rather than goals.

4 Chinese firms like Baidu collect data both domestically and from Google, with an overall target of reengineering humanity.

(3) エプスタインの研究は、オンライン検索エンジンについて何を示唆しているか。

　1　欧米の企業によって検閲が限定的に行われているが、中国共産党のような規模や効力はない。

　2　オンライン検索の市場を支配する少数のテクノロジー企業は、一般人が情報にアクセスする方法を政府が管理することを事実上防いでいる。

　3　欧米と中国のオンライン検索エンジンの違いは、目的よりも主として巧妙さにある。

　4　百度のような中国企業は、人類の再編成を総合的な目的として、国内およびグーグルからデータを収集している。

エプスタインの研究については、第3段落❹から言及が始まっています。❼で「エプスタインは、百度もグーグルも『人類の再編成』をしており、グーグルは中国のエンジンよりも巧妙なだけだと非難している」と言っていることから、3が正解だとわかります。

□ censorship 検閲　□ effectively 事実上　□ subtlety 巧妙さ、捉え難さ

(3) 3

練習しよう！⑦ How Should We Store Information?　訳・語句

How Should We Store Information?

第1段落

❶ The Sumerians were the first civilization to employ written records, in 3400 B.C.

❷ The Sumerians used clay tablets and a writing system known as cuneiform, roughly analogous to an alphabet.

❸ Later on, societies used other surfaces for record keeping, ranging from silk to papyrus to tree bark.

❹ The value of collecting and storing information was apparent to early civilizations in the Middle East, South Asia, and East Asia.

❺ Paper was a tremendous breakthrough, invented by Chinese scholar Cai Lun in 50-120 A.D.

❻ Prior to archives, all records were oral histories.

❼ As Sue McKemmish, Chair of Archival Systems and IT at Monash University, explained, oral histories were valuable to tribal societies as a social organizing method but were prone to error or simply being forgotten.

❽ Archives provide a much more precise and durable tool.

❾ She wrote, "An archival institution...ensures that records are accessible and that their meaning is available over time."

情報の保存はどうあるべきか

第1段落

❶ シュメール人は、紀元前3400年に書くことによる記録という手段を用いた最初の文明人だった。

❷ シュメール人は粘土板とくさび形文字という呼び方で知られるアルファベットに幾分か似た文字体系を使っていた。

❸ その後の社会では、絹、パピルス、樹皮など、様々なものの表面を使って記録を残すようになった。

❹ 情報の収集と保存に価値があったことは、中東、南アジア、東アジアの初期文明には明白だった。

❺ 紙は紀元50年から120年にかけて中国の学者、蔡倫（さいりん）によって発明された画期的なものである。

❻ 文書の保存が始まる前は、記録はすべて口承によるものだった。

❼ モナシュ大学で文書保存システムとIT の講座主任を務めるスー・マッケミッシュが説明するように、口承の歴史は部族社会にとって社会を組織する手法として貴重なものだったが、誤りが生じやすかったり、単純に忘れ去られやすかったりした。

❽ 文書の保存手段は、より正確で耐久性のある方法となる。

❾ 「文書保存機関は（中略）記録に接することができることと、時を隔てても記録が意味することを生かせることを保証する」と彼女は記している。

❶□ employ (道具・手段を) 用いる　❷□ tablet 平たい板、銘板、刻板　□ cuneiform くさび形文字
□ analogous to …に類似している　❸□ later on 後で、もっと後になって　□ papyrus パピルス
□ bark 樹皮　❺□ breakthrough (科学・技術の) 大躍進、大発見
❻□ archive 公文書、保存記録、記録保管所　❼□ chair 議長、会長、大学教授の職
□ prone to do …しやすい　❾□ archival 公文書の、記録保管所の

筆記3

練習しよう！⑦ How Should We Store Information?　訳・語句

第2段落

❶ Since literacy in early civilizations was very low, only priests, scholars, or the nobility could pore over archives.

❷ Mass literacy, beginning in Medieval Europe, changed all of this.

❸ Derek Brewer, professor of Cambridge, noted, "By 1200, everyone in England knew someone who could read."

❹ Literacy in England reached an unprecedented 50% by the 1500s, and this also meant a wider distribution of archival information.

❺ Moreover, the development of Johannes Gutenberg's "movable type" printing press made disseminating information easier and cheaper.

❻ The device was thereby conducive to controversial concepts—including anti-church and anti-monarchy ideas—gaining a wider audience.

❼ Since information was not located exclusively in a central archive controlled by the state or church anymore, but also in private homes, schools, and libraries, it proved impossible to eradicate these competing ideas.

❽ Yet, as authors Yuval Noah Harari and Ori Brafman pointed out, it was this very competition between ideas that powered Western economic, military and scientific progress after 1500.

---

❽ Yet, (as authors Yuval Noah Harari and Ori Brafman pointed out,)
　　　強調　　　　　　　　　　　S'　　　　　　　　　　　　　V'
it was this very competition between ideas (that powered
S　V　　　C　　　　　　　　　　　　　　　　S''　　V''
Western economic, military and scientific progress after 1500).
　　　　　　　　　　　O''

第2段落

① 初期の文明では識字率が非常に低かったため、文書に目を通すことができたのは司祭か学者、あるいは貴族だけだった。

② 中世ヨーロッパで庶民が読み書きをするようになり、この状況は一変した。

③ ケンブリッジ大学のデレク・ブリュワー教授は「1200年までには、イングランド人全員に文字を読める知人がいた」と述べている。

④ イングランドの識字率は1500年代までに空前の50％に達したが、これは文書の情報が広く行き渡ったことも意味した。

⑤ さらに、ヨハネス・グーテンベルクの「可動活字」印刷機が開発されたことで、情報の普及がより簡単で低コストになった。

⑥ 印刷機は、反教会や反王政の思想などを含む論争の的になる思想が多くの人に聞き入れられるのに一役買った。

⑦ 情報は国家や教会が管理する中央保管所だけでなく、個人の家庭や学校、図書館にも置かれるようになったため、こうした相反する様々な思想を根絶することは不可能となった。

⑧ しかし、作家のユヴァル・ノア・ハラリとオリ・ブラフマンが指摘するように、1500年以降の西洋の経済的、軍事的、科学的進歩の原動力となったのは、まさにこの思想同士の争いであった。

① □ the nobility 貴族たち □ pore over …をじっくり見る・熟読する
④ □ unprecedented 先例のない、空前の **⑤** □ type 活字
□ disseminate …を普及させる・広める **⑥** □ conducive to …の助けとなる、…に資する
□ controversial 論争の、論争の的になる、物議をかもす □ monarchy 君主政治、王政、君主制
⑦ □ eradicate …を根絶させる・撲滅する **⑧** □ power …に動力を供給する、…を勢いよくする

筆記③

練習しよう！⑦ How Should We Store Information?　訳・語句

第3段落

❶ Many people had anticipated that the Digital Age of the early 2000s would be an extension of distributed archives, since information was now dispersed over millions of different servers worldwide.
❷ However, server-based information was accessible primarily through a handful of Western search engines.
❸ In fact, a single search engine, Google, held a 90% market share as of early 2023.
❹ AI expert Robert Epstein explained in a study at least 10 major ways Google censors information, and claims that the company's opaque algorithms "affect people's attitudes, beliefs, and behavior" in ways that might not happen if the online search market was divided more evenly.
❺ China is a major exception, operating entirely behind its own Internet firewall.
❻ There, search engine Baidu, which closely cooperates with the Chinese Communist Party (CCP), is dominant.
❼ Epstein accuses both the CCP/Baidu and Google of "reengineering humanity," with Google merely being subtler than its Chinese counterparts.
❽ It is unclear whether there will be a resurgence of a truly distributed archival system.
❾ Some analysts simply hope for more online search companies to emerge.
❿ Others believe blockchain could be a solution, since it offers encrypted searches and security against tampering.
⓫ Generative AI may also become a strong competitor.
⓬ For now, however, ordinary citizens will have difficulty realizing one of the initial promises of the Internet, that "information wants to be free."

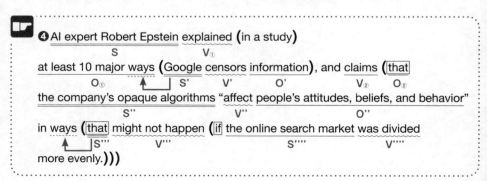

第3段落

❶ 2000年代初頭のデジタル時代は、文書情報の流布の延長になると多くの人が予想していた。今や世界中の様々な数多のサーバーに情報が分散していたからである。

❷ しかし、サーバーを使用した情報へのアクセスは、主に一握りの欧米の検索エンジンを通じて行われた。

❸ 実際、2023年初頭の時点で、グーグルというひとつの検索エンジンだけで90%の市場シェアを占めていた。

❹ AIの専門家であるロバート・エプスタインは、グーグルが情報を検閲している主な方法の少なくとも10通りのかたちを研究論文で説明し、同社の不透明なアルゴリズムが、オンライン検索の市場が公平に占有されていたら起こり得なかったようなかたちで「人々の態度、信念、行動に影響を与えている」と主張している。

❺ 中国はその主要な例外であり、完全に独自のインターネット・ファイアウォールの内側で活動している。

❻ そこでは、中国共産党（CCP）と密接に協力している検索エンジン、「百度」が支配的である。

❼ エプスタインは、中国共産党／百度もグーグルも「人類の再編成」をしており、グーグルは中国のエンジンよりも巧妙なだけだと非難している。

❽ 本当の意味で分散型の情報保存システムが復活するかどうかは不明だ。

❾ アナリストの中には、単純にオンライン検索会社が他にも現れることを望んでいる者もいる。

❿ また、暗号化された検索や改ざんに対するセキュリティを提供していることから、ブロックチェーンが解決策になると考える者もいる。

⓫ 生成AIも強力な競争相手になるだろう。

⓬ しかし、今のところ、インターネットの最初の約束である「情報は自由を欲している」を一般市民が実感することは難しいだろう。

- ❶ □ disperse …を分散させる・散らす　❹ □ opaque 不透明な、不明瞭な　□ algorithm アルゴリズム
- ❺ □ firewall ファイアウォール　❻ □ dominant 支配的な、最も有力な、優勢な
- ❼ □ reengineer …を設計しなおす・再構築する　□ subtle 微妙な、巧みな、ずるい
- ❽ □ resurgence 再起、復活　❿ □ encrypt …を暗号化する
- □ tamper 不正な変更を加える、改ざんする、中身をいじくる

Unit 2 練習しよう！⑧

目標解答時間 **14** 分

問題英文の読み方 P.434　解説・正解 P.438　訳・語句 P.442

More Europeans? Or Fewer?

In recent decades, there has been a continent-wide debate over the demographics of Europe. Specifically, there is a concern that European Union (EU) countries are aging fast. Ironically, in the 1700s, a major European concern was potential overpopulation. As advances in science improved crop yields, cured diseases, and extended lifespans, some scholars felt this was a sign that the continent was truly flourishing. The Scottish economist David Hume wrote at the time, "it seems natural to expect that, wherever there is the most happiness and virtue, and the wisest institutions, there will also be the most people." Contrary to Hume's expectations, however, birth rates started to fall as industrialization accelerated. Total global population continued to rise, however, a phenomenon that researchers such as mathematician Thomas Malthus were worried about. In 1798, Malthus predicted that humanity was headed toward overpopulation and starvation, stating, "The power of population is indefinitely greater than the power in the earth to produce subsistence for man." This "Malthusian trap" saw a human future filled with misery, war, and chaos, if not annihilation. While his work, *An Essay on Population,* was proved mathematically wrong, its underlying theme—that humanity cannot sustain itself forever—continues to have widespread adherence.

It was no coincidence that the fall in European birth rates starting in the early 1800s accompanied the beginnings of European capitalism. Large families suited the agrarian lifestyle, since every child was a potential farmworker and caregiver to elderly parents. School had few to no benefits for such families. On the other hand, for industrial laborers, education, such as learning a trade, had large payoffs. Therefore, it began to make more sense for working-class families to have fewer children and invest in their education. Early forms of mass contraception had also become available by the mid-1800s, making family planning possible for the first time. By about the first quarter of the 1900s, Europe had reached zero-population growth, and by the 1950s and 1960s, it needed its former colonial states in Asia and Africa to supply "guest workers," most of whom remained permanently.

By 2023, the EU had become a slowly depopulating region, and the UN Population Division predicted that 55% of nations would follow a similar trajectory by 2090. Europe is considering several remedies to these challenges. Automation is one solution, as robots move into the service sector as designers, waiters, caregivers, and physicians. A more open immigration policy is another option, as is raising the national retirement age, forcing people to work for more years. However, all of these options are contentious and violate the EU social consensus that guarantees social stability, job security, and generous welfare structures. For example, the continent had a large immigration surge—largely from the Middle East and Africa—during the 2015-2016 period. The event proved highly divisive, and eventually led to much tougher barriers against future surges. It is unclear what steps the region will decide to take next on the immigration issue. EU countries—such as France—that have tried to raise their retirement ages have faced sustained popular opposition, including street protests. The continent continues to face tough choices as to how it will grow its population—and who will or will not be welcomed as a part of that population.

練習しよう！⑧ More Europeans? Or Fewer? 問題

(1) What outlook did David Hume have for European population growth in the 1700s?
1. Good government and economic development can create positive material circumstances in the region to produce a rapid increase in population.
2. Population growth rates are sustainable by almost any country in the region, as long as it closely monitors the effects of its socioeconomic policy implementations.
3. European culture was so advanced by the 1700s that it would be impossible for competing areas of the world to catch up with its rapidly rising population.
4. The continuing and accelerating rate of population growth in European countries would probably make them unstable over the long run.

(2) The results of the 1800s European Industrial Revolution indicate that
1. despite rapid industrialization over most of the continent, patterns of life could not be easily switched from farm to urban lifestyles.
2. factory conditions provided critical wages to urban workers who needed money to care for both their offspring and elderly parents.
3. harsh city living conditions meant that only a few children could reach adulthood, especially compared to survival rates among agrarian families.
4. urban working-class families gradually began to see the economic benefits of fewer children who could become relatively well-educated.

(3) What is one possible criticism against potential European population policies?

1 They require more money from outside the EU to develop major service sector industries, placing the region further in debt.
2 They directly defy strong recommendations made by the UN to meet labor requirements by adopting liberal immigration policies through at least 2090.
3 They break longtime promises made to residents of the region, particularly regarding the very nature of European life, society, and employment.
4 They necessitate updating European approaches to international guest worker rights, which may not be acceptable to many former colonies in Africa and Asia.

練習しよう！⑧ More Europeans? Or Fewer?　問題英文の読み方

第1段落

More Europeans? Or Fewer?

❶In recent decades, there has been a continent-wide debate over the demographics of Europe. ❷Specifically, there is a concern that European Union (EU) countries are aging fast. ❸Ironically, in the 1700s, a major European concern was potential overpopulation. ❹As advances in science improved crop yields, cured diseases, and extended lifespans, some scholars felt this was a sign that the continent was truly flourishing. ❺The Scottish economist David Hume wrote at the time, "it seems natural to expect that, wherever there is the most happiness and virtue, and the wisest institutions, there will also be the most people." ❻Contrary to Hume's expectations, however, birth rates started to fall as industrialization accelerated. ❼Total global population continued to rise, however, a phenomenon that researchers such as mathematician Thomas Malthus were worried about. ❽In 1798, Malthus predicted that humanity was headed toward overpopulation and starvation, stating, "The power of population is indefinitely greater than the power in the earth to produce subsistence for man." ❾This "Malthusian trap" saw a human future filled with misery, war, and chaos, if not annihilation. ❿While his work, An Essay on Population, was proved mathematically wrong, its underlying theme—that humanity cannot sustain itself forever—continues to have widespread adherence.

第1段落

この文章は❶の冒頭 In recent decades で時期の範囲を示しているので、近年のヨーロッパの人口に関するトピックだとわかります。❷は Specifically で始まり、前文を補足して、特に「EU 諸国が急速に高齢化している」という懸念を示しています。❸は Ironically,「皮肉にも」で始まるので、異なる点を捉えるつもりで読み進めます。すると「皮肉にも 1700 年代には人口過剰が懸念されていた」と指摘されています。❹は従属接続詞の As で始まり、主語は some scholars、動詞は felt です。「科学の進歩が作物の収穫量を改善し、病気を治し、寿命を延ばすにつれて、一部の学者は、これは大陸が本当に繁栄している証拠だと感じた」と述べています。そのような状態に対するかつての考え方を❺で挙げています。The Scottish economist David Hume が主語です。彼は「最も幸福と徳があり、最も賢明な制度がある場所には、最も多くの人々がいるのが自然であろう」という記述を残しています。しかし、❻で「産業化が進むにつれて出生率が低下し始めた」とあります。それでも、❼❽「世界全体の人口は増加し続け、数学者トーマス・マルサスは人類が過剰人口と飢餓に向かっていると予測した」と進みます。❾では、この理論が「マルサスの罠」と呼ばれ、「人類が悲惨な状況に陥る未来を予見していた」とあります。この文の動詞 saw は、通常の視覚的な「見た」ではなく、「予想した」という意味で、人が主語でなくても使われます。❿では「彼の考え方にある『人類は永遠に自分たちを維持することはできない』というテーマは、今日でも広く支持されている」と、この段落を締めくくっています。

この段落では、近年ヨーロッパで懸念されている高齢化を起点に、過去の過剰人口の懸念を振り返ることで、今の状態がマルサスの予測した人口動態の変化の中の一部であることを示唆していました。

練習しよう！⑧ More Europeans? Or Fewer?　問題英文の読み方

第2段落

❶It was no coincidence that the fall in European birth rates starting in the early 1800s accompanied the beginnings of European capitalism. ❷Large families suited the agrarian lifestyle, since every child was a potential farmworker and caregiver to elderly parents. ❸School had few to no benefits for such families. ❹On the other hand, for industrial laborers, education, such as learning a trade, had large payoffs. ❺Therefore, it began to make more sense for working-class families to have fewer children and invest in their education. ❻Early forms of mass contraception had also become available by the mid-1800s, making family planning possible for the first time. ❼By about the first quarter of the 1900s, Europe had reached zero-population growth, and by the 1950s and 1960s, it needed its former colonial states in Asia and Africa to supply "guest workers," most of whom remained permanently.

第3段落

❶By 2023, the EU had become a slowly depopulating region, and the UN Population Division predicted that 55% of nations would follow a similar trajectory by 2090. ❷Europe is considering several remedies to these challenges. ❸Automation is one solution, as robots move into the service sector as designers, waiters, caregivers, and physicians. ❹A more open immigration policy is another option, as is raising the national retirement age, forcing people to work for more years. ❺However, all of these options are contentious and violate the EU social consensus that guarantees social stability, job security, and generous welfare structures. ❻For example, the continent had a large immigration surge—largely from the Middle East and Africa—during the 2015-2016 period. ❼The event proved highly divisive, and eventually led to much tougher barriers against future surges. ❽It is unclear what steps the region will decide to take next on the immigration issue. ❾EU countries—such as France—that have tried to raise their retirement ages have faced sustained popular opposition, including street protests. ❿The continent continues to face tough choices as to how it will grow its population—and who will or will not be welcomed as a part of that population.

第2段落

❶は形式主語のItで始まり、主語は従属節のthe fall in European birth rates、動詞はaccompaniedです。「1800年代初頭に始まったヨーロッパの出生率の低下が、ヨーロッパの資本主義の始まりと同時に起こったのは偶然ではなかった」と述べています。It was no coincidence thatは「～は偶然ではなかった」という意味で、何らかの因果関係を示唆していると考えるとよいでしょう。❷❸では「農耕社会では大家族が望ましく」、「子どもたちは潜在的な労働力として重要視されていたため、学校教育はあまり利点がなかった」と書かれています。一方、❹では「産業労働者にとっては技能を学ぶ教育が大きな利益をもたらすようになった」こと、その結果、❺では「労働者階級の家族は子どもを少なくし、その教育に投資することが合理的と考えられるようになった」と説明しています。続いて、❻では「1800年代半ばには、大衆向けの避妊法が利用可能となり、初めて家族計画が可能になった」と述べられています。この段落の最終文、❼の主語はEurope（とit）、動詞はhad reachedとneededです。「1900年代の最初の四半期までに、ヨーロッパは人口ゼロ成長に達し、1950年代と1960年代には、アジアやアフリカの旧植民地から『ゲスト労働者』の供給を受ける必要があり、その多くが恒久的に定住した」と述べています。

第2段落では、ヨーロッパの出生率低下の背景とそれに伴う社会の変化について説明していました。

第3段落

❶はBy 2023で始まり、主語はthe EUとthe UN Population Division、動詞はhad becomeとpredictedです。「2023年までに、EUはゆっくりと人口が減少する地域となり、国連人口部は、2090年までに55%の国が同様の軌道をたどると予測した」と述べています。By 2023やby 2090はそれぞれの時点までに発生する（した）ことを表しています。続いて❷では「ヨーロッパはこの問題に対処するために、いくつかの対策を検討している」とあります。その具体的な対策について、❸❹で「オートメーションによる解決策」、「移民政策の開放」、「定年の引き上げ」を挙げ、問題点として❺で「これらの選択肢はすべて議論を呼び、社会の安定や福祉制度を守るというEUの社会的合意に反する」ことを挙げています。❻では、その問題の事例として「たとえば、2015年から2016年にかけて中東やアフリカからの移民が急増した」とあり、それが❼で「社会を分裂させ、将来的な移民増加に対する厳しい対応を生む結果となった」としています。❽❾では「移民問題に対してヨーロッパが次にどのような措置を取るかは不明」で、「フランスのように定年を引き上げようとした国々は国民の強い反発に直面している」と、引き続き、生じている問題について述べています。この文章の最終文❿では「ヨーロッパは今後、人口をどのように増やすか、そしてその人口の一部として誰を受け入れるかについて、難しい選択に直面し続けることになる」とまとめています。

この段落では、前段落で述べた人口が減少している社会で、検討されている対策とそれに伴う課題について書いてありました。

練習しよう！⑧ More Europeans? Or Fewer?　解説・正解

(1) What outlook did David Hume have for European population growth in the 1700s?

1 Good government and economic development can create positive material circumstances in the region to produce a rapid increase in population.

2 Population growth rates are sustainable by almost any country in the region, as long as it closely monitors the effects of its socioeconomic policy implementations.

3 European culture was so advanced by the 1700s that it would be impossible for competing areas of the world to catch up with its rapidly rising population.

4 The continuing and accelerating rate of population growth in European countries would probably make them unstable over the long run.

(2) The results of the 1800s European Industrial Revolution indicate that

1 despite rapid industrialization over most of the continent, patterns of life could not be easily switched from farm to urban lifestyles.

2 factory conditions provided critical wages to urban workers who needed money to care for both their offspring and elderly parents.

3 harsh city living conditions meant that only a few children could reach adulthood, especially compared to survival rates among agrarian families.

4 urban working-class families gradually began to see the economic benefits of fewer children who could become relatively well-educated.

(1) 📋 デイヴィッド・ヒュームは1700年代のヨーロッパの人口増加についてどのような見通しを持っていたか。

    1 　優れた政府と経済発展は、人口を急増させるのに好ましい物質的環境を地域に作り出すことができる。

    2 　人口増加率は、社会経済政策の実施の効果を注意深く観察していれば、この地域のほとんどすべての国で維持できる。

    3 　ヨーロッパの文化は1700年代までには、世界の競合地域が急速に増加するヨーロッパの人口に追いつくことは不可能なほどに非常に高度なものとなっていた。

    4 　ヨーロッパ諸国で横ばいになっている、あるいは上昇している人口増加率は、長期的にはおそらくそれらの国を不安定にするだろう。

🔍 経済学者デイビッド・ヒューム氏が書いた内容は、第1段落❺を見るとわかります。それは「最も多くの幸福と美徳があり、最も賢明な制度があるところに、当然最も多くの人々がいると考えるのは自然なことだ」と、抽象的な言葉が並んでいますが、これを言い換えた1が正解です。

✎ □ socioeconomic 社会経済の　□ implementation 実行、履行、実施
   □ over the long run 長期的には、長い目で見れば

⋯⋯

(2) 📋 1800年代のヨーロッパの産業革命の結果が示しているのは

    1 　大陸の大部分で急速に工業化が進んだにもかかわらず、生活様式を農耕生活から都市生活へと簡単に切り替えることはできなかった。

    2 　工場の状況は、子どもと年老いた両親の世話をするための資金を必要とする都市労働者にとって、不可欠な賃金を支給した。

    3 　都市部の過酷な生活環境は、特に農民家庭の生存率と比べると、わずかな数の子どもしか成人できなかったことを意味していた。

    4 　都市の労働者階級の家族は、子どもの数が少ないことで比較的高いレベルの教育を受けられる経済的メリットがあることを徐々に認識していった。

🔍 1800年代のヨーロッパの産業革命の結果が示している内容に関しては、第2段落❹❺で「産業労働者にとっては、職業訓練のような教育には大きな見返りがあった」、「労働者階級の家族にとっては、子どもを少なくし、教育に投資することの方が理にかなっていると考えられるようになった」とあります。それを端的に言い換えた4が正解となります。

✎ □ critical 極めて重要な、決定的な　□ agrarian 農地の、農業の

⋯⋯

筆記③

🚩 **(1)** 1　**(2)** 4

練習しよう！⑧ More Europeans? Or Fewer?　解説・正解

(3) What is one possible criticism against potential European population policies?

1 They require more money from outside the EU to develop major service sector industries, placing the region further in debt.

2 They directly defy strong recommendations made by the UN to meet labor requirements by adopting liberal immigration policies through at least 2090.

3 They break longtime promises made to residents of the region, particularly regarding the very nature of European life, society, and employment.

4 They necessitate updating European approaches to international guest worker rights, which may not be acceptable to many former colonies in Africa and Asia.

(3) 🔲 将来実施され得るヨーロッパの人口政策に対する批判として何が考えられるか。

1 主要なサービス産業を発展させるために EU 域外から資金を多く獲得する必要があり、地域はさらに負債を抱えることになる。

2 少なくとも2090年までは自由な移民政策を採用し、労働要件を満たすようにという国連の強い勧告を真っ向から拒否する。

3 特にヨーロッパの生活、社会、雇用のあり方に関して、この地域の住民と長年交わしている約束を破る。

4 外国の出稼ぎ労働者の権利に対するヨーロッパの対応を更新する必要があり、これはアフリカやアジアの多くの旧植民地には受け入れられていないと考えられる。

🔍 ヨーロッパの人口政策に対する批判として考えられる内容は、第3段落❹の「移民政策を開放的にすることも、定年を引き上げてさらに長く働かせることも選択肢のひとつである」の後に、❺の「しかし、これらの選択肢はいずれも論点が多く、社会の安定、雇用保障、手厚い福祉の構築を保証する EU の社会的コンセンサスに反するものだ」があることから、violate the EU social consensus を break longtime promises と言い換えるなどして表している3が正解となります。

✏️ ☐ necessitate …を必要とする

筆記③

🚩 **(3) 3**

練習しよう！⑧ More Europeans? Or Fewer?　訳・語句

More Europeans? Or Fewer?

第1段落

❶ In recent decades, there has been a continent-wide debate over the demographics of Europe.
❷ Specifically, there is a concern that European Union (EU) countries are aging fast.
❸ Ironically, in the 1700s, a major European concern was potential overpopulation.
❹ As advances in science improved crop yields, cured diseases, and extended lifespans, some scholars felt this was a sign that the continent was truly flourishing.
❺ The Scottish economist David Hume wrote at the time, "it seems natural to expect that, wherever there is the most happiness and virtue, and the wisest institutions, there will also be the most people."
❻ Contrary to Hume's expectations, however, birth rates started to fall as industrialization accelerated.
❼ Total global population continued to rise, however, a phenomenon that researchers such as mathematician Thomas Malthus were worried about.
❽ In 1798, Malthus predicted that humanity was headed toward overpopulation and starvation, stating, "The power of population is indefinitely greater than the power in the earth to produce subsistence for man."
❾ This "Malthusian trap" saw a human future filled with misery, war, and chaos, if not annihilation.
❿ While his work, *An Essay on Population,* was proved mathematically wrong, its underlying theme—that humanity cannot sustain itself forever—continues to have widespread adherence.

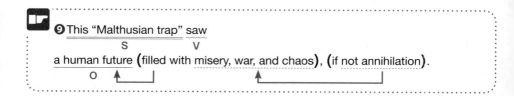

ヨーロッパ人は増えるか、減るか

第1段落

❶ ここ数十年、ヨーロッパの人口動態をめぐって大陸全体で議論が起きている。
❷ 具体的には、欧州連合（EU）諸国の高齢化が急速に進んでいるという懸念である。
❸ 皮肉なことに、1700年代にはヨーロッパの主要な懸念は人口過剰の可能性のことであった。
❹ 科学の進歩によって農作物の収穫高が向上し、病気を治療し、寿命が延びていたので、それがこの大陸が真に繁栄している証だと考える学者もいた。
❺ スコットランドの経済学者デイヴィッド・ヒュームは当時、「最も多くの幸福と美徳があり、最も賢明な制度があるところに、当然最も多くの人々がいると考えるのは自然なことだ」と記している。
❻ しかし、ヒュームの予想に反して、工業化が加速すると出生率は低下し始めた。
❼ それでも、世界の総人口は増加の一途をたどり、数学者トーマス・マルサスのような研究者はこの現象に懸念を示した。
❽ 1798年、マルサスは「人口が持つ力は、人類の生存の糧を生み出す地球の力より無限に大きい」と述べ、人類が人口過剰と飢餓に向かうと予測した。
❾ この「マルサスの罠」は、人類の滅亡とまでは言わないまでも、惨事、戦争、混乱に苦しむ未来を予見していた。
❿ 彼の著作『人口論』は数学的に間違っていることが証明されたが、その根底のテーマである、人類は永遠に自分たちを維持することはできないという主張は、現在でも広く支持されている。

❶ □ demographics 人口統計　❸ □ overpopulation 人口過密　❹ □ lifespan 寿命　□ flourish 繁栄する　❻ □ accelerate 加速する、促進する　❼ □ mathematician 数学者　❽ □ subsistence 生活、生存、存続　□ indefinitely 無期限に、不明確に、漠然と　❾ □ annihilation 全滅、絶滅　❿ □ adherence 遵守、支持、信奉、固執

練習しよう！⑧ More Europeans? Or Fewer? 訳・語句

第2段落

❶ It was no coincidence that the fall in European birth rates starting in the early 1800s accompanied the beginnings of European capitalism.

❷ Large families suited the agrarian lifestyle, since every child was a potential farmworker and caregiver to elderly parents.

❸ School had few to no benefits for such families.

❹ On the other hand, for industrial laborers, education, such as learning a trade, had large payoffs.

❺ Therefore, it began to make more sense for working-class families to have fewer children and invest in their education.

❻ Early forms of mass contraception had also become available by the mid-1800s, making family planning possible for the first time.

❼ By about the first quarter of the 1900s, Europe had reached zero-population growth, and by the 1950s and 1960s, it needed its former colonial states in Asia and Africa to supply "guest workers," most of whom remained permanently.

第2段落

❶ 1800年代初頭からのヨーロッパの出生率の低下が、ヨーロッパの資本主義の始まりと時を同じくしたのは偶然ではない。

❷ 大家族は農民の生活様式に適しており、子どもはみな、農作業や年老いた両親の介護の担い手となり得た。

❸ そのような家族にとって、学校はほとんど何の利点もなかった。

❹ 一方、産業労働者にとっては、職業訓練のような教育には大きな見返りがあった。

❺ そのため、労働者階級の家族にとっては、子どもを少なくし、教育に投資することの方が理にかなっていると考えられるようになった。

❻ 1800年代半ばには、大衆向けの避妊法の最初の形も利用できるようになり、初めて家族計画が可能になった。

❼ 1900年代の第1四半期頃には、ヨーロッパは人口増加がなくなった。1950年代と1960年代には、アジアとアフリカの旧植民地国に「出稼ぎ労働者」を提供してもらわなければならなくなり、そのほとんどが永住した。

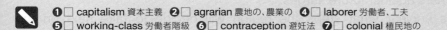

❶ □ capitalism 資本主義　❷ □ agrarian 農地の、農業の　❹ □ laborer 労働者、工夫
❺ □ working-class 労働者階級　❻ □ contraception 避妊法　❼ □ colonial 植民地の

練習しよう！⑧ More Europeans? Or Fewer?　訳・語句

第3段落

❶ By 2023, the EU had become a slowly depopulating region, and the UN Population Division predicted that 55% of nations would follow a similar trajectory by 2090.

❷ Europe is considering several remedies to these challenges.

❸ Automation is one solution, as robots move into the service sector as designers, waiters, caregivers, and physicians.

❹ A more open immigration policy is another option, as is raising the national retirement age, forcing people to work for more years.

❺ However, all of these options are contentious and violate the EU social consensus that guarantees social stability, job security, and generous welfare structures.

❻ For example, the continent had a large immigration surge—largely from the Middle East and Africa—during the 2015-2016 period.

❼ The event proved highly divisive, and eventually led to much tougher barriers against future surges.

❽ It is unclear what steps the region will decide to take next on the immigration issue.

❾ EU countries—such as France—that have tried to raise their retirement ages have faced sustained popular opposition, including street protests.

❿ The continent continues to face tough choices as to how it will grow its population—and who will or will not be welcomed as a part of that population.

第3段落

❶ 2023年には、EU は徐々に人口が減少する地域となっており、国連人口部は、2090年までに 55％の国が同様の道をたどるだろうと予測している。
❷ 欧州はこうした課題に対する複数の解決策を検討している。
❸ ロボットがデザイナー、ウェイター、介護士、医師としてサービス業に従事すれば、自動化がひとつの解決策となる。
❹ 移民政策を開放的にすることも、定年を引き上げてさらに長く働かせることも選択肢である。
❺ しかし、これらの選択肢はいずれも論点が多く、社会の安定、雇用保障、手厚い福祉の構築を保証する EU の社会的コンセンサスに反するものだ。
❻ 例えば、2015年から2016年にかけて、ヨーロッパでは中東やアフリカなどからの移民が急増した。
❼ この出来事は激しい分断を引き起こし、ついには将来の移民の急増に対するはるかに強固な障壁を生み出した。
❽ この地域が移民問題に関して次にどのような措置を取るかは不明である。
❾ EU 諸国のうち、定年を引き上げようとしたフランスなどでは、民衆が街頭デモなどで抗議し続けている。
❿ ヨーロッパ大陸は、今後どのように人口を増やしていくのか、そしてその人口の一部として誰を迎え入れるのか、あるいは迎え入れないのか、引き続き厳しい選択を迫られている。

❶ □ depopulate 人口が減少する　□ trajectory 軌跡、軌道　❷ □ remedy 矯正法、救済策
❸ □ automation 自動化、自動操作　□ move into …の分野に進出する　□ physician 医者、内科医
❺ □ contentious 議論を起こす、異論のある　□ consensus 意見の一致、合意　□ security 保証、保障
❻ □ surge 大波、うねり、急増、殺到　❼ □ divisive 対立を生む、不和を起こさせる

Unit 2　練習しよう！⑨

目標解答時間 **14分**

問題英文の読み方 P.452　解説・正解 P.458　訳・語句 P.462

A Short History of Private Weapons

Weapon ownership presented a challenge even to the earliest civilizations. During a sudden attack, every villager or townsperson might be required for defense—particularly if a kingdom's professional army had been defeated. However, many monarchs also feared disorder or rebellion from a widely armed populace. Therefore, rulers tried to balance these competing needs. For instance, Aristotle noted that Spartans were required to keep their weapons locked up at home during peacetime. Athenians had a similar custom, and men too old to fight were expected to give up their weapons to the nation. By contrast, Imperial Rome maintained large standing armies. However, the Romans largely confined weapons to military bases; weapons were banned entirely within the city of Rome itself under Emperor Augustus. The Roman successor states in Europe likewise continued to restrict personal arms, especially outside the aristocracy, well into the 18th century.

An important exception to this European trend were the colonists the continent sent to the Americas. For instance, 18th century American colonists had wide access to firearms, primarily to hunt or defend their homes. For larger battles—such as with the French or Native Americans—the colonists could assemble into militias. As Robert Gross, professor at the University of Connecticut, pointed out, although the colonial militias performed a range of vital local services, from scouting to law enforcement, British troops disparaged and feared the groups. Repeated clashes between British troops and colonial militias culminated in the American War of Independence in 1775. The contributions of the militias to winning that war—and a continuing fear of standing armies—were one reason that the right to private weapon ownership was embedded into the Second Amendment of the US Constitution. That amendment reads, "A well regulated Militia, being necessary to the security of a free State, the right of the people to keep and bear Arms, shall not be infringed." Subsequent challenges to the amendment have centered on its wording, arguing that while American militias (perhaps now best interpreted as state and national guard units) have the right to own weapons, individual Americans do not. However, the US Supreme Court has regularly ruled against this challenge.

America has since become the OECD nation with the highest crime rate—although it is contentious how much this crime rate is related solely to guns. For instance, about half of all gun deaths in America are actually suicides. Also, about 20% of all American murders are carried out without guns. Moreover, about 80% of American criminals do not use any weapon at all. Careful scrutiny

448

of American crime statistics shows that most crime and gun deaths are concentrated in a few major cities, such as Detroit, Chicago, Newark, St. Louis, and others. Other research focuses on American equality levels. According to a World Bank paper, income disparities can be a major factor in social violence. Therefore, American crime rates could reflect its income inequality, which is also the highest among the OECD. Australia and Canada also allow gun ownership, but their low inequality levels may be resulting in low crime. Florida State University professor Benjamin Dowd-Arrow has suggested that widespread gun ownership in countries such as the US is the result of fear, particularly fear of other citizens with different values and backgrounds. Indeed, about 43% of Americans in a 2022 survey even feared a second civil war. There are many other theories on guns and violence in America, but, in the end, the country may have to find its own way to deal with its longtime problem with violence and crime.

練習しよう！⑨ A Short History of Private Weapons 問題

(1) Ancient rulers in many places often tolerated some weapons among the public, realizing that

1. they needed common citizens to help their armies launch frequent attacks against rival towns and villages in order to secure supplies.
2. ordinary people might have to assume a combat role in warfare that their locality might become engaged in at some point.
3. they and the nobility were so powerful that commoners in towns and villages would not dare break into disorder or rebellion.
4. laws and customs of the period would safely prevent subjects from taking up arms against a legitimate monarch that ruled them.

(2) What does Robert Gross believe about the colonial militias?

1. Since they often scouted for and otherwise worked alongside British troops, they were disliked and feared by the founders of the US.
2. Since such groups differed from state to state, the founders trusted them much less than a stable and standing national army.
3. Although they were organized for various local activities, they prompted forceful reactions from British soldiers, ultimately resulting in nationwide rebellion.
4. Due to their lack of arms, they were no real match for British armies in their repeated clashes both before and during the War of Independence.

(3) According to the World Bank paper, what could be a major reason for crime in some nations?

1. Large variations in wealth among citizens can seriously affect the level of overall violence in a society.
2. Decreases in spending on police for maintaining law and order could be forcing people to use guns to resolve disputes.
3. Big gaps in education between different populations result in differing socioeconomic conditions, causing fearful citizens to stockpile weapons.
4. Countries that allow widespread weapon ownership generate power disparities and conflict among different communities that are already in poverty.

練習しよう！⑨ A Short History of Private Weapons 問題英文の読み方

第1段落

A Short History of Private Weapons

❶Weapon ownership presented a challenge even to the earliest civilizations. ❷During a sudden attack, every villager or townsperson might be required for defense—particularly if a kingdom's professional army had been defeated. ❸However, many monarchs also feared disorder or rebellion from a widely armed populace. ❹Therefore, rulers tried to balance these competing needs. ❺For instance, Aristotle noted that Spartans were required to keep their weapons locked up at home during peacetime. ❻Athenians had a similar custom, and men too old to fight were expected to give up their weapons to the nation. ❼By contrast, Imperial Rome maintained large standing armies. ❽However, the Romans largely confined weapons to military bases; weapons were banned entirely within the city of Rome itself under Emperor Augustus. ❾The Roman successor states in Europe likewise continued to restrict personal arms, especially outside the aristocracy, well into the 18th century.

第1段落

タイトルを見て、頭に思い浮かぶのは、「なぜ銃社会は犯罪に関連する問題に直面してきたのか」ということでしょうか。この文章を読んで背景を探ってみましょう。❶で「武器所有は初期の文明においても課題であったこと」が指摘され、❷では「突然の攻撃の際に、すべての村人や町の住民が防衛のために必要とされる可能性があった」と説明されています。defense の後の部分、particularly if a kingdom's professional army had been defeated は村や町の住民が防衛に必要な理由を強調している挿入情報です。この部分を取り除いても文の意味は通じますが、ダッシュを使って情報を補足することで、文の意味が深まります。その後、❸❹で「しかし、多くの君主たちは、広く武装した民衆からの反乱や混乱を恐れてもいた」、「そのため、支配者たちはこれらのニーズのバランスを取ろうとした」と続いています。具体的な例として、アリストテレスが言っていた❺「スパルタ人が平時には武器を自宅に保管することが求められていた」ことや❻「アテネ人も同様の習慣を持ち、戦うには年を取りすぎた男性は国に武器を譲り渡すとされていた」ことを挙げています。それとは対照的に❼では「ローマ帝国が大規模な常備軍を維持していた」とあります。しかし、❽では「ローマ人は武器を主に軍事基地に限定しており、アウグストゥス皇帝の下では、ローマ市内での武器が完全に禁止された」と言っています。セミコロンは、二つの関連する独立した文を接続するために使われています。the Romans largely confined weapons to military bases と weapons were banned entirely within the city of Rome itself under Emperor Augustus はそれぞれ独立した文ですが、セミコロンを使うことで、どちらも密接に関連していることが強調されています。セミコロンは二つの文を一続きにして読みやすくし、内容の連続性を生み出しています。ここではローマ帝国の同一の方針を別の切り口から説明しています。❾では「ヨーロッパのローマ後継国も、特に貴族以外の個人の武器を18世紀まで制限し続けた」ことが述べられています。

第1段落では、古代からの武器所有に関して、国を守りもすれば体制を壊すことにもつながりかねないその力をどう管理すればよいかという統治者たちの思索が垣間見られました。

練習しよう！⑨ A Short History of Private Weapons 　問題英文の読み方

第2段落

❶An important exception to this European trend were the colonists the continent sent to the Americas. ❷For instance, 18th century American colonists had wide access to firearms, primarily to hunt or defend their homes. ❸For larger battles—such as with the French or Native Americans— the colonists could assemble into militias. ❹As Robert Gross, professor at the University of Connecticut, pointed out, although the colonial militias performed a range of vital local services, from scouting to law enforcement, British troops disparaged and feared the groups. ❺Repeated clashes between British troops and colonial militias culminated in the American War of Independence in 1775. ❻The contributions of the militias to winning that war—and a continuing fear of standing armies—were one reason that the right to private weapon ownership was embedded into the Second Amendment of the US Constitution. ❼That amendment reads, "A well regulated Militia, being necessary to the security of a free State, the right of the people to keep and bear Arms, shall not be infringed." ❽Subsequent challenges to the amendment have centered on its wording, arguing that while American militias (perhaps now best interpreted as state and national guard units) have the right to own weapons, individual Americans do not. ❾However, the US Supreme Court has regularly ruled against this challenge.

第2段落

❶は An important exception で始まり、第1段落で述べられていたことの例外から話が始まります。まず、ヨーロッパの武器制限の傾向に対する例外として、アメリカに送られた植民者たちが挙げられています。❷❸では、例として「18世紀のアメリカ植民者は、主に狩猟や自宅の防衛のために銃器に広くアクセスでき」、「フランス軍やネイティブ・アメリカンとの戦いでは民兵を組織することができた」とあります。❹では「民兵は偵察や法の執行などの重要な地域サービスを行っていたが、イギリス軍は彼らを軽蔑し、恐れていた」と、ロバート・グロス教授の指摘を紹介しています。❺で「イギリス軍と民兵の間で繰り返された衝突が1775年のアメリカ独立戦争に至った」とあり、❻で「その戦争での民兵の貢献と常備軍への恐怖が、アメリカ合衆国憲法修正第二条に個人の武器所有権が組み込まれた理由の一つとなった」と、アメリカでの武器所有が許されることになった経緯を説明しています。❼の主語は That amendment、動詞は reads です。この文では A well regulated Militia が being necessary である、つまり「よく規制された民兵が必要である」と、A well regulated Militia の状況や状態を説明しています。being からの分詞構文で「よく規制された民兵が自由国家の安全に必要である」ということを、文を簡潔にして説明しています。そのようなかたちで「修正条項には、民兵が自由国家の安全に必要であり、人々の武器所有権が侵害されてはならないと記されている」とありましたが、❽で「その後、この文言に対する異議が提起され、民兵には武器所有の権利があるが、個々のアメリカ人にはその権利がないと主張されてきた」こと、この段落の最後の❾で「しかし、アメリカ合衆国最高裁判所はこの異議に対していつも反対の判決を下している」ことが述べられて、この議論に決着がついていないことがうかがえます。

第2段落では、アメリカの植民地時代から続く武器所有の意義とその法的解釈に関わる認識の対立について述べていました。

練習しよう！⑨ A Short History of Private Weapons　問題英文の読み方

第3段落

❶America has since become the OECD nation with the highest crime rate—although it is contentious how much this crime rate is related solely to guns. ❷For instance, about half of all gun deaths in America are actually suicides. ❸Also, about 20% of all American murders are carried out without guns. ❹Moreover, about 80% of American criminals do not use any weapon at all. ❺Careful scrutiny of American crime statistics shows that most crime and gun deaths are concentrated in a few major cities, such as Detroit, Chicago, Newark, St. Louis, and others. ❻Other research focuses on American equality levels. ❼According to a World Bank paper, income disparities can be a major factor in social violence. ❽Therefore, American crime rates could reflect its income inequality, which is also the highest among the OECD. ❾Australia and Canada also allow gun ownership, but their low inequality levels may be resulting in low crime. ❿Florida State University professor Benjamin Dowd-Arrow has suggested that widespread gun ownership in countries such as the US is the result of fear, particularly fear of other citizens with different values and backgrounds. ⓫Indeed, about 43% of Americans in a 2022 survey even feared a second civil war. ⓬There are many other theories on guns and violence in America, but, in the end, the country may have to find its own way to deal with its longtime problem with violence and crime.

第3段落

第2段落の内容を踏まえて、❶で、その後のアメリカがOECD加盟国の中で最も高い犯罪率を持つ国となったことが述べられていますが、この犯罪率が銃のみに関連しているのかどうかは議論の余地があると指摘しています。根拠として、❷❸❹で「アメリカでの銃による死亡の約半分は自殺」であり、「全殺人の約20％は銃を使用せずに行われ」、「アメリカの犯罪者の約80％は武器を使用していない」というデータが示されています。さらに❺では「犯罪と銃による死亡が一部の主要都市に集中している」ことを付け加えています。❻❼からは「アメリカの平等さのレベルに焦点を当てる」、「ある文書によれば所得格差が暴力の要因となり得る」とあり、❽で「アメリカの犯罪率は所得格差が大きいことを反映しているかもしれない」と内容が展開しています。それを踏まえて、❾では「オーストラリアやカナダも銃の所有を許可しているが、彼らの小さい格差レベルが犯罪率の低さに寄与している可能性がある」と示唆しています。❿では、専門家の意見として「アメリカのような国における広範な銃所有は、異なる価値観や背景を持つ他の市民に対する恐怖の結果である」という見方を示しており、実際に⓫では、2022年の調査として「アメリカ人の約43％が第二次内戦を恐れていた」ことが示されています。この文章の最後⓬では「アメリカにおける銃と暴力に関する多くの理論があるが、最終的にはアメリカが独自の方法を見つけて長年にわたる暴力と犯罪の問題に対処する必要があるだろう」と結論づけられています。

この段落では近代のアメリカにおける犯罪率の高さが単に銃所有によるものではなく、その要因として所得格差があるという考察がされ、また銃所有の背景に市民同士の緊張した状況があるという見方が挙げられていました。この文章全体を通じて、武器を持つ社会での秩序維持の難しさと、武器と犯罪の関係から真に秩序を乱す要因までについての考察が述べられていました。アメリカの銃文化は様々な分野で取り上げられることの多いトピックです。ここで読んだことをきっかけにして、その特徴について一度自分の意見をまとめておくと、読解の対策にもアウトプットの準備にも役立つでしょう。

練習しよう！⑨ A Short History of Private Weapons　解説・正解

(1) Ancient rulers in many places often tolerated some weapons among the public, realizing that

1 they needed common citizens to help their armies launch frequent attacks against rival towns and villages in order to secure supplies.

2 ordinary people might have to assume a combat role in warfare that their locality might become engaged in at some point.

3 they and the nobility were so powerful that commoners in towns and villages would not dare break into disorder or rebellion.

4 laws and customs of the period would safely prevent subjects from taking up arms against a legitimate monarch that ruled them.

(2) What does Robert Gross believe about the colonial militias?

1 Since they often scouted for and otherwise worked alongside British troops, they were disliked and feared by the founders of the US.

2 Since such groups differed from state to state, the founders trusted them much less than a stable and standing national army.

3 Although they were organized for various local activities, they prompted forceful reactions from British soldiers, ultimately resulting in nationwide rebellion.

4 Due to their lack of arms, they were no real match for British armies in their repeated clashes both before and during the War of Independence.

(1) ⚡ 古代の支配者たちは、多くの場所で大衆が多少の武器を所持することを容認したが、そこで認識していたのは

1　物資を確保するために、敵対する町や村に対して頻繁に攻撃を仕掛ける軍隊への一般市民の協力が必要だ。

2　一般の人々は、自分の住んでいる地域がいつか巻き込まれるかもしれない戦争で、戦闘員の役割を引き受けなければならないこともある。

3　支配者と貴族は、町や村の平民が混乱や暴動を起こす気にならないほど強力だった。

4　当時の法律や慣習で、統治者である正統な君主に対して臣民が武器を取ることを問題なく阻止できる。

🔍 古代に関する記述は第1段落にありました。❶の「武器の所有が最古の文明社会でも難題だった」ことの一つとして、❷で「突然攻撃された際、特に王国の軍が敗れた場合には、すべての村民や町民が防衛のために必要になることもあった」ことが書いてあります。これを言い換えて表現している2が正解です。

✒ ☐ combat 戦闘　☐ the nobility 貴族たち　☐ commoner 平民、庶民　☐ subject 被支配者、臣民

....

(2) ⚡ ロバート・グロスは植民地の民兵についてどう考えているか。

1　しばしばイギリス軍のために偵察し、あるいはイギリス軍とともに行動したりしたため、アメリカの建国者たちから嫌われ、恐れられていた。

2　このような集団は州によって異なるため、建国者たちは安定感がある常設の国軍と比べてほとんど信用しなかった。

3　様々な地域活動のために組織されていたが、イギリス兵の強烈な反応を招き、最終的には全国的な反乱に発展した。

4　武器の不足により、独立戦争前も戦争中も、何度衝突してもイギリス軍には歯が立たなかった。

🔍 ロバート・グロスが植民地の民兵についてどう考えているかに関しては第2段落❹の As Robert Gross ... pointed out, で始まっている文を見ます。「植民地の民兵は偵察から法の執行に至るまで、その土地で重要な役割を果たしたが、イギリス軍は民兵を軽蔑し、恐れていた」とあり、続く❺には「イギリス軍と植民地の民兵の衝突は、独立戦争で頂点に達した」と書いてあります。これを要約している3が正解です。

....

筆記③

🚩 **(1) 2　(2) 3**

練習しよう！⑨ A Short History of Private Weapons 解説・正解

(3) According to the World Bank paper, what could be a major reason for crime in some nations?

1 Large variations in wealth among citizens can seriously affect the level of overall violence in a society.

2 Decreases in spending on police for maintaining law and order could be forcing people to use guns to resolve disputes.

3 Big gaps in education between different populations result in differing socioeconomic conditions, causing fearful citizens to stockpile weapons.

4 Countries that allow widespread weapon ownership generate power disparities and conflict among different communities that are already in poverty.

(3) 🔲 世界銀行が出した文書によると、ある国で犯罪が発生する主な理由は何か。

　　1　市民間の貧富の差が大きいと、社会全体の暴力の程度に深刻な影響を与える可能性がある。

　　2　法と秩序を維持するために警察にかける費用を減らすと、人々は紛争を解決するために銃を使わざるを得なくなる可能性がある。

　　3　グループ間の教育格差が大きいため、社会経済状況の違いが生じ、恐怖を感じた市民が武器を備蓄することになる。

　　4　広範な武器の所有が認められている国は既に貧困状態にある様々なコミュニティーの間に権力格差と紛争を生み出す。

🔍 世界銀行が出した文書については第3段落❼に According to a World Bank paper とあるので、その後を読むとわかります。income disparities can be a major factor in social violence「所得格差は社会的暴力の主要因となり得る」をかみ砕いて詳しく説明している1が正解です。

✎ ☐ variation 変化、変動、変化量　☐ stockpile …を備蓄する・貯蔵する

🚩 **(3)** 1

461

練習しよう！⑨ A Short History of Private Weapons | 訳・語句

A Short History of Private Weapons

第1段落

❶ Weapon ownership presented a challenge even to the earliest civilizations.

❷ During a sudden attack, every villager or townsperson might be required for defense—particularly if a kingdom's professional army had been defeated.

❸ However, many monarchs also feared disorder or rebellion from a widely armed populace.

❹ Therefore, rulers tried to balance these competing needs.

❺ For instance, Aristotle noted that Spartans were required to keep their weapons locked up at home during peacetime.

❻ Athenians had a similar custom, and men too old to fight were expected to give up their weapons to the nation.

❼ By contrast, Imperial Rome maintained large standing armies.

❽ However, the Romans largely confined weapons to military bases; weapons were banned entirely within the city of Rome itself under Emperor Augustus.

❾ The Roman successor states in Europe likewise continued to restrict personal arms, especially outside the aristocracy, well into the 18th century.

武器の私有の歴史

第1段落

❶ 武器の所有は、最古の文明社会でも難題であった。
❷ 急襲をかけられた際、特に王国の軍が敗れた場合には、すべての村や町の住民が防衛のために必要になることもあった。
❸ しかし、多くの君主は、大勢が武装した民衆による混乱や暴動を恐れてもいた。
❹ そのため、統治者たちは相反するニーズのバランスを取ろうとした。
❺ たとえば、アリストテレスは、スパルタ人は平時には武器を家にしまって施錠しておくことを義務づけられると述べた。
❻ アテネ人にも同様の習慣があり、高齢のために戦えなくなった者は武器を国に差し出すことになっていた。
❼ 対照的に、帝政ローマは大規模な常備軍を維持していた。
❽ しかし、古代ローマ人は武器の保管をほとんど軍事基地内に限定し、アウグストゥス帝の時代のローマ市内では武器の使用が全面的に禁止された。
❾ ヨーロッパにおけるローマ帝国の後継国家も同様に、特に貴族以外の個人による武器の所持を18世紀になってしばらくするまで制限し続けた。

❸ □ monarch 君主　□ populace 大衆、民衆　❾ □ aristocracy 貴族、上流階級

練習しよう！⑨ A Short History of Private Weapons　訳・語句

第2段落

❶ An important exception to this European trend were the colonists the continent sent to the Americas.

❷ For instance, 18th century American colonists had wide access to firearms, primarily to hunt or defend their homes.

❸ For larger battles—such as with the French or Native Americans—the colonists could assemble into militias.

❹ As Robert Gross, professor at the University of Connecticut, pointed out, although the colonial militias performed a range of vital local services, from scouting to law enforcement, British troops disparaged and feared the groups.

❺ Repeated clashes between British troops and colonial militias culminated in the American War of Independence in 1775.

❻ The contributions of the militias to winning that war—and a continuing fear of standing armies—were one reason that the right to private weapon ownership was embedded into the Second Amendment of the US Constitution.

❼ That amendment reads, "A well regulated Militia, being necessary to the security of a free State, the right of the people to keep and bear Arms, shall not be infringed."

❽ Subsequent challenges to the amendment have centered on its wording, arguing that while American militias (perhaps now best interpreted as state and national guard units) have the right to own weapons, individual Americans do not.

❾ However, the US Supreme Court has regularly ruled against this challenge.

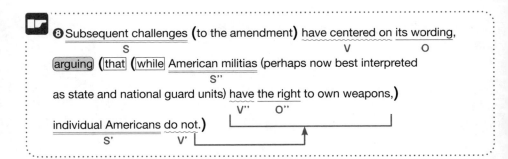

第2段落

❶ このヨーロッパの傾向の重要な例外はヨーロッパからアメリカ大陸に送られた入植者たちである。

❷ たとえば、18世紀のアメリカの植民地の住民は、主に狩猟や家庭の防衛のために様々な銃器を利用できた。

❸ フランス人やネイティブ・アメリカンなどとの大規模な戦闘では、植民者たちは民兵を組織することができた。

❹ コネティカット大学のロバート・グロス教授が指摘しているとおり、植民地の民兵は偵察から法の執行に至るまで、その土地で重要な役割を果たしたが、イギリス軍は民兵を軽蔑し、恐れていた。

❺ イギリス軍と植民地の民兵の度重なる衝突は、1775年のアメリカ独立戦争で頂点に達した。

❻ この戦争での勝利に民兵が貢献したこと、そして常備軍に対する恐怖感が続いたことが、個人が武器を所有する権利が合衆国憲法修正第2条に盛り込まれた理由のひとつである。

❼ 修正条項には、「よく統制された民兵は、自由な国家の安全に必要であり、人民が武器を保有し、かつ、携帯する権利は、侵してはならない」とある。

❽ 修正条項に対するその後の異議申し立ては、その文言に集中し、アメリカの民兵（おそらく現在では州や国家の防衛隊と解釈するのが最も適切であろう）には武器を所有する権利があるが、アメリカ人個人にはない、と主張してきた。

❾ しかし、連邦最高裁判所は一様にこの異議申し立てを棄却してきた。

❷□ firearm 小火器　❸□ militia 民兵、市民軍　❹□ scouting 斥候活動、偵察活動
□ disparage …をけなす・悪く言う　❺□ culminate in ついに…となる、最高潮に達して…となる
❻□ embed …を埋める・はめ込む　❼□ infringe (法律)を犯す、(権利)を侵害する

練習しよう！⑨ A Short History of Private Weapons 訳・語句

第3段落

❶ America has since become the OECD nation with the highest crime rate—although it is contentious how much this crime rate is related solely to guns.

❷ For instance, about half of all gun deaths in America are actually suicides.

❸ Also, about 20% of all American murders are carried out without guns.

❹ Moreover, about 80% of American criminals do not use any weapon at all.

❺ Careful scrutiny of American crime statistics shows that most crime and gun deaths are concentrated in a few major cities, such as Detroit, Chicago, Newark, St. Louis, and others.

❻ Other research focuses on American equality levels.

❼ According to a World Bank paper, income disparities can be a major factor in social violence.

❽ Therefore, American crime rates could reflect its income inequality, which is also the highest among the OECD.

❾ Australia and Canada also allow gun ownership, but their low inequality levels may be resulting in low crime.

❿ Florida State University professor Benjamin Dowd-Arrow has suggested that widespread gun ownership in countries such as the US is the result of fear, particularly fear of other citizens with different values and backgrounds.

⓫ Indeed, about 43% of Americans in a 2022 survey even feared a second civil war.

⓬ There are many other theories on guns and violence in America, but, in the end, the country may have to find its own way to deal with its longtime problem with violence and crime.

第3段落

❶ アメリカはその後、OECD加盟国の中で最も犯罪率の高い国になった。ただ、銃だけに関係している犯罪率がどれだけなのかは議論の余地がある。

❷ たとえば、アメリカの銃による死亡者の約半数は実は自殺である。

❸ また、アメリカでは殺人の約20％は銃を使わずに行われている。

❹ さらに、アメリカの犯罪者の約80％は、凶器をまったく使用していない。

❺ アメリカの犯罪統計を注意深く精査すると、犯罪や銃による死亡の多くは、デトロイト、シカゴ、ニューアーク、セントルイスなどの少数の大都市に集中していることがわかる。

❻ アメリカの平等さのレベルに焦点を当てた研究もある。

❼ 世界銀行が出した文書によれば、所得格差は社会的暴力の主要因となり得る。

❽ したがって、アメリカの犯罪率は、OECDの中でも最も高い所得格差を反映している可能性がある。

❾ オーストラリアとカナダも銃の所持を認めているが、格差のレベルが低いために犯罪が少ないと考えられる。

❿ フロリダ州立大学のベンジャミン・ダウド＝アロー教授は、アメリカのような国で広く銃が所持されているのは、恐怖心、特に異なる価値観や背景を持つ他の市民に対する恐怖心の結果だと指摘している。

⓫ 実際、2022年の調査では、アメリカ人の約43％が二度目の内戦を恐れていた。

⓬ アメリカにおける銃と暴力については他にも多くの説があるが、結局のところ、アメリカは長年抱えている暴力と犯罪の問題に対処する独自の方法を見つけなければならないだろう。

❶ contentious 議論を引き起こす、異論のある　❺ scrutiny 精査、吟味
❼ disparity 格差、不均等

Waterways and National Development

There have been many different reasons given for sixteenth-century European global expansion, from a growing middle class to the embrace of the scientific method in everything from warfare to industry. Surely, one impressive factor that led to the development of Western Europe was the abundance of navigable rivers. These were important because, as Yale historian Paul Kennedy wrote, water has always been the most efficient method of heavy cargo conveyance. Moreover, while coastal cities can directly access the sea, inland cities conventionally rely on rivers. While every continent except Antarctica has waterways, European rivers are unique in that so many of them facilitate water transportation for all or most of their length. The Danube River, for instance, has 2,415 kilometers of water that are usable for navigation, while the Rhone River waters facilitate transportation for 870 kilometers, the Rhine River for 800 kilometers, and the Po River for about 480 kilometers. By contrast, the Nile, despite being the longest river in the world, is only usable by small craft over certain sections and the Congo River is not really navigable at all.

With easy access to the sea, major inland cities such as London, Brussels, and even Geneva could develop relatively fast from the 1500s onward. Imported commodities ranging from sugar to tobacco could sail up the Thames, Seine or Rhone to deliver to merchants. Manufactured goods from these inland cities could also be shipped abroad from river docks in these trading hubs, sparing the time and expense of having to be brought overland to the coast. As trade grew, the financial activities related to it expanded, in a virtuous cycle that was being replicated nowhere else on earth. By 1800, London had leveraged the calm and ship-friendly Thames to become the largest financial center on earth, although neither it nor its close competitor Amsterdam were actually coastal cities. In other words, the development of river transportation could "convert" large cities within the interior of a nation into coastal cities. Moreover, these interior cities did not have the risks of coastal ones, such as direct exposure to storms or, seemingly at least, foreign navies.

Within this relative safety, great cities in the European interior could develop into unprecedented economic size, and move raw materials and finished goods throughout the continent. Lumber, food, and minerals could be transported from rural parts of Europe to industrial centers, financed by institutions that themselves were typically in either coastal or riverside cities. Although the successful utilization of rivers certainly enhanced trade, it also encompassed numerous extraneous effects that were not necessarily welcome. As University of Hong Kong professor Ricci P.H. Yue pointed out, navigable rivers also meant that trade ships could carry pandemics, including the plague, far inland—whereas these disease outbreaks might have been confined to coastal cities before.

As European warships went through modernization, ship-friendly inland waterways also became potential invasion routes. The "Raid on the Medway" in 1667 saw a Dutch fleet slip through a Thames River that was almost devoid of fortifications or troops. The Dutch then caught the English fleet completely by surprise and decimated it—a disaster which Andrew R. Little of the UK National Archives termed "one of the greatest humiliations in British military history." The lesson from the attack was clear: major rivers—especially those leading to the sea—could no longer be lightly defended.

In modern times, many countries with rivers that are not navigable have tried to "improve" them, redirecting or damming up their flow to allow for greater commerce and naval activities, despite the substantial risks involved. For instance, varying water levels which may be inconvenient for cargo ships may be vital to local wildlife: this is particularly true for rivers such as the Nile, which Egypt has already dammed up and is planning to redirect.

Making such changes to develop river transportation can also engender flood risks, as has been the case with China's Three Gorges Dam.

Brazil, Nigeria, and many other countries have also launched ambitious river redirection and damming projects, not only to achieve trade and industrial benefits, but also to capitalize on the potential of some of these waterways for hydroelectric power. The US conservationist National Oceanic and Atmospheric Administration (NOAA) has discovered in its research on salmon that artificial water barriers or routes can block migratory fish from returning from the sea to lay eggs in rivers. Even riverside development can disrupt natural sediment flows and destroy many species that rely on river habitats. As Martin Richardson of the Royal Holloway University of London noted, pollution is also a considerable problem among rivers that have been dammed, redirected, or otherwise altered.

Nevertheless, the issue remains contentious. In fact, from a developing nation's perspective, it may seem that rich countries are attempting to block their economic development by citing environmental concerns. This is one reason China tightly restricted any foreign investigative ventures into its Yangtze dam projects. Factoring in all of this, Martin has called for mankind to balance future economic benefits from rivers with ample care for their preservation. This includes grappling with the need to protect numerous

練習しよう！⑩ Waterways and National Development　問題

plants, animals, and insects that depend on waterways shaped by nature, not men and women. Martin's own work as a Google Scholar could be a template for scientists and policymakers from both advanced and emerging-market nations to coordinate a response to this sensitive topic. Otherwise, over the next few decades humanity could move forward with complex projects that generate unintended environmental effects along the great rivers of the world.

(1) What makes navigable rivers an effective tool of commerce?
　1　They can handle large volumes of various types of cargo that are most efficaciously transported across bodies of water.
　2　They attract financial investors who want to bet on the potential development of upscale technologies that can augment river navigation.
　3　They culminate in flows to the open sea or ocean, making international shipments easier and rendering trading hubs along the coast unnecessary.
　4　They offer both naval and commercial fleets a robust space that is easily fortified against enemy ships that might otherwise attack them.

(2) According to the author, the Dutch challenged traditional thinking on river transportation by
　1　introducing dangerous diseases such as the plague from overseas areas into England by slipping through the Thames with numerous cargo ships.
　2　using its own water and land links around Amsterdam to build powerful defenses around rivers that emptied into the sea.
　3　financing a fleet which could seal off the English navy in its home waters, preventing them from coming out to fight.
　4　sailing up an inland waterway into enemy territory unopposed and assaulting the enemy fleet that was not anticipating any combat.

(3) What did NOAA's research on salmon help it discover about construction projects such as dams?

1. Information about migratory fish was lacking, and needs much more scientific investigation for both the US and other advanced nations.
2. Some kinds of straightened rivers would help wildlife survive, while others, such as the Three Gorges Dam, would harm it.
3. Water creatures that swim long distances from the sea into interior rivers in order to reproduce could be impeded by artificial structures.
4. Redirecting or damming the Nile or Congo Rivers could enhance the growth and reproduction of certain fish species such as salmon.

(4) Which of the following statements about river management would Martin Richardson most likely have agreed with?

1. Making major non-European rivers navigable comes at too high a cost to the environment and must be slowly phased out or stopped.
2. Any kind of changes to inland waterways would have to be made very carefully, with special effort to protect the environment.
3. Both merchants and environmentalists are incorrect in many of their core assumptions about how river commercialization or militarization actually impacts our planet.
4. Research is still unclear as to how regions outside of Europe could hope to straighten their waterways without negative impacts on the environment.

練習しよう！⑩ Waterways and National Development　問題英文の読み方

第1段落

Waterways and National Development

❶There have been many different reasons given for sixteenth-century European global expansion, from a growing middle class to the embrace of the scientific method in everything from warfare to industry. ❷Surely, one impressive factor that led to the development of Western Europe was the abundance of navigable rivers. ❸These were important because, as Yale historian Paul Kennedy wrote, water has always been the most efficient method of heavy cargo conveyance. ❹Moreover, while coastal cities can directly access the sea, inland cities conventionally rely on rivers. ❺While every continent except Antarctica has waterways, European rivers are unique in that so many of them facilitate water transportation for all or most of their length. ❻The Danube River, for instance, has 2,415 kilometers of water that are usable for navigation, while the Rhone River waters facilitate transportation for 870 kilometers, the Rhine River for 800 kilometers, and the Po River for about 480 kilometers. ❼By contrast, the Nile, despite being the longest river in the world, is only usable by small craft over certain sections and the Congo River is not really navigable at all.

第1段落

「水路と国家の発展」というタイトルです。文章に出てくる場所の位置関係を頭に思い浮かべながら読み進めましょう。❶は形式主語の There で始まって、「~がある」、「~が存在する」という意味を表現し、文に導入する役割を果たします。実際の主語は many different reasons で、動詞は have been given です。ヨーロッパの世界進出の内容として「中産階級の成長から、戦争から産業に至る、あらゆる分野で科学的方法を受け入れたことまで」という具体的な事象が挙げられています。❷では、西ヨーロッパの発展に寄与した要因として特に航行可能な河川があったことが強調されています。❸❹では、河川が重要だった理由として、「重い貨物を運ぶのに効率的」、「内陸の都市は河川に頼っていた」ことがあり、❺で「ヨーロッパの河川は、全流域またはその大部分で水上輸送を可能にしている点で独特である」とし、❻ではドナウ川やライン川などの具体的な数値が挙げられています。❼で、ナイル川やコンゴ川など、他の大陸の河川と比較することで、ヨーロッパの河川が持つ特長が明らかにされています。
第1段落では、この文章の導入として、ヨーロッパの発展において水路となる河川が重要な機能を果たしていたことが示されています。

練習しよう！⑩ Waterways and National Development 問題英文の読み方

第2段落

❶With easy access to the sea, major inland cities such as London, Brussels, and even Geneva could develop relatively fast from the 1500s onward. ❷Imported commodities ranging from sugar to tobacco could sail up the Thames, Seine or Rhone to deliver to merchants. ❸Manufactured goods from these inland cities could also be shipped abroad from river docks in these trading hubs, sparing the time and expense of having to be brought overland to the coast. ❹As trade grew, the financial activities related to it expanded, in a virtuous cycle that was being replicated nowhere else on earth. ❺By 1800, London had leveraged the calm and ship-friendly Thames to become the largest financial center on earth, although neither it nor its close competitor Amsterdam were actually coastal cities. ❻In other words, the development of river transportation could "convert" large cities within the interior of a nation into coastal cities. ❼Moreover, these interior cities did not have the risks of coastal ones, such as direct exposure to storms or, seemingly at least, foreign navies.

第3段落

❶Within this relative safety, great cities in the European interior could develop into unprecedented economic size, and move raw materials and finished goods throughout the continent. ❷Lumber, food, and minerals could be transported from rural parts of Europe to industrial centers, financed by institutions that themselves were typically in either coastal or riverside cities. ❸Although the successful utilization of rivers certainly enhanced trade, it also encompassed numerous extraneous effects that were not necessarily welcome. ❹As University of Hong Kong professor Ricci P.H. Yue pointed out, navigable rivers also meant that trade ships could carry pandemics, including the plague, far inland—whereas these disease outbreaks might have been confined to coastal cities before.

第2段落

❶で、内陸都市が海への容易なアクセスを有していたことで、1500年代以降に急速に発展したことが述べられています。❷❸では具体的な例として「輸入品は川をさかのぼって商人に届けられ」、「商品は河川港から海外に出荷された」と説明しています。❸の sparing は分詞構文として使われています。sparing the time ... to the coast は「海岸まで陸路で運ばれる時間と費用を節約しながら」という意味です。さらに❹❺では「貿易が拡大するにつれて、金融活動が拡大し」、「ロンドンは1800年までに世界最大の金融の中心になった」と説明されています。❺の neither ... nor ... は「AでもBでもない」という否定の表現です。この文では neither it nor its close competitor Amsterdam were actually coastal cities となっており、「ロンドンも（その競争相手の）アムステルダムも、実際には沿岸都市ではなかった」という意味を表しています。この表現は❻で「ロンドンやアムステルダムのような内陸都市が、河川輸送によって実質的に『沿岸都市』に転換されたこと」を強調する流れにつながります。そして、内陸都市の利点として、❼「沿岸都市に比べて嵐や外国の海軍の脅威から守られていた」という内容が述べられています。
第2段落では、河川輸送がヨーロッパの内陸都市をどのように発展させ、その結果がどのようなものであったかについて書かれていました。

第3段落

前の段落を受けて、❶「ヨーロッパ内陸部の都市が相対的な安全性の中で経済的に発展し、原材料や製品を大陸全体に移動させることができた」ことが述べられ、❷で貿易と経済が活性化することになった流通の構造を簡潔に説明しています。❸では「この河川利用は貿易を容易にした一方で、歓迎されない副次的な影響があった」ことを新たな話題として挙げています。❹で「パンデミック（疫病）が内陸深くまで運ばれる可能性が高まり、それ以前であれば沿岸都市に限定されていたであろう疫病がより広範な地域に広がるリスクが生じた」ことが説明されています。
第3段落では、河川が貿易の拡大に貢献したことから視点を変えて、内陸も海沿いの都市と同様のリスクにさらされるようにもなったことに触れていました。

練習しよう！⑩ Waterways and National Development　問題英文の読み方

第4段落

❶As European warships went through modernization, ship-friendly inland waterways also became potential invasion routes. ❷The "Raid on the Medway" in 1667 saw a Dutch fleet slip through a Thames River that was almost devoid of fortifications or troops. ❸The Dutch then caught the English fleet completely by surprise and decimated it—a disaster which Andrew R. Little of the UK National Archives termed "one of the greatest humiliations in British military history." ❹The lesson from the attack was clear: major rivers—especially those leading to the sea—could no longer be lightly defended.

第5段落

❶In modern times, many countries with rivers that are not navigable have tried to "improve" them, redirecting or damming up their flow to allow for greater commerce and naval activities, despite the substantial risks involved. ❷For instance, varying water levels which may be inconvenient for cargo ships may be vital to local wildlife: this is particularly true for rivers such as the Nile, which Egypt has already dammed up and is planning to redirect. ❸Making such changes to develop river transportation can also engender flood risks, as has been the case with China's Three Gorges Dam.

第4段落

第3段落でリスクを取り上げた流れを受けて、この段落ではもう一つのリスクについて、❶でヨーロッパの軍艦が近代化するにつれて、船に適した内陸水路が潜在的な侵略経路となるリスクを持つようになったことが述べられています。❷❸で具体例として「1667年の『メドウェイ襲撃』では、オランダ艦隊がほとんど防備のないテムズ川を抜け」、「イギリス艦隊を奇襲し、壊滅させた」ことを挙げています。この事件は「英国軍事史上最大の屈辱の一つとされている」とあり、河川の軍事利用の差が歴史に残る結果を生むほどの大きな転換点になったことを示しています。❹のコロンは The lesson from the attack was clear という文が意味する教訓の具体的な説明を導入するために使われています。コロンの後に続く、この攻撃から得られた教訓は「主要な河川、特に海に通じる河川の守備は、手薄にしてはならないということだ」と述べており、河川の利用が軍事体制にも影響を与えるリスクになったことを示しています。

第5段落

❶は In modern times で始まり、後半の redirecting or damming up their flow は分詞構文です。これは「~しながら」という意味で、「流れを変えたりダムでせき止めたりしながら」というニュアンスです。「現代においては、リスクを伴うにもかかわらず航行が難しい河川を『改良』し、商業や海軍活動を拡大しようとする動きがある」ことが説明されています。❷では、河川をダムでせき止めたり流れを変えたりすると、そこに生息する野生生物に重大な影響を及ぼす可能性があることが述べられています。❸の主語は Making such changes to develop river transportation、動詞は can also engender です。as has been the case with は「~の場合と同様に」という意味で、「三峡ダム(Three Gorges Dam)の場合と同様に」と、具体的な例を示すために使われています。「河川輸送を発展させるためにこのような変更を行うことは、洪水のリスクを発生させる可能性もあり、これは中国の三峡ダムの場合にも見られたことだ」と述べています。
第5段落では、河川の改良に伴う自然環境の面の潜在的リスクに焦点が当てられていました。

練習しよう！⑩ Waterways and National Development　問題英文の読み方

第6段落

❶Brazil, Nigeria, and many other countries have also launched ambitious river redirection and damming projects, not only to achieve trade and industrial benefits, but also to capitalize on the potential of some of these waterways for hydroelectric power. ❷The US conservationist National Oceanic and Atmospheric Administration (NOAA) has discovered in its research on salmon that artificial water barriers or routes can block migratory fish from returning from the sea to lay eggs in rivers. ❸Even riverside development can disrupt natural sediment flows and destroy many species that rely on river habitats. ❹As Martin Richardson of the Royal Holloway University of London noted, pollution is also a considerable problem among rivers that have been dammed, redirected, or otherwise altered.

第7段落

❶Nevertheless, the issue remains contentious. ❷In fact, from a developing nation's perspective, it may seem that rich countries are attempting to block their economic development by citing environmental concerns. ❸This is one reason China tightly restricted any foreign investigative ventures into its Yangtze dam projects. ❹Factoring in all of this, Martin has called for mankind to balance future economic benefits from rivers with ample care for their preservation. ❺This includes grappling with the need to protect numerous plants, animals, and insects that depend on waterways shaped by nature, not men and women. ❻Martin's own work as a Google Scholar could be a template for scientists and policymakers from both advanced and emerging-market nations to coordinate a response to this sensitive topic. ❼Otherwise, over the next few decades humanity could move forward with complex projects that generate unintended environmental effects along the great rivers of the world.

第6段落

第6段落は、国名から始まり、❶「ブラジル、ナイジェリアをはじめとする多くの国々が、貿易や産業の利益を得るだけでなく、水力発電の可能性を活用するために河川改変やダム建設プロジェクトを開始している」ことが述べられています。しかし、❷では、こうした人工的な改変がもたらす環境への悪影響について、NOAAの調査を引用して「人工的な水路やせきがサケなどの回遊魚の産卵を妨げるおそれがある」とし、また、❸「河岸開発であっても自然の堆積物の流れを妨げ、川の生息地に依存する多くの種を破壊するおそれがあること」が指摘されています。さらに、❹では「改変された川では、汚染もまた重大な問題である」と述べています。この❹の主語は pollution、動詞は is です。otherwise は、この文では「それ以外の方法で」、「異なる方法で」という意味で使われています。この場合、「ダムでせき止められたり、流れが変えられたり、あるいはその他の方法で改変された」という一連の改変を指す言葉として、ここで具体的には取り上げていない方法や手段があることを示しています。
この段落では、河川の改変が規模や形にかかわらず、一見直接的でないところでも環境のバランスを大きく失わせるという現在進行中のリスクが示されていました。

第7段落

この文章の最後の段落は、❶の Nevertheless で始まり、河川の形の改変に関する議論が依然として続いていることが述べられています。❷では「発展途上国の視点から見ると、豊かな国々が環境問題を理由に彼らの経済発展を阻もうとしているように見えるかもしれない」という、立場による認識の差に触れ、❸「これが、中国が揚子江のダムプロジェクトに対する外国の調査活動を厳しく制限した理由の一つである」としています。❹の Factoring in all of this は「これらすべてを考慮に入れて」という意味で、前の文の状況を踏まえて、意見や提案を導入する役割を果たしています。主語は Martin、動詞は has called for です。「マーティンは、人類が河川から得られる将来の経済的利益と、それらの保護に対する十分な配慮を釣り合わせることを求めている」と言っています。❺❻で「自然によって形作られた水路に依存する生物を保護する必要があり」、「マーティンの研究が、先進国と新興市場国の科学者や政策立案者が協力してこの問題に取り組むための手本となる可能性がある」と示されています。❼の Otherwise は、前文の行動や提案が実行されない場合に何が起こるかを示しています。この文では「もし人類がマーティンの提案を受け入れて行動しない場合に、意図しない影響を環境に与える複雑なプロジェクトに向かうことになる」ことを警告しています。
この段落では、国家を発展させる水路の開発は環境保護のために他国から干渉を受けるものとなり、それが発展途上国の衰退につながるという立場もあることが示されていました。

練習しよう！⑩ Waterways and National Development 解説・正解

---

(1) What makes navigable rivers an effective tool of commerce?

1 They can handle large volumes of various types of cargo that are most efficaciously transported across bodies of water.

2 They attract financial investors who want to bet on the potential development of upscale technologies that can augment river navigation.

3 They culminate in flows to the open sea or ocean, making international shipments easier and rendering trading hubs along the coast unnecessary.

4 They offer both naval and commercial fleets a robust space that is easily fortified against enemy ships that might otherwise attack them.

---

(2) According to the author, the Dutch challenged traditional thinking on river transportation by

1 introducing dangerous diseases such as the plague from overseas areas into England by slipping through the Thames with numerous cargo ships.

2 using its own water and land links around Amsterdam to build powerful defenses around rivers that emptied into the sea.

3 financing a fleet which could seal off the English navy in its home waters, preventing them from coming out to fight.

4 sailing up an inland waterway into enemy territory unopposed and assaulting the enemy fleet that was not anticipating any combat.

(1) 🚩 なぜ航行可能な河川が商業の有効な手段になるか。
1　水域を行き来して最も効率的に輸送される様々な種類の貨物を大量に取り扱うことができる。
2　河川航行を盛んにするために高級技術の開発の可能性に賭ける投資家をひきつけている。
3　最後には外海や大洋に注ぎ、国際輸送を容易にし、沿岸部の貿易拠点を不要にする。
4　対策をしなければ攻撃してくる可能性のある敵艦船に対して容易に防備を固められる堅牢な空間を、海軍艦隊と商業船団の両方に提供する。

🔍 ヨーロッパにおける水路の役割について紹介している第1段落の❸で、なぜ河川が商業の有効な手段になるのかを説明しています。because の後に続く water has always been the most efficient method of heavy cargo conveyance「重い貨物を運ぶには、水運は常に最も効率的な方法だった」の内容を「水域を行き来して最も効率的に輸送される」と言い換えている 1 が正解になります。

✒️ ☐ efficaciously 効果的に、有効に　☐ upscale 高級な、上流の　☐ augment …を増大させる・増加させる
☐ culminate in ついに…となる　☐ render A B A を B にする　☐ naval 海軍の、軍艦の
☐ robust がっしりした、頑丈な　☐ fortify …の防備を固める

----

(2) 🚩 筆者によれば、オランダ人は河川輸送に関する伝統的な考え方に挑戦して、
1　多数の貨物船でテムズ川を通り抜け、ペストなどの危険な病気を海外からイギリスに持ち込んだ。
2　アムステルダム周辺の自国の水と土地のつながりを利用し、海に注ぐ河川の周囲に強力な防御態勢を築いた。
3　イギリス海軍を同国の海域に封じ込め、戦いに出てくるのを阻むことができる艦隊に資金を提供した。
4　内陸の水路を敵陣まで抵抗を受けずに航行し、戦闘を予期していなかった敵艦隊に突撃した。

🔍 ヨーロッパの軍艦の近代化に関して第4段落でオランダ人が歴史に残る攻撃を仕掛けた話が出てきます。それまでになかった方法として❷❸に「オランダ艦隊が要塞も兵力もほとんどないテムズ川を通り抜け、イギリス軍を奇襲し、多くを殺した」とあるので、「戦闘を予期していなかった敵艦隊に突撃した」と言い換えている選択肢の4が正解です。

✒️ ☐ the plague ペスト　☐ empty into (海)に注ぐ　☐ seal off …を包囲する・封鎖する
☐ unopposed 妨害 [反対] されないで　☐ assault …に突撃する、…を急襲する

筆記③

🏁 **(1) 1　(2) 4**

練習しよう！⑩ Waterways and National Development　解説・正解

(3) What did NOAA's research on salmon help it discover about construction projects such as dams?

1 Information about migratory fish was lacking, and needs much more scientific investigation for both the US and other advanced nations.

2 Some kinds of straightened rivers would help wildlife survive, while others, such as the Three Gorges Dam, would harm it.

3 Water creatures that swim long distances from the sea into interior rivers in order to reproduce could be impeded by artificial structures.

4 Redirecting or damming the Nile or Congo Rivers could enhance the growth and reproduction of certain fish species such as salmon.

(4) Which of the following statements about river management would Martin Richardson most likely have agreed with?

1 Making major non-European rivers navigable comes at too high a cost to the environment and must be slowly phased out or stopped.

2 Any kind of changes to inland waterways would have to be made very carefully, with special effort to protect the environment.

3 Both merchants and environmentalists are incorrect in many of their core assumptions about how river commercialization or militarization actually impacts our planet.

4 Research is still unclear as to how regions outside of Europe could hope to straighten their waterways without negative impacts on the environment.

(3) 📝 NOAA のサケに関する調査は、ダムなどの建設プロジェクトの何を明らかにするのに役立ったか。

1 回遊魚に関する情報が不足していたため、米国と他の先進国のために、科学的な調査がさらに必要である。

2 河川を直線化することで野生生物が生き延びられることもあれば、三峡ダムのように害を与えることもある。

3 繁殖のために海から内陸の川へと長い距離を泳ぐ水生生物は、人工的な構造物によって妨害を受ける可能性がある。

4 ナイル川やコンゴ川の流れを変えたり、せき止めたりすることで、サケなど特定の魚種の成長や繁殖が促進される可能性がある。

🔍 NOAA という組織が文章に出てくるのは、第6段落の**❷**です。The US conservationist National Oceanic and Atmospheric Administration (NOAA) has discovered in its research on salmon の後の that 節中に「人工のせきや水路が、回遊魚が海から川に戻って産卵するのを妨げる可能性がある（ことを明らかにした）」とあるので、選択肢の3にある「長い距離を泳ぐ水生生物は、人工的な構造物によって妨害を受ける可能性がある」が対応していることがわかります。

(4) 📝 河川管理に関する次の記述のうち、マーティン・リチャードソンが最も同意すると考えられるものはどれか。

1 ヨーロッパ以外の主要河川を航行可能にすることは、環境の犠牲が大きすぎるため、事業は徐々に廃止するか、中止するかしなければならない。

2 内陸の水路に何らかの変更を加える場合は、環境保護に特別な努力を払い、慎重に行わなければならない。

3 貿易商人も環境保護主義者も、河川の商業化や軍事化が実際に地球にどのような影響を与えるかについて、中心的な仮定の多くが間違っている。

4 ヨーロッパ以外の地域が環境に悪影響を与えないようにして水路を整備する方法については、まだ不明な点が多い。

🔍 Martin Richardson の名前は第6段落の最後と第7段落に出てきます。第7段落の**❹❺**で「（これらすべてを考慮に入れて、マーティンは）人類が河川から得られる将来の経済的利益と、それらの保護に対する十分な配慮を釣り合わせることを求めている」、「自然によって形作られた水路に依存する生物を保護する必要性」と言っています。これを言い換えて表している2が正解です。

✏️ ☐ straighten …を整える

🚩 **(3)** 3 **(4)** 2

練習しよう！⑩ Waterways and National Development 訳・語句

Waterways and National Development

第1段落

❶ There have been many different reasons given for sixteenth-century European global expansion, from a growing middle class to the embrace of the scientific method in everything from warfare to industry.

❷ Surely, one impressive factor that led to the development of Western Europe was the abundance of navigable rivers.

❸ These were important because, as Yale historian Paul Kennedy wrote, water has always been the most efficient method of heavy cargo conveyance.

❹ Moreover, while coastal cities can directly access the sea, inland cities conventionally rely on rivers.

❺ While every continent except Antarctica has waterways, European rivers are unique in that so many of them facilitate water transportation for all or most of their length.

❻ The Danube River, for instance, has 2,415 kilometers of water that are usable for navigation, while the Rhone River waters facilitate transportation for 870 kilometers, the Rhine River for 800 kilometers, and the Po River for about 480 kilometers.

❼ By contrast, the Nile, despite being the longest river in the world, is only usable by small craft over certain sections and the Congo River is not really navigable at all.

水路と国家の発展

第1段落

❶ 中産階級が増加したことから、戦争や工業などあらゆることに科学的手法を採用したことまで、16世紀のヨーロッパの世界進出には様々な理由がある。
❷ 西ヨーロッパの発展をもたらした顕著な要因のひとつは、間違いなく、航行可能な川が豊富にあったことだ。
❸ そのような川が重要であったのは、イェール大学の歴史学者ポール・ケネディが記しているように、重い貨物を運ぶには、水運は常に最も効率的な方法だったからだ。
❹ さらに、海沿いの都市が海から直接出入りできるのに対し、内陸の都市は伝統的に、河川に頼っている。
❺ 南極大陸を除くすべての大陸には水路があるが、ヨーロッパの河川は、その多くが全流域またはその大部分で輸送が可能であるという点で独特だ。
❻ 例えば、ドナウ川の航行可能な水域は2,415km、またローヌ川で輸送可能なのは870km、ライン川は800km、ポー川は約480kmである。
❼ 一方、ナイル川は世界最長の河川であるにもかかわらず、小型船でしか航行できない区間があり、コンゴ川はまったく航行できない。

□ waterway 水路　❶□ embrace 受け入れ　❷□ navigable 船の通れる
❸□ conveyance 運搬、輸送　❹□ conventionally 従来、伝統的に、ありきたりに
❺□ facilitate …を促進する・楽にする　❻□ the Danube River ドナウ川　□ navigation 航行
❼□ craft 船舶

練習しよう！⑩ Waterways and National Development 訳・語句

第2段落

❶ With easy access to the sea, major inland cities such as London, Brussels, and even Geneva could develop relatively fast from the 1500s onward.

❷ Imported commodities ranging from sugar to tobacco could sail up the Thames, Seine or Rhone to deliver to merchants.

❸ Manufactured goods from these inland cities could also be shipped abroad from river docks in these trading hubs, sparing the time and expense of having to be brought overland to the coast.

❹ As trade grew, the financial activities related to it expanded, in a virtuous cycle that was being replicated nowhere else on earth.

❺ By 1800, London had leveraged the calm and ship-friendly Thames to become the largest financial center on earth, although neither it nor its close competitor Amsterdam were actually coastal cities.

❻ In other words, the development of river transportation could "convert" large cities within the interior of a nation into coastal cities.

❼ Moreover, these interior cities did not have the risks of coastal ones, such as direct exposure to storms or, seemingly at least, foreign navies.

第2段落

① 海へのアクセスが容易だったため、1500年代以降、ロンドン、ブリュッセル、さらにはジュネーブといった内陸の主要都市は比較的早く発展することができた。

② 砂糖からタバコに至る輸入品はテムズ川、セーヌ川、ローヌ川を通って商人たちに届けられた。

③ これらの内陸都市で生産された商品も、交易拠点である河川の船着き場から海外に出荷することができ、陸路で海岸まで運ばなければならない時間と費用を節約することができた。

④ 貿易が拡大するにつれて、関連する金融活動も拡大し、地球上のどこの地域にも真似のできない好循環が生まれた。

⑤ 1800年までに、ロンドンは穏やかで船が通りやすいテムズ川を利用し、近隣のライバル都市アムステルダムとともに実際は海沿いの都市ではなかったにもかかわらず、世界最大の金融の中心になった。

⑥ つまり、河川交通が発達すると、内陸部の大都市は海沿いの都市に「転換」することができたのだ。

⑦ しかも、こうした内陸都市には、海沿いの都市のように暴風雨の直撃を受けたり、少なくとも外国の海軍に攻撃されたりするリスクはなかったようだ。

---

❶ □ from X onward X以降　❷ □ commodity 必需品、生産品、商品　❸ □ dock 船着き場、波止場
　□ hub 活動の中心　□ overland 陸路で　❹ □ virtuous cycle 善循環
　□ replicate …を再現する・複製する　❼ □ seemingly 見たところでは

筆記 ③

練習しよう！⑩ Waterways and National Development 訳・語句

第3段落

❶ Within this relative safety, great cities in the European interior could develop into unprecedented economic size, and move raw materials and finished goods throughout the continent.

❷ Lumber, food, and minerals could be transported from rural parts of Europe to industrial centers, financed by institutions that themselves were typically in either coastal or riverside cities.

❸ Although the successful utilization of rivers certainly enhanced trade, it also encompassed numerous extraneous effects that were not necessarily welcome.

❹ As University of Hong Kong professor Ricci P.H. Yue pointed out, navigable rivers also meant that trade ships could carry pandemics, including the plague, far inland—whereas these disease outbreaks might have been confined to coastal cities before.

第4段落

❶ As European warships went through modernization, ship-friendly inland waterways also became potential invasion routes.

❷ The "Raid on the Medway" in 1667 saw a Dutch fleet slip through a Thames River that was almost devoid of fortifications or troops.

❸ The Dutch then caught the English fleet completely by surprise and decimated it—a disaster which Andrew R. Little of the UK National Archives termed "one of the greatest humiliations in British military history."

❹ The lesson from the attack was clear: major rivers—especially those leading to the sea—could no longer be lightly defended.

第3段落

① このように比較的に安全だったため、ヨーロッパ内陸部の大都市はかつてない経済規模に発展し、原材料や完成品を大陸のあらゆる場所に運ぶことができた。

② 木材、食料、鉱物はヨーロッパの農村部から工業の中心地へと輸送され、その費用はたいてい海沿いの都市や河川沿いの都市にある機関によって提供されていた。

③ 河川をうまく利用することで貿易が促進されたのは確かだが、必ずしも歓迎されるものではない、別の側面の影響もたくさんもたらした。

④ 香港大学のリッチ・P.H. ユエ教授が指摘するように、河川の航行が可能だということは、貿易船がペストなどの世界的な流行病を、それまでは海沿いの都市に限った大発生であったかもしれないが、遠く内陸まで持ち込むことを意味した。

②□ lumber 材木　**③**□ encompass …を取り巻く・含む　□ extraneous 外部からの、異質の
④□ pandemic 全国的な［世界的な］流行病　□ the plague ペスト　□ outbreak 急激な発生、大発生

第4段落

① ヨーロッパの軍艦が近代化を遂げると、船が通りやすい内陸水路が侵略ルートとして使われる危険も増した。

② 1667年の「メドウェイの襲撃」では、オランダ艦隊が要塞も兵力もほとんどないテムズ川を通り抜けた。

③ そして、オランダ艦隊はイギリス軍に完全な奇襲を食らわせ、軍人の多くを殺した。イギリス国立公文書館のアンドリュー・R・リトルは、この大惨事を「イギリス軍事史上最大の屈辱」と呼んだ。

④ この攻撃から得られた教訓は明確だった。主要な河川、特に海につながる河川の防備は、もはや手薄にしてはならないということだ。

②□ raid 急襲、襲撃　□ fleet 艦隊、船団　□ slip through …を通り抜ける・すり抜ける
□ devoid of …が欠けている　□ fortifications 防備施設、要塞、砦　□ troops 軍隊
③□ catch X by surprise X に不意打ちを食わせる、X を仰天させる
□ decimate …の多くを殺す、…を破壊する

筆記③

489

練習しよう！⑩ Waterways and National Development　訳・語句

第5段落

❶ In modern times, many countries with rivers that are not navigable have tried to "improve" them, redirecting or damming up their flow to allow for greater commerce and naval activities, despite the substantial risks involved.

❷ For instance, varying water levels which may be inconvenient for cargo ships may be vital to local wildlife: this is particularly true for rivers such as the Nile, which Egypt has already dammed up and is planning to redirect.

❸ Making such changes to develop river transportation can also engender flood risks, as has been the case with China's Three Gorges Dam.

第6段落

❶ Brazil, Nigeria, and many other countries have also launched ambitious river redirection and damming projects, not only to achieve trade and industrial benefits, but also to capitalize on the potential of some of these waterways for hydroelectric power.

❷ The US conservationist National Oceanic and Atmospheric Administration (NOAA) has discovered in its research on salmon that artificial water barriers or routes can block migratory fish from returning from the sea to lay eggs in rivers.

❸ Even riverside development can disrupt natural sediment flows and destroy many species that rely on river habitats.

❹ As Martin Richardson of the Royal Holloway University of London noted, pollution is also a considerable problem among rivers that have been dammed, redirected, or otherwise altered.

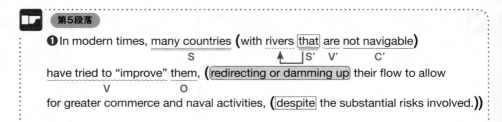

490

第5段落

❶ 現代では、航行不可能な河川を持つ多くの国が、その河川を「改良」し、流れを変えたりせき止めたりして、さらに大規模な商業活動や海軍活動を可能にしようとしている。それには大きなリスクが伴うのにもかかわらず。

❷ たとえば、川の水位の変化は貨物船にとっては不都合でも、地域の野生生物にとってはなくてはならない場合がある。エジプトが既にせき止め、流れを変えようとしているナイル川のような河川では特にそうである。

❸ 河川による輸送を発展させるためにこのように手を加えることは、中国の三峡ダムがそうであったように、洪水リスクを引き起こす可能性もある。

❶ ☐ redirect …の方向を変える、…を向け直す　☐ dam up …にダムを造る、…の流れをせき止める
☐ naval 海軍の、軍艦の　❸ ☐ engender …を引き起こす・発生させる

第6段落

❶ ブラジルやナイジェリアをはじめとする多くの国々が野心的な河川の進路変更やダム建設のプロジェクトを立ち上げ、貿易や産業で利益を得るためだけでなく、水路が秘めている水力発電を行う力を利用しようとしている。

❷ アメリカの自然保護団体であるアメリカ海洋大気庁（NOAA）は、サケに関する調査を行い、人工のせきや水路が、回遊魚が海から川に戻って産卵するのを妨げるおそれがあることを明らかにした。

❸ 川辺の開発でさえ、自然の沈殿物の流れを乱し、河川の生息地を必要とする多くの種を壊滅させるおそれがある。

❹ ロンドン大学ロイヤル・ホロウェイ校のマーティン・リチャードソンが指摘するように、せき止めや流れの変更やその他の方法で改変された河川では、汚染もかなりの問題になっている。

❶ ☐ capitalize on …を利用する　☐ hydroelectric 水力発電の　❷ ☐ conservationist 環境保護論者
❸ ☐ sediment 沈殿物

練習しよう！⑩ Waterways and National Development 訳・語句

第7段落

❶ Nevertheless, the issue remains contentious.

❷ In fact, from a developing nation's perspective, it may seem that rich countries are attempting to block their economic development by citing environmental concerns.

❸ This is one reason China tightly restricted any foreign investigative ventures into its Yangtze dam projects.

❹ Factoring in all of this, Martin has called for mankind to balance future economic benefits from rivers with ample care for their preservation.

❺ This includes grappling with the need to protect numerous plants, animals, and insects that depend on waterways shaped by nature, not men and women.

❻ Martin's own work as a Google Scholar could be a template for scientists and policymakers from both advanced and emerging-market nations to coordinate a response to this sensitive topic.

❼ Otherwise, over the next few decades humanity could move forward with complex projects that generate unintended environmental effects along the great rivers of the world.

第7段落

❶ とはいえ、この問題では依然として論争が続いている。
❷ 実際、発展途上国から見れば、豊かな国々が環境問題を理由に自分たちの経済発展を妨げようとしているようにも見える。
❸ これは中国が長江ダムプロジェクトに対する外国の調査を厳しく制限した理由のひとつである。
❹ こうしたことをすべて踏まえ、マーティンは人類に対し、将来河川から得られる経済的利益と、河川保全に対する十分な配慮のバランスを取るよう求めている。
❺ これには、人ではなく自然によって形作られた水路に依存する数多くの動植物や昆虫を保護する必要性への取り組みが含まれる。
❻ グーグル・スカラーとしてのマーティン自身の研究は、先進国と新興市場国の科学者や政策立案者がこの微妙なテーマへの対応を調整するための雛形となるだろう。
❼ そうならなければ、今後数十年の間に、人類は世界の大河川の流域で意図していなかった環境の影響をもたらす複雑なプロジェクトに向かうことになる。

❶☐ contentious 論議を呼び起こす　❹☐ factor in …を要素として含める・計算に入れる
❺☐ grapple with …を成し遂げようと努力する、(困難・難問)に取り組む

Unit 2 練習しよう！⑪

目標解答時間 18分

問題英文の読み方 P.498　解説・正解 P.504　訳・語句 P.508

Can Bacteria Clean up the World?

Since its emergence in the early 1900s, plastic has been a boon to humanity in many ways. Since the multipurpose substance is synthesized from common chemicals, it is cheaper to produce than natural materials such as iron or bronze, which must be mined from the earth and then processed. Plastic also decreases the need to make materials from animals. For instance, plastic fibers can serve as clothing insulation instead of conventional feathers or wool. Plastic is also easier to size, shape, and harden. Specifically, some plastic layers are atomthin, while others are strong and durable enough to become part of race car composites. From the beginning, though, plastic has posed a problem: it does not easily break down in nature and is difficult to recycle. Plastic is not toxic, but it harms both wildlife and plants since it can slow or end their natural development. Plastic bags and ropes in oceans can choke turtles, while plastics in the soil can hinder plant growth. In addition, plastics are not always easy to detect. Microplastics, for instance, are microscopic fragments that flow invisibly through the water cycle and food chain to eventually become part of animal bodies, including humans. The long-term health effects of microplastics are still not clear. One of the worst of these problems concerns Polyethylene Terephthalate (PET), which is especially common in food and beverage containers. In 2021 alone, about 583 billion PET bottles were manufactured. Moreover, plastic production is forecast to grow by 70% over the coming years, reaching 600 million tons globally by 2050. In the face of this challenge, some environmentalists have encouraged societies to dramatically curb or end plastic production and consumption. However, plastic has become an integral part of so many human-made items that substantial reductions in its output at this point may be infeasible.

Large landfills have been created to contain some plastic, but the landfills have become another environmental hazard in themselves. Increasing amounts of plastic are being recycled, but only a fraction of the total is treated this way. As a case in point, although 40 million tons of plastics were generated in America in 2021, only 5-6% were recycled. The recycling process itself is also often energy-intensive, so efforts to clean and reuse plastic often add to greenhouse gas emissions. One solution to this problem may be developing "natural" ways of breaking down plastic that do not need the resources of a recycling factory or landfill. In 2016, Japanese scientists at the Kyoto Institute of Technology (KIT) and

Keio University found that certain bacteria will "eat" plastic, breaking it down into components that will naturally and safely deteriorate. Specifically, the newly discovered bacterium, *Ideonella sakaiensis* 201-F6, uses PET as a source of food—the first bacterium proven to do so. As it does this, it converts PET into terephthalic acid and ethylene glycol, which are not harmful to nature. The scientists even found that they could compress the PET conversion process into as little as 10 hours (instead of the 450 years that PET normally requires to break down naturally) by using a fast-working enzyme extracted from this bacterium. Scientists worldwide have capitalized on Japanese discoveries and are developing other microbes that likewise eat plastic. As with the KIT researchers, they are largely working with enzymes since they remain active over a range of temperatures and can be designed to target a particular type of plastic.

Researcher Muhammad Reza Cordova of Indonesia's Research Center for Oceanography has been doing similar work in Southeast Asia. He has focused on China and Indonesia since these are the two largest contributors to the "plastic islands"—large floating patches of plastic waste—in the Pacific Ocean. If the enzymes developed by Cordova and other scientists are perfected, people might only have to lightly rinse their plastic bottles in enzyme-rich fluids before throwing them away. After that, the bottles would naturally decay. This would circumvent the large, energy-guzzling recycling facilities that are currently necessary to recycle plastics. A simple liquid rinse would be much easier to apply and cost much less. Issues remain with working with enzymes, however. They must be kept stable to consistently work. This is why bacteria-based recycling methods are still many years from full deployment. Moreover, this recycling method is competing with other, simpler methods, such as light or heat treatments. Perhaps most importantly, many environmentalists still fear that plastic production is growing so fast that it will simply outpace any recycling efforts. This is why many conservationist movements seek to limit plastic production and use in the first place. No matter what solution is ultimately chosen, ordinary people can surely help by recycling their personal plastic items and perhaps not even choosing plastic in their daily lives.

練習しよう！⑪ Can Bacteria Clean up the World?　問題

(1) What is mentioned in the passage as one problem with plastic management globally?

1. Recycling operations become less feasible over time because they are expensive to maintain and require regular upgrades to break down modern plastics.
2. The size and scale of industrial recycling are far beneath the actual economic demand for the service, resulting in much unnecessary plastic waste.
3. The usage of various plastics is so widespread across critical economic sectors that large cutbacks in its production are impractical.
4. The benefits of advanced plastic in so many nations and industrial sectors outweigh any real environmental risks by very large margins.

(2) How does the scientific community consider *Ideonella sakaiensis* 201-F6 as it relates to PET recycling?

1. It was a breakthrough discovery, a microbe proven to live off of plastic substances and become the source of a fast-acting enzyme.
2. It was the first time that KIT and Keio University were able to share a potential replacement for plastics.
3. It led to the establishment of large, clean energy-based, and bacteria-focused facilities worldwide for industrial plastic waste management.
4. It showed that much more research was necessary for scientists to fully understand the complexity of exploiting this bacteria.

(3) Which of the following statements would Muhammad Reza Cordova most likely agree with?

1. Human beings must soon make important tradeoffs between industrial activities and the protection of the environment.
2. A natural chemical solution could operate without the help of the heavy industrial systems that recycling now requires.
3. An enzyme that can be released into the world's oceans, especially the Pacific, will soon be available to break up large volumes of floating plastic.
4. Plastic production should be paused in both China and Indonesia until scientists there can implement various ways to mitigate the impact of plastic pollution.

練習しよう！⑪ Can Bacteria Clean up the World? 問題英文の読み方

第1段落

Can Bacteria Clean up the World?

❶Since its emergence in the early 1900s, plastic has been a boon to humanity in many ways. ❷Since the multipurpose substance is synthesized from common chemicals, it is cheaper to produce than natural materials such as iron or bronze, which must be mined from the earth and then processed. ❸Plastic also decreases the need to make materials from animals. ❹For instance, plastic fibers can serve as clothing insulation instead of conventional feathers or wool. ❺Plastic is also easier to size, shape, and harden. ❻Specifically, some plastic layers are atom-thin, while others are strong and durable enough to become part of race car composites. ❼From the beginning, though, plastic has posed a problem: it does not easily break down in nature and is difficult to recycle. ❽Plastic is not toxic, but it harms both wildlife and plants since it can slow or end their natural development. ❾Plastic bags and ropes in oceans can choke turtles, while plastics in the soil can hinder plant growth. ❿In addition, plastics are not always easy to detect. ⓫Microplastics, for instance, are microscopic fragments that flow invisibly through the water cycle and food chain to eventually become part of animal bodies, including humans. ⓬The long-term health effects of microplastics are still not clear. ⓭One of the worst of these problems concerns Polyethylene Terephthalate (PET), which is especially common in food and beverage containers. ⓮In 2021 alone, about 583 billion PET bottles were manufactured. ⓯Moreover, plastic production is forecast to grow by 70% over the coming years, reaching 600 million tons globally by 2050. ⓰In the face of this challenge, some environmentalists have encouraged societies to dramatically curb or end plastic production and consumption. ⓱However, plastic has become an integral part of so many human-made items that substantial reductions in its output at this point may be infeasible.

第1段落

この文章のタイトルでは Bacteria が主語になっていますが、最初の文❶は plastic が主語です。プラスチックとバクテリアにどのような関係があるのか、問題意識を持ちながら読み進めましょう。まず、❶の「プラスチックが1900年代初期に登場して以来、人類に多くの恩恵をもたらしてきた」ことの例として、❷❸❹で具体的に「プラスチックは天然素材よりも安価である」、「羽毛やウールの代わりになるため、動物から材料を作る必要性を減らす」などの利点が挙げられています。また、❺❻でもプラスチックの物理的特性として「容易にサイズや形状を調整できる」、「耐久性がある」という点が挙げられています。しかし、❼❽でプラスチックの処分に関する問題が明らかにされます。「自然界で分解されにくく、リサイクルが難しい」、「動物や植物の成長を阻害する」ことが指摘されていて、❾で具体的に、ウミガメや植物に及ぼす悪影響について述べています。❿では、プラスチックが簡単に検出できないことを述べていて、⓫⓬で微小なプラスチック片が水循環や食物連鎖に入り込み、人間や動物の体内に蓄積されるリスクが述べられています。⓭⓮では、そのプラスチックの問題が身近な PET ボトルにあり、その規模が大きいことを説明しています。さらに⓯で「プラスチックの生産は大幅に増加する見込みである」とも述べています。そこで⓰「一部の環境保護主義者はプラスチックの生産と消費を抑制すべきだと呼びかけている」ものの、⓱「プラスチックは多くの人工物の不可欠な部分となっており、その生産を大幅に削減することは現時点では不可能だろう」と結論づけられています。

第1段落では、プラスチックがもたらす利点と、その処分の難しさに伴う深刻な環境問題との間でのジレンマが描かれていました。タイトルにあるバクテリアについてはまだ言及されていないということを意識しておきましょう。

練習しよう！⑪ Can Bacteria Clean up the World? 問題英文の読み方

第2段落

❶Large landfills have been created to contain some plastic, but the landfills have become another environmental hazard in themselves. ❷Increasing amounts of plastic are being recycled, but only a fraction of the total is treated this way. ❸As a case in point, although 40 million tons of plastics were generated in America in 2021, only 5-6% were recycled. ❹The recycling process itself is also often energy-intensive, so efforts to clean and reuse plastic often add to greenhouse gas emissions. ❺One solution to this problem may be developing "natural" ways of breaking down plastic that do not need the resources of a recycling factory or landfill. ❻In 2016, Japanese scientists at the Kyoto Institute of Technology (KIT) and Keio University found that certain bacteria will "eat" plastic, breaking it down into components that will naturally and safely deteriorate. ❼Specifically, the newly discovered bacterium, Ideonella sakaiensis 201-F6, uses PET as a source of food—the first bacterium proven to do so. ❽As it does this, it converts PET into terephthalic acid and ethylene glycol, which are not harmful to nature. ❾The scientists even found that they could compress the PET conversion process into as little as 10 hours (instead of the 450 years that PET normally requires to break down naturally) by using a fast-working enzyme extracted from this bacterium. ❿Scientists worldwide have capitalized on Japanese discoveries and are developing other microbes that likewise eat plastic. ⓫As with the KIT researchers, they are largely working with enzymes since they remain active over a range of temperatures and can be designed to target a particular type of plastic.

第2段落

第2段落では、まず、❶プラスチックを収容するために作られた埋立地が新たな環境リスクとなっていることが指摘されています。in themselves は「それ自体で」という意味で、埋立地が埋立地としてそこにあるだけで環境リスクになっているという意味です。❷❸では、リサイクルが進んできてはいるものの、その割合は生産量と比べてごく一部に過ぎないという現状が数値で示されています。さらに、❹では「リサイクルのプロセス自体がエネルギーを多量に必要とするものであり、温室効果ガスの排出を増加させる」という課題も挙げられています。❺では、これらの問題に対する一つの解決策として、プラスチックを自然に分解する方法の開発が提案されています。ここで、話の展開がタイトルの「バクテリア」に関する内容に近づいているとわかるでしょう。❻でようやく bacteria の言及があります。そのバクテリアがプラスチックを食べると言っており、❼で具体的に、新たに発見された、PET を餌にするバクテリア「イデオネラ・サカイエンシス201-F6株」であると紹介されています。❽の As it does this「それがそうする際に」は前の文を受けているので、つまり「バクテリアが PET を食べる際に」です。主節の主語も it、動詞は converts です。which は先行詞 terephthalic acid and ethylene glycol を受けて、それらが「自然に害を与えない」という説明につなげています。「バクテリアが PET を食べる際に、PET をテレフタル酸とエチレングリコールに変換する。これらは自然に害を与えない」と述べています。❾❿では「酵素を用いることで、PET の分解プロセスを大幅に短縮できる」こと、「世界中の科学者たちがこの日本の発見を基に、プラスチックを食べる他の微生物を開発している」ことが述べられ、最後に⓫では「酵素は広い温度範囲で活性を保ち、特定のプラスチックを標的とすることができることから、科学者たちが利用している」と、酵素の利用状況が示されています。

この段落では、プラスチック廃棄物の問題に対する新しい生物学的解決策として、ようやくタイトルにある「バクテリア」に関連する情報が出てきました。ここでは特長や利用状況から、活用の可能性があるものとして読むことができます。

練習しよう！⑪ Can Bacteria Clean up the World?　問題英文の読み方

第3段落

❶Researcher Muhammad Reza Cordova of Indonesia's Research Center for Oceanography has been doing similar work in Southeast Asia. ❷He has focused on China and Indonesia since these are the two largest contributors to the "plastic islands"—large floating patches of plastic waste—in the Pacific Ocean. ❸If the enzymes developed by Cordova and other scientists are perfected, people might only have to lightly rinse their plastic bottles in enzyme-rich fluids before throwing them away. ❹After that, the bottles would naturally decay. ❺This would circumvent the large, energy-guzzling recycling facilities that are currently necessary to recycle plastics. ❻A simple liquid rinse would be much easier to apply and cost much less. ❼Issues remain with working with enzymes, however. ❽They must be kept stable to consistently work. ❾This is why bacteria-based recycling methods are still many years from full deployment. ❿Moreover, this recycling method is competing with other, simpler methods, such as light or heat treatments. ⓫Perhaps most importantly, many environmentalists still fear that plastic production is growing so fast that it will simply outpace any recycling efforts. ⓬This is why many conservationist movements seek to limit plastic production and use in the first place. ⓭No matter what solution is ultimately chosen, ordinary people can surely help by recycling their personal plastic items and perhaps not even choosing plastic in their daily lives.

第3段落

❶は東南アジアで研究している、ムハマド・レザ・コルドバという研究者の名前で始まっています。❷で彼が中国やインドネシアに焦点を当てている理由として、これらの国々が太平洋の「プラスチックアイランド」の最大の発生源になっているからだとしています。彼が研究していることに関して、❸❹❺で「彼や他の科学者によって開発された酵素が完成すれば、人々はプラスチックボトルを捨てる前に酵素を豊富に含んだ液体で軽くすすぐだけで済む」、「ペットボトルは自然に腐敗する」、「これにより、現在必要とされているエネルギーを消費する大規模なリサイクル施設を作らずに済む」と説明し、それが意味することを❻で「すすぐだけなら簡単で低コストになる」という可能性があると端的に述べています。しかし、❼では問題点があるとして、❽❾で「酵素を使用するには安定性を保つ必要があり」、「バクテリアベースのリサイクル方法が完全に展開されるにはまだ長く時間がかかる」と、まだ万全の状態ではないことを伝えています。さらに❿で「この方法は他のシンプルな方法と競合している」という懸念も挙げられています。しかし、⓫では「プラスチックの生産量の増加が解決策をしのぐほどに急速である」と述べられており、そのために⓬で「多くの環境保護主義者がプラスチックの生産と消費に制限をかけることを求めている」と、解決策以前に取り組むべき問題があることがわかります。⓭はこの文章のまとめとして、「どのような解決策が最終的に選ばれたとしても、一般の人々がプラスチック製品をリサイクルしたり、日常生活でプラスチックを選ばないことで、確実に役立つことができる」と締めくくっています。

この段落では、研究によるプラスチック問題の解決の展望と現時点での課題、そして今も勢いを増し続けている根本的な問題に対する懸念が示されていました。この文章を通じて、プラスチック問題の複雑さと、それに対する科学的な取り組みにどれほど実現性があると見られているかを学びました。

練習しよう！⑪ Can Bacteria Clean up the World?　解説・正解

(1) What is mentioned in the passage as one problem with plastic management globally?

1 Recycling operations become less feasible over time because they are expensive to maintain and require regular upgrades to break down modern plastics.

2 The size and scale of industrial recycling are far beneath the actual economic demand for the service, resulting in much unnecessary plastic waste.

3 The usage of various plastics is so widespread across critical economic sectors that large cutbacks in its production are impractical.

4 The benefits of advanced plastic in so many nations and industrial sectors outweigh any real environmental risks by very large margins.

(2) How does the scientific community consider *Ideonella sakaiensis* 201-F6 as it relates to PET recycling?

1 It was a breakthrough discovery, a microbe proven to live off of plastic substances and become the source of a fast-acting enzyme.

2 It was the first time that KIT and Keio University were able to share a potential replacement for plastics.

3 It led to the establishment of large, clean energy-based, and bacteria-focused facilities worldwide for industrial plastic waste management.

4 It showed that much more research was necessary for scientists to fully understand the complexity of exploiting this bacteria.

(1) 📋 文章の中で、プラスチック処理の問題点として包括的に何が挙げられているか。

 1 リサイクル事業は、継続のコストが高く、最新のプラスチックを分解するために定期的な改良が必要なため、時間の経過とともに実施の可能性が低くなる。

 2 産業リサイクルの規模と度合いは、実際の経済的需要をはるかに下回っており、結果として、多くの不必要なプラスチックごみが発生している。

 3 様々なプラスチックの使用は、生産量の大幅な削減が非現実的になるほど、重要な経済部門に広く普及している。

 4 非常に多くの国や産業分野において、先進的なプラスチックがもたらす恩恵は、いかなる現実の環境リスクも大幅に上回っている。

🔍 プラスチック処理の問題点については、第1段落の締めくくりをしている⓰と⓱でまとめられています。「一部の環境保護主義者は、プラスチックの生産と消費を抑制、または廃止するように働きかけている。しかし、プラスチックは人間が作り出した多くの製品の不可欠な一部になっているので、現時点では大幅に削減するのは不可能だろう」とあるので、これを簡潔にまとめている**3**が正解となります。

🖊 ☐ **feasible** 実行できる、可能な ☐ **cessation** 中止、休止、停止

· ·

(2) 📋 科学界では、PETリサイクルに関連するイデオネラ・サカイエンシス201-F6株をどのように考えているか。

 1 プラスチック物質を食べ、即効性のある酵素の供給源になることが判明した微生物という、大きな進歩となる発見である。

 2 京都工芸繊維大学と慶應義塾大学がプラスチックに代わる可能性のある物質を共有できたのは初めてのことだった。

 3 産業プラスチック廃棄物処理のための、クリーンエネルギーを基盤にし、バクテリアに焦点を当てた大規模な施設の世界的な設立につながった。

 4 科学者がこのバクテリアの利用に伴う複雑さを完全に理解するには、さらに多くの研究が必要であることを示した。

🔍 イデオネラ・サカイエンシス201-F6株がどのように見られているかに関しては、第2段落の❼以降にその言及があります。❼「イデオネラ・サカイエンシス201-F6株は、PETを餌にすることが判明した初めてのバクテリア」、❽「PETを食べる際に、自然に無害の物質に変換する」、❾「抽出した酵素を使うことでPETの変換プロセスを短縮できる」と言っているので、これとほぼ同義の内容で短くまとめた**1**を選びましょう。

🖊 ☐ **microbe** 微生物、細菌、病原菌 ☐ **live off (of)** …を食べて生きる ☐ **enzyme** 酵素
  ☐ **breakthrough** 飛躍的な前進 ☐ **complexity** 複雑さ

· ·

🚩 **(1) 3 (2) 1**

練習しよう！⑪ Can Bacteria Clean up the World? 解説・正解

(3)　Which of the following statements would Muhammad Reza Cordova most likely agree with?

1　Human beings must soon make important tradeoffs between industrial activities and the protection of the environment.

2　A natural chemical solution could operate without the help of the heavy industrial systems that recycling now requires.

3　An enzyme that can be released into the world's oceans, especially the Pacific, will soon be available to break up large volumes of floating plastic.

4　Plastic production should be paused in both China and Indonesia until scientists there can implement various ways to mitigate the impact of plastic pollution.

(3) 次の記述のうち、ムハマド・レザ・コルドバが最も同意しそうなものはどれか。

1 人類はやがて、産業活動と環境保護の間で重要な折り合いをつけなければならなくなる。

2 自然で化学的な解決策は、現在リサイクルに必要な重工業的なシステムの助けを借りることなく運用することができる。

3 大量の浮遊プラスチックを分解するために、世界の海、特に太平洋に放出できる酵素が間もなく利用できるようになる。

4 中国とインドネシアでは、科学者がプラスチック汚染の影響を緩和する様々な方法を実施できるようになるまで、プラスチックの生産を一時停止すべきである。

ムハマド・レザ・コルドバは、第3段落の始めに紹介され、その研究内容に関しては、第3段落の前半にあります。❸「酵素が完成すれば、ペットボトルを捨てる前に酵素を含んだ液で軽くすすぐだけで済む」、❹「その後、ペットボトルは腐敗する」、❺「そうなれば、大規模なリサイクル施設を作らなくても済む」という流れを簡潔に説明している2が正解となります。

☐ tradeoff 妥協による交換　☐ mitigate …を軽減する・緩和する

筆記③

(3) 2

練習しよう！⑪ Can Bacteria Clean up the World? 訳・語句

Can Bacteria Clean up the World?

第1段落

❶ Since its emergence in the early 1900s, plastic has been a boon to humanity in many ways.

❷ Since the multipurpose substance is synthesized from common chemicals, it is cheaper to produce than natural materials such as iron or bronze, which must be mined from the earth and then processed.

❸ Plastic also decreases the need to make materials from animals.

❹ For instance, plastic fibers can serve as clothing insulation instead of conventional feathers or wool.

❺ Plastic is also easier to size, shape, and harden.

❻ Specifically, some plastic layers are atom-thin, while others are strong and durable enough to become part of race car composites.

❼ From the beginning, though, plastic has posed a problem: it does not easily break down in nature and is difficult to recycle.

❽ Plastic is not toxic, but it harms both wildlife and plants since it can slow or end their natural development.

❾ Plastic bags and ropes in oceans can choke turtles, while plastics in the soil can hinder plant growth.

❿ In addition, plastics are not always easy to detect.

⓫ Microplastics, for instance, are microscopic fragments that flow invisibly through the water cycle and food chain to eventually become part of animal bodies, including humans.

⓬ The long-term health effects of microplastics are still not clear.

⓭ One of the worst of these problems concerns Polyethylene Terephthalate (PET), which is especially common in food and beverage containers.

⓮ In 2021 alone, about 583 billion PET bottles were manufactured.

⓯ Moreover, plastic production is forecast to grow by 70% over the coming years, reaching 600 million tons globally by 2050.

⓰ In the face of this challenge, some environmentalists have encouraged societies to dramatically curb or end plastic production and consumption.

⓱ However, plastic has become an integral part of so many human-made items that substantial reductions in its output at this point may be infeasible.

バクテリアは世界を浄化できるか

第1段落

❶ 1900年代初頭に誕生して以来、プラスチックは人類に様々な恩恵をもたらしてきた。

❷ 様々な目的で使えるこの物質はありふれた化学物質から合成されるため、地中から採掘して加工しなければならない鉄や青銅のような天然素材よりも製造コストが安い。

❸ プラスチックは動物から原材料を作る必要性も減少させる。

❹ 例えば、従来の羽毛や羊毛の代わりに、プラスチックの繊維を衣類の断熱材として使うことができる。

❺ プラスチックはまた、大きさや形を整え、固めるのも簡単だ。

❻ 具体的には、原子レベルの薄さのプラスチックを重ねたものもあれば、レーシングカーのコンポジットの一部になるほどの強度と耐久性を持つものもある。

❼ しかし、プラスチックは自然の中では容易に分解されず、リサイクルが難しいという問題を当初から抱えていた。

❽ プラスチックに毒性はないが、野生動物や植物にとっては、自然な発達を遅らせたり停止させたりする原因になることがあるので、害を及ぼす。

❾ 海中のプラスチックの袋やひもはウミガメを窒息させることがあり、土壌のプラスチックは植物の成長を妨げる。

❿ さらに、プラスチックは必ずしも簡単に検出できるものではない。

⓫ 例えば、マイクロプラスチックは微細な破片であり、目に見えない形で水の循環や食物連鎖の中を巡って、最終的には人間を含む動物の体の一部となる。

⓬ マイクロプラスチックの長期的な健康への影響は、まだ明らかになっていない。

⓭ こうした問題の中でも特に深刻なのが、食品や飲料の容器によく使われるポリエチレンテレフタレート（PET）に関するものだ。

⓮ 2021年だけでも、約5,830億本のPETボトルが製造された。

⓯ さらに、プラスチックの生産量は今後数年間で70%増加し、2050年には世界で6億トンに達すると予測されている。

⓰ この課題に直面し、一部の環境保護主義者は、プラスチックの生産と消費を劇的に抑制するか、あるいは廃止するよう社会に働きかけている。

⓱ しかし、プラスチックは現時点でその生産量を大幅に削減することは不可能なほど、人間が作り出す多くの製品の中で欠かせない部品となっている。

---

❶☐ emergence 出現、発生　☐ boon 賜物、恩恵、利益　**❷**☐ multipurpose 多目的の、多用途の
☐ synthesize …を統合する・合成する　☐ mine（鉱石・石炭）を採掘する　**❹**☐ insulation 断熱材
❺☐ size …を一定の大きさに作る　☐ harden …を堅くする・固める　**❻**☐ composite 合成物、複合物
❼☐ pose（問題）を引き起こす、…の原因となる　☐ break down 分解される　**❽**☐ toxic 有毒な、毒の
⓫☐ microscopic 顕微鏡でしか見えない、微小な　**⓰**☐ curb …を抑制する
⓱☐ infeasible 実行不可能な

練習しよう！⑪ Can Bacteria Clean up the World?　訳・語句

第2段落

❶ Large landfills have been created to contain some plastic, but the landfills have become another environmental hazard in themselves.

❷ Increasing amounts of plastic are being recycled, but only a fraction of the total is treated this way.

❸ As a case in point, although 40 million tons of plastics were generated in America in 2021, only 5-6% were recycled.

❹ The recycling process itself is also often energy-intensive, so efforts to clean and reuse plastic often add to greenhouse gas emissions.

❺ One solution to this problem may be developing "natural" ways of breaking down plastic that do not need the resources of a recycling factory or landfill.

❻ In 2016, Japanese scientists at the Kyoto Institute of Technology (KIT) and Keio University found that certain bacteria will "eat" plastic, breaking it down into components that will naturally and safely deteriorate.

❼ Specifically, the newly discovered bacterium, *Ideonella sakaiensis* 201-F6, uses PET as a source of food—the first bacterium proven to do so.

❽ As it does this, it converts PET into terephthalic acid and ethylene glycol, which are not harmful to nature.

❾ The scientists even found that they could compress the PET conversion process into as little as 10 hours (instead of the 450 years that PET normally requires to break down naturally) by using a fast-working enzyme extracted from this bacterium.

❿ Scientists worldwide have capitalized on Japanese discoveries and are developing other microbes that likewise eat plastic.

⓫ As with the KIT researchers, they are largely working with enzymes since they remain active over a range of temperatures and can be designed to target a particular type of plastic.

第2段落

❶ 大規模な埋立地がプラスチックを運び込むために作られたが、その埋立地自体も環境破壊となっている。

❷ リサイクルされるプラスチックの量は増えているが、こうして処理されるのは全体のほんの一部に過ぎない。

❸ その一例を挙げると、アメリカでは2021年に4,000万トンのプラスチックが生産されたが、リサイクルされたのはわずか5〜6%だった。

❹ リサイクルのプロセス自体も多大のエネルギーを消費することが多いため、プラスチックを洗浄して再利用しようとする取り組みは、温室効果ガスの排出を増加させることが多い。

❺ この問題の解決策のひとつは、リサイクル工場や埋立地に頼る必要がない「自然な」プラスチックの分解方法を開発することだと考えられる。

❻ 2016年、京都工芸繊維大学と慶應義塾大学の日本人の科学者たちは、ある種のバクテリアがプラスチックを「食べて」、自然かつ安全に劣化する成分に分解することを発見した。

❼ 具体的には、新たに発見されたバクテリア、イデオネラ・サカイエンシス201-F6株は、PETを餌にする。そのようにすることが判明した初めてのバクテリアである。

❽ PETを食べる際、PETを自然に害のないテレフタル酸とエチレングリコールに変換する。

❾ 科学者たちは、このバクテリアから抽出した即効性のある酵素を使うことで、PETの変換プロセスを（通常ならPETが自然に分解されるのにかかる450年ではなく）わずか10時間にまで短縮できることも発見した。

❿ 世界中の科学者が日本の発見に便乗し、同様にプラスチックを食べる別の微生物を育てている。

⓫ 京都工芸繊維大学の研究者たちと同様、彼らは主に酵素を利用している。様々な温度で活性を維持する酵素は、特定の種類のプラスチックを対象にして設計することができるからだ。

✎ **❶**☐ landfill ごみ埋立地 **❸**☐ a case in point 適当な例
☐ energy-intensive 多大のエネルギーを消費する ☐ add to …を増す
☐ greenhouse gas 温室効果ガス **❻**☐ break X down into Y X を分解して Y にする
☐ deteriorate 劣化する **❼**☐ bacterium (bacteria の単数形)
❾☐ compress …を縮小する・圧縮する ☐ enzyme 酵素 **❿**☐ capitalize on …を利用する
☐ microbe 微生物、細菌、病原菌

筆記③

練習しよう！⑪ Can Bacteria Clean up the World? 訳・語句

第3段落

❶ Researcher Muhammad Reza Cordova of Indonesia's Research Center for Oceanography has been doing similar work in Southeast Asia.

❷ He has focused on China and Indonesia since these are the two largest contributors to the "plastic islands"—large floating patches of plastic waste—in the Pacific Ocean.

❸ If the enzymes developed by Cordova and other scientists are perfected, people might only have to lightly rinse their plastic bottles in enzyme-rich fluids before throwing them away.

❹ After that, the bottles would naturally decay.

❺ This would circumvent the large, energy-guzzling recycling facilities that are currently necessary to recycle plastics.

❻ A simple liquid rinse would be much easier to apply and cost much less.

❼ Issues remain with working with enzymes, however.

❽ They must be kept stable to consistently work.

❾ This is why bacteria-based recycling methods are still many years from full deployment.

❿ Moreover, this recycling method is competing with other, simpler methods, such as light or heat treatments.

⓫ Perhaps most importantly, many environmentalists still fear that plastic production is growing so fast that it will simply outpace any recycling efforts.

⓬ This is why many conservationist movements seek to limit plastic production and use in the first place.

⓭ No matter what solution is ultimately chosen, ordinary people can surely help by recycling their personal plastic items and perhaps not even choosing plastic in their daily lives.

第3段落

❶ インドネシア海洋学研究センターのムハマド・レザ・コルドバ研究員は、東南アジアで同様の研究を行っている。

❷ 中国とインドネシアを調査しているが、それは太平洋に浮かぶプラスチック廃棄物の大群「プラスチック・アイランド」の発生の最大の原因となっているからだ。

❸ コルドバや他の科学者たちが開発した酵素が完成すれば、ペットボトルを捨てる前に酵素を豊富に含んだ液で軽くすすぐだけで済むようになるだろう。

❹ その後、ペットボトルは自然に腐敗する。

❺ そうなれば、プラスチックのリサイクルに現在必要なエネルギーを消費する大規模なリサイクル施設を造る必要がなくなる。

❻ 単純な液体ですすぐ方が、はるかに取り入れやすくコストもかからない。

❼ しかし、酵素を使うことには問題が残っている。

❽ 機能を維持するためには酵素が安定していなければならない。

❾ そのため、バクテリアを使ったリサイクル方法の本格的な普及にはまだ何年もかかる。

❿ さらに、このリサイクル方法は光や熱による処理など、もっと簡単な他の方法と競合している。

⓫ おそらく最も重要なことは、依然として多くの環境保護主義者が恐れているように、どんなリサイクルの努力も手遅れになってしまうほど、プラスチックの生産量の増加が急速なことである。

⓬ 多くの環境保護運動が、まずはプラスチックの生産と使用を制限しようとするのはこのためである。

⓭ 最終的にどのような解決策が選択されるにせよ、一般の人々は身の回りのプラスチック製品をリサイクルし、日常生活でプラスチックを選択しないというかたちで、きっと貢献できるはずだ。

❶□ oceanography 海洋学　❷□ patch 一部分、一区画、断片
❸□ perfect …を仕上げる・完成する　❺□ circumvent …を回避する
□ guzzle（電気・ガソリン）を食う　❾□ full deployment 完全配備
⓫□ outpace …より足が速い、…をしのぐ　⓬□ conservationist 保護論者

Unit 2 練習しよう！⑫

目標解答時間 18分

問題英文の読み方 P.518　解説・正解 P.524　訳・語句 P.528

What a Thawing Tundra Means

One of the biggest and most far-reaching effects of climate change has been the melting of glaciers in the Arctic. As global temperatures rise, ice in the region gradually melts. If this trend continues, sea levels could increase by several meters by 2030, engulfing major coastal cities such as New York, Cape Town, and Sydney. Less dramatic, but possibly no less important, is the tundra, the treeless region just below the Arctic. This zone stretches from northern Scandinavia and Russia to Alaska and Canada. It is sparsely populated due to the freezing conditions, and the animals and plants that survive there—such as caribou and lichen—have special adaptations to live in the harsh environment. The cold conditions turn the ground into permafrost, frozen soil underneath the tundra. Some parts of the permafrost, especially in Russia, have an abundance of natural resources, such as zinc, petroleum, nickel, and copper. Most of the Russian economy depends on extracting and exporting these kinds of resources, but the cost of doing so in such an environment is enormous. Formed about 650,000 years ago, Siberian land is the oldest permafrost on earth. Now, due to climate change, that permafrost is thawing. Satellite data from 2020 shows that the surface temperatures in Siberia sometimes reach a record 38°C. The thawing permafrost does not directly threaten large cities but could have an impact on humanity through what the active layer, the soil nearest the surface, might release. Specifically, a warming active layer could release long-dormant pathogens such as lethal bacteria, viruses, and other microbes. Some scientists worry that these pathogens could carry new forms of plague, anthrax, or smallpox. These could develop into a fast-spreading pandemic in a world that had no preparation, cure, or even treatments available.

Chantal Abergel of the French National Center for Scientific Research is particularly concerned about DNA-based microbes, which have been proven to wake up after many centuries of sleep. Her laboratory experiments have studied frozen bacteria over 300,000 years old that became active again after being unfrozen. Jean Michael Claverie, a specialist in virology at Aix-Marseille University, suggested that there is no practical limit to ancient bacteria waking up. In other words, thawing permafrost might awaken bacteria that "is over one million years old"—older than mankind itself. Researchers writing in a 2023 edition of *New Microbes and New Infections* term these "zombie viruses" a severe threat that humanity is completely unprepared for. The ac-

514

tual risk of new and dangerous forms of bacteria or viruses might depend on whether human activity intensifies in permafrost areas that are warming. Small isolated villages of indigenous people, such as the Sakha of Russia, the Sami of Scandinavia, or the Inuit of Alaska might not spread diseases far and wide, or at least not quickly. However, densely packed mining or drilling camps built on the permafrost, with workers frequently moving back and forth from large cities, might spread such diseases fast. Another group of scientists is worried about whether warmer permafrost would release methane gas into the air. Although carbon dioxide is widely feared as a greenhouse gas that accelerates global warming, methane is actually disproportionately damaging —34 times more damaging to the ozone layer, to be exact. Warmed permafrost can turn to methanogenic— methane-producing—mud or wetland areas. Release of large amounts of methane from these areas could aggravate the already-severe problem of climate change.

Other scientists are less pessimistic, suggesting that these microbes, when exposed to the cold air of the tundra, would quickly die off. Moreover, since there are so few inhabitants in tundra areas, the chances of a calamity may be small. Scientists Qianlai Zhuang and Youmi Oh of Purdue University point out, for instance, that permafrost contains many microbes that consume methane: these microbes are called methanotrophs.

In fact, up to 87% of thawed permafrost contains methanotrophs, which could easily absorb released methane. There is so much concern about permafrost because there is no firm consensus about the exact hazards of its changing. With all this debate and uncertainty, a cautious course of action—apart from attempting to create a carbon-neutral global economy —might be curtailing or phasing out natural resource development in the tundra. However, Russia has been consistent in planning to exploit, not forfeit, resources in the area, while policies in Scandinavia and North America tend to be ambivalent, fluctuating based on the type of government in charge. Fundamentally, there are potentially trillions of dollars' worth of natural resources locked away under the permafrost, and much of the world's economy, particularly in emerging markets, may depend on access to these resources over the coming decades. Ultimately, humanity may have some difficult decisions ahead in balancing these conflicting interests over these slowly warming lands.

練習しよう！⑫ What a Thawing Tundra Means　問題

(1) According to some of the most recent data from space
1. satellites are losing the ability to monitor permafrost loss in some areas of the world, just when scientists most need these devices for resource management.
2. glaciers are melting faster than most specialists and researchers had expected, and this has decreased tree growth on the tundra.
3. some regions of earth that had seen generally stable temperatures for a very long period now seem to be experiencing unprecedented variations.
4. places in the northern part of the Arctic are rapidly becoming nearly devoid of animals as a result of new pathogens emerging from thawing permafrost.

(2) What is one reason that there is concern over DNA-based microbes?
1. They can stay alive easily under frigid conditions and spread much faster than carbon dioxide or most other chemical substances known to be harmful to the environment.
2. They could have serious effects on worldwide society that humans are presently incapable of grappling with in any real way.
3. They cause diseases which had long disappeared to wake up and affect certain wildlife that humans and many creatures depend on to survive.
4. They are so old that they can poison wetlands everywhere as they become mixed with mud and water from the thawing permafrost.

(3) What does the author state about the potential for policies that cover permafrost?

1. Many more years of study of samples extracted from the earth would be required before we can identify harmful pathogens in permafrost.
2. Areas with warming active layers would have to be isolated until we are prepared to treat hazardous new pandemics from ancient bacteria.
3. Countries operating on permafrost regions need not be overly concerned, since scientists already have scenarios to contain any environmental impacts.
4. Any plans for tundra management would have to entail major tradeoffs across environmental, political, and economic sectors.

練習しよう！⑫ What a Thawing Tundra Means 　問題英文の読み方

第1段落

What a Thawing Tundra Means

❶One of the biggest and most far-reaching effects of climate change has been the melting of glaciers in the Arctic. ❷As global temperatures rise, ice in the region gradually melts. ❸If this trend continues, sea levels could increase by several meters by 2030, engulfing major coastal cities such as New York, Cape Town, and Sydney. ❹Less dramatic, but possibly no less important, is the tundra, the treeless region just below the Arctic. ❺This zone stretches from northern Scandinavia and Russia to Alaska and Canada. ❻It is sparsely populated due to the freezing conditions, and the animals and plants that survive there—such as caribou and lichen—have special adaptations to live in the harsh environment. ❼The cold conditions turn the ground into permafrost, frozen soil underneath the tundra. ❽Some parts of the permafrost, especially in Russia, have an abundance of natural resources, such as zinc, petroleum, nickel, and copper. ❾Most of the Russian economy depends on extracting and exporting these kinds of resources, but the cost of doing so in such an environment is enormous. ❿Formed about 650,000 years ago, Siberian land is the oldest permafrost on earth. ⓫Now, due to climate change, that permafrost is thawing. ⓬Satellite data from 2020 shows that the surface temperatures in Siberia sometimes reach a record 38°C. ⓭The thawing permafrost does not directly threaten large cities but could have an impact on humanity through what the active layer, the soil nearest the surface, might release. ⓮Specifically, a warming active layer could release long-dormant pathogens such as lethal bacteria, viruses, and other microbes. ⓯Some scientists worry that these pathogens could carry new forms of plague, anthrax, or smallpox. ⓰These could develop into a fast-spreading pandemic in a world that had no preparation, cure, or even treatments available.

> 第1段落

タイトルにある Thawing Tundra は「解けつつあるツンドラ」という意味です。ツンドラは北極圏に広がる寒冷地帯で、その下には「永久凍土」と呼ばれる、常に凍っている土壌が広がっています。このタイトルから、文章全体が気候変動の影響を取り上げていることを意識しながら、読み進められるでしょう。万が一、タイトルを見て意味が取れなくても、❶にある the melting of glaciers in the Arctic「北極で氷河の解けている現象」から文章のテーマを絞りこんでいきます。❷❸では気温の上昇で北極圏の氷が融解し、海面上昇によるリスクが高まっていることが述べられています。❹❺では、ツンドラの重要性を述べ、該当する地域の広さから、その規模の大きさを示唆しています。❻の主語は It と the animals and plants、動詞は is sparsely populated と have です。「寒冷な環境のために人口が非常に少なく、そこに生息する動物や植物は過酷な環境への適応力を備えている」と述べています。ダッシュは such as caribou and lichen という動植物の具体例を補足するために使われています。❼の permafrost は「永久凍土」という意味で、コンマの後で言い換えて説明されています。そのような凍土には❽「豊富な天然資源が存在」し、❾「ロシア経済がそれに大きく依存しているが、その採掘に多大なコストがかかっている」ことも述べられています。❿⓫でシベリアにある永久凍土が解けつつあると述べ、⓬で取り上げたデータでその差し迫った状況を示しています。⓭では凍土が解けることが人類に影響を与える形態を示唆しています。⓮で具体的な例として「長い間休眠していた病原体が放出される可能性がある」ことを述べ、悪い方向に転じた場合は⓯⓰「これらの病原体がペストや炭疽病、天然痘などの新しい形態を引き起こす」こと、「世界的に大きな影響を及ぼす可能性がある」ことという懸念が示されています。

第1段落では、ツンドラ地域の永久凍土が解けることによる深刻な環境問題の可能性と、それが人類に与え得る影響について説明していました。

筆記3

練習しよう！⑫ What a Thawing Tundra Means　問題英文の読み方

第2段落

❶Chantal Abergel of the French National Center for Scientific Research is particularly concerned about DNA-based microbes, which have been proven to wake up after many centuries of sleep. ❷Her laboratory experiments have studied frozen bacteria over 300,000 years old that became active again after being unfrozen. ❸Jean Michael Claverie, a specialist in virology at Aix-Marseille University, suggested that there is no practical limit to ancient bacteria waking up. ❹In other words, thawing permafrost might awaken bacteria that "is over one million years old"— older than mankind itself. ❺Researchers writing in a 2023 edition of *New Microbes and New Infections* term these "zombie viruses" a severe threat that humanity is completely unprepared for. ❻The actual risk of new and dangerous forms of bacteria or viruses might depend on whether human activity intensifies in permafrost areas that are warming. ❼Small isolated villages of indigenous people, such as the Sakha of Russia, the Sami of Scandinavia, or the Inuit of Alaska might not spread diseases far and wide, or at least not quickly. ❽However, densely packed mining or drilling camps built on the permafrost, with workers frequently moving back and forth from large cities, might spread such diseases fast. ❾Another group of scientists is worried about whether warmer permafrost would release methane gas into the air. ❿Although carbon dioxide is widely feared as a greenhouse gas that accelerates global warming, methane is actually disproportionately damaging—34 times more damaging to the ozone layer, to be exact. ⓫Warmed permafrost can turn to methanogenic—methane-producing—mud or wetland areas. ⓬Release of large amounts of methane from these areas could aggravate the already-severe problem of climate change.

第2段落

❶❷では、フランスの研究者が「何世紀も眠っていたDNAベースの病原菌が再び活性化することに強い懸念を示している」こと、「30万年以上前に凍結した細菌が解凍後に再び活動を始めたことを確認した」ことを挙げ、前の段落の懸念が差し迫っているような受け方でこの段落が始まっています。❸❹では、さらに他の専門家の見方では「古い微生物が目覚めるのに制限はない」こと、「凍土が解ければ、人類より古いバクテリアが目覚める」ことも考えられると言っています。❺ではこれが「ゾンビ・ウイルス」という呼び方で知られており、人類が準備できていない脅威であることを示しています。主語はResearchers、動詞はtermです。that humanity is completely unprepared forは、a severe threatを説明する従属節です。❻では「バクテリアやウイルスがもたらすリスクが高まるのは人間の活動が活発化するかどうかによるだろう」という観点が挙げられています。❼ではリスクを小さくすると考えられる要素、❽ではそれを覆す状況として、「労働者が大都市との間を頻繁に往復することによって病気が急速に広がる可能性がある」ことを指摘しています。また、❾で別のリスクとして「温暖化した永久凍土がメタンガスを放出する」ことが挙げられています。❿ではメタンがオゾンに及ぼす影響の大きさを示し、⓫⓬では温暖化とメタン放出という、環境に悪い連鎖の可能性が説明されています。

この段落全体では、永久凍土の融解で目覚めるかもしれない古代の微生物に関する潜在的な危険性について複数の専門家の見解を交えて述べられていました。

練習しよう！⑫ What a Thawing Tundra Means　問題英文の読み方

第3段落

❶Other scientists are less pessimistic, suggesting that these microbes, when exposed to the cold air of the tundra, would quickly die off. ❷Moreover, since there are so few inhabitants in tundra areas, the chances of a calamity may be small. ❸Scientists Qianlai Zhuang and Youmi Oh of Purdue University point out, for instance, that permafrost contains many microbes that consume methane: these microbes are called methanotrophs. ❹In fact, up to 87% of thawed permafrost contains methanotrophs, which could easily absorb released methane. ❺There is so much concern about permafrost because there is no firm consensus about the exact hazards of its changing. ❻With all this debate and uncertainty, a cautious course of action—apart from attempting to create a carbon-neutral global economy—might be curtailing or phasing out natural resource development in the tundra. ❼However, Russia has been consistent in planning to exploit, not forfeit, resources in the area, while policies in Scandinavia and North America tend to be ambivalent, fluctuating based on the type of government in charge. ❽Fundamentally, there are potentially trillions of dollars' worth of natural resources locked away under the permafrost, and much of the world's economy, particularly in emerging markets, may depend on access to these resources over the coming decades. ❾Ultimately, humanity may have some difficult decisions ahead in balancing these conflicting interests over these slowly warming lands.

第3段落

❶の主語は Other scientists、動詞は are less pessimistic です。suggesting から後は分詞構文で、「これらの科学者が指摘している」という意味を表し、前の are less pessimistic との関連を示しています。第2段落で挙げたリスクとは反対の、微生物が死滅するという考え方が提示されています。❷も病気の拡散リスクとは逆の「ツンドラ地域の住民が少ないため、大惨事になる可能性は低い」という考えを紹介し、それに続く❸❹も、メタン放出の懸念に対する考えとして「永久凍土にはメタンを消費する微生物が多く含まれていて、それが放出されたメタンを吸収できる」ことを示しています。そのように拮抗する見解がある状況を総じて、❺では「永久凍土の変化がもたらす正確な危険性については、まだ確固とした合意がないため、多くの懸念が存在する」と述べ、❻で「これにより、慎重な対応姿勢を取るなら、ツンドラでの天然資源開発を制限するか、段階的に廃止することになる」という見解が示されています。ダッシュは「カーボンニュートラルの世界経済を目指すこと以外に」という補足説明を挿入しています。❼は However で始まり、この対応策を取るのを難しくする状況として、「ロシアは一貫してこの地域の資源を活用する計画を進めており、スカンジナビアや北米では政府の方針によって政策が揺れ動いている」と説明しています。❽❾はこの文章のまとめとして、「この地域には数兆ドル相当の天然資源が埋蔵されており、世界経済がこれらの資源へのアクセスに依存する可能性があるため、人類はこれらの相反する利害のバランスを取るために難しい決断を迫られるだろう」と結論づけています。

この段落には、永久凍土が解けることで引き起こされる様々なリスクについての見解が、科学者や国々によって異なっていることについて書かれていました。表明される見解の裏にはどのような利害が絡んでいるのか、これを機会に考え、トピックに関する深い理解を目指しましょう。

練習しよう！⑫ What a Thawing Tundra Means 解説・正解

(1) According to some of the most recent data from space

  1 satellites are losing the ability to monitor permafrost loss in some areas of the world, just when scientists most need these devices for resource management.

  2 glaciers are melting faster than most specialists and researchers had expected, and this has decreased tree growth on the tundra.

  3 some regions of earth that had seen generally stable temperatures for a very long period now seem to be experiencing unprecedented variations.

  4 places in the northern part of the Arctic are rapidly becoming nearly devoid of animals as a result of new pathogens emerging from thawing permafrost.

(2) What is one reason that there is concern over DNA-based microbes?

  1 They can stay alive easily under frigid conditions and spread much faster than carbon dioxide or most other chemical substances known to be harmful to the environment.

  2 They could have serious effects on worldwide society that humans are presently incapable of grappling with in any real way.

  3 They cause diseases which had long disappeared to wake up and affect certain wildlife that humans and many creatures depend on to survive.

  4 They are so old that they can poison wetlands everywhere as they become mixed with mud and water from the thawing permafrost.

(1) 📋 宇宙からの最新データによると、

1 科学者が資源の管理のために人工衛星を最も必要としているそのときに、人工衛星は世界の複数の地域で永久凍土の消失を監視する能力を失いつつある。

2 ほとんどの専門家や研究者が予想していたよりも早く氷河が溶けているため、ツンドラ地帯の樹木が成長しなくなっている。

3 長期間にわたって気温が概ね安定していた地球の一部の地域が、現在では前例のない変化にさらされているようだ。

4 北極圏北部の土地では、融解した永久凍土から新たな病原体が発生したために、動物がほとんど見られなくなりつつある。

🔍 問題文の data from space と一致する内容に関しては、第1段落⓬の Satellite data from 2020 の後を読むとわかります。「2020年の衛星データでは、シベリアの地表温度が38℃を記録することもある」とあるので、これを unprecedented variations という表現で言い換えている3が正解です。

✏️ ☐ permafrost 永久凍土層　☐ unprecedented 先例のない、空前の　☐ devoid of …が欠けている
☐ pathogen 病原体

....

(2) 📋 DNA ベースの病原菌について懸念されている理由のひとつは何か。

1 極寒の環境下でも容易に生き続けることができ、二酸化炭素や、環境に有害であることがわかっている他のほとんどの化学物質よりもはるかに速く拡散する。

2 現在の人類がどうしても対処できないような深刻な影響を国際社会にもたらす可能性がある。

3 長い間見られなかった病気を復活させ、人間や多くの生物が生存のために依存している特定の野生生物に影響を与える。

4 微生物は、永久凍土が解けてできた泥や水と混ざり合うと、いたる所で湿地帯を汚染するおそれがあるほどに古い種である。

🔍 DNA ベースの病原菌に関しては第2段落の❺に書かれています。❺「2023年版の New Microbes and New Infections 誌に寄稿した研究者たちは、これらの『ゾンビ・ウイルス』を、人類が完全に準備できていない深刻な脅威と見なしている」という内容を言い換えている選択肢2が正解です。

✏️ ☐ frigid 寒さが厳しい、極寒の　☐ grapple with …の解決に取り組む　☐ wetland 湿地、沼地

....

筆記③

🚩 **(1) 3　(2) 2**

練習しよう！⑫ What a Thawing Tundra Means 解説・正解

(3) What does the author state about the potential for policies that cover permafrost?

1 Many more years of study of samples extracted from the earth would be required before we can identify harmful pathogens in permafrost.

2 Areas with warming active layers would have to be isolated until we are prepared to treat hazardous new pandemics from ancient bacteria.

3 Countries operating on permafrost regions need not be overly concerned, since scientists already have scenarios to contain any environmental impacts.

4 Any plans for tundra management would have to entail major tradeoffs across environmental, political, and economic sectors.

(3) 　④　永久凍土を対象とする政策の可能性について、筆者はどのように述べているか。

1　永久凍土に存在する有害な病原体を特定するには、土壌から採取したサンプルをさらに何年もかけて研究する必要がある。

2　温暖化した活動層のある地域は、古代のバクテリアによる危険な新型の世界的流行病を治療する準備が整うまで封鎖しなければならないだろう。

3　永久凍土地帯で活動する国々は、科学者たちが既に環境への影響を食い止めるための計画を用意しているため、過度に心配する必要はない。

4　ツンドラの管理を計画するなら、環境、政治、経済の分野の間で大がかりな妥協点の調整を要することになるだろう。

🔍　永久凍土を対象とする政策については、第3段落の最後の部分にあります。❾で「人類はこれらの相反する利害のバランスを取るために難しい決断を迫られることになる」とあるので、これを言い換えた4が正解となります。

✏️　☐ hazardous 危険な、冒険的な　☐ pandemic 全国的流行病　☐ contain …を食い止める
　　☐ entail …を必然的に伴う・要する

練習しよう！⑫ What a Thawing Tundra Means 訳・語句

What a Thawing Tundra Means

第1段落

❶ One of the biggest and most far-reaching effects of climate change has been the melting of glaciers in the Arctic.

❷ As global temperatures rise, ice in the region gradually melts.

❸ If this trend continues, sea levels could increase by several meters by 2030, engulfing major coastal cities such as New York, Cape Town, and Sydney.

❹ Less dramatic, but possibly no less important, is the tundra, the treeless region just below the Arctic.

❺ This zone stretches from northern Scandinavia and Russia to Alaska and Canada.

❻ It is sparsely populated due to the freezing conditions, and the animals and plants that survive there—such as caribou and lichen—have special adaptations to live in the harsh environment.

❼ The cold conditions turn the ground into permafrost, frozen soil underneath the tundra.

❽ Some parts of the permafrost, especially in Russia, have an abundance of natural resources, such as zinc, petroleum, nickel, and copper.

❾ Most of the Russian economy depends on extracting and exporting these kinds of resources, but the cost of doing so in such an environment is enormous.

❿ Formed about 650,000 years ago, Siberian land is the oldest permafrost on earth.

⓫ Now, due to climate change, that permafrost is thawing.

⓬ Satellite data from 2020 shows that the surface temperatures in Siberia sometimes reach a record 38°C.

⓭ The thawing permafrost does not directly threaten large cities but could have an impact on humanity through what the active layer, the soil nearest the surface, might release.

⓮ Specifically, a warming active layer could release long-dormant pathogens such as lethal bacteria, viruses, and other microbes.

⓯ Some scientists worry that these pathogens could carry new forms of plague, anthrax, or smallpox.

⓰ These could develop into a fast-spreading pandemic in a world that had no preparation, cure, or even treatments available.

ツンドラの融解が意味するもの

第1段落

① 気候変動の最大かつ最も広範囲に及ぶ影響のひとつは、北極圏の氷河の融解である。
② 地球の気温が上昇するにつれて、この地域の氷は徐々に溶けていく。
③ この傾向が続けば、2030年までに海面が数メートル上昇し、ニューヨーク、ケープタウン、シドニーなどの海沿いの大都市を飲み込むおそれがある。
④ そこまで派手ではないが、おそらくそれに劣らず重要なのが北極圏のすぐ南に位置する、樹木のないツンドラ地帯である。
⑤ この地帯は北スカンジナビアとロシアからアラスカとカナダまで広がっている。
⑥ 凍てつくような環境のため人口は少なくて、トナカイや地衣類など、そこで生き延びている動物や植物は厳しい環境で生きるための特別な適応力を備えている。
⑦ 寒冷な環境は、地面を永久凍土（ツンドラの下にある凍った土）に変える。
⑧ 永久凍土の一部、特にロシアのそれには、亜鉛、石油、ニッケル、銅などの天然資源が豊富にある。
⑨ ロシア経済の大部分はこうした資源の採掘と輸出に依存しているが、それをこのような環境下で行うには莫大な費用がかかる。
⑩ 約65万年前に形成されたシベリアの大地は、地球上で最も古い永久凍土である。
⑪ 現在、気候変動によって、その永久凍土が解けつつある。
⑫ 2020年の衛星データでは、シベリアの地表温度が38度を記録することもある。
⑬ 永久凍土の融解が大都市を直接脅かすことはないが、活動層（地表に最も近い土壌）が放出する可能性のある物質によって、人類に影響を与える可能性がある。
⑭ 具体的には、活動層の温暖化によって、致死性の細菌、ウイルス、その他の微生物など、長い間休眠状態にあった病原体が放出される可能性がある。
⑮ 一部の科学者は、これらの病原体がペストや炭疽、天然痘の新型を媒介するのではないかと懸念している。
⑯ これらは、備えも薬も治療法さえもないこの世界で、急速に広がる世界規模の流行病に発展するおそれがある。

- □ tundra 凍土帯、ツンドラ　①□ far-reaching 広範囲にわたる、遠くまで及ぶ
- ③□ engulf …を飲み込む　④□ treeless 樹木のない　⑥□ sparsely まばらに　□ populate …に住む
- □ caribou トナカイ　□ lichen 地衣類　⑦□ permafrost 永久凍土層　⑧□ zinc 亜鉛
- □ petroleum 石油　□ nickel ニッケル　□ copper 銅　⑭□ dormant 睡眠状態の、潜伏している
- □ pathogen 病原体　□ lethal 致死の、致命的な、破壊的な　□ microbe 微生物、細菌、病原菌
- ⑮□ plague ペスト、疫病　□ anthrax 炭疽　□ smallpox 天然痘　⑯□ pandemic 全国的流行病

練習しよう！⑫ What a Thawing Tundra Means　訳・語句

第2段落

❶ Chantal Abergel of the French National Center for Scientific Research is particularly concerned about DNA-based microbes, which have been proven to wake up after many centuries of sleep.

❷ Her laboratory experiments have studied frozen bacteria over 300,000 years old that became active again after being unfrozen.

❸ Jean Michael Claverie, a specialist in virology at Aix-Marseille University, suggested that there is no practical limit to ancient bacteria waking up.

❹ In other words, thawing permafrost might awaken bacteria that "is over one million years old" — older than mankind itself.

❺ Researchers writing in a 2023 edition of *New Microbes and New Infections* term these "zombie viruses" a severe threat that humanity is completely unprepared for.

❻ The actual risk of new and dangerous forms of bacteria or viruses might depend on whether human activity intensifies in permafrost areas that are warming.

❼ Small isolated villages of indigenous people, such as the Sakha of Russia, the Sami of Scandinavia, or the Inuit of Alaska might not spread diseases far and wide, or at least not quickly.

❽ However, densely packed mining or drilling camps built on the permafrost, with workers frequently moving back and forth from large cities, might spread such diseases fast.

❾ Another group of scientists is worried about whether warmer permafrost would release methane gas into the air.

❿ Although carbon dioxide is widely feared as a greenhouse gas that accelerates global warming, methane is actually disproportionately damaging — 34 times more damaging to the ozone layer, to be exact.

⓫ Warmed permafrost can turn to methanogenic — methane-producing — mud or wetland areas.

⓬ Release of large amounts of methane from these areas could aggravate the already-severe problem of climate change.

第2段落

❶ フランス国立科学研究センターのシャンテル・アベルジェルは、何世紀もの眠りの後で目覚めることが証明されている DNA を用いる病原菌について特に懸念している。

❷ 彼女の研究室の実験では、30万年以上も凍結状態にあり、解凍後に再び活動を始めた細菌を研究している。

❸ エクス・マルセイユ大学のウイルス学の専門家ジャン・ミカエル・クラヴリーは、古代のバクテリアが目覚めるための実質的な時間の制限は存在しないという見解を述べた。

❹ つまり、永久凍土が解ければ、「100万年以上の時を経た」バクテリア、人類よりも古いバクテリアが目覚めるかもしれないのだ。

❺ 2023年発行の『新たな病原菌と新たな感染』誌に寄稿した研究者たちは、こうした「ゾンビ・ウイルス」を人類がまったく備えていない深刻な脅威と呼んでいる。

❻ 新種の危険なバクテリアやウイルスが発生する実際の危険性は、温暖化が進む永久凍土地帯で人間活動が活発化するかどうかによるだろう。

❼ ロシアのサハ人、スカンジナビアのサーミ人、アラスカのイヌイットのような先住民の小さな孤立した村は、病気を遠くまで広げることはないだろうし、少なくともすぐに広がることはない。

❽ しかし、永久凍土の上に採鉱や掘削用のキャンプが密集し、労働者が大都市へ頻繁に行き来するような環境では、そのような病気が急速に広がる可能性がある。

❾ 別の科学者グループは、永久凍土の温暖化によってメタンガスが大気中に放出されるのではないかと懸念している。

❿ 二酸化炭素は地球温暖化を促進する温室効果ガスとして広く恐れられているが、実はメタンはオゾン層に対して桁違いに悪影響を与えるほどで、厳密に言うと34倍もの害を及ぼす。

⓫ 温暖化した永久凍土は、メタンを生成する泥や湿地帯に変わる可能性がある。

⓬ このような地域から大量のメタンが放出されれば、気候変動という既に深刻な問題をさらに悪化させる可能性がある。

---

❸□ virology ウイルス学　**❼**□ indigenous 土着の　**❾**□ methane メタン
❿□ greenhouse gas 温室効果ガス　□ disproportionately 不釣り合いに、不相応に
□ to be exact 厳密に言うと　□ methanogenic メタン産生性の　**⓫**□ wetland 湿地、沼地
⓬□ aggravate …をさらに悪化させる

筆記③

練習しよう！⑫ What a Thawing Tundra Means 訳・語句

第3段落

❶ Other scientists are less pessimistic, suggesting that these microbes, when exposed to the cold air of the tundra, would quickly die off.

❷ Moreover, since there are so few inhabitants in tundra areas, the chances of a calamity may be small.

❸ Scientists Qianlai Zhuang and Youmi Oh of Purdue University point out, for instance, that permafrost contains many microbes that consume methane: these microbes are called methanotrophs.

❹ In fact, up to 87% of thawed permafrost contains methanotrophs, which could easily absorb released methane.

❺ There is so much concern about permafrost because there is no firm consensus about the exact hazards of its changing.

❻ With all this debate and uncertainty, a cautious course of action—apart from attempting to create a carbon-neutral global economy—might be curtailing or phasing out natural resource development in the tundra.

❼ However, Russia has been consistent in planning to exploit, not forfeit, resources in the area, while policies in Scandinavia and North America tend to be ambivalent, fluctuating based on the type of government in charge.

❽ Fundamentally, there are potentially trillions of dollars' worth of natural resources locked away under the permafrost, and much of the world's economy, particularly in emerging markets, may depend on access to these resources over the coming decades.

❾ Ultimately, humanity may have some difficult decisions ahead in balancing these conflicting interests over these slowly warming lands.

第3段落

❶ 他の科学者はそれほど悲観的ではなく、これらの微生物はツンドラの冷たい空気にさらされれば、すぐに死滅するだろうと指摘している。

❷ さらに、ツンドラ地帯には居住者が少ないため、大惨事が起こる可能性は低いことも考えられる。

❸ 例えば、パデュー大学のチョアン・チエンライとオ・ユミの指摘では、永久凍土にはメタンを吸う微生物が多く含まれている。この微生物はメタン栄養細菌と呼ばれている。

❹ 実際、融解した永久凍土の最大87%にはメタン栄養細菌が含まれており、放出されたメタンを容易に吸収することができる。

❺ 永久凍土に対する懸念が大きいのは、永久凍土が変化することによる正確な危険性について、確固たる意見の一致が得られていないからである。

❻ このような議論と不確実性がある中で、カーボンニュートラルの世界経済を目指すのとは別に、慎重な行動方針を取るならば、ツンドラ地帯での天然資源の開発を縮小または段階的な廃止をすることになるだろう。

❼ しかし、この地域の資源を放棄などせず、開発を続けるというロシアの方針は一貫している。一方で、スカンジナビアや北米の政策は相反していて、それを実行する政府のタイプによって変動する傾向がある。

❽ 根本的には、永久凍土の下には数兆ドル相当の天然資源が眠っている可能性があり、世界経済の大部分、特に新興市場は、今後数十年にわたってこれらの資源へのアクセスに依存する可能性がある。

❾ 最終的に人類は、徐々に温暖化しつつあるこの土地をめぐり、相反する利害のバランスを取るために、難しい決断を迫られることになるだろう。

---

❶□ die off 死に絶える　**❷**□ calamity 不幸な出来事、大災害、惨禍
❸□ methanotroph メタン栄養細菌　**❺**□ consensus 意見の一致
❻□ course of action 行動方針、活動指針　□ curtail …を切り詰める・抑える
□ phase out …を段階的に廃止する　**❼**□ exploit …を開発する・開拓する・利用する
□ forfeit …を諦める、…の権利を失う　□ ambivalent 相反する意見を持つ、どっちつかずの状態の
□ fluctuate 変動する、上下する、動揺する　**❽**□ fundamentally 基本的に、根本的に
□ lock away …を厳重に保管する　**❾**□ ultimately 最終的に、ついに、結局

筆記③

Unit 2 練習しよう！⑬

目標解答時間 **20**分

問題英文の読み方 P.538　解説・正解 P.546　訳・語句 P.550

Surveillance Tools of the Masses

When people think of "privacy threats," they often think of government intelligence, security agencies, or giant IT companies. These may be the most powerful organizations threatening human privacy, but they are not alone. There are many threats, not least, paradoxically, from ordinary citizens using digital tools widely available.

Online mobs are one of the best examples of privacy invasions that ordinary social media users organize. A person may post a single controversial or offensive comment or image, and within minutes it can sometimes propagate rapidly or "go viral," collecting thousands of reposts, comments, arguments, and counter-arguments. If the post is viral enough, it will get the attention of the news media and the original poster's school, employer, and social circle. Within hours, that single post can result in the original poster being expelled, fired, or asked to leave an apartment complex—while their careers, school coursework, and social lives become annihilated. As Stanford professors, Benoit Monin and Takuya Sawaoka have researched, in the end, the barrage of animosity engendered by the offensive poster seems highly disproportionate. Ironically, research suggests that online mobs can be ignored, since scholars have shown that these groups often number only a few thousand people—not the "millions" they claim to represent. As the author Kevin D. Williamson wrote, if companies or schools can be resilient for just a few days, the mob will usually move on to other issues anyway. There is rarely any need to fire employees or cancel a product line because of a few hours of negative virality.

Another intrusion is the unauthorized disclosure of private information that does not derive from "hacking" or outsiders penetrating a system. Some companies mishandle data, accidentally releasing vital consumer information. Worst of all, perhaps, former friends or partners sometimes accidentally or purposefully release photos or text that show someone in a very negative, intimate, or embarrassing situation.

Ironically, one of the biggest threats to personal privacy is the public availability of so much personal information in the first place, specifically information related to postal address, employment history, voting registration, marital history, and any court cases. In the US, many transactions that require government interaction or certification also become public records, meaning that other individuals or organizations can easily access them. Sometimes, such information is used for benign purposes, such as a charity organization looking for local volunteers. Other times, however, thieves, stalkers, and others use this public data as a resource to harass, confront or even hurt their victims.

Schools, particularly college campuses, have also become a zone of privacy intrusion. This is partly because Western universities have promised two contradictory things: freedom of expression and a "safe space," particularly for international students, sexual minorities such as transgender people, ethnic minorities, and other marginal groups. Since the idea of a "safe space" is often vague, some students feel empowered or even obligated to report lectures or class materials, campus posters, or even dorm room conversations that they feel are offensive in some way. Schools have even created mechanisms such as email addresses for confidential student reporting. Many colleges have punished or expelled students or faculty for this offense. As the journalist Conor Friedersdorf wrote, this has resulted in a climate of self-censorship across a broad *spectrum* of topics on many Western campuses, where students and faculty fear saying or posting the wrong thing.

It may be possible to regulate privacy intrusions by institutions—such as governments, corporations, or schools—by passing certain laws limiting the amount and type of information that companies or the government can collect. However, a solution becomes more obscure when citizens act as privacy intruders. A common response to those who value their privacy is that "an innocent or virtuous person will not mind his or her private life being examined." This is the basis of the "TV test" approach to morals and ethics, which suggests that people should always act as if they were being observed on TV. This school of thought assumes that privacy and secrecy "behind closed doors" is where evil develops: the abusive parent, for instance, or the corrupt boardroom executive. However, as Socrates wrote, private life and private conversations are where the human personality develops, as well as notions of right and wrong. One thing that many of the worst episodes in human history have in common is state or mass citizen intrusion into private life, from the 15th century Spanish Inquisition to the 20th century Chinese Cultural Revolution. It is paramount that over the coming decades, people worldwide find a way to preserve their privacy— if not from the state and corporations, then at least from each other.

練習しよう！⑬ Surveillance Tools of the Masses 問題

(1) Which of the following statements about online mobs would Professors Monin and Sawaoka most likely agree with?
  1 Online attacks may be uncomfortable but are necessary to bring important attention to Internet behavior that is disrespectful or offensive.
  2 People who become targeted by online mobs must learn to adjust their behavior so as not to cause such offense.
  3 The amount of sympathy for people targeted online by those who are offended is disproportionate to the damage caused by their offensive words.
  4 Online backlash against people who post or say offensive things is often more impactful than what was initially said or done.

(2) What is one issue with the availability of so many public records in America?
  1 People who need to gain access to certain records find it hard to sort through so much information available online.
  2 Those with the intention to do harm can more easily find the location of their victims through readily available online information.
  3 Stalkers, thieves, and other criminals create false information that gets recorded and then becomes part of the public domain.
  4 Courts must often decide what information is useful for society and what is untrue, harmful or at least misleading.

(3) Conor Friedersdorf believes that

1. American college campuses must work much harder to provide adequate safe space for women, transgender people, and other marginal groups.
2. reporting mechanisms for offensive speech or behavior on campus need to be expanded into student dorms and actively encouraged by faculty.
3. the modern environment on American campuses makes many students especially cautious about expressing their authentic opinions on various issues.
4. a certain amount of strict self-censorship is necessary to ensure peace and safety among a large and diverse student population.

(4) The TV test school of ethics believes that

1. good people in the media provide an excellent moral basis from which others can eventually learn to control themselves and act correctly.
2. citizens should always try to emulate moral figures who express their views on various media platforms, such as TV talk shows.
3. acting in private is much more likely to give rise to people perpetrating acts that are harmful to themselves or others.
4. notions of good and evil usually come from the influence of heroes and villains, such as those in popular TV stories.

練習しよう！⑬ Surveillance Tools of the Masses 　問題英文の読み方

第1段落

Surveillance Tools of the Masses

❶When people think of "privacy threats," they often think of government intelligence, security agencies, or giant IT companies. ❷These may be the most powerful organizations threatening human privacy, but they are not alone. ❸There are many threats, not least, paradoxically, from ordinary citizens using digital tools widely available.

第2段落

❶Online mobs are one of the best examples of privacy invasions that ordinary social media users organize. ❷A person may post a single controversial or offensive comment or image, and within minutes it can sometimes propagate rapidly or "go viral," collecting thousands of re-posts, comments, arguments, and counter-arguments. ❸If the post is viral enough, it will get the attention of the news media and the original poster's school, employer, and social circle. ❹Within hours, that single post can result in the original poster being expelled, fired, or asked to leave an apartment complex—while their careers, school coursework, and social lives become annihilated. ❺As Stanford professors, Benoit Monin and Takuya Sawaoka have researched, in the end, the barrage of animosity engendered by the offensive poster seems highly disproportionate. ❻Ironically, research suggests that online mobs can be ignored, since scholars have shown that these groups often number only a few thousand people—not the "millions" they claim to represent. ❼As the author Kevin D. Williamson wrote, if companies or schools can be resilient for just a few days, the mob will usually move on to other issues anyway. ❽There is rarely any need to fire employees or cancel a product line because of a few hours of negative virality.

第1段落

タイトルを見て、何を思い浮かべるでしょうか。第1段落の1文目からプライバシーの脅威について議論が始まります。文頭の❶で読者の想像に応えるように「人々は通常、政府機関や大企業がプライバシーを脅かすと考える」と言っています。しかし、❷では「それだけではない」と展開し、❸では「デジタルツールを利用する一般市民が大きな脅威となる」と、次の段落へ向けて興味をひきつけています。not least は「特に」の意味になります。

第2段落

前の段落を受けて、第2段落は❶Online mobs で始まっています。主語は Online mobs、動詞は are の SVC のシンプルな形で、読者が疑問に感じるはずの Online mobs について説明をしています。「オンラインの暴徒は、一般のソーシャルメディアユーザーが組織するプライバシー侵害の最も典型的な例の一つである」と述べています。その説明として、❷❸❹で「ある人が一つの物議を醸す投稿をすると、それが急速に拡散し、注目を集め、数時間のうちにその人の生活が壊滅的な打撃を受ける可能性がある」とあります。❺❻では、研究でわかったこととして「このようなオンライン暴徒による攻撃は非常に不釣り合いであり、これらのグループは実際には数千人しかおらず、その影響力は限定的である」ことが示されています。❼で作家の言葉を引用し、それは一時的なものだとして、「数日間の忍耐があれば、暴徒は別の問題に関心を移すことが多い」と述べています。そして❽で「ネガティブな評判が数時間続くことを理由に従業員を解雇したり、製品ラインを中止する必要はほとんどない」と述べています。

練習しよう！⑬ Surveillance Tools of the Masses 問題英文の読み方

第3段落

❶Another intrusion is the unauthorized disclosure of private information that does not derive from "hacking" or outsiders penetrating a system. ❷Some companies mishandle data, accidentally releasing vital consumer information. ❸Worst of all, perhaps, former friends or partners sometimes accidentally or purposefully release photos or text that show someone in a very negative, intimate, or embarrassing situation.

第4段落

❶Ironically, one of the biggest threats to personal privacy is the public availability of so much personal information in the first place, specifically information related to postal address, employment history, voting registration, marital history, and any court cases. ❷In the US, many transactions that require government interaction or certification also become public records, meaning that other individuals or organizations can easily access them. ❸Sometimes, such information is used for benign purposes, such as a charity organization looking for local volunteers. ❹Other times, however, thieves, stalkers, and others use this public data as a resource to harass, confront or even hurt their victims.

第3段落

この短い第3段落は❶の Another intrusion で始まり、プライバシーの侵害の別のタイプとして、「ハッキングによらないプライベート情報の無許可の開示」を取り上げています。その例として、❷❸で「企業がデータを誤って扱い、重要な消費者情報を意図せずに公開する」ケースや「元友人やパートナーが誤って、もしくは意図的にネガティブな状況を示す写真やテキストを公開する」ケースが挙げられています。

第4段落

第4段落は Ironically で始まります。❶で「個人のプライバシーに対する大きな脅威として、非常に多くの個人情報が公に利用可能である」ことが挙げられ、具体的な例として住所や職歴以外にも様々な情報があることが述べられています。さらに❷で「米国では公的記録にアクセス可能である」という例が挙げられています。meaning は分詞構文で、「それが意味するところは」と説明を加えています。❸❹で「この情報は時には慈善団体がボランティアを探すといった善意の目的で使われることがある」けれども、「一方で、泥棒やストーカーがこれを利用して被害者を嫌がらせたり傷つけたりする目的で使うこともある」と、個人情報の利用実態が書かれています。

このように第4段落では、プライバシーの情報がどのように扱われ、日常生活にどう影響を及ぼすかが書かれていました。

練習しよう！⑬ Surveillance Tools of the Masses　問題英文の読み方

第5段落

❶Schools, particularly college campuses, have also become a zone of privacy intrusion. ❷This is partly because Western universities have promised two contradictory things: freedom of expression and a "safe space," particularly for international students, sexual minorities such as transgender people, ethnic minorities, and other marginal groups. ❸Since the idea of a "safe space" is often vague, some students feel empowered or even obligated to report lectures or class materials, campus posters, or even dorm room conversations that they feel are offensive in some way. ❹Schools have even created mechanisms such as email addresses for confidential student reporting. ❺Many colleges have punished or expelled students or faculty for this offense. ❻As the journalist Conor Friedersdorf wrote, this has resulted in a climate of self-censorship across a broad spectrum of topics on many Western campuses, where students and faculty fear saying or posting the wrong thing.

第5段落

❶の主語が Schools, particularly college campuses、動詞が have also become で、「学校、特に大学キャンパスもまた、プライバシー侵害が起きる区域となっている」と言っています。❷は This is partly because で始まっているので、理由の一つを説明するとわかります。「西洋の大学は、表現の自由と『安全な空間』という矛盾する二つのことを約束している」こと、そして❸では「この『安全な空間』という概念が曖昧であるため、一部の学生は攻撃的だと感じた講義や資料、会話を報告する権利や義務があると感じている」と、その曖昧さから生じる誤解があることを指摘しています。❹では、学校は学生からの報告を受けるためのメールアドレスなどの仕組みを設けていると述べ、❺では「多くの大学がこの違反（攻撃的と見なされる講義などを行ったこと）によって学生や教職員を罰したり退学させたりしている」といった、プライバシーを守るための制度が他方を追いやるという運用のし方を生じさせていることに触れています。❻では「この結果、多くの西洋のキャンパスでは、学生や教職員が間違ったことを言ったり投稿したりすることを恐れて、自分で意見表明を控える気風が生じている」という例があることを説明しています。

練習しよう！⑬ Surveillance Tools of the Masses　問題英文の読み方

第6段落

❶It may be possible to regulate privacy intrusions by institutions—such as governments, corporations, or schools—by passing certain laws limiting the amount and type of information that companies or the government can collect. ❷However, a solution becomes more obscure when citizens act as privacy intruders. ❸A common response to those who value their privacy is that "an innocent or virtuous person will not mind his or her private life being examined." ❹This is the basis of the "TV test" approach to morals and ethics, which suggests that people should always act as if they were being observed on TV. ❺This school of thought assumes that privacy and secrecy "behind closed doors" is where evil develops: the abusive parent, for instance, or the corrupt boardroom executive. ❻However, as Socrates wrote, private life and private conversations are where the human personality develops, as well as notions of right and wrong. ❼One thing that many of the worst episodes in human history have in common is state or mass citizen intrusion into private life, from the 15th century Spanish Inquisition to the 20th century Chinese Cultural Revolution. ❽It is paramount that over the coming decades, people worldwide find a way to preserve their privacy—if not from the state and corporations, then at least from each other.

第6段落

この文章の最後である第6段落は❶で「政府や企業、学校などの機関によるプライバシー侵害は、法律を制定することで規制することができるかもしれない」と、解決方法を示そうとしています。しかし、❷で「市民がプライバシー侵害者として行動する場合、その解決策はより難しくなる」と言っています。一つの考え方として、❸で一部の人々には「罪の無い人や徳の高い人なら、プライバシーを調査されることを気にしない」という意見があることを述べ、❹では、それが基になっている、道徳と倫理に対するアプローチの「テレビテスト」を紹介し、❺では、その考えを持つ人々が密室でのプライバシーを諸悪の発生源だと考えていると説明しています。主語は This school of thought、動詞は assumes です。コロンは具体例を示すために使われており、「虐待的な親や腐敗した幹部」を挙げています。しかし、❻ではそれとは相反するソクラテスの言葉「私生活や私的な会話が人間の人格や善悪の概念を発達させる場だ」を引用しており、さらに、❼で「歴史上の最悪の出来事には、国家や大衆による私生活への侵入があったことが共通している」と示され、プライバシーに対する極端な介入が行われることになれば、現在の私たちの生活の延長線上にも最悪の出来事が待ち受けているかのような危機感を抱かせます。この文章の締めくくりとなる❽では「今後の数十年間で重要なのは、世界中の人々がプライバシーを守る方法を見つけることであり、国家や企業からではなく、少なくともお互いから（プライバシーを守ることが重要だ）」と強調されています。

この文章を読んだことは、私たちが日常的に利用するデジタルツールを取り巻く社会の仕組みが、実際にどれほどプライバシーに影響を与えているかを考えるきっかけになったと思います。プライバシーの侵害に関しては、単に政府や企業だけの問題ではなく、市民一人ひとりの行動が他者のプライバシーに影響を与え得ることを学びました。

練習しよう！⑬ Surveillance Tools of the Masses 解説・正解

(1) Which of the following statements about online mobs would Professors Monin and Sawaoka most likely agree with?

1 Online attacks may be uncomfortable but are necessary to bring important attention to Internet behavior that is disrespectful or offensive.

2 People who become targeted by online mobs must learn to adjust their behavior so as not to cause such offense.

3 The amount of sympathy for people targeted online by those who are offended is disproportionate to the damage caused by their offensive words.

4 Online backlash against people who post or say offensive things is often more impactful than what was initially said or done.

(2) What is one issue with the availability of so many public records in America?

1 People who need to gain access to certain records find it hard to sort through so much information available online.

2 Those with the intention to do harm can more easily find the location of their victims through readily available online information.

3 Stalkers, thieves, and other criminals create false information that gets recorded and then becomes part of the public domain.

4 Courts must often decide what information is useful for society and what is untrue, harmful or at least misleading.

(1) オンライン上の暴徒に関する次の記述のうち、モナン教授とサワオカ教授が最も同意しそうなものはどれか。

    1   ネットでの攻撃は不快かもしれないが、無礼または攻撃的なインターネット上の行動に重要な注意を喚起するためには必要である。

    2   ネット上の暴徒に狙われた人は、そのような攻撃のきっかけを与えないように自分の行動を調整することを学ばなければならない。

    3   不愉快になった人々からネット上で狙われた人々に向けられた同情の声の大きさは、その攻撃的な言葉で受けた被害の程度とは比較にならない。

    4   不快な投稿や発言をした人に対するネット上の反発は、最初の言動よりもインパクトが強いことが多い。

🔍 モナン教授とサワオカ教授の名前が出てくるのは、第2段落の❺です。「攻撃的な投稿者が巻き起こす反感の嵐は大いにバランスを欠いている」という研究結果からの見方があるので、これを言い換えている4が正解です。不釣り合いなほどの騒ぎが起きている状態を指しています。

✎ ☐ disproportionate to …と不釣り合いな ☐ backlash 反発、反動

. . . .

(2) アメリカで非常に多くの公文書が公開されていることの問題点は何か。

    1   特定の記録にアクセスする必要がある人が、オンラインで入手可能な多くの情報を選別するのは難しい。

    2   危害を加える意図のある者が、容易に入手できるオンラインの情報によって、被害者となる人々の居場所を簡単に見つけることができるようになる。

    3   ストーカー、窃盗犯、その他の犯罪者が虚偽の情報を作成し、それが記録され、誰でも自由に利用できるものとなる。

    4   裁判所はしばしば、どの情報が社会にとって有用で、何が真実でないか、有害か、あるいは少なくとも誤解を招くかを判断しなければならない。

🔍 アメリカで公文書が公開されていることに関しては、第4段落❷にあります。❸で良識ある目的のために使われる例を示した後で、❹の「窃盗犯やストーカーなどがこの公開データを利用することもある」という問題点を述べています。正解はこれを言い換えた2です。

筆記③

. . . .

🚩 **(1)** 4 **(2)** 2

練習しよう！⑬ Surveillance Tools of the Masses 解説・正解

(3) Conor Friedersdorf believes that

1 American college campuses must work much harder to provide adequate safe space for women, transgender people, and other marginal groups.

2 reporting mechanisms for offensive speech or behavior on campus need to be expanded into student dorms and actively encouraged by faculty.

3 the modern environment on American campuses makes many students especially cautious about expressing their authentic opinions on various issues.

4 a certain amount of strict self-censorship is necessary to ensure peace and safety among a large and diverse student population.

(4) The TV test school of ethics believes that

1 good people in the media provide an excellent moral basis from which others can eventually learn to control themselves and act correctly.

2 citizens should always try to emulate moral figures who express their views on various media platforms, such as TV talk shows.

3 acting in private is much more likely to give rise to people perpetrating acts that are harmful to themselves or others.

4 notions of good and evil usually come from the influence of heroes and villains, such as those in popular TV stories.

(3) 🔲 コナー・フリーダースドルフが考えていることは、

1 アメリカの大学のキャンパスは、女性やトランスジェンダーやその他の非主流のグループに安全な空間を十分提供するために、もっと努力しなければならない。

2 キャンパス内での攻撃的な言動を報告できる仕組みを学生寮に拡大し、教員がそれを積極的に奨励する必要がある。

3 アメリカのキャンパスを取り巻く最近の環境のため、多くの学生は、様々な問題に関する自分の本心を表明することに特に慎重になっている。

4 多種多様な学生同士の関係が平和で安全であるためには、ある程度の厳しい自己検閲が必要である。

🔍 問題文にある Conor Friedersdorf の名前を本文中から探すと、第5段落の❻にあります。彼が書いているところでは「欧米の多くのキャンパスで、学生や教職員が間違ったことを言ったり、投稿したりすることを恐れている」とあるので、ここに彼の考えがあると読みます。選択肢の中で3の many students especially cautious about expressing their authentic opinions on various issues という内容がそれと一致します。

✏️ ☐ marginal 非主流の、社会的に周辺的な

. . . .

(4) 🔲 テレビテストの倫理を支持する人々が考えていることは、

1 メディアに登場する善良な人々は、他の人々がやがて自制し、正しく行動することを学べるように、優れた道徳的基盤を提供している。

2 テレビのトークショーなど、様々なメディアで自分の意見を表明する道徳的な人物を、市民は常に見習うようにすべきである。

3 隠れて行動すると、人々が自分自身や他者に害を及ぼす行為を犯す可能性がはるかに高い。

4 善と悪の観念は通常、人気テレビドラマに出てくるようなヒーローと悪役の影響から生まれて来る。

🔍 第6段落の❹に TV test に関する記述があります。このアプローチは「人は常にテレビの視聴者に見られているつもりで行動すべきだ」というものです。これは、メディアに出ている人や、テレビの話をしているのではなく、自分の行動の潔白性を保つため、「人に見られていることを意識する」、つまり、プライバシーや秘密を作らずに行動するべきだという考えです。この考えを支持する人々がプライバシーに対して持つ否定的な見解が❺で述べられているので、正解は3となります。

✏️ ☐ emulate …をまねる、…に負けまいと努力する　☐ in private こっそり、内緒で
☐ perpetrate …を犯す・しでかす

🚩 **(3) 3　(4) 3**

練習しよう！⑬ Surveillance Tools of the Masses 訳・語句

Surveillance Tools of the Masses

第1段落

❶ When people think of "privacy threats," they often think of government intelligence, security agencies, or giant IT companies.

❷ These may be the most powerful organizations threatening human privacy, but they are not alone.

❸ There are many threats, not least, paradoxically, from ordinary citizens using digital tools widely available.

第2段落

❶ Online mobs are one of the best examples of privacy invasions that ordinary social media users organize.

❷ A person may post a single controversial or offensive comment or image, and within minutes it can sometimes propagate rapidly or "go viral," collecting thousands of re-posts, comments, arguments, and counter-arguments.

❸ If the post is viral enough, it will get the attention of the news media and the original poster's school, employer, and social circle.

❹ Within hours, that single post can result in the original poster being expelled, fired, or asked to leave an apartment complex—while their careers, school coursework, and social lives become annihilated.

❺ As Stanford professors, Benoit Monin and Takuya Sawaoka have researched, in the end, the barrage of animosity engendered by the offensive poster seems highly disproportionate.

❻ Ironically, research suggests that online mobs can be ignored, since scholars have shown that these groups often number only a few thousand people—not the "millions" they claim to represent.

❼ As the author Kevin D. Williamson wrote, if companies or schools can be resilient for just a few days, the mob will usually move on to other issues anyway.

❽ There is rarely any need to fire employees or cancel a product line because of a few hours of negative virality.

大衆の監視ツール

第1段落

❶ 「プライバシーに対する脅威」というと、政府の諜報機関やセキュリティ機関、あるいは巨大IT企業を思い浮かべる人が多いだろう。

❷ これらは人々のプライバシーを脅かす最も強力な組織かもしれないが、彼らだけではない。

❸ 逆説的ではあるが、広く利用可能なデジタル・ツールを使用する一般市民が特に元になる脅威が多い。

❶□ intelligence 諜報機関

第2段落

❶ オンライン上の暴徒は、一般のソーシャルメディアのユーザーが組織的に行うプライバシーの侵害の最たる例である。

❷ ある人が物議を醸すような、あるいは攻撃的なコメントや画像を1つ投稿すると、数分以内にそれが急速に拡散し、何千もの再投稿、コメント、賛否両論を集めて「バズる」ことがある。

❸ 投稿が十分に広まれば、ニュースメディアや元の投稿者の学校、雇用主、仲間たちの注目を集めることになる。

❹ 数時間以内に、そのたった一つの投稿が原因で、投稿者が退学させられたり、解雇されたり、集合住宅から退去させられたりすることになりかねない。そうすると、その人のキャリア・学業・社会生活は台無しになってしまう。

❺ スタンフォード大学のブノワ・モナン教授とタクヤ・サワオカ教授の研究でわかったことだが、結局、攻撃的な投稿者が巻き起こす反感の嵐は大いにバランスを欠いたものである。

❻ 皮肉なことに、オンライン上の暴徒は無視される可能性があることが研究で示されており、それは研究者が明らかにしているとおり、そのような集団の構成員はせいぜい数千人程度であって、彼らが代表していると言い張るような「何百万」には及んでいないからだ。

❼ ケビン・D・ウィリアムソンという作家が書いているが、企業や学校がほんの数日間だけやり過ごせば、暴徒の意識はたいてい他の問題に移ってしまう。

❽ ほんの数時間悪い評判が拡散したために、従業員を解雇したり、製品の製造を中止したりする必要があることはめったにない。

❶□ mob 暴徒、やじ馬、群衆　❷□ propagate 広まる、伝搬する　□ viral 急速に広まる
❹□ annihilate …を全滅させる・無力にする　❺□ barrage 連続、集中攻撃、殺到
□ animosity 敵意、憎しみ、恨み　□ disproportionate 不釣り合いな
❼□ resilient 柔軟な、壊れにくい　❽□ virality 拡散しやすさ、注目度

練習しよう！⑬ Surveillance Tools of the Masses　訳・語句

第3段落

❶ Another intrusion is the unauthorized disclosure of private information that does not derive from "hacking" or outsiders penetrating a system.

❷ Some companies mishandle data, accidentally releasing vital consumer information.

❸ Worst of all, perhaps, former friends or partners sometimes accidentally or purposefully release photos or text that show someone in a very negative, intimate, or embarrassing situation.

第4段落

❶ Ironically, one of the biggest threats to personal privacy is the public availability of so much personal information in the first place, specifically information related to postal address, employment history, voting registration, marital history, and any court cases.

❷ In the US, many transactions that require government interaction or certification also become public records, meaning that other individuals or organizations can easily access them.

❸ Sometimes, such information is used for benign purposes, such as a charity organization looking for local volunteers.

❹ Other times, however, thieves, stalkers, and others use this public data as a resource to harass, confront or even hurt their victims.

第3段落

❶ もう1つの侵害は、個人情報の不正な開示であるが、「ハッキング」や部外者のシステムへの侵入によるものではない。
❷ データの取り扱いを誤り、重要な顧客情報を誤って公開してしまう企業もある。
❸ おそらく最悪なのは、ある人のかつての友人やパートナーが、その人の好ましくない場面、プライベートな場面、恥ずかしい場面を示す写真や文書を、誤って、あるいは意図的に公開することだろう。

❶ □ intrusion 侵害　□ derive from …に由来する

第4段落

❶ 皮肉なことに、個人のプライバシーに対する最大の脅威のひとつは、そもそも多くの個人情報、具体的には住所・職歴・選挙人登録・婚姻歴・訴訟に関する情報が公開されているという事実である。
❷ 米国では、政府とのやりとりや認証が必要な取引の多くも公的記録となり、他の個人や組織が簡単にアクセスできることを意味します。
❸ そのような情報は、慈善団体が地元でボランティアを探す場合など、良識ある目的のために使われることもある。
❹ しかし、窃盗犯やストーカーなどが、被害者に嫌がらせをしたり、押しかけたり、あるいは傷つけたりするのに、この公開データを利用することもある。

❸ □ benign 恵み深い、親切な、優しい

練習しよう！⑬ Surveillance Tools of the Masses 訳・語句

第5段落

❶ Schools, particularly college campuses, have also become a zone of privacy intrusion.

❷ This is partly because Western universities have promised two contradictory things: freedom of expression and a "safe space," particularly for international students, sexual minorities such as transgender people, ethnic minorities, and other marginal groups.

❸ Since the idea of a "safe space" is often vague, some students feel empowered or even obligated to report lectures or class materials, campus posters, or even dorm room conversations that they feel are offensive in some way.

❹ Schools have even created mechanisms such as email addresses for confidential student reporting.

❺ Many colleges have punished or expelled students or faculty for this offense.

❻ As the journalist Conor Friedersdorf wrote, this has resulted in a climate of self-censorship across a broad *spectrum* of topics on many Western campuses, where students and faculty fear saying or posting the wrong thing.

第5段落

❶ 学校、とりわけ大学のキャンパスもまた、プライバシーの侵害が起きる場所となっている。
❷ これは欧米の大学が、表現の自由と「安全な空間」という相反する2つのことを、特に留学生、トランスジェンダーなどの性的マイノリティ、少数民族、その他の非主流のグループに対して約束してきたためでもある。
❸ 「安全な空間」という概念はしばしば曖昧であるため、講義や授業の資料、キャンパス内のポスター、あるいは寮の部屋での会話でさえも、何らかのかたちで不快に感じたと報告する権限を与えられたと思ったり、あるいは報告する義務があると思ったりする学生もいる。
❹ 学校は、学生が秘密裏に報告するためのEメールアドレスなどの手段を作ってもいる。
❺ 多くの大学では、この違反によって学生や教員を罰したり、退学させたりしている。
❻ ジャーナリストのコナー・フリーダースドルフが書いているが、その結果、欧米の多くのキャンパスでは、学生や教職員が間違ったことを言ったり投稿したりすることを恐れ、広範なトピックにわたって自分で意見表明を控えてしまう気風が生じているという。

❷ □ marginal 非主流の、社会的に周辺的な

練習しよう！⑬ Surveillance Tools of the Masses 訳・語句

第6段落

❶ It may be possible to regulate privacy intrusions by institutions—such as governments, corporations, or schools—by passing certain laws limiting the amount and type of information that companies or the government can collect.

❷ However, a solution becomes more obscure when citizens act as privacy intruders.

❸ A common response to those who value their privacy is that "an innocent or virtuous person will not mind his or her private life being examined."

❹ This is the basis of the "TV test" approach to morals and ethics, which suggests that people should always act as if they were being observed on TV.

❺ This school of thought assumes that privacy and secrecy "behind closed doors" is where evil develops: the abusive parent, for instance, or the corrupt boardroom executive.

❻ However, as Socrates wrote, private life and private conversations are where the human personality develops, as well as notions of right and wrong.

❼ One thing that many of the worst episodes in human history have in common is state or mass citizen intrusion into private life, from the 15th century Spanish Inquisition to the 20th century Chinese Cultural Revolution.

❽ It is paramount that over the coming decades, people worldwide find a way to preserve their privacy—if not from the state and corporations, then at least from each other.

第6段落

❶ 企業や政府が収集できる情報の量や種類を制限する何らかの法律を制定することで、政府、企業、学校などの機関によるプライバシーの侵害を規制することは可能かもしれない。

❷ しかし、市民がプライバシーの侵害者として行動する場合、解決策は不明瞭になる。

❸ プライバシーを重視する人々に対するよくある反応は、「罪のない人や高潔な人なら、私生活を調査されても気にしない」というものだ。

❹ これはモラルや倫理に対する「テレビテスト」アプローチの基本であり、人は常にテレビの視聴者らに見られているつもりで行動するのだというものである。

❺ こう考える人々は、「閉ざされたドアの向こう側」のプライバシーや秘密こそが悪を生み出す場所だという前提に立っている。例えば、子を虐待する親や汚職に手を染める経営者がある。

❻ しかし、ソクラテスが書いているように、私生活や私的な会話で、人格は形成され、善悪の観念も発達するのだ。

❼ 人類史上最悪の出来事の多くに共通しているのは、15世紀のスペインの異端審問から20世紀の中国文化大革命まで、国家や大衆になった市民が私生活に介入したことである。

❽ 今後数十年の間で最も重要になるのは、世界中の人々が、たとえ国家や企業からではなく、少なくとも市民同士の間でプライバシーを守る方法を見つけることである。

❷□ intruder 侵入者　❺□ secrecy 秘密になっている状態　❽□ paramount 最高の、主要な

著者:

松本恵美子 Emiko Matsumoto, Ph.D.

博士（国際コミュニケーション）
順天堂大学講師。明治大学兼任講師。東京理科大学非常勤講師。上智大学大学院博士前期課程修了
（TESOL／英語教授法）。全国の大学生向けテキストの執筆。TOEIC、TOEFL、IELTS、英検などの
資格試験対策を行う。現在の研究テーマは医療英語のニーズ分析、談話分析、会話分析。主な著書は、
『TOEIC® TEST リスニングスピードマスター NEW EDITION』（J リサーチ出版）、『新 TOEIC® TEST
1 分間マスター リスニング編・リーディング編』（日本経済新聞出版社）、『TOEIC® LISTENING AND
READING TEST 15 日で 500 点突彼！リスニング攻略・リーディング攻略』（三修社）、『TOEIC® テス
ト 究極アプローチ』（成美堂）、『TOEFL ITP® テスト 完全制覇』（ジャパンタイムズ）など多数。

装幀・本文デザイン　　斉藤 啓（ブッダプロダクションズ）
制作協力　　　　　　渾天堂株式会社、株式会社CPI Japan

極めろ！ 英検® 1 級合格力 リーディング

2025 年 4 月 18 日　初版第 1 刷発行

著者　　　松本 恵美子
発行者　　藤嵜 政子
発行所　　株式会社　スリーエーネットワーク
　　　　　〒 102-0083　東京都千代田区麹町 3 丁目 4 番
　　　　　トラスティ麹町ビル 2 F
　　　　　電話：03-5275-2722 ［営業］03-5275-2726 ［編集］
　　　　　https://www.3anet.co.jp/
印刷・製本　萩原印刷株式会社

落丁・乱丁のある場合は弊社営業部へご連絡下さい。お取替えいたします。
本書の一部また全部を無断で複写複製することは、法律で認められた場合を除き、著作権の侵害となります。

©2025 Emiko Matsumoto　Printed in Japan
ISBN978-4-88319-968-6　C0082